윤리적 소비

ethical consumption

윤리적 소비

ethical consumption

이상훈 · 신효진 지음

한국학술정보(주)

머리말

　현대사회는 소비사회라고 한다. 태어나면서 생을 마감할 때까지 끊임없이 지속적으로 소비를 한다. 소비행동은 개인의 욕구를 충족시키기 위해서 행해지지만, 개인의 문제만으로 국한되지 않는다. 소비하는 개인도 사회로부터 영향을 받지만, 소비하는 개개인의 행동과 개개인이 모여 집단화된 행동이 역으로 사회에 영향을 준다. 소비행위의 영향은 소비자 자신이나 소비자들이 활동하는 지역에만 국한되지 않고, 가족, 지역구성원, 기업, 자국 및 타국의 경제와 구성원들에게도 영향을 미친다.

　소비의 다른 축은 생산이다. 자본주의 사회에서 생산과 소비는 경제를 발전시키는 두 바퀴 축이었다. 그러나 생산과 소비의 과정에서 생산 분야에 자본이 축적되기 시작했고, 축적된 자본을 이용하여 더 많은 잉여자본을 창출했다. 이 과정에서 많은 사회문제 - 자연훼손, 환경파괴, 자원 오남용과 고갈, 인권침해, 동물학대, 오염, 빈부격차 등 -를 발생시켰다.

　자본축적으로 발생한 문제를, 축적된 자본을 가진 자본가들에게 문제해결을 맡기기에는 발생된 문제의 심각성이 매우 위급하고 긴급하다. 이러한 문제들을 풀지 못한다면 가까운 장래에 인간을 포함한 지구전체가 공멸할 수 있다. 따라서 전 세계 다양한 분야에 영향을 줄 수 있는 힘을 가지고 있는 소비자들이 소비행동을 통해서 문제해결에 나서야 한다. 이렇게 개인의 욕구를 충족하면서도 세상을 변화시킬 수 있는 사회적 운동이 윤리적 소비이다. 윤리적 소비를 통해서 소비자들이 소비활동의 수동적인 객체로서가 아닌 주체로서 소비와 연관된 생산·유통 등의 단계에 적극 개입하여 사회문제를 풀기 위해 적극적으로 활동해야 한다.

유럽에서는 몇 십 년 전부터 이러한 운동이 시작되어 상당히 자리 잡아 가고 있는 실정이다. 그러나 우리나라에서는 윤리적 소비에 대한 관심은 높아져 있지만 아직까지 윤리적 소비에 대한 연구나 조사가 활발하지는 않다. 따라서 윤리적 소비운동, 연구 등을 보다 활발하게 이끌기 위해서는 윤리적 소비에 대한 이론적 정리가 필요하다.

이 책의 저자들은 『윤리적 소비』를 발간하면서 개인 소비자들이 윤리적 소비를 어떤 방법으로 실천해왔는지 이야기해주는 스토리텔링 형식이 아니라, 윤리적 소비의 내용은 무엇이고, 전 세계적으로 운동적 차원에서 어떻게 발전해왔는가를 정리하려고 노력하였다. 또한 윤리적 소비에 포함되는 모든 내용을 담고자 하였다. 이 내용에 앞서 윤리적 소비의 근본인 소비와 소비자에 대한 이해도 돕고자 노력하였다. 이러한 내용을 담아내기 위해 이 책은 총 9장으로 구성하였으며, 크게 다섯 부분으로 나눌 수 있다.

첫째, 소비와 소비자에 대한 이해를 돕기 위해 제1장에서 소비와 소비문화에 대해서 서술하였으며, 소비자란 무엇이고, 소비자들이 가져야 할 주권에 대해서도 설명하였다.

둘째, 윤리적 소비에 대한 기본적 개념을 알아보기 위해 제2장과 제3장에서 윤리적 소비에 대한 개념 정립과 윤리적 소비의 역사에 대해서 알아보았다. 제2장에서는 다양하게 언급되고 있는 윤리적 소비의 이론적 배경과 정의, 형태에 대해 설명하였다. 제3장에서는 전 세계적으로 윤리적 소비가 등장하게 된 배경, 발전과정, 그리고 우리나라를 포함하여 각국의 윤리적 소비의 역사에 대해 언급하였다.

셋째, 윤리적 소비는 소비자에 의해 이루어지지만 기업들이 이를 따르지 않으면 효과가 반감된다. 따라서 제4장에서는 기업과 윤리적 소비와의 관계에 대해 설명하였다. 기업의 운용에 있어서 기업윤리를 어떻게 적용할 것이며, 사회적 책임은 어떻게 해야 하는가에 대해 설명했다.

넷째, 제5장에서부터 제8장까지 윤리적 소비를 목적으로 각 분야에 대해 서술하였다. 환경문제, 인권문제, 공동체, 협동조합과 관련하여 윤리적 소비를 어떻게 실천할 수 있고, 각국에서는 어떻게 실행되고 발전되고 있는지에 대해 설명하였다.

마지막으로 제9장에서는 윤리적 소비운동이 우리나라와 외국에서 어떤 단계를 거쳐 진행되었는지를 설명하고, 윤리적 소비에 대해서 벌어지고 있는 논쟁과 윤리적 소비확산을 위해 어떻게 해야 하는지를 살펴보았다.

끝으로 원고의 처음부터 끝까지 꼼꼼하게 읽어주시고 교정과 디자인 및 기타 모든 일을 맡아서 깔끔하게 처리해준 한국학술정보(주) 여러분께 감사의 말씀을 드리고, 책의 집필이 끝나기까지 귀찮은 일을 마다하지 않고 도와주신 주변 분들에게 감사드린다.

2012년 2월
항동골 연구실에서
이상훈·신효진

C · O · N · T · E · N · T · S

제5장 환경을 생각하는 윤리적 소비

제6장 인권을 생각하는 윤리적 소비

제7장 공동체를 생각하는 윤리적 소비

제8장 협동조합

제9장 소비자운동과 윤리적 소비전망

제1장

소비와 소비자

인간은 태어나서 삶을 영위하고 마감할 때까지 끊임없이 소비를 한다. 심지어 생을 마감한 후에도 본인을 위해서(기념일, 제사, 성묘 등) 후대의 사람들이 소비를 한다. 이렇듯 소비는 인간의 삶과 떼어놓을 수 없이 밀접한 관련이 있고, 연속적이며 삶의 많은 시간을 소비를 위해 사용한다. 결국 인간은 지속적으로 소비자로서 살아간다. 소비자로서 소비생활을 하게 만드는 원동력은 소비자로서의 욕구이다. 인간의 욕구를 분류한 매슬로우의 다섯 가지 욕구를 살펴보면 생리적 욕구 및 안전에 대한 욕구와 같은 기본적인 욕구에서부터 사회적 욕구, 존경의 욕구와 같은 사회구성원으로서의 욕구와 자아실현의 욕구와 같은 이상적 욕구 등이 있다. 이러한 욕구를 달성하기 위해서 인간은 소비자로서 소비를 하게 되고, 이러한 소비생활을 통해서 만족을 추구하고 성취하며, 더 나은 삶을 살기 위해 노력한다.

소비자들의 소비행동은 개인의 욕구를 충족시키기 위해 행해지지만, 개인의 문제만으로 국한되지 않는다. 우선 소비자행동은 소비자들이 태어나고 자라면서 가족에서부터 주변의 사람들 그리고 소비자가 태어난 사회로부터 영향을 받는다. 요즘처럼 교통과 통신이 발달해 세계적으로 서로 간의 교류가 활발하게 일어나는 상황에서는 소비자행동이 세계의 정치, 경제, 문화, 생활방식 등 세계 여러 나라의 다양한 분야로부터 영향을 받는다고 할 수 있다. 또한 소비행동이 자신, 가족, 기업, 자국 및 타국의 경제와 구성원들에게 영향을 미친다. 즉, 소비행위의 결과로 나타나는 제품의 구매는 본인뿐만 아니라 가족의 생활, 경제 등에 다양하게 영향을 미치고, 나아가 제품을 판매하는 기업과 기업의 구성원들 그리고 기업이 속해 있는 국가는 물론 국민들의 경제 및 다양한 분야에 영향을 미친다. 소비자들은 소비행위를 통해서 전 세계 사회의 전반에 영향을 미칠 수 있으며,

이러한 소비행위가 집단화될 때 사회를 변화시킬 수 있는 강력한 힘이 된다. 윤리적 소비라는 개념도 이러한 변화를 이끌어내기 위해 등장했으며, 이를 통해 많은 사람들이 보다 나은 삶을 영위할 수 있다고 믿고 있다. 결국 소비자들의 윤리적 소비행위가 (개인적으로 이루어지든 집단적으로 이루어지든 강도의 차이는 있지만) 보다 나은 삶을 위해 필요한 소비행위이고, 이러한 윤리적 소비를 알아보기 위해서는 이 개념의 기초가 되는 소비와 소비자에 대해서 살펴보는 것이 필요하다. 따라서 이 장에서는 소비와 소비자에 대한 개념부터 알아보고자 한다. 〞

　소비가 인간의 삶에서 매우 많은 부분을 차지하고 있으며, 현대사회는 소비사회라고 해도 지나치지 않을 정도로 중요하다고 말할 수 있다. 그러나 전통적으로 소비는 생산의 반대편에 있는 개념으로 이해되었고, 소비는 비생산활동으로 치부되었다. 생산자의 관점에서 모든 제품이 생산되었고, 소비자들은 생산된 제품 중에서 소비해야만 하는 상황이었다. 물론 전통적인 관점에서도 생산과 연관 지어 소비에 대한 관심이 생겼지만, 체계적으로 거론되지 못했다.

　근대에 접어들면서 대량 생산체제를 갖추게 되었고 대량소비의 발판을 마련하였다. 그러나 대다수의 소비자는 풍족한 소비를 할 수 있는 여건을 갖추지 못했기 때문에 생산과 소비 사이의 심각한 불균형이 발생했다. 또한 아직까지 생산자들은 대다수의 소비자들이 원하는 제품을 생산해서 판매하는 것이 아니라, 생산자들이 저렴한 가격에 대량 생산할 수 있는 제품을 생산하여 판매하였다. 따라서 소비자들은 어쩔 수 없이 생산된 제품 중에서 선택하여 소비할 수밖에 없는 상황이었다.

　이후 점차 기술이 발달하고, 소비자의 요구가 다양해지고, 소비자들의 구매협상력이 높아지면서 생산자들의 경쟁은 점차 심해져 갔다. 생산자들은 매우 심한 경쟁 속에서 생존을 위해 소비자들이 원하는 것이 무엇인지를 파악하여 생산하게 되었고, 소비자들도 소비자들이 원하는 제품만을 소비하기 시작하였다. 따라서 소비자중심의 생산-소비관계가 형성되었다. 이러한 관계 속에서 소비자들의 힘이 점차 강화되면서 소비자들이 관심을 갖기 시작한 사회문제에 대해 생산자들도 관심을 갖도록 요구되었다. 결국 생산자, 즉 기업의 사회적 책임과 윤리의식은 강조되기 시작하였고, 오늘날의 소비사회에서는 당연시되었다. 이러한 과정이 점차 강화되면서 소비자들은 단순히 생산하는 제품의 종류와 양에만 영향을 미치는 것이 아니라, 누가·언제·어디서·어떻게 생산해내는가에 관심을 가지기 시작하였다. 또한 소비를 통해 소비자 자신과 가족의 삶을 넘어 지역 사회구성원들의 삶, 생산에 참여하는 노동자들의 삶을 향상시킬 수 있다고 믿게 되었다. 즉, 소비를 통해 사회를 변화시켜 더 나은 삶을 영위할 수 있으리라 믿게 되었다.

이렇게 변해온 현대사회가 소비사회라는 데는 의심의 여지가 없다. 소비사회에서 사회를 변화시킬 수 있는 소비를 이해하기 위해서는 소비의 개념과 소비의 개념이 어떻게 변해왔는지를 정확하게 알아볼 필요가 있다. 즉, 소비란 무엇이며, 소비가 어떤 역할을 하며, 소비의 개념이 어떻게 변해왔는지를 자세히 살펴보아야 한다. 또한 소비사회라고 하는 현대사회의 소비문화가 어떻게 형성되었는지도 탐색해볼 필요가 있다. 현대사회의 소비문화를 알아봄으로써 앞으로 소비문화가 어떻게 흘러갈 것인지를 파악할 수 있을 것이다.

1. 소비의 개념

1) 소비개념

현대사회는 소비사회 또는 인간은 출생에서부터 생을 마감하는 순간까지 소비를 한다는 등의 표현을 통해 소비의 중요성을 강조한다. 인간의 삶에서 이렇듯 매우 중요한 소비의 개념은 무엇일까? 단순히 제품을 구매해서 사용하는 것을 소비라고 하는 것일까? 아니면 그 이상의 의미를 가지는 것일까? 소비의 개념을 단어의 뜻에 기반을 두고 단순히 정의 내리면 '제품을 구입하여 최종적으로 사용하여 없애는 일련의 모든 과정'이라 말할 수 있다. 즉, 소비는 생활을 영위하기 위해 제품을 구매하고 사용하면서 얻게 되는 결과까지의 연속된 과정이다. 이러한 소비의 의미는 경제에서 상품을 만들어내는 생산에 대비되는 경제의 반대편 경제활동을 표현한 것으로서 물품을 구매, 사용, 소모하는 일련의 활동을 포함한다. 물질적 소비의 개념에서는 생활 수준을 소비수준의 양적 기준에 의해 평가하게 되고, 소비되는 제품의 가치는 화폐가치에 의해서 결정된다.

그러나 현대사회는 소비사회라는 의미에서 소비는 단순히 물질적인 소비만을 이야기하는 것이 아니다. 단순한 물질적 소비뿐만 아니라 정신적 소비를 포함한다. 소비자들이 소비를 통해 얻는 만족은 물질적 만족을 넘어 정신적 만족까지 포함한다. 예를 들어 유명한 상표의 제품을 구매하는 것은 그 제품의 원가 등 물질적 가치가 비싸기 때문에 구매하는 것이 아니라 그 상표가 갖고 있는 상징 등 그 제품을 통해 얻을 수 있는 심리적 만족을 충족하기 위해서이다. 따라서 소비가치를 평가할 때 경제적 가치도 중요하지만, 그 이면에 담겨 있는 관점에서의 가치도 같이 평가되어야 한다. 따라서 소비의 개념은 경제적 관점에서의 소비를 넘어 문화적 관점에서의 소비를 고려해야 하며 이를 소비문화라 일컫는다. 소비문화에 대한 구체적인 내용은 다음에 구체적으로 설명하고자 한다.

근대 소비사회에 비해 현대 소비사회는 소비에 있어서 몇 가지 차이점이 있다. 첫째, 생산이 소비를 초과하고 있다. 물론 모든 국가에서 생산이 소비를 초과하는 것은 아니지만, 전 세계를 놓고 볼 때 생산이 소비를 초과하여 경쟁이 심해지고 있다. 둘째, 소비자들이 선택할 수 있는 제품의 종류가 많아졌다. 생산자들의 경쟁이 심해지고 소비자들의 욕구가 다양해지면서, 소품종 대량생산에서 다품종 소량생산의 형태로 바뀌었다. 이는 소비자들에게 소비의 다양성을 더욱더 높여주었다. 셋째, 소비의 양이 많아졌다. 발전된 국가들에게 해당되는 내용이지만, 소비자들은 더욱더 풍족한 생활을 추구하고, 이를 위해 소비하는 제품의 양이 많아졌다. 넷째, 교통과 통신이 발달하면서 전 세계의 교류가 활발해지고, 문화적인 통합이 이루어지면서 추구하는 생활방식이 비슷해졌기 때문에 소비행태가 많이 닮아가고 있다. 선진국의 소비행태가 전 세계적으로 널리 퍼졌지만, 이제는 후발국가들의 소비행태도 전 세계적으로 많이 퍼지고 있다. 마지막으로 안락함, 편안함, 풍족함 등을 추구하면서 인간이 소비하는 에너지의 양이 급속히 증가하였다. 1인당 에너지 소모량도 증가했지만, 산업발달에 따른 생산부문의 증가도 급속히 이루어져 국가 간 에너지 확보 노력이 극에 달한 상황이다.

위에서 설명한 현대 소비사회의 특징들은 다음과 같은 문제점을 유발시켰다. 가장 심각한 문제는 환경오염이다. 과도한 양의 제품과 에너지의 소비는 에너지 고갈로 인한 에너지 자원의 값을 급속히 상승시켰을 뿐 아니라 지구환경을 급속히 오염시켜 많은 문제를 일으키고 있다. 사람들은 소비를 통해서 자신의 부, 지위, 신분의 우월성을 표현하고자 과시소비와 과소비를 한다. 과시소비와 과소비는 기업의 마케팅전략과 맞물려 많은 자원낭비와 쓰레기를 양산한다. 이러한 자원낭비와 쓰레기 양산은 자연환경을 오염시켜서 지구온난화와 같은 심각한 환경변화를 일으켰고, 토양, 물, 공기를 오염시켜서 사람의 건강을 위협하는 수준이 되었다. 과거 100년 동안 일어났던 기온의 변화가 단 몇 년 사이에 일어난다든가, 인체에 해로운 물질이 먹거리에서 검출되는 횟수나 양이 늘어난다든가, 개발과 자원확보를 위해 숲과 자연의 파괴로 지구의 공기정화능력이 떨어지고, 전 세계적으로 사막화현상과 빙하의 유실현상 등이 곳곳에서 발생하고 있다. 인간의 삶을 풍요롭게 하기 위해 소비를 늘린 결과, 환경이 파괴되고 오염되면서, 그 피해가 인간에게 다시 돌아오는 악순환을 겪고 있다.

　　현대 소비사회에서 일어나고 있는 또 다른 문제점은 빈부격차이다. 소비사회를 이끌어온 자본주의 경제는 자유경쟁을 토대로 부의 분배가 이루어지는 구조를 가지고 있다. 이러한 부의 분배방식은 부의 불평등 분배를 초래하고, 부의 편중을 심화시켰다. 과도한 부의 집중은 빈부격차를 심화시켰고, 소수만이 자본주의 경제의 결실을 누리고 다수가 불행한 사회구조를 만들어냈다. 이러한 현상이 일어난 이유는 경제는 간섭받지 않을 때 가장 합리적으로 원활하게 발전할 수 있다는 논리로 자본의 힘을 가진 소수가 경제를 좌지우지하면서 발생했다. 그러나 다수의 소비자가 원활한 소비를 할 때 자본주의 경제는 원활히 작동될 수 있으며, 이를 위해서는 부의 분배가 적절히 잘 이루어져야 한다. 요즘 화두로 떠오르고 있는 경제민주화도 적절한 부의 분배가 기본개념이다. 사회의 모든 구성원들에게 적절한 부의 분배가 이루어지고, 이러한 부의 분배가 적당한 소비로 이어질 때 자본주의 경제도 왜곡되지 않고 성장할 수 있는 기반을 마련할 수 있다.

2) 소비개념의 변화

　　경제학적인 측면에서 소비의 개념은 18세기 영국에서 시작되었다고 학자들은 보고 있다. 그 이전에는 생계방식의 변화에 따라 소비의 형태가 변화해왔다. 자연 그대로의 생산물을 이용하던 수렵채집사회에서 가축으로 생계를 유지하던 유목사회까지는 자급자족하던 시기로 소비를 위한 거래가 거의 일어나기 전 시기였다. 이후 농산물을 생산하는 농경사회에 이르러 거래를 통한 초기 소비의 형태가 처음으로 생겨났다. 초기 농경사회는 간단한 도구를 이용하여 숲을 치거나 불을 질러 경작지를 준비하는 시기로 생산량은 많지 않았으며, 정착도 부분적으로 이루어졌다. 따라서 부분적인 생산과 소비의 개념이 태동한 시기이다. 집약 농업사회로 들어서면서부터 대가족이 정착하여 많은 노동력을 이용하여 많은 수확량을 거두어들였다. 이 시기에 도시의 개념이 발달하고 직업이 전문화되고, 빈부의 격차로 사회계층이 발생하였다. 이 시기에는 소비가 이루어졌지만, 현대사회의 소비개념이 아닌 생계를 위한 소비가 대부분을 차지하였다. 그리고 현대사회의 소비개념과 비슷한 소비형태는 정치적 소비의 형태로 나타났고, 귀족엘리트 중심으로 소비가 일어났다. 즉, 궁정과 귀족들이 대부분의 소비를 차지하고 있었으며 대부분의 사람들은 생존을 위한 소비의 형태를 띠고 있었다. 이 시기까지는 실질적으로 일반사람들의 소비라는 개념이 도입되기 전이었다.

초기 산업사회가 시작되면서 기계화를 통한 상품의 대량생산이 이루어지기 시작하였다. 대량생산이 이루어져도 필요한 물품을 모두 제공할 수 없는 소비가 생산을 초과하는 시기였다. 따라서 적당한 가격으로 생산만 하면 제품의 판매는 전혀 어렵지 않았다. 따라서 판매할 수 있는 제품을 생산한 것이 아니라, 생산할 수 있는 제품을 판매한 시기였다. 초기 산업사회는 근대적 자본주의 사회를 탄생시켰다. 근대적 자본주의 사회에서는 생산이 경제의 주된 역할을 하고 소비는 부차적 역할을 하는 것으로 간주되었고, 결국 생산자의 힘이 소비자의 힘을 압도하는 관계가 형성되었다. 생산자가 우선시되는 사회구조적인 모순 때문에 소비자들이 피해를 입고도 구제받지 못하는 상태가 지속되었다. 개개인의 소비자들은 힘을 발휘할 수 없었으며 기업에 대항하기에는 역부족이었다. 그러나 후기 산업사회로 접어들면서 생산과 소비의 관계가 변화했다. 소비자들이 개인이 아닌 집단으로 뭉쳐서 소비자들의 권리를 주장하면서 또한 생산이 소비를 초과하는 상황이 발생하면서 생산자들이 소비자들을 우선시하는 현상이 생겨나기 시작했다. 즉, 기업은 소비자들이 원하는 제품을 생산하여 판매하기 시작했으며, 소비자들은 원하는 제품을 선택해서 소비하기 시작하였다. 20세기 후반이 되면서 소비자들이 단순히 욕구를 충족하기 위해 소비를 하던 소비개념에 사회적 책임이라는 개념을 첨가하였다. 소비자들이 소비를 통해 본인의 즐거움만을 추구하는 선을 넘어서 소비와 관계된 사회문제에 대해 관심을 가지기 시작했다. 누가·언제·어디서·어떻게 생산하고 유통하는가에 대해 관심을 갖기 시작했고, 사회구성원들이 다 함께 잘살수 있는 방법을 모색하기 시작했다. 이러한 사회문제를 소비와 연관시켜 해결하고자 노력 했다. 또한 생산자들도 사회문제에 관심을 갖도록 요구되었다. 결국 생산자, 즉 기업의 사회적 책임과 윤리의식이 강조되기 시작하였고, 오늘날의 소비사회에서는 당연시되고 있다. 또한 소비를 통해 소비자 자신과 가족의 삶을 넘어 지역 사회구성원들의 삶, 생산에 참여하는 노동자들의 삶을 향상시킬 수 있다고 믿게 되었다. 즉, 소비를 통해 사회를 변화시켜 더 나은 삶을 영위할 수 있으리라 믿게 되었다.

2. 소비문화

위에서 언급하였듯이 소비는 경제적 관점을 넘어 문화적 관점을 포함시켜야 한다. 개인의 물질적 욕구를 충족시켜주는 관점만을 생각한다면 소비와 문화를 연결시키기 어렵다. 그러나 소비를 문화와 연관 지어 생각해야 하는 두 가지 이유가 있다. 첫째, 소비를 통한 욕구충족은 물질적·심리적인 면 모두를 통해서 이루어진다. 단순히 물질적인 부족함을 충족하기 위해서만 소비가 이루어진다면, 항상 가격대비 최고 품질의 제품만을 소비할 것이다. 즉, 사용상의 효용성만 따지게 되고 개인의 선호성 등은 소비결정에 영향을 미치지 못하게 된다. 그러나 소비는 심리적·정신적인 만족도 같이 추구한다. 이러한 점에서 소비는 문화를 가지고 있다고 할 수 있다. 문화는 어떤 주어진 방향으로 이끌어가는 심리적·정신적 가치이다. 즉, 문화는 특정한 상태를 다른 상태보다 더 좋아하게 하는 심리적 경향을 말한다. 둘째, 소비는 개인에 의해 이루어지지만, 여러 소비자들 사이에 어떤 유형이 존재한다. 사회구성원으로 소비자들이 공유하는 상징, 기호 등이 있으며, 이들을 통해 특정 부류의 소비행위가 공통적인 유형을 나타내게 된다. 제품을 소비하는 행위에서 공통된 형태를 보이는 것은 다수의 소비자가 같은 유형의 소비 선호성, 소비에 대한 공통된 사고방식과 생활양식을 가지고 있는 것이고, 이를 소비문화라고 한다.

소비문화는 한 사회의 가치관, 제도, 규범, 생활양식 등이 제품의 속성, 생산양식, 사용방법 등에 반영되어 나타나는 것으로 사회문화적 행위로 볼 수 있다. 결국 소비문화는 사회가 변화함에 따라 변화하게 되는데, 이는 소비자 개인이 사회변화에 맞춰 소비형태가 바뀌게 되면서 시작되고 다수의 소비자가 같은 형태로 변화하면서 소비문화를 변화하게 만든다. 소비문화는 사회변화에 따라 끊임없이 변화하여 한 사회를 대변하는 특성을 보여준다. 현대 소비사회의 특성, 즉 소비문화를 살펴보면 다음과 같다.

1) 소비주의

현대사회의 구성원들은 모든 문제를 소비를 통해 해결하려고 한다. 스스로 문제해결에 나서기보다는 소비를 통해 손쉽게 문제를 해결하려고 한다. 욕구가 생기면 제품구매와 소비를 통해 욕구를 해소하고 만족을 얻고자 한다. 심지어 제품의 소유와 소비를 삶의 목표로 삼고, 꼭 필요하지 않은 제품도 단순히 만족을 높이기 위해 구매하는 경우도 있다. 또한 소비를 통해 개인의 개성을 표현하고, 남들에게 어떤 사람으로 보이기 위해 노력한다. 이제는 필요에 의해 구매하고 소비하기보다는 소비가 목적이 되어 구매와 소비가 이루어진다. 또한 교통과 통신의 발달로 전 세계가 하나의 시장처럼 통합되고 있고, 마케팅 수단의 발달과 다양화로 점점 소비자들의 소비욕구를 자극하고 있다. 전 세계에서 생

산되는 제품의 정보를 언제, 어디서나 구할 수 있고, 구매와 소비도 큰
어려움 없이 할 수 있게 되었다. 특히, 소비자들이 소비의 필요성을 느
끼는 것보다 생산자들의 마케팅 활동의 결과로 소비자들이 제품을 구
매하고 소비하는 경향이 늘고 있다. 즉, 소비자들이 느끼지 못한 제품
의 필요성을 생산자들이 마케팅 수단을 통해 느끼도록 유도하고 있다.
이렇듯 소비만능주의가 팽배한 상황이 되었다.

2) 상징 및 체면소비

소비자들은 제품을 구매할 때 제품의 물질적 효용가치뿐만 아니라
제품이 내포하고 있는 상징까지 구매 한다. 제품의 소비를 통해 사회적
지위, 문화적 수준, 부의 수준, 개성, 심지어 지적 수준까지 남들에게 표
현하고자 한다. 즉, 제품에 내재되어 있는 상징적 징표를 통해 소비자
인 본인이 그 상징에 맞게 평가받기를 바란다. 나아가 소비자들은 자기
주변의 질서를 이해하고 표현하기 위한 수단으로서 제품을 이용한다.
소비하는 제품의 상징을 이용해 자아개념을 전달하고 의사소통하는 수
단으로 삼는다. 소비가 개인의 일로만 여겨진다면 이는 불가능할 것이
다. 여러 소비자들 사이에 소비의 특정 유형이 존재하고, 그들이 공유
하는 상징, 기호 등이 있기 때문에 소비되는 제품의 상징을 이용하여
타인과 의사소통하는 수단으로 삼는 것이다.
소비의 유형을 사회의 상징적 행위의 한 형태로 보기 시작한 것은 대
량 생산과 대량 소비시대가 도래하여 물질적으로 풍요로운 산업사회가
시작하면서부터이다. 이 시기부터 대중소비가 부각되었고 소비를 개인
의 개별적인 행위라기보다는 사회계층의 소비양식 차이로 인식하였다.
제품의 가치를 교환가치나 사용가치의 의미를 넘어 특정한 의미를 가진
기호나 상징의 가치를 포함하는 것으로 보았다. 다른 사회계층과 구별
되는 특정한 의미를 부여하는 기호나 상징이 제품에 포함되어 있고, 이

러한 제품의 소비는 단순한 물질적인 소비가 아닌 상징소비로 이해하였다. 이러한 상징소비는 오늘날 브랜드소비로 구체화되었고, 제품원가가 아닌 브랜드의 상징성에 따라 제품의 가격이 결정되고, 소비되기에 이르렀다. 브랜드에 열광하고, 브랜드에 중독되고, 브랜드를 가지고 있지 않으면 소외되는 사회적 문제를 일으키는 수준에까지 이르렀다.

상징소비의 한 형태로 우리나라에서 나타난 현상이 체면소비이다. 체면소비는 개인이 가지고 있는 체면의식에 의해 발생한다. 체면의식은 타인이 나를 어떻게 평가할 것인가에 대해 큰 의미와 중요성을 부과하는 것이다. 체면의식은 사회계층에 따른 사회적 지위에 연연해하는 사람일수록 크게 작용한다. 자기 자신을 타인에게 과시하고 자기의 지위를 과장되게 표현하여 남들보다 우월하다는 심리적 의식을 밑바탕에 깔고 있어서 허세를 부리기 위해 소비하는 과시소비와 밀접한 관련이 있다. 결국 체면소비는 본인의 재정능력을 넘어선 과시소비와 과소비를 할 가능성을 높여 개인적 재정파탄을 초래하게 된다.

3) 과시소비

과시소비의 경우 제품의 상징성을 이용하여 사회적 지위를 남에게 과시하려는 목적으로 타인에게 과시할 수 있는 제품을 구매하고 소비하는 것을 말한다. 즉, 제품의 경제적·기능적 효용성을 얻을 목적으로 소비하기보다 사회적·심리적·상징적 의미를 이용하여 남에게 부 또는 지위를 과시하기 위해 소비하는 것을 과시소비라고 한다. 물론 이런 형태의 소비가 모두 잘못된 것은 아니다. 본인의 개성을 표현하고, 남들에게 자신의 존재감을 알리기 위한 소비는 사회생활을 하면서 필요한 부분이다. 자신에게 적절한 제품을 이용하여 자신의 개성을 잘 표현하고, 자신의 이미지를 좋게 만들어 좋은 평가를 받도록 하는 것은 본인의 능력이라 할 수 있다. 문제가 되는 것은 타인에게 과도하게 과시하기 위해 소비를 하는 경우이다. 과시소비를 통해서 타인에게 이질적 거부감을 느끼게 하거나, 자신의 분수를 넘어서서 소비를 하거나, 낭비적 소비를 할 경우 문제가 야기된다. 과시소비는 상징소비 혹은 체면소비와 일부 관련이 있다.

과시소비는 고소득층에서만 나타나는 현상이 아니라 전 소득계층에서 나타나고 있다. 소득층에 따라서 과시소비하는 제품의 종류가 다르고 강도가 다를 수 있지만 남보다 우월하게 보이고 싶다는 심리는 누구에게나 존재한다. 이러한 현상은 가격, 품질, 효용성, 혜택 등을 비교하는 것보다 이왕이면 고가품, 유명브랜드, 외제품, 대형제품, 유행상품 등만을 고집하는 방향으로 나타난다. 과시소비의 원인은 심리적, 사회 · 준거적, 문화적 요인 등이다. 심리적 요인은 소비자 스스로 과시하는 성향을 보이는 것이고, 사회 · 준거적 요인은 소비자가 생활을 영위하는 사회의 구성원들(동료, 이웃, 친지, 대중매체, 생산 및 판매업자 등)에 의해 영향을 받는 것이고, 문화적 요인은 사회의 가치관, 전통, 관습 등에 의해 영향을 받는 것이다. 심리적 요인도 특정한 사회에서 성장하면서 사회로부터 영향을 받아 생기는 경향이 강하기 때문에 개인적 성향보다는 사회의 전반적인 분위기가 과시소비를 유발하는 가장 강한 요인이다. 따라서 사회 전반적으로 과시소비를 부추기는 분위기보다는 적절한 수준의 소비를 하는 분위기를 조성하는 것이 매우 중요하다. 이러한 분위기 조성은 생산부문보다는 소비부문에서, 사회지도층에서, 대중적 영향력이 있는 매체 등에서 먼저 솔선수범해야 가능하다.

4) 과소비

경제가 성장하면서 풍요로운 사회가 되면 대표적으로 나타나는 현상이 과소비이다. 국내에서도 1980년대 후반부터 소득수준이 올라가면서 그 이전까지 억눌려 있던 소비심리가 과열되면서 과소비가 심각한 사회문제로 떠오르기 시작했다. 그리고 각 가정에 자녀를 한 명 혹은 두 명만 낳아 기르면서 자식들을 위해 지나치게 소비하는 현상이 벌어졌다. 또한 신용카드가 도입되어 널리 퍼지면서 소득이 생기기 전에 미리 소비를 하는 현상이 생겼고, 카드회사들이 무분별한 신규카드 남발로 과소비를 부추기면서 가계부채가 급속히 쌓이게 되었다. 현재 가계부채가 900조를 넘어설 정도로 사회문제가 되고 있는 것의 상당 부분이 과소비에 원인이 있다고 할 수 있다.

과소비는 단순히 소득수준 이상의 소비를 하는 것을 말하는 것이 아니다. (예를 들면 소득수준이 낮아 꼭 필요한 제품을 구매하더라도 필요 이상을 지출하게 되는 경우를 과소비라 할 수 없다.) 그렇다고 소득수준과 전혀 관계가 없는 것도 아니다. 예를 들면 수십억을 가진 재산가가 5,000만 원 이상의 자동차를 구매했다면 과소비라 할 수 없지만, 특별한 재산도 없고 연소득이 3,000만 원 이하인 사람이 5,000만 원 이상의 자동차를 구매했다면 과소비라 할 수 있다. 결국 과소비란 다음의 두 가지 경우에 발생한다. 첫째, 필요 이상의 제품을 구매하는 경우이다. 이 경우는 제품을 너무 많이 구매하여 다 사용하지 못한 상태로 오랜 기간 보관하거나 버리는 경우다. 예를 들면 냉장고에 어떤 식품이 있는지를 다 파악하지 못하고 계속해서 음식을 사들이는 경우, 신발이나 옷 등을 다 사용하지도 못하면서 구매하여 보관하거나 버리는 경우, 취미활동이나 여가활동을 위해 여러 가지 제품을 구매한 후 사용하지 않는 경우, 식당에서 다 먹지 못할 정도로 과도하게 주문하는 경우 등과 같이 필요 이상으로 제품을 구매하는 경우가 과소비의 한 형태이다. 둘째, 소득수준 이상의 소비를 하는 경우이다. 소득수준 이상의 제품을 소비함으로써 가계부채가 증가하는 경우를 말한다. 위에서 언급했듯이 소득수준이 너무 낮아 어쩔 수 없이 소득보다 소비가 많은 경우는 과소비라 할 수 없다. 그러나 충분히 소득수준 이내에서 생활이 가능한데도 개인 혹은 가족의 욕망 때문에 소득보다 소비를 많이 하는 경우는 과소비이다.

5) 물질주의

　물질주의는 물질의 소유와 소유한 물질의 화폐가치를 가장 중요하게 여기는 것이다. 즉, 화폐가치가 높은 물질의 소유가 삶의 중요한 가치가 되고, 만족과 불만족의 기준이 되며, 행복과 불행을 결정짓는 요소가 되는 것이다. 다양한 제품이 생산되고, 생산된 제품의 판매를 촉진하는 문화가 만연되어 있고, 타인보다 우월하다는 욕구를 충족시키려고 노력하는 소비자가 늘어나면서 소비를 물질소유의 쾌락주의적 방향으로 이끌어가는 물질주의가 퍼져 나갔다. 현대사회에서 많은 사람들이 물질적 소유에 집착하고 있지만, 물질적 소유만이 행복한 삶을 보장하는 것이 아니다. 소비는 물질을 소유하는 이상을 내포하고 있다.
　개인의 욕구충족도 물질적인 욕구만을 추구하는 것이 아니다. 심리적인 욕구도 같이 만족시켜야 소비를 통한 삶의 행복을 누릴 수 있다. 즉, 제품을 단순히 소유·사용하여 소비하는 것 이상으로 제품의 소비에서 가치를 느낄 수 있어야 한다. 예를 들면 문화활동의 참여를 통해 얻는 즐거움은 단순히 문화활동을 관람하거나 그와 연관된 제품을 소유함으로써 얻는 즐거움보다 훨씬 큰 즐거움이 있다. 문화활동에 참가함으로써 소비자는 심리적·정신적 행복감을 누릴 수 있다. 사회적인 차원에서도 소비는 단순히 물질을 소유하는 것보다 소비를 통해 소비자 자신과 가족들의 삶을 넘어 지역 사회구성원들의 삶, 생산에 참여하는 노동자들의 삶을 향상시킬 때 더 큰 만족감을 얻을 수 있다. 즉, 소비를 통해 사회를 변화시켜 더 나은 삶을 영위할 수 있다.

6) 동조 또는 모방소비

　인간은 성장하면서 사회화 과정을 거치고, 사회화 과정을 통해 사회의 일원으로 살아가는 방법을 학습하게 된다. 학습을 통해 사회의 가치관, 윤리의식, 규범 등을 배우고, 사회에서 통용되는 소비의 수준을 익히게 된다. 사회의 가치관을 받아들이고 규범에 순응하면서 사회구성원으로서 인정받기 위해서 비슷한 성향을 보이는 것을 동조라고 하고, 이런 경향이 소비에서 일어는것을 동조소비라고 한다. 반대로 개인적인 성향이 강한 사람은 사회의 요구에 순응하기보다 개인의 개성을 드러내기 좋아한다. 이러한 성향의 개인은 동조소비보다는 다른 사람과 차별화되는 소비성향을 보인다. 일반적으로 현대사회에서는 사람들이 유행을 따라 하고 다른 사람들이 소비하는 제품을 똑같이 소비하는 경향을 많이 보인다. 이러한 경향은 집단 내에서도 일어나고 집단 간에도 일어난다. 우선 집단 내에서의 동조소비를 설명할 때는 집단 내의 의견선도자 역할이 크다. 일반적으로 의견선도자들이 특정소비에서 다른 사람들보다 위험을 감수하면서 새로운 것을 빨리 받아들이는 초기 수용자의 역할을 한다. 초기 수용자들이 소비하는 제품 중에서 다수의 수용층에서 받아들이는 제품은 유행상품이 되어 많은 사람들이 동조소비에 나선다. 그리고 위험보다는 안전성을 추구하는 후발 수용층이 마지막으로 동조소비에 나서는 순서를 거친다. 집단 간에는 서로 교류가 일어나면서 특정집단에서 유행하는 소비형태가 다른 집단구성원들 사이에서 유행하게 된다. 오늘날 교통과 통신의 발달로 집단 간 문화교류가 활발히 이루어지고 있기 때문에 집단 간의 동조소비가 빈번히 발생한다.

동조소비와 비슷한 모방소비는 동조소비보다는 조금 부정적 의미로 사용된다. 모방소비는 상위 지향적 욕망 혹은 같은 부류에 속하고 싶은 욕망에 의해 꼭 필요하지 않지만 모방의 대상 혹은 상위계층의 소비를 맹목적으로 따라 하는 소비형태이다. 이러한 모방소비는 대부분의 경우 낭비를 조장한다. 예를 들면 유명 탤런트가 구매한 제품이나, 주변 사람들이 구매한 제품, 상류층에서 구매하는 제품, 유행하는 제품 등을 맹목적으로 구매하는 경우가 이에 속한다. 모방소비가 만연한 사회에서는 과열소비가 일어나게 되고 사회 전체적으로 자원의 낭비, 환경오염, 인플레이션 등 많은 문제점을 유발시킬 가능성이 높다.

7) 충동소비

충동소비란 미리 계획을 세워 소비하는 것이 아니고 제품을 보는 순
간 혹은 제품구매에 대한 자극을 받는 순간 합리적인 구매의사 결정 없
이 감정적·즉흥적으로 제품을 구매하고 소비하는 것을 말한다. 소비
자 주변에는 충동구매를 부추기는 요인들이 매우 많다. 진열된 제품,
광고, 유행, 할인쿠폰과 같은 매우 다양한 마케팅 전략은 물론 주변 사
람들이 가지고 있는 제품 등에 의해 자극받는 경우가 많다. 또한 신용
카드, 핸드폰 결제 등 다양한 결제방법이 등장하면서 당장 현금이 지출
되지 않음으로써 지출에 대한 부담감이 줄어드는 것도 충동구매를 용
이하게 하는 주변요인들이다.

비계획적인 충동구매를 줄이려면 계획성 있는 소비계획을 세우고 가
계부 등을 작성하여 지출에 대한 현실감을 높이는 것이 필요하다. 충동
구매는 반복하다 보면 습관화가 되어 이를 없애는 것이 쉽지 않기 때문
에 계획적인 구매습관을 키우는 것이 중요하다. 특히 이성적 판단보다
감성적 판단에 의존성이 높은 청소년시기에 충동구매의 경향이 많이
나타나고 있는데, 이를 청소년시기에 바로잡아 주지 않으면 성인이 되
어서는 충동구매가 중독되는 수준까지 이르게 된다.

8) 중독소비

중독소비는 충동소비보다 더 강하게 소비에 얽매이는 경우이며, 구
매에 대한 욕구가 과도하게 생겨나고 이를 억제하지 못하게 됨으로써
나타나는 소비의 형태이다. 중독소비에서 나타나는 현상으로는 중독의
정도가 강화되는 현상, 내성이 생기는 현상 및 금단현상 등이 있다. 강
화현상은 소비를 할수록 소비를 하고 싶은 욕구가 점점 더 강해지는 현

상으로 소비에 대한 중독의 정도가 점점 더 강화되는 것을 말한다. 내성현상은 소비횟수가 진행될수록 같은 양의 소비로는 점점 더 만족을 느끼지 못하게 되는 현상이다. 내성현상으로 인해 소비자는 점점 더 많은 양을 소비하게 되고 소비를 위해 지출되는 금액이 점점 커지게 된다. 금단현상은 소비를 하지 않고 있거나 중단했을 때 심리적·육체적으로 매우 심한 불안감을 보이는 현상이다. 이는 마약이나 담배 등에 중독된 사람들이 끊거나 하지 못하게 되었을 때의 반응이나 불안감과 같은 현상이다. 소비에 중독된 소비자는 위에서 설명한 이러한 현상들이 반복되면서 초과지출을 하게 되고 궁극에는 재정적으로 파산에 이를 가능성이 높다.

중독소비 혹은 쇼핑중독증은 습관의 수준을 넘어 정신질환으로 취급된다. 단순히 쇼핑을 통해 불만을 해소하거나 대리만족을 느끼기 위해서 필요하지 않은 제품을 구매하고, 구입한 제품에 대해 제대로 기억하지 못하며, 쇼핑을 하지 못하게 되면 심리적·육체적으로 불안함을 느끼는 쇼핑중독증은 단순히 소비자 본인의 의지만으로는 중단하기 어렵다. 따라서 전문가의 도움을 통해 정신적 치료가 필요하다. 현대사회가 되면서 신용카드, 홈쇼핑 채널, 인터넷 쇼핑, 통신판매업 등이 생겨나고 증가하면서 구매가 용이해지고 충동구매에 노출되는 경우가 잦아지면서 중독소비도 늘어나고 있는 실정이다. 이러한 구매환경에 대한 변화를 막을 수는 없지만, 개인, 가족, 집단구성원들이 스스로 혹은 집단으로서 이성적이고 계획성 있는 소비를 하도록 노력하고, 권하면 중독소비의 가능성을 줄일 수 있을 것이다.

9) 쾌락소비

현대 소비사회에서 일어나고 있는 비정상적이 소비형태 중의 하나가 쾌락을 추구하는 소비이다. 쾌락을 추구하는 것은 인간의 본능으로 오래전부터 존재해왔다. 그러나 자본주의 체제하에서 소득의 증가는 이러한 쾌락소비를 더욱더 조장해왔다. 쾌락을 추구하는 것이 무조건 나쁜 것이고 없어져야 된다는 것은 아니다. 삶의 즐거움을 위해서 적당한 수준의 쾌락, 본인 및 타인 나아가서 사회에 해를 끼치지 않는 쾌락소비는 오히려 장려되어야 할 것이다. 그러나 현대사회는 성적 쾌락, 외모지상주의, 부분별한 음주문화, 집단폭주, 게임중독 등의 소비문화를 조장하여 불건전한 쾌락소비를 만들어내고 있다. 이러한 소비문화는 소비를 하는 개인뿐만 아니라 주변에 있는 타인이나 사회에 큰 피해를 입히게 된다. 따라서 쾌락소비가 근절되도록 개인뿐만 아니라 사회적 노력이 있어야 한다.

소비자

1. 소비자란

　현대사회는 소비사회이며, 인간은 태어나서 생을 마감할 때까지 소비한다는 뜻은 모든 사람들이 소비자라는 의미이다. 같은 사회에 살고 있어도 소비자는 매우 다양하며, 소비자들의 제품에 대한 기호와 소비의 형태는 끊임없이 변하고 있다. 소비자들은 나이가 들어감에 따라 자연적으로 변해가기도 하지만, 소비자들을 둘러싸고 있는 환경이 끊임없이 변해가기 때문에 소비자들 자신도 변해가고, 결국에는 소비와 관련된 모든 것들이 변해간다. 따라서 소비자에 대해 정확하게 이해하기 위해서는 소비자행동에 대한 분석을 끊임없이 지속적으로 해야 한다. 소비자행동을 분석하는 궁극적인 목적은 분석을 하는 주체에 따라 약간의 차이가 있을 수 있다. 첫 번째, 기업적 차원에서는 소비자의 욕구 충족을 통한 이윤추구를 위해서 소비자행동을 분석한다. 두 번째, 정부 및 공공기관에서도 소비자행동에 대한 연구가 필요한데, 이는 소비자들의 이익을 증대시키고 피해를 줄여 불건전한 소비(마약, 담배, 도박 등)와 생활(범죄, 낭비, 위험 등)을 퇴치시키고, 건전한 소비와 생활(절약, 봉사, 기부, 안전 등)을 장려하기 위해서이다. 세 번째, 소비자 자신을 위한 소비자 행동분석은 합리적인 구매 및 소비를 증진시키기 위해서 필요하다. 즉, 질 좋은 물건을 저렴하게, 시간과 자원을 절약하며 구매하도록 소비자 스스로도 소비자행동에 대한 분석을 할 필요가 있다. 마지막으로 소비자단체(경우에 따라서는 소비자 개개인들도)들은 소비를 통해 사회문제를 파악하고 이를 바로 잡기 위해 소비자행동에 대한 분석이 필요하다. 소비를 통해 제품의 생산, 유통, 소비에서 일어날 수 있는 사회문제를 파악하고 이 사회문제를 해결하기 위해 소비자들이 어떻게 소비행동을 해야 하는가에 대해 연구할 필요가 있다.

소비자들은 거의 매일 일상생활을 영위하는 동안 소비생활을 위한 결정을 내린다. 이러한 매일매일의 소비에 대한 결정이 단순한 과정을 거쳐 그 순간에 바로바로 이루어지는 것만은 아니다. 소비자를 둘러싸고 있는 과거와 현재의 모든 환경과 상황들이 영향을 미쳐 구매결정을 내리게 된다. 따라서 소비자들이 어떻게 소비결정을 내려 소비생활을 영위하는지 알고 싶으면 소비자들이 무엇을, 어디서, 어떻게, 얼마나, 언제, 왜 구매하는지 그리고 이에 대한 결정을 내리는 데 어떤 요인이 영향을 주고, 어떠한 절차를 거쳐 소비의사결정을 내리는지 알아야 한다. 그러나 이러한 내용들은 겉으로 잘 드러나지 않는다. 소비자들의 마음 혹은 생각 깊숙이 숨어 있어 심지어 소비자들도 인지하지 못하는 경우가 많다. 따라서 소비자행동에 관련된 내용들을 일목요연하게 정리하여 이를 하나하나 분석할 필요가 있다.

소비자행동 모델은 <그림 1-1>에 제시된 것과 같이 소비자들의 구매의사 결정과정에 많은 요인들이 영향을 미치고 있다. 이를 간략히 설명하면 소비자는 항상 똑같은 것은 아니지만, 문제인식, 정보탐색, 대안평가, 구매, 구매 후 행동 등의 과정을 거쳐 소비의사결정을 하게 되고, 윤리적 소비에 대한 관심, 관여도(Level of Involvement), 사회문화적 요인, 심리적 요인, 개인적 요인과 더불어 기업의 마케팅 전략, 상황적 요인 등이 구매의사 결정과정에 영향을 준다.

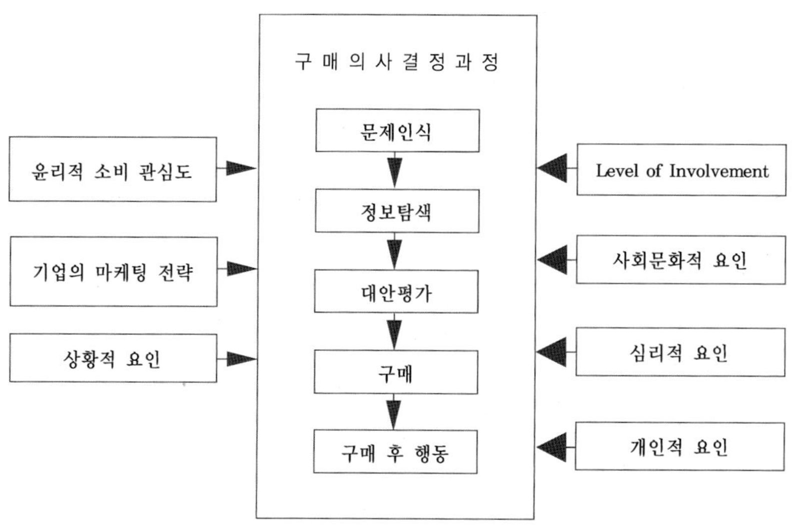

〈그림 1-1〉 소비자 구매의사 결정모델

1) 윤리적 소비에 대한 관심

윤리적 소비에 대한 관심 수준에 따라 소비자들의 구매의사결정의 기준이 다를 것이다. 윤리적 소비에 대한 관심이 높은 경우 소비자들은 문제인식에서부터 구매 후 행동까지 높은 수준의 윤리적 소비를 위한 기준을 적용하게 된다. 예를 들면 문제인식에서부터 소비자가 느끼는 욕구가 윤리적 소비기준에 벗어나지 않는지를 먼저 생각하고 난 후에 구매의사결정을 진행할 것인지를 결정할 것이다. 그리고 대안을 찾고 대안에 대한 구체적인 정보를 얻을 때도, 획득한 정보를 이용해서 대안을 평가할 때도, 단순히 제품의 품질과 효용성만을 기준으로 하지 않고, 윤리적 소비의 기준도 포함하여 평가할 것이다. 구매 시와 구매 후 행동도 윤리적 소비기준을 충족하느냐 못하느냐가 중요한 결정요인으로 작용할 것이다.

2) 관여도

소비자들이 구매의사결정을 할 때 얼마나 많은 관심을 갖고, 얼마나 많은 시간과 노력을 들이는지에 따라서 구매의사결정 유형이 결정될 것이다. 예를 들면 화장실 휴지를 사기 위해서 인터넷에서 화장실 휴지의 종류, 각 종류별 특징, 장단점 등에 대한 정보를 찾아보는 사람은 많지 않을 것이다. 그러나 자동차나 컴퓨터 등을 살 때는 인터넷을 통해 혹은 다른 방법을 통해 정보를 찾는 사람이 많을 것이다. 이는 화장실 휴지의 구매에 대한 관심도가 낮기 때문이고, 자동차나 컴퓨터의 구매에 대한 관심도가 높기 때문이다. 소비자의 관여 수준은 아마도 구매의사결정 유형을 분류하는 데 가장 중요한 결정요인이 될 것이다.

관여도는 소비자가 대안을 탐색하고, 평가하는 구매의사결정 과정에 들이는 시간과 노력의 양을 나타낸다. 즉, 관여도가 높은 경우가 낮은 경우보다 구매의사결정 과정에 들이는 시간과 노력의 양이 많아질 것이다. 같은 제품에 대해서도 각 개인에 따라 관여도가 차이 날 것이다. 예를 들면 일반사람들보다 치아의 상태가 좋지 못한 사람들은 칫솔에 대한 구매의사결정 시 더 높은 관여도를 보이며 더 많은 시간과 노력을 들일 것이다. 관여도가 높은 경우는 잘못 구매했을 때 그에 대한 피해나 손해가 많거나 또는 자신의 개성을 나타내는 제품이나 서비스를 구매할 때이다. 반대로 잘못 구매하더라도 피해나 손해가 거의 없고, 자신의 이미지와 별로 관계가 없는 제품을 구매했을 때는 관여도가 낮다. 그래서 소비자들은 고가의 제품이나 자신이 처한 특정한 상황 때문에 잘못 구매하면 피해(금전적 피해, 정신적 피해, 이미지 손상 등)를 많이 보게 되는 제품을 구매할 때 올바른 구매를 하기 위해서 더 많은 관심을 기울이고 시간과 노력을 더 많이 투자하게 된다. 잘못 구매해도 별로 피해가 없는 저가의 제품이나, 정신적 혹은 이미지 손상을 가져오지 않는 제품의 구매에 대해서는 별로 관심을 보이지 않고 시간과 노력을 투자하지 않게 된다.

3) 문화적 요인

소비자 구매의사결정에 영향을 미치는 영향요인 중에서 문화적 요인은 개별 소비자행동과 의사결정에 가장 넓고 깊게 영향을 미친다. 소비자에게 영향을 미치는 문화적 요인을 파악하기 위해서는 개별 소비자들의 문화와 가치관뿐만 아니라 하위문화, 사회계층 등의 문화적 요인들이 개별 소비자의 구매의사결정에 어떻게 영향을 미치는지 이해해야 한다.

문화는 한 사회집단을 다른 사회집단과 구별할 수 있는 중요한 특성이다. 문화는 한 사회의 구성원들 간에 서로 공유하는 의미, 가치관, 언어, 신화, 관습, 의례의식, 법률 그리고 전통 등을 포함하는 총체적인 의미이다. 문화는 자유와 독립과 같은 추상적인 아이디어와 개별집단에서 가치가 있는 자동차, 의류, 음식, 예술품 그리고 스포츠와 같은 물질적인 대상물이나 서비스 등을 모두 포함하고 있다. 또한 문화는 소비자의 태도, 신념과 지각에 영향을 미치며, 한 세대에서 다음 세대로 전승되어 넘어갈 때 문화뿐만 아니라 문화유산인 제품에 대한 소비자행동을 형성하는 데 영향을 준다. 문화에서 가장 중요한 요소 중의 하나는 가치관인데, 인간의 가치체계는 그들의 소비자행동에 영향을 주고 있다. 가치체계가 유사한 소비자들은 가격이나 다른 마케팅 자극에 비슷하게 반응한다. 환경을 보호하려는 소비자들은 환경을 해치지 않는 제품들만 구매하려고 한다. 가치관은 또한 소비자들의 TV 시청 습관이나 잡지구매에도 영향을 줄 수 있다.

문화는 인구 통계적인 특성, 지리적 위치, 국가와 인종, 정치적 신념, 종교적 신념 등을 기준으로 하위문화를 구분할 수 있다. 하위문화는 한 집단 내에서 비교적 유사하게 생각하고 행동하며, 타 집단에 비해 빈번하게 접촉하는 동질적인 하위집단이 공유하는 문화적인 요소이다. 하위문화 속에 있는 사람들의 태도, 가치관과 구매의사결정은 심지어 하위문화보다 넓은 문화 속에 있는 사람들보다 훨씬 더 유사하다. 하위문화적 차이는 한 문화 속에 사람들이 제품이나 서비스를 구매하는 행동에서 상당한 차이를 나타낼 수도 있다. 대부분의 사회는 어떠한 형태의 사회계층 구조를 가지고 있다.

사회계층은 '같은 계층에 속하는 사람들이 비슷한 가치관, 관심사와 행동규범을 보이는 비교적 지속적인 계층적 사회구분'을 말한다. 이러한 사회계층은 다양한 요인들이 결합되어서 결정되는데, 대표적인 결정요인들이 소득, 직업, 수입, 학력, 재산, 생활양식, 주거지역 및 주거형태 등이다. 특정한 사회제도에서 계층은 세습되고 바뀔 수 없으며, 계층마다 특정역할이 주어지기도 한다. 그러나 대부분의 경우 개인의 상황이 변함에 따라 신분상승이나 하락으로 속한 계층이 변한다. 한 계층에 속한 사람들은 비슷한 생활패턴 및 구매행동을 보인다. 특히 사회계층은 의류, 가구, 레저활동, 취미, 자동차 등의 영역에서 제품 혹은 브랜드에 대해 매우 비슷한 선호도를 보이고 있다. 유사한 사회계층에 포함된 소비자들은 노출되는 매체, 구매하는 제품이나 서비스의 종류, 쇼핑형태나 쇼핑장소 등 매우 다양한 구매패턴과 소비패턴에서도 유사점을 보이기 때문에 사회계층을 이해하는 것은 매우 중요하다.

4) 사회적 요인

대부분의 소비자들은 특히 의사결정 시에 느끼는 지각된 위험이 증가할 때, 그들의 탐색과 평가노력을 높이거나 혹은 불확실성을 줄이기 위해 다른 사람의 의견을 구하고 싶어 한다. 소비자들은 또한 제품이나 서비스 그리고 제품속성 정보가 부족하거나 유익하지 못하기 때문에 사용에 지침을 얻기 위해 다른 사람의 의견을 구할 수도 있다. 소비자들은 윤리적 소비에 대한 관심은 많지만 윤리적 소비의 기준에 대한 정보가 부족할 때 이에 대한 지식을 가지고 있는 다른 사람의 의견을 듣고 싶어 한다. 특히 소비자들은 제품정보와 의사결정 동의를 얻기 위해서 준거집단(reference group), 의견선도자(opinion leader) 그리고 가족구성원들과 사회적인 상호작용을 한다.

개인의 구매행동에 영향을 주는 공식적, 비공식적 모든 집단은 그 사람의 준거집단이다. 소비자들은 어떤 집단의 구성원임을 확인하거나 구성원이 되기 위해서 제품이나 브랜드를 사용할 수도 있다. 소비자들은 그들의 준거집단 구성원들이 어떻게 소비하는지를 관찰함으로써 배우며, 그들 구성원들이 의사결정 할 때 사용한 똑같은 기준을 이용한다. 준거집단의 영향은 제품범주나 브랜드에 따라 다르다. 구매의사결정에 미치는 준거집단의 영향 정도는 구매나 소비행위가 다른 사람에게 얼마나 사회적으로 의식되어 시각적으로 이루어지느냐가 중요하다. 상표선택 시 공적 제품으로 구매의사를 결정할 때는 가시성이 높기 때문에 사적 제품일 때보다 훨씬 더 준거집단의 영향을 받을 것이다. 그리고 제품이 사치품이냐 필수품이냐에 따라 다른데, 제품구입 여부를 결정하는 의사결정을 할 경우에, 필수품인 경우는 모든 사람들이 그 제품을 보유하고 있기 때문에 준거집단의 영향이 약한 반면, 사치품은 강한 준거집단의 영향을 받는다. 그리고 공적 사치품은 제품구입 및 상표선택 시에 모두 준거집단의 영향을 강하게 받는 반면, 사적 필수품은 둘 다 영향을 약하게 받는다.

준거집단은 다른 사람에게 영향을 미치는 집단의 리더들 즉, 의견선도자들을 포함하고 있다. 마케팅 담당자들은 자사의 제품이나 서비스를 구매하도록 의견선도자들을 설득하는 것이 중요하다. 일반적으로 시장에서 판매되고 있는 많은 제품이나 서비스들이 초기에는 이러한 의견선도자들의 영향을 상당히 많이 받는다고 할 수 있다.

의견선도자들은 흔히 순수한 호기심으로 새로운 제품이나 서비스를 시험 삼아 사용해 보려 한다. 그들은 전형적으로 소속된 공동체, 직장,

시장 등에서 적극적으로 활동하며, 집단의 나머지 사람들보다 사회적인 지위가 약간 더 높고 흔히 다른 사람들의 태도나 행동에 영향을 미치는 사람들이다. 예를 들면 패션 의견선도자는 많은 패션잡지를 구독하며 유행하고 있는 패션전문점에서 쇼핑하고, 최신 유행되는 제품을 우선적으로 구입해서 입으려 하는 사람이다. 이런 사람은 주로 의류선택에 영향을 미치지만 화장품, 향수, 보석 등에 관한 조언을 얻기 위해서 다른 사람들에게 자주 자문을 구할 수도 있다.

가족은 많은 소비자들에게 가치관, 태도, 자아개념과 구매행동에 강하게 영향을 미치는 가장 중요한 사회집단이다. 어린 자녀들은 그들 부모들의 구매행동과 소비패턴을 관찰함으로써 학습하고, 차후에 자기 자신이 소비주체가 되었을 때 부모와 유사한 소비형태를 나타내는 경향이 있다. 가족구성원들 간의 구매의사결정에서의 역할은 구매한 제품유형에 따라 상당히 다양하며, 구매과정에서도 제안자, 영향자, 의사결정자, 구매자, 소비자 등 다양한 역할을 맡고 있다. 예를 들면 막냇동생의 생일선물을 위해서 새로운 자전거가 필요하다고 형제나 부모님 중의 누구나 제안자가 될 수 있다. 엄마는 자전거의 적정한 가격대에 대하여 의사결정의 지침을 줄 수도 있고, 형은 브랜드에 대한 의사결정에 영향을 줄 수도 있다. 부모님 중에서 한 분이 의사결정자가 되어 형이나 누나에게서 색상과 디자인 등과 같은 외장에 관한 더 많은 정보를 추구하고, 내구성이나 안전성과 같은 부가적인 기준을 부여한 후에, 최종적으로 구매할 자전거의 브랜드나 모델을 선택할 것이다. 부모님 중에 한 분이 실제 자전거를 구매하는 구매자가 된다. 자전거를 구매한 후에는 막냇동생이 제품의 최종 소비자가 된다.

5) 개인적 요인

개인의 구매의사결정은 또한 성별, 나이, 생활주기단계, 개성, 자아개념 그리고 라이프스타일 등과 같은 각 개인의 개인적 특성에 따라 영향을 받는다. 개인적인 특성은 일반적으로 일생 안정적이다. 예를 들면 그들의 성별은 변하지 않을 것이고, 개성이나 혹은 라이프스타일을 변화시키는 행동은 완전히 자기 인생의 방향전환을 필요로 한다. 연령이나 생활주기단계에서 이러한 변화는 시간이 지나면서 점진적으로 일어난다.

남성과 여성 간의 유전학적 차이는 건강과 미용제품에서처럼 서로 다른 욕구를 나타낼 수 있다. 또한 성별에 따라 수행되는 문화적, 사회적, 경제적 역할 차이는 중요하며, 이러한 것은 구매의사결정 과정에서도 나타난다. 예를 들면 여성들은 남성보다 자동차를 구입할 때 여러 가지 다른 특징을 찾는 경우가 많다. 어린 자녀를 둔 여성 운전자의 대부분이 자녀를 키우는 활동을 생각해서, 학교나 스포츠 등 여가활동을 시키는 데 적합할 만큼 충분히 넓고 다양하게 활용할 수 있는 것을 찾는다. 그래서 미니밴 자동차회사의 경우, 여성들의 작은 손으로도 쉽게 다룰 수 있게 자동차 문의 크기, 의자나 페달의 위치를 다르게 조정해서 판매하고 있다. 성별 간의 차이는 소비자들의 쇼핑행동에서도 차이가 있는데, 대부분의 여성들은 쇼핑을 즐기는 데 반해 남성들은 거의 대부분이 장시간의 쇼핑행위를 싫어하는 경향이 높다. 그래서 남성들은 대체로 여러 상점에서 여기저기 기웃거리는 것보다는 단순히 몇 개의 상점만을 둘러보고 편리하게 단지 필요한 제품만을 쇼핑하고 구매하길 좋아한다.

소비자의 연령과 가족생활주기단계는 소비자행동에 상당한 영향을 미칠 수 있다. 일반적으로 소비자의 연령은 어떤 제품이나 서비스를 구매하는 데 관심이 있는지를 나타내준다. 음식, 옷, 자동차, 가구, 레크리에이션 등에 대한 소비자의 기호는 연령과 밀접한 관련이 있다. 다시 말해서 동일한 연령층에서는 가치관이나 생활태도 등이 유사하기 때문에 이러한 제품부류에 대한 기호가 비슷하다. 그리고 소비자의 연령은 가족생활주기 상에서의 위치를 나타내준다. 가족생활주기는 나이, 결혼

상태, 자녀유무 등을 고려해서 구분한 일련의 단계들로 이루어져 있다. 즉, 가족생활주기의 단계는 미혼생활부터 결혼한 이후에 자녀의 유무와 자녀의 성장과 독립, 노후생활 등에 따라 구분하고 있는데, 각 단계별 소비자의 제품이나 서비스의 구매행동이 달라질 수 있다. 예를 들면 미혼일 경우는 주류, 교육, 오락 등에 더 많은 소비를 하는 반면에, 결혼한 부부의 가정은 초기에는 의류, 주택, 음식 등에 지출이 높고 자녀가 있는 가정은 음식, 오락, 교육, 자동차 등에 더 많이 소비한다. 자녀가 성장해서 독립한 노부부 가정은 여성용 의류, 건강식품 및 의료 등에 전형적으로 지출이 늘어난다.

개별 소비자들은 독특한 개성을 가지고 있다. 개성은 심리적인 성격과 환경적인 세력을 결합하는데, 특히 가장 지배적인 특성인 인간의 기질을 포함한다. 개성은 소비자행동을 연구하는 데 최소한의 유용한 개념들 중의 하나로 구매한 제품의 유형이나 브랜드에 영향을 미친다고 할 수 있다. 예를 들면 소비자가 구매한 자동차, 의류, 보석의 종류는 자신의 개성을 반영한 것이라고 볼 수 있다. 개성은 여러 가지 공통적인 특성으로 분류될 수 있는데, 일반적으로 소속감, 적응성, 공격성, 성취감, 우월성, 자율성, 방어성, 정서성, 사회성, 안전성, 자기과시성, 순종성, 복종성 등으로 구분할 수 있다. 개성은 특정제품이나 브랜드를 선택하는 소비자행동을 분석하는 데 유용하다. 예를 들면 자율성이 강한 소비자의 경우는 소비생활과 관련하여 다른 사람을 의식하지 않기 때문에 독자적인 구매결정을 내리는 경향이 높을 것이고, 소속감이나 사회성이 강한 소비자는 친구나 직장동료 등 준거집단의 영향을 많이 받아서 남을 의식하는 구매나 모방구매가 많은 경향을 나타낼 것이다.

6) 심리적 요인

개인의 구매의사결정은 지각, 동기, 학습 등의 심리적 요인의 영향을 받는다. 이러한 요인들은 소비자들이 그들의 세계와 상호작용하기 위해 이용하는 것들로서, 그들의 느낌을 인식하고, 정보를 수집하고 분석하며, 사고와 의견을 분명하게 나타내고, 행동을 취하기 위해 이용하는 도구들이다. 소비자행동에 영향을 미치는 다른 세 가지 요인들과는 달리, 심리적인 영향요인은 개인의 환경에 영향을 받을 수 있다. 소비자는 여러 가지 상황에서 끊임없이 자극들을 받으면서 생활하고 있는데, 예를 들면 자극을 받은 환경이 수업시간 중에, 친구와 대화 중에, 혹은 TV 시청 중에 있느냐에 따라 자극을 다르게 지각하고, 이들 자극도 다른 방식으로 진행될 것이다.

세상은 자극들로 가득 차 있는데, 이러한 자극들은 인간의 시각, 청각, 후각, 미각, 촉각 등의 오감에 영향을 미치는 투입요소이다. 우리가 이러한 자극들을 선택하고 체계화해서 의미 있고 논리 정연한 심상으로 해석하는 과정을 지각이라고 한다. 사람들은 같은 상황에서 동일한 자극을 받았다고 할지라도 서로 상당히 다른 행동을 취하기도 하는데, 각자 상황을 다르게 지각하기 때문이다. 예를 들면 TV 광고를 시청하고 있는 두 사람이 광고메시지를 다르게 해석할 수도 있다. 한 사람은 그 메시지에 의해 완전히 마음이 빼앗겨서 그 제품을 구매하기 위해 크게 동기부여가 되었는데, 다른 한 사람은 메시지 내용을 회상할 수도 없거나 혹은 광고된 제품조차 기억하지 못할 수도 있다.

소비자는 제품을 구매할 때 어떤 욕구를 충족시키기 위해 구매한다. 그러나 대부분의 욕구들은 사람을 행동에 이르게 할 정도로 강력하지 못하다. 특정욕구가 어떤 사람에게 행동을 유발할 정도로 강한 수준까지 환기될 때, 이러한 욕구는 동기가 된다. 동기란 목표지향적인 인간이 충족시키려 하는, 혹은 긴장을 완화시키려 하는 자극된 욕구라고 할 수 있다. 욕구를 소비자가 인식한 이후에 즉각적인 행동을 불러일으킬 정도로 충분히 강할 때 비로소 소비자는 그 욕구를 충족시키고자 하는 동기를 갖게 된다. 예를 들면 어떤 소비자가 고급주택 구입에 관심이 많다면, 단순히 생리적 욕구, 안전 욕구, 사회적 욕구들 때문에 동기가 유발되었다 할 수 없을 것이다. 그의 고급주택 구입은 열심히 노력해서 사회적으로 인정받고 싶은 존경 욕구나 한 차원 높은 자아실현 욕구로부터 동기유발이 되었다고 할 수 있다.

모든 소비자들의 행동은 경험이나 관행을 통해 행동을 변화시키는 과정인 학습(learning)에서 나온다. 직접적으로 학습을 관찰한다는 것은 불가능하지만, 사람의 행동으로 나타났을 때 추론할 수는 있다. 예를 들면 신제품 구두 광고물을 보고 난 후에, 바로 그날 백화점에 가서 그 제품을 구입했다면 우리는 신제품 구두 광고물을 통해서 무엇인가를 학습했다고 추론할 수 있다. 학습에는 경험적 학습과 개념적 학습의 유형이 있다. 경험적 학습은 어떤 경험이 행동을 변화시킬 때 일어난다. 예를 들면 평소에 두통증세가 자주 있었는데 우연히 새로운 두통약에 관한 광고를 보고 약국에서 해당 제품을 사먹었지만 그 증세가 완화되지 않았다면, 그 브랜드의 약을 다시는 구입하지 않을 수도 있다. 그리고 직접적인 경험을 통해서 학습된 것이 아닌 개념적 학습은 이차적인 학습유형이다. 예를 들면 청량음료를 구입하려고 자동판매기 앞에 서 있는데 새로운 인공감미료를 첨가한 다이어트 음료를 발견했다. 그런데 누군가가 그 음료는 뒷맛이 개운하지 않다고 말해서 다른 음료를 구입했다면, 이런 경우에 그 새로운 제품을 경험해보지도 않고 그 제품이 좋지 않다는 것을 학습한 것이다.

7) 상황적 요인

소비자들이 구매하는 시점 또는 구매한 제품 및 서비스를 사용하는 상황에 따라 구매의사결정이 달라질 수 있다. 이렇게 구매의사 결정과정에 영향을 미칠 수 있는 상황적 요인은 구매시점의 물리적 환경, 사회적 환경, 구매목적과 특성, 시간의 제약성, 구매 시 구매자의 감정상태 등이 있다.

소비자들이 제품을 구매하러 갔을 때, 점포 내외의 물리적 환경에 의해서 구매행동은 영향을 받게 된다. 물리적 환경이 쾌적하거나 좋아하는 상황이면 구매행동에 여유가 생기고 매장에 머무는 시간이 길어지며 매장 내의 제품 또는 제공되는 서비스, 판매원 등 모든 부분에 대해 평가가 좋아질 가능성이 높다. 반대로 매장 내의 물리적 환경이 좋지 못하거나 싫어하는 환경이 조성되어 있다면 가능한 빨리 매장을 벗어나고자 할 것이다. 이 경우에는 구매의사결정을 여유 있게 할 수 없고, 좋은 평가를 내리지 않을 가능성이 높기 때문에 구매를 결정하지 않거나 최소한의 구매만 하고 빨리 매장을 나올 가능성이 높다.

소비자가 제품 및 서비스를 구매하는 시점과 사용하는 시점에 있어서 타인의 존재 여부 및 누구와 같이 있는지에 따라 소비자의 구매의사결정은 영향을 받는다. 혼자 쇼핑을 하러 갔을 때, 가족과 같이 갔을 때, 친구와 갔을 때, 연인과 함께 갔을 때 제품의 구매기준이 바뀌는 경우가 많다. 예를 들면 혼자 갔을 때는 본인이 선호하는 제품을 구매할 가능성이 높지만, 누군가 옆에 있다면 같이 있는 사람의 의견을 구매결정에 반영할 가능성이 높다. 그리고 경우에 따라서는 같이 있는 사람에게 보여주기 위한 구매를 할 가능성도 있다. 그리고 제품 및 서비스를 사용하는 시점에 타인의 존재 여부와 누구와 같이 있느냐도 구매결정에 영향을 준다. 예를 들면 혼자 먹기 위해 간식거리를 준비한다면 본인이 좋아하는 것을 최우선으로 생각하지만, 타인과 같이 먹을 간식거리라면 같이 간식을 먹는 사람이 누구냐에 따라 그 사람이 좋아하는 간식거리도 고려의 대상으로 포함시킬 가능성이 매우 높다.

같은 제품 및 서비스를 구매하더라도 그 제품이 어떤 목적으로 사용될 것인가에 따라 구매의사결정이 영향을 받는다. 예를 들면 술을 사는 목적에 따라 구매하는 술의 종류 또는 브랜드가 달라질 수 있다. 슬픔을 잊기 위한 목적으로 술을 산다면 아마도 독한 술을 구매할 가능성이 높고, 파티를 위해서 술을 사는 경우에는 평상 시 구매하는 술보다 고급스러운 술을 살 가능성이 높다. 또한 파티의 성격과 주류브랜드의 이미지를 연결 지어 술을 구매할 가능성이 높다.

구매하는 시점에 시간적 여유가 얼마나 있느냐에 따라서 구매의사결정은 영향을 받는다. 시간적 여유가 없다면 매장 내에서 충분한 시간을 가지고 다양한 대안들을 다양한 기준으로 평가할 수 없다. 따라서 구매의사결정을 할 때 중요하다고 생각되는 제한된 수의 기준을 가지고 제한된 대안들을 평가하게 되어 합리적인 구매의사결정을 내릴 가능성을 줄인다. 반대로 시간적 여유가 있다면 최대한 많은 대안들을 대상으로 많은 평가기준을 이용하여 구매의사결정을 내릴 수 있다. 그리고 목적구매 이외의 쇼핑도 즐길 수 있기 때문에 구매하는 제품의 수가 늘어날 가능성이 높다.

구매할 때 소비자의 감정상태에 따라 구매의사결정이 영향을 받는다. 사람의 감정은 매우 다양하지만 대표적으로 몇 가지만 예를 들면 우선 기분이 매우 좋을 때는 일반적으로 마주하게 되는 제품 및 서비스 혹은 사람들에 대한 평가가 긍정적으로 나타날 때가 많다. 따라서 기분이 좋을 때 구매할 가능성이 높아진다. 또한 기분이 좋으면 두뇌 속의 정보 흐름이 매우 원활해진다. 따라서 미리 파악해놓은 많은 정보를 대안평가에 이용할 가능성이 높아져 보다 합리적인 구매를 가능하게 해준다. 그러나 반대로 기분이 나쁠 때는 대상제품과 서비스 혹은 사람들에 대한 평가가 부정적으로 나오게 되어 구매가능성이 낮아지거나 구매를 축소하는 경향이 생긴다. 기분이 나쁠 때는 두뇌 속의 정보의 흐름이 좋지 않게 되어 미리 알고 있는 많은 정보를 사용하지 못하는 경우가 많다. 특히 두려운 감정상태에서 구매활동을 할 때는 정보의 흐름이 최악의 상태에 빠져 매우 비합리적인 구매를 할 가능성이 높다.

8) 마케팅 전략

기업에서 펼치는 마케팅 전략에 따라 소비자의 구매의사결정이 영향을 받는다. 실제로 기업이 마케팅 전략을 시장에서 소비자를 대상으로 사용하는 이유는 소비자들의 구매행동에 영향을 주기 위해서다. 특히 자사제품이나 서비스에 보다 긍정적인 평가를 내려 구매할 가능성을 높이기 위해 사용한다. 따라서 소비자들이 구매의사결정을 내릴 때 기업의 마케팅 전략에 전혀 영향을 받지 않는다면, 자원을 투입해서 마케팅 전략을 수립하고 실행할 이유가 없다.

마케팅 전략은 일반적으로 4P(제품, 가격, 유통, 촉진)로 구성된다. 제품의 질, 특성, 기능, 디자인 등 제품과 관련된 모든 것들이 소비자가 제품을 평가할 때 이용된다. 제품의 가격은 소비자들이 구매 시 고려하는 매우 중요한 요인이다. 제품을 어떤 유통경로를 통해서 판매하느냐도 소비자 구매의사결정에 영향을 준다. 유통점의 이미지가 제품의 이미지에 영향을 주고, 유통점에서 사용하는 마케팅 전략도 소비자에게 영향을 준다. 그리고 소비자들과 커뮤니케이션을 하기 위해 사용되는 촉진전략은 소비자들의 구매의사결정에 보다 직접적으로 영향을 미친다. 예를 들면 소비자가 선호하는 브랜드가 있는 경우에도 다른 브랜드에서 가격할인을 한다면, 선호하는 브랜드 대신 할인을 하는 브랜드를 구매할 가능성이 할인하기 전보다 높아진다.

오늘날 소비자의 제품평가에 영향을 주는 것 중에 하나가 기업의 사회적 책임수행 여부이다. 많은 기업들이 사회적 책임의 수행을 마케팅 수단으로 이용하고 있다. 이러한 현상은 기업도 사회의 한 구성요소이며, 사회의 구성요소로서 사회적 책임과 역할을 다하고 사회에 공헌해야 한다는 소비자 인식의 변화가 나타났기 때문이다. 최근 우리 사회에 나타난 문제들 가운데 대기업과 중소기업의 상생문제, 청년실업, 노사문제, 부의 양극화, 환경 등 다양한 문제들이 기업과 직간접적으로 관련되어 발생하고 있다. 이를 해결하기 위한 방안으로 기업의 사회적 책임에 대한 관심이 높아지고 있는 실정이다.

2. 소비자주권

1) 소비자주권이란

사전적 의미에서 소비자주권은 자유경쟁을 원칙으로 하는 자본주의 경제에서 경제유형, 산업구조, 생산유형 등을 결정하는 최종적인 권한은 소비자에게 있다는 의미를 갖는다. 간단히 말해서 자본주의 시장에서 소비자가 주도권을 갖는다는 말이다. 근대 경제학을 태동시켰던 Adam Smith는 1776년 발간된 『국부론』에서 '소비가 모든 생산의 유일한 목표이고 목적이다. 따라서 생산자의 이익은 소비자의 이익을 창출하는 데 필요한 범위 내에서 고려되어야 한다'고 언급하면서 소비자주권과 유사한 개념을 언급하였다. 1936년 소비자주권이라는 용어를 처음으로 사용한 Hutt는 민주사회에서는 국민들이 정치적 주도권을 가지고 있듯이, 자본주의 시장에서는 소비자들이 경제적 주도권을 가져야 한다고 주장하였다. 미국의 경제학계를 주름잡았던 Paul Samuelson은 '어떤 제품이 얼마나 생산되어야 하는가는 소비자들의 화폐투표에 의해서 결정된다. 민주사회에서는 2년 혹은 4년마다 투표가 이루어지지만, 시장에서는 수시로 어떤 제품을 사겠다는 소비자들의 결정이 투표를 하는 것이다'라고 하면서 생산은 소비자들의 결정에 의존하고, 생산에 대한 최종결정은 소비자들의 권한임을 이야기했다. 소비자주권에 대한 의견은 단순히 소비자가 제품을 자유롭게 선택하고 소비하는 권리만을 이야기하는 것이 아니다. 소비자주권은 소비자가 현명한 소비자로서 성실하게 소비생활을 영위하고 적극적으로 시장에 참여하여 경제유형, 산업구조, 생산유형 등의 결정에 영향력을 행사하여야 한다고 본다. 이러한 소비자주권이 원활하게 실현되기 위해서는 다음의 두 가지 조건이 충족되어야 한다. 첫째, 시장에서의 경쟁이 공정한 자유경쟁이 되어야 한다. 담합 혹은 힘의 논리로 인해 공정한 경쟁이 이루어지지 않으면 소비자들의 결정이 생산 분야에 합리적인 영향을 미칠 수 없게 된다. 둘째, 소비자가 합리적으로 선택할 수 있어야 한다. 소비자들이 비이성적·비논리적으로 결정을 한다면, 소비자들의 결정이 시장에 왜곡된 영향을 미칠 수 있다. 위의 두 가지 조건 중 하나만 만족하면 소비자주권을 확보할 수 없고, 두 가지 조건이 항상 모두 만족하여야 한다.

2) 소비자주권확립의 저해요인

소비자주권은 시장에서 소비자들이 내린 결정이 경제유형, 산업구조, 생산유형 등에 영향을 미쳐서 자금, 산업자원, 노동력 등이 소비자가 원하는 수준으로 적절하게 배분되어 사회적 균형을 맞추도록 만드는 권한을 의미한다. 현대 소비사회에서 이러한 소비자주권을 달성하는 데 많은 제약요인이 있다. 시장이 복잡해지고, 크기가 성장하면서 대기업이 시장을 주도하게 되었다. 이렇게 되면서 생산자와 소비자입장에서의 상호호환성이 사라졌고, 생산자의 힘이 소비자의 힘을 압도하게되어 대등한 위치에서 거래가 성사되는 것이 어렵게 되었다. 이러한 상황에서 구체적으로 어떤 요인이 소비자주권의 확립을 저해하는지 아래에서 알아보고자 한다.

첫째, 정보의 비대등성이다. 출시되는 제품의 종류가 점점 더 다양해지고, 기술발달의 속도가 빨라지고, 제품생산과정이 복잡해지고, 교통과 통신의 발달로 세계시장이 매우 빠른 속도로 통합되면서 합리적인 결정을 하기 위해 필요한 정보의 양도 많아지고, 수준도 높아졌다. 이러한 상황에서 소비자들은 대기업 혹은 거대 자본가들과 비교해 정보를 획득하기 어려워졌다. 결국 생산자와 소비자가 다른 수준의 정보를 이용하여 시장에서 활동하게 된다. 정보를 많이 깊게 확보할 수 있는 생산자는 그렇지 못한 소비자들보다 유리한 입장에서 시장활동을 할 수 있기 때문에 소비자들이 시장 내에서 주도권을 갖기가 어렵다.

둘째, 조직력과 시장지배력에서의 비대등성이다. 생산자들은 강력한 조직력, 자본력, 시장지배력을 이용하여 소비자의 권리를 침해할 가능성이 있으며, 소비자들은 이에 대해 방어할 수 있는 능력이 약하다. 소비자들은 생산자에 비해 조직력이 떨어지고, 자금도 부족하며, 시장지배력이 없기 때문에 생산자에게 효과적으로 대응하기 어렵다. 예를 들면 많은 회사들이 소비자의 손해에 대한 적절한 피해보상을 해주지 않기 위해서 소송까지 끌고 가는 경우가 많다. 소비자 개개인은 거대회사를 상대로 소송을 이어가기가 쉽지 않아 소비자주권이 침해당하는 경우가 많다.

셋째, 기술조작에서의 비대등성이다. 생산자는 전문적이고 조직적인 기술조직을 가지고 있지만, 소비자들은 기술적인 전문성이 훨씬 뒤떨어진다. 소비자들은 제품에 대해 기술적인 평가를 할 때 한정된 범위 내에서 한정된 수준의 기술적 평가만 할 수 있다. 이에 비해 생산자들은 제품에 대한 기술적 정보를 충분히 가지고 있다. 그러나 생산자들은 자신들에게 유리한 기술적인 내용만을 소비자들에게 알려주고 불리한 내용은 공개하지 않는 경우가 많다. 물론 마케팅적 측면에서 경쟁에서 이기기 위해 그렇게 할 수밖에 없다 할지라도, 이러한 상황에서 소비자들은 합리적인 선택을 위해 필요한 수준의 충분한 기술적 검토 및 평가를 할 수 없다.

넷째, 부담전가에서의 비대등성이다. 생산자들은 생산자부담이 늘어났을 때 가격인상, 품질저하, 양 축소 등을 통해 제품에 바로 반영하지만, 생산자부담이 줄었을 때는 소비자의 부담을 줄여주기 위해 크게 노력하지 않고 이전의 상태를 유지하는 경향이 있다. 이런 경우에도 소비자들이 생산자에게 부담을 줄이도록 요구할 수 있는 뚜렷한 방법이 없다.

위에서 설명한 소비자주권확립 저해요인의 문제점을 시정하기 위한 방법은 소비자들이 집단화하여 시장에서의 영향력을 키우는 것이다.
소비자 개개인의 힘으로 거대 생산자를 상대하기는 어렵지만, 소비자
다수가 뭉쳐 집단화한다면 시장에서 충분히 영향력을 발휘할 수 있다.
이러한 영향력이 소비자운동으로 나타났다. 1960년대부터 시작된 우리
나라의 소비자운동은 여성운동의 일환으로 시작되었으나, 소비자문제
와 소비자피해가 크게 늘어난 1970년대 후반부터는 본격적인 소비자운
동으로 활성화되었다. 소비자운동을 통해 소비자보호법 등이 제정되었
고, 한국소비자보호원도 설립되었으며, 소비자 관련 연구와 조사활동도
활발히 전개되었다. 특히 1997년에 소비자의 권리의식을 신장시키고,
소비자보호에 대한 인식을 높이기 위해 12월 3일을 소비자의 날(법정기
념일)로 제정하였다. 2000년에 있었던 제5회 소비자의 날 기념식에서는
소비자주권 선언문이 발표되었는데, 그 전문의 내용은 아래와 같다.

◆ 소비자주권 선언문

첫째, 소비자는 상품 및 용역으로 인한 신체와 재산상의 위해로부터 보호를
받을 권리가 있습니다. 오늘날 소비자는 다양한 위험에 노출되어 있습니다. 기
술발전에 따른 유전자변형식품과 신물질 등은 소비자의 안전과 생명을 위협할
수도 있습니다. WTO 체제 출범 이후 국경 없는 물류 흐름으로 수입품과 관련
한 소비자 안전문제는 더욱 심각해져 갈 것으로 예상됩니다. 정부는 기업이 생
산판매 등 각 유통단계에서 위해요소를 중점 관리하도록 유도해나가는 한편,
안전을 위한 표시 및 검사기준을 국제규범에 맞도록 조정하고 엄격히 시행해
나가겠습니다. 나아가 제품의 결함이 있을 경우, 사업자가 이를 정부에 보고하
고 자발적으로 리콜을 할 수 있도록 금년 중 소비자보호법을 개정하겠습니다.

둘째, 소비자는 상품 및 용역에 대한 진실한 정보를 제공받고, 자유로이 선
택할 권리를 가지고 있습니다. 제품에 대한 정확한 정보는 소비자의 합리적인
의사결정을 위해 필수불가결한 요소입니다. 정부는 사업자가 상품정보를 공개
토록 하는 제도를 확대하고, 부당하고 불건전한 표시·광고행위를 적극 규제해
나가겠습니다. 특히 전자상거래에 있어서 우려되는 해킹, 개인정보 침해, 불건

전한 정보유통 등에 대해서는 신속한 조치를 취해나갈 것입니다. 소비자의 선택권은 자유롭고 공정한 경쟁시장이 전제되어야 보장받을 수 있습니다. 정부는 독과점, 기업결합, 공동행위 등과 같은 경쟁 제한적 행위를 철저하게 규제해나갈 것입니다.

셋째, 소비자는 정부기관과 사업자에 대하여 의견을 반영하고 피해구제를 받을 권리를 가지고 있습니다. 소비생활은 경제활동의 최종목적이며, 경제활동 규모 면에서도 3분의 2를 차지하는 핵심영역입니다. 따라서 경제활동과 관련되는 각급 정부기관과 사업자의 활동에 소비자의 의견이 충분히 반영되어야 합니다. 소비자문제의 가장 바람직한 해결방법은 소비자 스스로 문제를 해결할 수 있는 역량을 길러주는 것입니다. 이를 위해 정부는 학교 등에서부터 소비자 교육을 강화하고 소비자정보체계를 확립해나가겠습니다. 아울러 소비자보호원과 각종 소비자단체의 활동을 한층 활성화하여 생산자에 대한 소비자의 발언권을 높여나가겠습니다. 사업자의 자율적인 품질보증제도를 보완해나가고, 2002년부터 제조물 책임제도를 시행함으로써 소비자 피해구제에 만전을 기하도록 하겠습니다.

넷째, 소비자는 쾌적한 생활환경 속에서 소비생활을 할 권리가 있습니다. 현대 산업사회의 발전은 소득을 획기적으로 증대시키고 있는 반면, 자원의 고갈과 환경파괴를 초래하여 왔습니다. 이는 오히려 인간의 '삶의 질'을 악화시키고, 후세대에도 큰 부담으로 작용할 것입니다. 국민생활을 환경파괴로부터 지키고 지속 가능한 소비를 할 수 있는 새로운 개념의 정립이 요구된다고 하겠습니다. 정부는 환경친화적인 제품의 생산과 사용이 더욱 활성화될 수 있도록 하며, 소비자에게 올바른 환경정보를 제공하는 데 노력을 기울이겠습니다.

참고문헌

곽동성·이상훈·김규동·강기두(2011), 『마케팅』, 문영사.
김기옥·허경옥·정순희·김혜선(2001), 『소비자와 시장경제』, 시그마프레스.
박명희·송인숙·손상희·이성림·박미혜·정주원(2008), 『생각하는 소비문화』,
　　교문사.
백경미(1998), "현대소비문화와 한국소비문화에 관한 고찰", 『소비자학 연구』,
　　9(1).
서정희(1991), "소비자주권을 실현하기 위한 소비자보호 행정의 역할과 기능",
　　『소비생활연구』, 7.
송인숙(1991), "물질주의에 관한 고찰", 『성심여자대학교 생활과학연구집』, 11(1).
　　____(1992), "소비자의 구매중독성향 및 영향요인", 서울대학교 박사학위논문.
이성용·유홍준·이정환·고성호·정기선·정태인 역(2009), Peter Corrigan 저,
　　『소비의 사회학』, 그린.
이수동·박상준·김주영·이형재(2009), 『전사적 관점의 마케팅』, 학현사.
이승신·김시월·류미현·노영래(2010), 『소비사회와 소비문화』, 신정.
이유선·정현주·김정로·박선권·정용찬·이우관(2005), 『현대사회와 소비
　　문화』, 일신사.
천경희·홍연금·윤명애·송인숙(2010), 『착한 소비 윤리적 소비』, 시그마프
　　레스.
허경옥(2010), 『소비자학의 기초』, 교문사.

Colin Campbell(1983), "Romanticism and The Consmer Ethic: Intimations of a
　　　Weber-style Thesis", *Sociological Analysis,* 44(4).
　　　__________(1987), *The Romantic Ethic nd the Sprit of Modern Consmerism,* oxford:
　　　Basil Blackwell.
Conrad Lodziak(2002), *The Myth of Consumerism,* Pluto Press.
George Ritzer(2001), *Explorations in the Sociology of Consumption,* Sage Publications.
Grant McCracken(1988), *Culture and Consumption. New Approaches to the Symbolic Character*
　　　of Consumer Goods and Activities, Bloomington: Indiana University Press.

Michael R. Solomon(2010), *Consumer Behavior,* Pearson Education.

Neil Mckendrick, John Brewer, and J. H. Plumb(1982), *The Birth of Consumer Society, The Commercialization of Eighteen-Century England,* London: Europa Publications.

Philip Kotler and Kevin Keller(2008), *Marketing Management,* Prentice-Hall.

Rob Harrison, Terry Newholm and Deirdre Shaw(2006), *The Ethical Consumer,* SAGE Publications.

제2장

윤리적 소비

인간은 매일 소비를 통해 살아간다. 소비는 자본주의 경제의 중요한 한 축을 이루고 있다. 자본주의 경제는 기본적으로 잉여가치의 창출과 이윤증대를 목적으로 하는 생산 및 소비과정을 통해 이뤄진다. 생산과 소비는 자본축적을 유발시켰고, 자본주의 경제는 지나치게 축적된 자본에 과도하게 의존하게 되었다. 자본을 축적하고 이를 이용하여 새로운 잉여자본을 창출해가는 과정에서 환경파괴와 자원고갈, 인권침해, 오염, 빈부격차 등의 문제가 발생됐다. 또한 인간의 건강 및 삶의 질을 위협하는 많은 요소들을 발생시켰고, 저개발국가의 생산자, 노동자 및 미성년자들의 노동착취로 삶의 근간을 흔들어놓았다. 이러한 문제를 해결하는 방안으로 자본주의 경제는 직면한 문제상황에 대해 지속 가능한 성장이나 균형발전이라는 대안을 내놓았지만, 지속 가능한 성장이나 균형발전이 가능할지 혹은 이를 통해서 문제를 해결할 수 있을지에 대한 확신은 부족하다.

우리나라를 포함한 세계 여러 나라는 경제적으로 급격한 발전을 이루었지만, 사람들은 이전보다 더 나은 삶을 살고 있는지 의구심을 갖고 있다. 심지어는 과거의 삶이 '보다 나은 삶'이라고 주장하기도 한다. 특히 경제발전의 혜택을 보지 못한 나라의 사람들은 과거보다 훨씬 혹독한 삶의 환경에 노출되어 있다. 경제발전을 이루지 못한 나라의 사람들뿐만 아니라 경제발전을 이룬 나라의 사람들까지도 '보다 나은 삶'을 호소한다. 보다 나은 삶을 위해 소비자들이 변하고 있다. 잉여가치의 창출과 이윤증대를 목적으로 하는 생산 분야에서의 변화보다 소비 분야에서의 변화가 '더 나은 삶'을 창출하기 위한 더 빠르고 강력한 원동력이 될 수 있다고 생각하기 때문이다. '소비는 미덕'이라는 표현에서처럼 경제활동에만 국한시킨 좁은 개념의 소비에서 나아가 세상을 변화시키는 사회적 활동으로서의 소비가 부각되고 있다. '윤리적 소비'라고 불리는 소비자운동이 그것이다.

소비활동의 수동적인 객체로서의 소비자가 아닌 주체로서 소비와 연관된 생산·유통 등의 단계에 적극 개입하는 소비자들의 등장은 기존의 소비체계를 변화시키고 있다. 이러한 변화를 일으키고 있는 윤리적 소비의 개념이 무엇인지, 그리고 윤리적 소비에 있어서 윤리라는 개념이 무엇이고, 어떻게 우리의 소비에 실제적인 영향을 미치고 있는지를 본 장에서 확인하고자 한다.”

윤리적 소비

소비는 나만의 소비에서 그치지 않는다. 직접적으로는 소비를 가능하게 하는 생산에서부터 유통, 교통, 정보통신 등 다양한 영역에 걸쳐 영향을 미친다. '모든 구매행위에는 윤리적 선택이 개입된다', '쇼핑은 투표보다 중요하다', '소비에서의 선택은 나와 주변의 삶에 영향을 미친다' 등의 신념이 소비자들에게 확산되고 있다. 이를 바탕으로 윤리적 소비자운동이 사회적으로 강조되고 힘을 얻고 있으며, 빠르게 확산되고 있다.

윤리적 소비에 대한 관심이 증가할수록 윤리적 소비를 통한 사회변화가 확산되고 있다. 하지만 윤리적 소비와 윤리적 소비자의 행동을 이해하고 평가하는 것은 쉽지 않다. 소비활동에는 개인의 주관적 판단이 관여하기 때문이다. 윤리적 소비라는 이름으로 소비자들의 다양한 사회활동이 나타나고 있고, 개인의 소비활동이 집단의 영향을 받고 있지만 소비자의 선택과 행동은 개별적으로 발생된다. 특히 개인의 판단에는 개인의 배경지식에 근거한 도덕적인 요소가 포함되게 마련이다. 자신이 옳다고 믿는 윤리적 신념과 관행을 통해 윤리적 소비라는 행동이 나타나게 된다. 윤리적 소비에 있어서 윤리에 대한 개개인의 이해와 신념이 다르기 때문에, 이를 바탕으로 한 윤리적 소비의 신념과 행동이 다르게 나타날 수 있다. 이에 본 절에서는 윤리적 소비를 개인의 도덕적 판단에 근거해 살펴보고자 한다.

1. 윤리적 소비의 이론적 배경

현대사회에서 소비는 미덕이라고 불린다. 소비자에 대한 이해는 소비활동의 주체라기보다 소비를 통해 기업의 이윤을 창출하는 수단으로 보는 시선이 현실적으로 더 지배적이다. 이와 같은 현상은 경제발전과 극심한 경쟁 아래에서 생존을 우선시해온 전반적인 사회적 상황에 기인했다고 볼 수 있다. 오늘날 소비에 대한 올바른 시각의 정립 및 이해를 위해서는, 소비를 사회의 구성요소로서 인식하고 소비자들을 소비행위의 주체로써 소비과정에서 중요한 역할을 수행한다고 보는 균형 잡힌 시선이 필요하다. 윤리적 소비를 이해하기 위해서는 소비를 통해 사람들이 살아가고자 하는 방향과 소비로부터 사회가 구성되어야 하는 방향 사이의 적절한 조화가 필요하기 때문이다.

윤리적 소비는 소비의 사회·문화적 영향력을 확인하는 거시적인 시각에서 접근한 개념으로, 최근 소비과정에서 소비자의 주체적인 위상의 정립에 대한 중요성이 강조되는 시점에서 근본적으로 주목해야 할 주제라고 할 수 있다. 그러나 윤리적 소비는 소비자 연구에 있어 그 중요성에도 불구하고 상대적으로 활발한 연구가 진행되지 못했다. 그 이유는 다음과 같다. 첫째, 자본주의 체제하에서 경쟁으로부터의 생존 우선 원칙을 내면화한 기존의 사회·경제 환경의 보편화, 둘째, 기업과 소비자 간 관계구축 및 기대가치 교환과정에서 소비자의 주체적인 위상에 대한 인식의 상대적 부족, 셋째, 글로벌 사회 환경의 보편화로 인해 기존 문화·가치관과 타 문화·가치관과의 혼재로 인한 윤리의식 평가기준 일반화의 어려움과 이에 따른 적용의 한계 때문이다. 이러한 요인들은 윤리적 소비에 대한 논의를 어렵게 했다.

윤리적 소비는 다양한 의미로 해석이 가능하다. 소비의 광범위한 영역을 반영하고 있는 윤리적 소비는 인권, 동물 복지, 공정무역, 개인의 건강, 친환경농산물 등 소비와 관련된 다양한 요인들을 포함한다. 소비

에서의 윤리적 개념에 대한 이해는 윤리철학의 기본 틀로부터 '윤리(ethics)'
의 개념을 소비에 적용하면서 시작한다. 이러한 시각은 소비의 주체인 소비
자입장에서의 의무론적 성향과 목적론적 성향, 이들 두 요소를 동시에 포함
하는 덕 이론적 성향으로 구분할 수 있다. 덕 이론적 성향은 규칙을 강
조하는 의무론적 측면과 행동의 결과를 강조하는 목적론적 입장을 조화
시켜야 할 필요성에 의해 제기되었다. 이는 윤리적 소비연구의 패러다
임을 목적론적 관점과 의무론적 관점(Barnett 외, 2005), 보수주의적 관점
과 자유주의적 관점(Cherrier, 2006)으로 구분하여 접근한 기존의 윤리적
소비연구를 기반으로 소비환경의 변화 및 이에 따른 소비자의 인식변화
가 지속되고 있는 현실에서, 소비자의 윤리적 태도와 소비행위에 대한
실제반응은 상호 간에 교차 내지는 중복될 수 있다는 사실을 고려한 것
이다.
　　윤리이론을 소비에 적용하는 것은 윤리적 소비현상에 대한 보다 깊이
있는 이해를 가능하게 하며, 윤리적 소비의 개념을 구체화하여 윤리적
소비의 본질을 보다 효과적으로 이해할 수 있도록 한다. 이러한 사실을
바탕으로 윤리적 소비의 철학적 논의를 확인해보고자 한다.

1) 윤리적 소비에 대한 목적론적 성향

　　소비에 대한 목적론적 성향은 학문적 측면에서 볼 때, 전통적인 윤리
이론(ethical theory)에서의 목적론(teleology) 개념을 소비에 적용한 것이
다. 목적론에 기반을 둔 윤리적 소비는 우리가 살아가는 동안에 추구해
야 하는 어떤 목적이 존재한다는 전제하에 윤리적 소비가 이루어져야
한다고 본다. 목적론에서 주장하는 목적은 넓은 의미로 '행복', 좁은 의
미로 '쾌락'의 개념으로 볼 수 있다. 인생에 있어서 궁극적으로 추구해
야 할 목적인 행복과 쾌락의 측면에서 볼 때, 쾌락은 선이며, 쾌락을 통
한 행복이 인생의 목적이라는 점에서 쾌락주의적 관점과 일맥상통한다.

목적론은 '최대 다수의 최대 행복'으로 표현되는 공리주의(utilitarianism)적 관점으로도 설명되는데, 모든 쾌락이 질적으로 동일하다고 본 제러미 벤담(Jeremy Bentham)과 쾌락의 질적 차이를 주장하며, 감각적 쾌락보다 정신적 쾌락의 중요성을 강조한 존 스튜어트 밀(John Stuart Mill)이 대표적인 학자이다. 즉, 공리주의는 심리적 측면의 '쾌락'을 윤리적 측면의 '쾌락'으로 전환시킨 개념으로 이해할 수 있다.

피터 싱어(Peter singer)는 목적론적 성향을 지닌 대표적인 철학자로 동물 해방, 빈부와 환경문제 등 현재 우리 사회가 직면하고 있는 문제에 관심을 갖고 있다. 그는 현대사회에서 갈수록 증가하는 무분별한 소비행위는 물적 자원의 소모와 인적 자원의 소외라는 잘못된 결과를 낳았다고 지적한다. 따라서 검소한 소비활동을 통해 불필요한 자원훼손을 방지하고, 개발도상국의 생산자, 노동자들과의 단절된 관계를 점진적으로 회복해나가야 한다고 주장한다. 소비자와 기업을 비롯하여 소비와 관련된 생산자, 노동자 등 모두가 만족스러워 할 수 있는 최대다수의 최대행복의 결과를 중요시한다. 소비의 목적론적 성향의 긍정적인 측면은 멀리 떨어져 있는 노동자, 생산자와의 관계를 인식하도록 돕는다는 것이다. 이는 소비자의 행동에 책임의식을 부여해 소비활동에 대한 의식 있는 접근을 가능하게 한다.

한편, 목적론은 행위의 옳고 그름이 기본적으로 그 행위가 가지고 오는 결과에 의해 결정된다는 입장이다. 따라서 최선의 '결과'를 낳는 행위라면 그 '과정'이나 '동기'가 정도(正道)를 벗어나도 어느 정도 허용될 수 있다는 입장을 보인다.

대부분의 윤리적 소비 캠페인과 정책은 목적론적 가정과 주장에 근거하고 있다. 윤리적 소비활동을 통해 그동안 소비활동에서 소외받아온 생산자와 노동자에게 효용 극대화를 보장해야 한다고 보기 때문이다. 이를 위해 소비자에게 소비와 관련된 정보와 관련 지식의 지속적인 제공이 요구된다. 소비자가 선택한 윤리적 소비행위의 결과가 주어진 상황에서 선택할 수 있는 다른 행위의 결과보다 더 큰 이득을 발생시켜야 하기 때문이다. 이는 윤리적 소비행위의 즉각적이고 직접적인 결과뿐만 아니라 간접적인 영향까지 고려해야 한다. 하지만 무엇이 윤리적 소비행위인지를 결과라는 단일 지표로 측정하기 때문에 소비자들은 윤리적 소비행동 선택의 어려움을 겪는다.

2) 윤리적 소비에 대한 의무론적 성향

의무론에 기반을 둔 윤리적 가치관은 행위의 결과보다 '동기'의 원칙성, 정당성을 중요시하며, 원칙과 논리성에 기반을 둔 자율적 의무이행의 의지가 윤리적 행동의 순수한 동기가 된다고 본다. 의무론은 목적론적 성향과 달리 어떤 행위의 옳고 그름이 그 행위가 가져다주는 결과에 의해 결정되지 않는다. 의무론에 따르면 우리에게는 마땅히 따라야 할 의무가 있으며 그러한 의무를 따르는 행위가 옳은 행위가 된다. 사람은 옳은 행동을 해야 하는데 이는 좋은 결과가 생길 것이라는 기대 때문이 아니라 그렇게 행동하는 것이 사람으로서의 의무이기 때문이다. 의무론에 의하면 행위 그 자체가 선(善)이어야 하고, 그 결과가 어떤 사람에게 해를 끼쳤는지는 별개의 문제이다.

의무론은 칸트(Immanuel Kant)에 의해 주장된 개념이다. 칸트는 모든 인간에게는 누구나 지켜야 할 보편적 원칙(Universal Principles)이 있다고 주장하며, 의무로서 부과되는 도덕적 명령, 즉 정언 명령(Categorical Imperative)을 따르고자 하는 선의지에 의한 행동만을 올바르다고 보았다. 그의 '정언 명령'은 '보편주의'와 '인격주의'로 설명될 수 있는데, 보편주의는 인간 행위의 준칙인 동시에 항상 보편적 입법의 원리에 타당해야 함을 의미하고, 인격주의는 자신과 타인의 인격이 결코 수단으로 취급되지 않고, 목적으로 다뤄져야 함을 의미한다. 따라서 의무론에 기반을 둔 윤리적 소비는 조건이나 상황에 좌우되지 않는다. 누구에게

나 적용되는 절대적이고 무조건적 원칙이 존재한다고 보고, 좋은 결과
라도 '과정'이나 '동기'가 정도(正道)를 벗어난다면 결코 정당화될 수 없
다고 주장한다. 즉, 행위의 결과보다 그 행위의 동기 또는 그 행위를 하
게 된 의지의 중요성을 강조하는 개념이다.

소비행위에서 의무론의 적용은 타인은 물론 사람이 아닌 여타의 생
명체와 환경 나아가 미래세대를 포함해 나 아닌 다른 모든 것을 보호해
야 하는 책임감을 보편적인 의무에서 호소하는 것이다. 근본적인 도덕
적 가치에 기반한 의무론을 지구온난화 문제에 적용할 경우, 후손들에
게 지속 가능한 환경을 제공해야 하는 의무를 갖고 있는 우리들은 현재
의 에너지 소비규모를 축소시키고 환경오염을 비롯한 자원소모의 문제
를 해결해야 한다. 하지만 소비자의 의식과 가치관이 다양해지고 사회
변화가 급격하게 일어나는 오늘날, 절대적인 존중을 요구하는 근본적
인 가치의 적용이 현실적으로 어렵다는 사실은 한계로 지적된다.

3) 윤리적 소비에 대한 목적론적·의무론적 성향의 한계

소비자의 입장에서 엄격하게 목적론·의무론에 기반을 둔 윤리의식
을 소비활동에 적용하는 것은 어렵다. 그 이유는 첫째, 소비자들이 윤
리적 소비를 실천하는 데 따르는 엄격한 기준이 문제가 된다. 목적론적
입장에 의하면 소비자들은 윤리적 소비행위와 관련된 모든 정보를 수
집하는 것은 물론 이를 비교하고 계산하는 작업이 필요하다. 궁극적으
로 가장 높은 이득을 발생시키는 결과를 선택해야 하기 때문이다. 개인
의 이성적인 판단이 보편타당한 원리에 의해서 이뤄진다는 의무론적
입장 역시 개별 소비자들의 소비행위에 적용하기에는 한계를 갖고 있
다. 윤리적 소비라는 상황에 대해 소비자마다 각기 다른 원칙을 적용할
수 있으며 그중 어느 것이 가장 적절한 원칙이라고 주장할 수 있는 근
거가 타당하지 않기 때문이다. 둘째, 윤리적 행위에 관한 목적론적·의

무론적 입장의 엄격한 기준 제시는 오늘날의 소비사회가 안고 있는 모순과 복잡성에 대한 반영이 부족하다는 한계를 갖고 있다. 윤리적 소비에 관한 목적론·의무론적 개념은 소비자 개인의 태도가 주변환경의 영향, 개인이 처한 상황적 특성, 사회의 가치관, 선택 가능한 대안에 대한 인식과 평가 등에 따라서 복잡하게 형성된다는 개념을 간과하고 추상적으로 타당하다고 생각되는 행위를 강요하고 있을 뿐이다.

그렇다면 윤리적 소비를 이해하기 위해 보완되어야 할 내용은 무엇일까? 먼저 소비자의 의사결정과정을 고려할 때 사회 변화에 따른 소비자의 변화를 인식해야 한다. Jackson(2001)은 소비자의 제품구매는 소비자 상호 간 교류, 개인의 정체성과 가치의 영향을 받는다고 주장한다. 기존의 소비에 대한 접근은, 개별 소비자들이 소비활동의 주체로서 소비를 통해 니즈(needs)를 충족시킨다는 측면을 일방적으로 무시하거나 무분별하게 소비자의 소비를 부추기는 등의 극단적인 측면에서 이뤄졌다. 소비자들이 소비활동을 통해 갖는 자유와 개인의 특성을 간과했기 때문이다. 윤리적 소비에 대한 접근은 소비자들의 소비경험에 대한 이해와 소비의 동기를 파악하는 것에서부터 시작되어야 한다. 특히 이미 윤리적 소비를 일상적인 소비행위로 인식하고 있는 소비자들의 윤리적 소비활동을 이해하는 것은 윤리적 소비를 이해하기 위한 필수단계라고 할 수 있다.

둘째로 윤리적 소비를 통해 얻을 수 있는 가치를 확인해야 한다. 기존의 윤리적 소비에 대한 접근은, 소비자로서의 사회적 책임감을 일깨워 개별 소비자 또는 소비자집단의 행위를 변화시키는 것에 초점이 맞춰져 있었다. 예를 들어, 노동자와 생산자가 제품 생산과정의 열악한 환경에 놓여 있다는 사실을 강조하며 소비자의 선의에 호소해왔다. 이는 일시적으로 소비자의 관심을 끄는 역할에 그칠 뿐이다. 장기적인 관점에서 윤리적 소비를 확산시키기 위해서는 윤리적 소비로부터 소비자들이 얻을 수 있는 가치가 무엇인지를 알려야 한다. 생산과정에서 문제가 발생하는 원인과 그러한 생산을 통해 실제 이익을 얻는 사람은 누구이며, 소외받는 생산자와 노동자들이 윤리적 소비로 어떤 긍정적인 결과를 얻을 수 있는지를 알리는 것은 소비자들에게 윤리적 소비를 이해시키고 확산시키기 위한 선행요소이다. 나아가 소비자들이 얻을 수 있는 정신적·물질적 가치를 알려야 한다. 윤리적 소비를 효과적으로 이해하기 위해서는 소비자들의 타인 중심적 행동과 자기중심적 동기의 균형 잡힌 조화가 필요하다. Derek Parfit(1984)은 만약 우리가 온전히 선행을 실천하기 위한 목적으로만 행동하는 것은 오히려 상황을 악화시킬 수 있다고 말한다. 자기희생에만 기반을 둔 행위는 오히려 전체적인 행복의 크기를 줄일 수 있다. 소비행위를 변화시키기 위해 소비자에게 자기희생적인 또는 이타주의적 태도를 강요하고 자신의 관심사에 대한 일방적인 포기를 요구하는 것은 오히려 장기적으로 윤리적 소비에 대한 소비자들의 부정적 인식을 높일 뿐이다.

윤리적 소비에 대한 목적론적·의무론적 개념의 이해는 소비자들의 윤리적 소비태도가 어떤 방향에서 형성되는지에 대한 기본적인 이해를 돕는다. 하지만 소비자 의사결정의 복잡성과 양면적 가치에 대한 고려가 부족해 소비자의 행위를 온전히 이해하기에는 한계를 갖는다. 따라서 소비자들이 무엇을, 얼마나, 어떻게 소비해야 하는지 좀 더 포괄적인 관점에서 살펴봐야 할 필요가 있다. 이러한 측면에서 윤리적 소비에 관한 목적론적·의무론적 접근을 보완하는 제3의 관점인 덕 이론(Virtue Theory)의 내용을 살펴보고자 한다.

4) 윤리적 소비에 대한 덕 이론적 성향

덕 이론은 결과지향적인 목적론과 규칙기반적 성향인 의무론에 대한 대안으로 오늘날 윤리이론의 중요한 흐름으로 인식되고 있다(Macintyre, 1984; Swanton, 2003). 덕 이론은 '내가 무엇을 해야 할까?'라는 질문을

'나는 내가 원하는 어떤 사람이 되기 위해 어떤 노력을 하고 있는가?'라는 질문으로 바꿔 행위자의 행위와 인격 양 측면을 모두 강조한다. 행위자의 역할을 강조하는 의무론과 행위의 결과를 강조하는 목적론에 비해 상대적으로 행위자의 인격에 초점을 맞추고 있다. 목적론과 의무론이 개인의 이기주의적인 태도와 상반되는 개념인 이타주의의 정당성을 강조하는 것에 비해 덕 이론은 타인에 대한 관심을 자신의 이익추구라는 측면에서 다루고자 한다. 선의에 의한 행동을 개인의 만족감과 성취감의 달성차원에서도 수행할 수 있다는 것이다. 덕 이론은 소비자 각각이 갖고 있는 합리적인 이유 안에서 자신의 행위를 조절할 수 있다고 본다. 소비행위의 주체인 소비자의 인격과 소비자의 개별적인 이익추구에 관심을 두고 있다는 사실이 기존의 윤리이론과 다르다.

윤리적 소비와 관련된 기존의 주된 질문이 '생산자, 노동자를 위해 소비자로서 나의 역할은 무엇이며 내 자신의 책임은 무엇인가?'였다면 덕 이론적 측면에서의 질문은 '무엇이 올바른 소비생활이며 나는 어떻게 그러한 소비활동을 할 수 있을까?'로 소비활동의 주체인 소비자의 역할을 강조한다. 소비자들이 자신의 선택에 대한 결과를 예측할 수 없으나 선택에 대한 확신을 갖고 있다는 관점에서, 덕 이론적 측면은 오늘날 주체적인 성격의 소비자를 이해하기에 유용하다. 덕 이론은 소비자에 대한 폭넓은 이해를 기반으로 한다. 사람의 성품이나 특성을 중시하는 덕 이론은 정의, 인정, 관용, 용기, 인내, 끈기, 지혜, 상상력과 창의력을 모두 포함하고 있으며, 인간의 우수성, 선량함과 동의어라고 할 수 있다(Taylor, 2002; Cafaro, 2004). 덕 이론은 학습을 통해 개인의 습관이 행동으로 이어질 수 있다고 본다. 이를 윤리적 소비에 적용하면, 덕 이론적 성향을 갖고 있는 소비자는 현재 윤리적 소비를 실천하고 있지 않다 하더라도 개인의 경험과 주변환경의 영향을 통해 직간접적으로 윤리적 소비를 실천할 가능성을 갖고 있다고 볼 수 있다. 목적론과 의무론이 사회전체에 적용되는 절대적 논리 기준을 주장하는 반면, 덕 이론은 각각의 사회환경과 개인에 따라 적용되는 윤리기준이 다를 수 있다는 것을 주장한다.

오래전부터 소비는 사소하며 하찮은 것으로 인식되었다. 아리스토텔레스는 그의 『니코마코스 윤리학(Nicomachean Ethics)』에서 좋음과 행복함의 추구로부터 기쁨을 얻는 것은 가장 저속한 것으로, 이를 추구하는 사람들은 만족하는 삶을 위해 살아갈 것이며 이는 그들의 노예근성을 보여주는 것이라고 주장했다. 소비는 즐거움을 위한 일시적인 행위이며 쾌락의 달성을 위한 행위로 인식되어왔다. 오랜 시간 동안 변함없이 유지되어온 소비에 대한 수동적인 입장은 소비활동으로부터 소비자와 생산자(노동자)를 객체로서 분리시켰다. 그러나 현대의 소비자를 이해하고, 그들에게 윤리적 소비를 알리기 위해서는 소비자의 역량강화를 통해 소비자 스스로 소비 행위를 변화시켜 나갈 수 있다는 사실을 강조하고 알려야 한다.

윤리적 소비는 제품에 인격을 부여한다. 제품이 생산된 지역의 환경과 생산자들에 대한 관심과 이해를 기반으로 한다. 이것이 윤리적 소비가 갖고 있는 핵심이다. 이와 마찬가지로 윤리적 소비를 실천하는 소비자들 각각의 특성과 인격을 확인해야 한다. 소비자의 의사결정과정에 영향을 미치는 요인들에 대한 관심과 이해가 필요하다. 소비자의 소비행위를 구성하는 다양한 요인들을 확인하고 그로부터 발생된 소비패턴을 이해하는 작업이 윤리적 소비의 확산을 위해 우선적으로 실행되어야 할 것이다.

2. 윤리적 소비의 정의

윤리적 소비는 윤리적 신념을 토대로 자신뿐만 아니라 사회전체의 건강을 생각하는 소비라고 정의할 수 있다. 이는 소비자가 윤리적 신념을 토대로 한 소비행동을 통해 생산, 유통, 소비의 전 과정에 윤리적 기준을 지키도록 영향력을 행사할 수 있다는 의미를 내포하고 있다. 윤리적 기준의 범위는 매우 광범위하며 사람마다 다를 수 있다. 대상으로는 자연 및 환경, 인간, 동물의 권리가 모두 해당된다. 자연 및 환경에 대한 문제는 환경오염, 자연훼손, 자원 오·남용, 자원고갈, 기후변화, 쓰레기문제 등이 포함될 수 있다. 인간과 관련해서는 본인, 사회구성원, 노동자, 사회적 약자 등 전 세계 모든 구성원들이 인간답고 건강한 삶을 영위할 권리가 포함된다. 동물과 관련된 윤리적 기준은 동물학대, 멸종동물보호, 동물서식지 보호 등의 문제가 포함된다. 개인이 이 모든 문제에 다 관심을 갖는 것은 쉽지 않지만, 각각의 문제에 관심 있는 단체들이 서로 연대하여 대처하면 윤리적 소비를 통해서 상당히 광범위한 영역의 사회적 문제에 대한 해결방안을 모색할 수 있을 것이다.

윤리적 소비의 시작은 처음으로 윤리적인 거래(공정무역)에 대한 논의가 등장한 1970년대로 거슬러 올라간다. 1975년 Webster는 '사회적 의식을 갖고 있는 소비자(socially conscious consumer)'의 개념을 처음 소개한다. 그에 따르면 사회적 의식을 갖고 있는 소비자는 '공공에게 미칠 수 있는 결과를 고려하여 자신의 개인적 구매행위를 하는 사람' 또는 '구매력을 통해서 사회적 변화를 일으키기 위한 시도를 하는 사람'으로 정의된다(Webster, 1975). 이와 같은 정의는 현재도 여전히 유효하다. 그러나 최근 들어 윤리적 소비의 정의는 더욱 광범위한 내용을 포함하고 있다. 기업윤리나 기업의 사회적 책임(CSR: Corporate Social Responsibility)이 강조되는 것은 물론 정보기술의 발전으로 향상된 소비자들의 커뮤니케이션 능력까지 언급되고 있다. 오늘날의 소비자들은 과거의 소비자들과 처한 상황이 다르며 그에 따른 반응이 다르다. 소비자의 관심 밖에 있거나 관심이 있더라도 쉽게 얻을 수 없었던 기업의 정책이나 제품에 관한 정보 획득이 용이하며 이에 대한 소비자들의 대응도 적극적이다. 따라서 윤리적 소비의 개념이 소비자의 소비행위가 영향을 미치는 보다 넓은 범위까지 포괄하게 되었다.

초기 윤리적 소비의 정의는 환경운동, 녹색소비(green consumerism)의

관점과 큰 차이를 보이지 않았다. Hendarwan(2002)은 녹색소비를 소비
자들의 '가치와 신념에 의한 더 나은 구매활동'이라고 정의했다. 이는
사회적 가치와 개인의 신념에 근거해서 소비의 이면을 고려하자는 윤
리적 소비의 기본입장과 큰 차이를 보이지 않는다. 하지만 '소비자 개
인을 비롯한 타인의 건강에 악영향을 미치는 경우, 제조과정에서 환경
에 심각한 피해를 발생시키는 경우, 에너지의 불균형적인 소비가 이뤄
지는 경우, 불필요한 쓰레기를 발생시키는 경우, 멸종위기의 동물이나
자연환경으로부터 원재료를 추출하는 경우, 동물을 비롯하여 다른 나
라에 악영향을 미치는 불필요한 소비과정이 생기는 경우'라는 포괄적인
윤리적 소비의 내용을 살펴볼 때 윤리적 소비와 녹색소비는 서로 구분
된다. 윤리적 소비는 녹색소비가 중점을 두는 인간과 자연의 지속가능
성에 기반한 상품구매활동을 추진하는 동시에 아동노동을 비롯하여 상
대적으로 약자의 위치에 있는 생산자와 노동자를 고려한다. 뿐만 아니
라, 소비자 자신의 먹을거리 불안을 해소하기 위한 소비를 포함한다.
Cowe & Williams(2002)는 녹색소비의 정의를 확장시켜 동물복지나 공정
무역에 대한 인식의 문제, 노동표준에 대한 고려라는 사회적 측면, 친환
경 제품의 구매와 이를 통한 자신의 건강확보 등으로 보다 넓게 윤리적
이슈와 관련된 구매행위를 윤리적 소비에서 다뤄야 한다고 주장한다. 나
아가 Shaw & Clarke(1999)은 개발도상국의 노동착취와 같이 사람에 대한
추가적인 고려가 필요하다고 본다. 결국 윤리적 소비는 '윤리적 기준을
충족시키는 상품 - 일반적으로 인간과 동물, 자연과 환경을 착취하거나
해를 가하지 않고, 건강한 삶을 사는 데 도움을 주는 상품 - 을 구매하는
소비'라고 볼 수 있다. 윤리적 소비는 보다 광범위한 영역을 포함하고
있으며 이로 인해 소비자들의 의사결정과정이 일반적인 소비활동과 비
교해 상대적으로 복잡하다.

윤리적 소비는 소비자의 행동에서부터 비롯된다. 소비자들이 자신이
구매하는 제품이나 서비스에 대해 책임을 갖는 것에서부터 시작된다.

소비행위는 소비자의 철학을 반영하는 주체적인 행위이며 개인의 주관
적 가치관과 신념에 따라 이뤄진다. 따라서 윤리적 소비의 옳고 그름에
대한 판단은 기본적으로 소비자 개인에게 달려 있다. 시장에서 소비자
의 '관여'가 작용할수록 윤리적 소비는 빠르게 확산될 것이다. '소비를
통해 세상을 바꾸자'라는 외침은 개별 소비자들의 적극적인 참여를 바
탕으로 실제 현실에서 나타나고 있다. 이미 선진국에서는 소비자운동
에서 비롯된 윤리적 소비가 대기업의 공정무역 참여, 사회적 책임 활성
화는 물론이거니와 정부 차원의 지원정책으로 이어지고 있다. 이러한
변화는 우리 사회에서도 서서히 시작되고 있다.

　하지만 지금까지 우리나라에서 윤리적 소비를 직접 언급하고 이를
정의하려는 시도는 많지 않았다. 대신 소비와 윤리를 표현하는 용어로
서 소비윤리(Ethics of Consumption)라는 개념이 알려져 있다. 소비윤리는
대체로 소비에 대한 도덕적 기준이나 평가로 정의할 수 있다. 즉, 사회
구성원으로 개개인 생활의 기준이 되는 규범체계인 사회윤리의 하나인
것이다(이기춘, 1991; 채정숙 외, 2004). 송인숙(2005)의 연구에서는 소비
윤리를 개개인의 행동에 대한 잘잘못을 그 사회의 도덕적인 원칙이나
가치체계에 기초를 두고 판단하는 사회윤리로서 소비행동에 대한 잘잘
못을 판단할 수 있는 기준으로 개념화하였으며, 종적 차원과 횡적 차원
으로 그 내용을 구분하고 있다. 종적 차원은 시간적 차원으로 환경과
다음 세대를 고려한 소비이며, 횡적 차원은 공간적 차원으로 절제, 나
눔, 기부 등으로 동시대의 빈부격차 해소를 위한 자발적 소득 재분배를
의미한다. 또한 거래 상대방과 관련된 사업자와의 거래차원은 계약, 소
비자 책임 등의 내용을 포함하고 있으며, 시장경제의 기초적 윤리차원
에서는 가장 기본적인 시장경제 윤리인 정직성, 진실성, 신뢰성, 공정성
등의 윤리적 가치의 생활화, 습관화의 필요성에 대한 내용을 담고 있다.
소비윤리와 달리 윤리적 소비는 소비행위 그 자체를 의미한다. 소비행
동의 옳고 그름을 판단하는 기준이 아닌 소비활동을 통해서 개인의 가

치와 신념을 실행시키기 위한 행위인 것이다. 소비자의 행위에 집중하는 윤리적 소비는 기존의 소비 패러다임의 변화가 나타난 오늘날의 시대적 상황과 잘 어울린다. 소비행위의 주체인 소비자 역할에 대한 인식 강화와 새로운 경쟁 규칙으로 부각되고 있는 윤리에 대한 중요성 강조는 윤리적 소비를 확대시키는 긍정적 요소로 작용하고 있기 때문이다. 그렇다면 우리나라에서 최근 관심의 대상이 되고 있는 윤리적 소비, 윤리적 소비자에 대한 이해는 어느 수준까지 이뤄졌을까? 윤리적 소비에 관한 선행연구와 윤리적 소비에 대한 개념은 연구자마다 차이를 보이고 있으며 그 내용은 다음과 같다(<표 2-1> 참조).

<표 2-1> 윤리적 소비에 대한 정의

학자	정의
김재현(2008)	인간, 동물, 환경에 해를 끼치지 않으며 동시에 판매금액의 일부를 환경, 자선단체에 기부하거나 혹은 공정무역을 통해 판매되는 상품을 소비하는 행위
홍연금(2009)	소비자의 개별적, 도덕적 신념에 따라 사회적 책임을 실천하는 소비행동
한겨레연구소(2009)	개인적이고 도덕적인 믿음에 근거해서 내리는 의식적인 소비선택으로서 반드시 당장 자신에게 경제적인 이득이 되지 않더라도 장기적이고 이웃을 고려하며 자연환경까지 생각하는 관점에서 내리는 구매선택
홍은실, 신효연(2010)	개인의 소비생활이 자신과 타인, 사회와 자연환경을 존중하고 배려하는 선한 행위
허은정(2011)	개인적이고 도덕적인 믿음에 근거해서 내리는 의식적인 소비선택으로서 중심축으로 건강, 사회, 자연환경을 고려하는 구매선택

윤리적 소비는 매우 광범위한 내용을 포함하고 있다. 윤리적 소비에 대한 이해는 사람에 따라 다르며 윤리적 소비행위 역시 다양하게 나타나고 있다. 윤리적 소비에 대한 실천방법은 각기 다르지만 윤리적 소비를 사회적가치의 실천측면에서 바라보는 관점은 동일하다. 하지만 이같은 이해는 소비자를 자유로운 의지를 갖고 행동하는 소비주체로서 바라보는 것이 아니라 오직 소비의 영역에서 사회적 영향력을 발휘하

는 소비자로서 그 역할을 제한시킬 수 있다는 우려를 안고 있다. 소비자들은 소비자이기에 앞서 자유의지를 갖고 있는 개별적인 존재다. 만약 소비자가 스스로를 구매하는 제품이나 서비스를 소비하는 좁은 의미의 소비자로서만 바라본다면 오늘날의 기업 지배적인 문화 속에서 소비자의 영향력을 확장시킬 수 없다. 윤리적 소비행위를 실천하는 것만으로 소비자로서의 의무를 다했다고 할 수 없다. 적극적으로 사회의 불합리한 현상에 대해 목소리를 높일 필요가 있다. 소비자의 입장에서 윤리적 소비에 대한 이해를 높이기 위한 노력에서 나아가 윤리적 소비를 확산시키기 위해서는 윤리적 소비에 관한 학문적·실무적 차원의 활발한 논의를 통해 윤리적 소비를 체계적으로 이해하려는 노력이 요구된다.

윤리적 소비가 먼저 등장한 선진국에서는 윤리적 소비에 대한 연구가 활발히 이루어지고 있다. 윤리적 소비의 역사와 개념 등 이론적 측면에 관한 연구를 비롯해 윤리적 소비자의 행위모델 분석, 윤리적 소비가 사회에 미치는 영향에 대한 분석 등 실증적 측면에서의 논의가 전개되고 있다. 우리나라의 윤리적 소비에 대한 연구는 소비생활 전체에 대한 도덕적 평가나 기준마련보다는 윤리적 상품을 구매하는 소비자에 대한 이해를 중정으로 진행되고 있다. 앞으로 소비자들의 윤리적 소비 행동과 의식에 대한 탐색적 연구와 소비자들의 윤리적 제품의 구매동기, 일상 소비생활에 영향을 미치는 윤리적 소비 마케팅 전략을 파악하고 이를 바탕으로 윤리적 소비가 활성화될 수 있는 방안에 대한 모색 등 다양한 연구가 요구된다.

윤리적 소비의 형태

일반적으로 소비자들의 구매행위는 최고의 품질을 지닌 제품을 저렴한 가격으로 구매하는 것에 초점이 맞춰져 있을 것이라고 생각한다. 최근 소비자들은 이와 같은 일반적 구매행위로부터 벗어난 모습을 종종 보인다. 신문이나 TV뉴스를 통해 뛰어난 품질로 유명한 특정회사의 제품이 비윤리적인 노동환경 속에서 만들어졌다는 사실을 접하게 될 때 불매운동을 전개한다. 한편, 일반상품보다 가격이 높은 환경친화적인 제품을 구매하거나 개발도상국의 생산자들에게 공정한 가격을 주고 들여온 공정무역제품을 구매하기도 한다. 이러한 종류의 구매를 윤리적 구매행위 또는 윤리적 소비라고 말한다.

윤리적 소비자들은 정치, 종교, 환경, 사회 등 다양한 영역으로부터 영향을 받아 소비행위를 전개한다. 물론 소비행위를 결정짓는 중요한 요인 중 하나는 소비를 통한 자신의 이익이다. 그러나 소비를 통해 외부환경에 얼마나 긍정적인 영향을 미칠 수 있는지를 함께 생각한다. 따라서 공정무역을 통한 상품의 구매로부터 비윤리적인 기업에 대한 감시, 불매운동 등 다양한 영역에서 윤리적 소비행위가 이뤄진다.

구매행위는 민주사회에서의 정치적 투표와 같다. 기업 및 상품에 대한 소비자의 투표(vote)인 것이다. 따라서 구매행위는 소비자가 중시하는 가치에 대한 소비자 스스로의 권한과 의무에 기반해서 이뤄진다. 윤리적 소비는 소비행위가 사회에 미치는 영향력을 중요하게 생각하는 소비자들의 구매행위 전반을 아우르고 있기 때문에 소비형태가 복잡하게 나타난다. 크게 윤리적 소비는 개인의 이익증진을 위한 개인적 차원과 사회에 미치는 영향력을 고려한 사회적 차원, 환경에 대한 중요성을 인지하고 이뤄지는 생태적 차원의 소비로 나눠볼 수 있다. 이와 같은 거시적 차원의 분류는 미시적인 차원의 세분화된 분류를 통해 하위단계의 윤리적 소비형태로 구분할 수 있다.

윤리적 소비의 형태를 파악하는 것은 복잡하며 광범위한 윤리적 소비를 이해하는 데 도움이 된다. 이번 절에서는 윤리적 소비행위의 유형을 구분하고 각 유형에 따른 행동의 특성을 확인하고자 한다.

1. 개인적 차원

개인적 차원의 윤리적 소비는 크게 개인의 건강을 고려한 소비행위와 지속 가능한 소비에 대한 책임의식에 따른 소비로 나눌 수 있다. 지속 가능한 소비에 대한 책임은 소비를 통한 나눔과 기부의 실천, 자발적인 소비절제를 통한 책임의 실현으로 구분할 수 있다. 이러한 개인적 차원의 소비형태는 소비자의 삶의 지향성 변화와 함께 나타난 현상이다. 오늘날 생존의 욕구는 과거와 같이 절대적인 빈곤을 해결하는 문제가 아니라 육체적, 정신적인 건강을 추구하는 방향으로 점차 바뀌고 있다. 이러한 차원에서 몸과 마음의 건강을 중시하는 소비행위가 소비자들에게 자리 잡고 있다. 단순히 잘 먹고 잘 살자는 의미 이상을 내포하고 있는 것이다. 이는 물질적 가치보다는 정신적, 정서적 만족을 우선시하는 현대 소비자들에게 나타나고 있는 현상이다.

초기 개인적 차원의 소비는 다이어트, 식이요법 등 신체적인 건강을 추구하는 측면에서 전개되었다. 점차 소비의 형태는 소비의 전 과정에서 소비자 자신의 건강을 의식하고 스스로의 안녕과 함께 타인과의 조화를 이룰 수 있는 소비행위를 추구하는 방향으로 변화되었다. 이는 오늘날 친환경농산물, 공정무역에 의한 제품의 구매와 반유전자조작식품의 불매운동에 이르기까지 육체적, 정신적인 건강의 추구로 발전되었다. 이와 같은 개인적 차원의 변화는 보다 높은 삶의 질을 추구하는 소비자들의 태도변화뿐만 아니라 환경적 재해로 인한 황사, 광우병, 사스 등의 질병확산과 같은 기존 소비사회의 부작용에 대한 반성적 측면, 그리고 변화된 소비활동을 끊임없이 전달하는 대중매체의 역할도 원인으로 작용했다고 볼 수 있다. 개인의 소비활동은 결과적으로 소비와 관계된 사회 전반적인 활동에 영향을 미친다. 개별 소비자의 독립적인 선택으로 소비활동이 전개되지만 최종 소비자가 소비결정을 내리기까지의 소비과정은 다양한 사회관계 속에 형성된다. 개인의 건강에 대한 고려에서 기인한 소비활동은 친환경농산물에 대한 관심 증가를 불러일으켜 생산자와 소비자와의 관계를 재조명하는 기회를 가져왔으며, 로컬푸드 운동이 확산될 수 있는 계기를 가져왔다. 또한 노동자와 생산자의 열악한 작업환경에 대한 우려 증가는 기업의 사회적 책임을 부각시키는 결과를 만들었으며, 기업차원에서 소비자는 물론 생산자, 노동자의 인권을 고려해야 한다는 필요성을 일깨웠다. 이처럼 개인의 관심차원에서 이뤄진 소비행위는 점차 소비활동과 관련된 이해당사자들의 사회책임 의식을 높이는 역할을 수행하고 있다.

소비활동은 소비자의 의식변화에도 기여한다. 지금까지 우리는 너무 많은 소비를 해왔으며 이로 인해 지구온난화 현상과 기후변화 등의 문제가 나타났다는 반성은 책임 있는 소비행위가 필요하다는 소비자의 인식을 일깨웠다. 가능한 소비를 줄이고, 환경을 고려한 소비행위를 일상화해야 한다는 의견은 이와 같은 문제의식으로부터 나타났다. 물질적 만족보다 최소한의 소비와 기부행위 등을 통해 정신적인 만족을 추구하는 소비행위는 지속 가능한 소비에 대한 책임의식으로부터 기인한 소비행위이다. 기부활동이나 비과시적인 생활을 선호하고, 검소한 생활을 추구하는 소비자들은 사람들과의 관계가 주는 즐거움을 깨닫고, 사회의 구성원으로서 자신이 어떤 역할을 해야 하는지를 알고자 한다. 일상에서의 소비활동을 최대한 조절하고 소비에 대한 의존성을 최소화하려는 라이프스타일을 통해 자기만족이라는 개인적 가치와 인도주의, 환경 등 사회적 가치의 조화를 이루고자 하는 것이다. 어느 한 측면만을 강조하기보다 개인적, 사회적 가치의 균형을 통해 윤리적 소비형태를 모색한다고 할 수 있다.

개인적 차원의 윤리적 소비는 윤리적 소비를 통해 소비자 스스로의 만족을 높일 수 있다는 측면에서 의미가 있다. 소비행위는 소비자들의 자발적인 의지로부터 비롯된다. 도덕적으로 아무리 높은 가치실현이 가능한 소비활동이라 하더라도 소비행위를 통해 소비자들이 누리고자 하는 기본적인 가치충족과 이익실현이 보장되지 않으면 이는 지속적인 소비활동으로 이어질 수 없다. 따라서 개인적 차원에서의 소비행위는 사회적, 생태적 차원의 소비활동이 가능할 수 있는 기본바탕이라고 볼 수 있다. 윤리적 측면에 대한 소비자의 의식과 가치변화가 수반되지 않는 윤리적 소비는 큰 효과를 낳을 수 없다. 외부로부터의 일방적인 자극에 의한 윤리적 소비는 빠르게 확산될 수 있으나 본래의 가치를 잃고 하나의 트렌드로 다뤄질 우려가 있다. 개인적 차원의 윤리적 소비를 이해하는 것은 소비자들의 윤리적 소비에 대한 관심증가와 실제 윤리적 소비행위로 이어지는 관계사이의 통로가 될 수 있는 것은 물론 장기적인 관점에서 윤리적 소비의 다방면으로의 확산과 발전에 기여할 수 있는 중요한 지점이라고 볼 수 있다.

2. 사회적 차원

소비자의 개인적 차원에서 나타난 사회에 대한 책임의식은 소비활동과 관련된 사회 전반적인 책임의식의 구축이 필요하다는 차원으로 발전된다. 이는 생산자의 인권을 고려하는 공정무역 활성화와 생산자와의 관계를 고려하는 차원에서 중요하게 다뤄지는 로컬푸드 운동 그리고 사회적인 가치를 실천하지 않는 기업에 대한 항의측면의 불매운동 등 소비의 다양한 형태로 전개된다.

윤리적 소비의 대표적인 실천운동으로 인식되고 있는 공정무역은 대안무역, 민중교역 또는 희망무역 운동이라고도 불린다. 개발도상국의 생산자들에게 정당한 이익을 되돌려주자는 아이디어에서 출발한 공정무역 운동은 최근 다국적 기업들까지 동참하는 커다란 운동으로 발전하고 있다. 기업의 공정무역 참여가 확산될 수 있는 배경에는 소비자들의 변화된 소비행위가 크게 원인으로 작용한다. 초기 공정무역 운동에 참여한 소수의 소비자들은 사회적으로 공정무역이 갖는 가치와 의미를 다른 소비자들에게 전달하고 알림으로써 함께 공정무역을 통한 제품의 구매에 동참할 수 있는 기반을 마련한다. 이렇게 형성된 일정한 소비자층은 공정무역이 일반시장에서 확산될 수 있는 통로가 되었으며, 소비자로서의 지위를 이용해 기업이 갖는 사회적 책임을 강조하고, 궁극적으로 시장에서 기업의 이윤증대를 위해 공정무역 참여가 필요하다는 사실을 알리는 소비자집단으로 성장하였다. 현재 공정무역 운동은 전 세계적인 참여를 기반으로 확산되고 있다. 60여 개 국가에서 공정무역인증을 받은 580개 생산자집단에 속한 100만 명이 넘는 영세농민들과 노동자들이 공정무역활동에 동참하고 있다. 공정무역의 규모는 매년 20%씩 급성장하고 있으며, 거래품목도 커피, 설탕, 바나나 등의 유기농 농산물에서부터 수공예품, 축구공, 의류, 생활용품 등 300여 종에 이른다. 상대적으로 공정무역에 늦게 참여했지만, 우리나라의 경우에도 네팔과 페루, 동티모르 등에서 커피나 공정무역 의류를 국내에 유통하고 있다. 공정무역 운동은 생산농가에 화학적 비료사용을 감소시키고, 개발도상국의 생산자와 노동자들의 임금증가에 긍정적인 영향을 미친다. 소비를 통해 자국은 물론 개발도상국의 생산자와 노동자의 인권을 고려하고, 그들의 경제적 자립과 지속 가능한 삶의 터전 마련에 기여하는 공정무역은 소비자의 올바른 사회적 가치관이 사회의 변화를 어느 수준까지 이끌어낼 수 있는지를 보여주는 가장 적절한 사례라고 할 수 있다.

소비자들은 생산자, 판매자와의 유기적인 관계를 형성하고자 노력한다. 신뢰를 기반으로 한 관계의 형성은 소비자는 물론 생산자, 판매자 모두에게 책임감 있는 소비활동을 가능하게 하기 때문이다. 윤리적 소비활동은 소비활동의 이해당사자들 간의 관계회복을 바탕으로 전개된다. 때문에 흔히 얼굴 없는 소비활동이라고 불리는 오늘날의 소비문제를 해결하는 데 기여한다. 이를 국가적인 차원에서 실천한 사례가 공정무역이라면, 로컬푸드 운동은 국내의 생산자와 소비자를 연결시키고 공동체의식을 고양시키는 소비행위라고 할 수 있다. 현재 먹거리 산업은 지역과 국경을 초월하여 다국적 기업의 개입으로 인해 먹을거리의 안전성, 환경의 지속가능성과 농촌공동체의 유지 등이 동시에 위협받고 있는 상황이다. 이는 지역경제, 환경, 건강, 문화 등 광범위한 영역에 부정적인 영향을 미치고 있다. 이러한 상황에서 로컬푸드 운동은 현재의 문제 상황을 타개할 수 있는 하나의 해결방안으로 인식돼 전개되고 있다. 경제적으로 지역사회의 유지·발전을 가능하게 할 뿐만 아니라 농민들의 안정적인 생활보장, 지역경제의 다양화 추구, 대안시장의 창조를 가능하게 하며, 사회적으로는 지역 내의 관계복원, 신뢰의 구축을 가져오고, 생태적으로는 외부자원에 대한 의존감소, 지역 내 자원에 대한 의존증대와 자원의 절약이라는 결과를 가져오는 로컬푸드 운동은 사회적 차원에서 윤리적 소비가 추구하는 가치를 명확하게 보여준다고 할 수 있다. 소비자와 생산자의 관계형성통로를 구축하는 것뿐만 아니라 사회 전반적으로 파급되는 긍정적인 효과 역시 로컬푸드 운동을 통해 기대할 수 있기 때문이다.

소비자의 윤리적 소비는 소비행위를 통한 사회변화에 기여하고 있다. 뿐만 아니라 사회적 차원에서 윤리적 소비활동은 소비자로서의 지위를 확고히 하는 역할을 한다. 특히 불매운동은 소비주체로서 소비자의 입지를 스스로 확인하게 한다. 고도로 성장한 자본주의 경제체제하에서 시민의 대부분은 필요로 하는 재화를 스스로 생산하는 주체가 아닌 생산자인 기업들이 대량생산한 상품을 소비하는 소비자로서 인식된다. 개별 소비자는 시장의 메커니즘과 독과점적인 시장지배의 현실에서 가격불공정이나 품질불량 등의 피해를 입을 수 있다. 이전의 소비자들은 기업의 무분별한 지위남용에 일방적으로 당하는 입장이었다. 거대한 기업과 개별적인 대응으로는 문제를 해결할 수 없었기 때문이다. 오늘날의 소비자들은 다르다. 소비자로서의 권리와 이익을 지키기 위해 적극적으로 단합하여 활동한다. 특히 불매운동은 소비자들이 갖고 있는 구매력을 통해 자신들의 입장을 적극적으로 시장에 반영한다는 차원에서 의미가 있다. 불매운동에 참여하는 소비자집단은 환경과 사람, 동물에게 해로움을 주는 제품은 피하고, 과도한 마케팅이나 약속 불이행 등 기업의 진실성과 도덕성 문제에 민감하게 반응한다. 그리고 윤리적이라고 판단한 상품과 서비스의 소비활동에 동참한다. 소비자들의 사회적 의식이 성숙해지면서 집단적, 조직적으로 불매운동을 펼치려는 움직임이 증가하고 있다. 특히 트위터, 페이스북 등의 소셜미디어가 확산됨에 따라 윤리적 소비의식이 높은 젊은 층을 중심으로 불매운동의 영향력이 빠르게 확산되고 있다. 이러한 변화는 기존의 극단적이며 과격한 불매운동의 이미지로부터 일상탈출, 페스티벌적인 성격의 불매운동으로 인식의 변화를 가져오고 있다. 소비자의 소비행위가 소비 이외의 다양한 형식으로 나타나고 있다.

개인적 가치와 사회적 가치의 조화에서 비롯된 사회적 차원의 윤리적 소비는 앞으로 다양한 영역에서 활발히 전개될 것으로 기대된다. 윤리적 소비행위가 사회 전반에 커다란 영향력을 행사할 수 있다는 소비자의 깨달음은 소비자의 행동변화는 물론 또다른 소비주체들의 행동변화도 촉진시킬 것으로 보인다. 이러한 변화를 뒷받침할 수 있도록 소비자단체나 민간단체, 정부가 소비자 역량 강화와 관련된 지원을 활성화시켜야 한다.

3. 생태적 차원

환경에 대한 중요성은 윤리적 소비가 적극적으로 전개되기 이전부터 소비자들에게 중요하게 인식되었다. 환경보호를 비롯하여 자연생태계와 함께 더불어 살아가는 삶을 가능하게 하는 소비활동은 윤리적 소비행위에 있어서도 필수적인 고려요소이다. 생태적 차원에서 전개되는 윤리적 소비행위는 지속 가능한 사회를 위한 친환경적인 소비행위에서 비롯된 재활용제품, 재사용제품의 사용과 동물복지에 대한 고려까지 다양한 영역을 포함하고 있다.

소비행위는 지금 당장의 필요를 충족시키는 것에서 나아가 소비행위의 지속가능성을 보장해야 한다. 소비행위는 일회적으로 그치는 것이 아니기 때문이다. 소비자들은 끊임없이 소비활동을 하며 생산자(노동자)와 기업 역시 소비로부터 이윤을 확보하기 원한다. 이러한 관점에서 소비의 지속성을 고려해야 한다. 환경친화적인 상품의 소비와 우리를 둘러싼 생태환경을 고려한 상품의 생산은 환경보호의 차원을 넘어서 소비자와 생산자의 생존의 측면에서 고려되어야 할 필요가 있다. 상품의 생산에서 사용, 폐기의 전 과정이 환경에 미치는 영향력을 확인하고, 환경친화적인 상품을 선택하는 것은 소비를 지속하기 위해 필수적으로 살펴봐야 할 부분이다. 시장에서 소비자의 힘이 커다란 영향력을 발휘할 수 있는 오늘날, 환경에 대한 소비자의 관심증가와 활발한 논의는 기업과 정부에 압력을 행사할 수 있으며, 이는 결과적으로 보다 나은 환경, 지속 가능한 환경을 만들 수 있는 기반이 된다. 친환경적인 소비를 위한 소비자행동의 구체적 실천으로써 자원의 재활용과 중고제품의 이용은 매우 중요하게 인식된다. 계속해서 새로운 상품을 구매하는 소비행위로 인한 끊임없는 환경파괴, 오염을 유발시키는 것이 아니라 물품의 수리, 재활용과 중고제품의 이용, 물물교환 등 다른 방식의 소비를 통해 개인적 필요의 충족과 환경에 대한 고려를 동시에 달성하는 것이다. 이러한 소비행위는 환경에 대한 의식을 높이는 역할을 한다. 의식의 고양은 행동의 변화를 촉진시키며 보다 나은 소비를 위한 기반이 된다. 소비자의 인식변화와 소비자집단의 적극적인 실천이 윤리적 소비를 이끌어가는 가장 큰 원동력이라는 사실을 잊어서는 안 된다.

윤리적 소비행위는 생태적 차원의 동물복지에 대한 고려도 포함한다. 소비행위 시 동물들의 사육방식, 동물실험 등에 숨어 있는 동물에 대한 착취를 고려하는 소비자들이 점차 증가하고 있다. 최소면적의 최대이윤을 창출하기 위해 시작된 공장식 축산은 이미 오래전부터 보편화되었다. 화장품이나 염색약의 독성실험 등 의약품 외의 미용상품 개발을 위한 실험대상이 되어 고통 속에 죽어가는 실험실의 동물들의 수는 엄청나다. 무분별한 동물실험과 동물복지의 간과로 인해, 멸종위기 동물에 대한 위협은 물론 생태계의 구조가 흔들리고 있다. 이는 단지 생태계 일부에 영향을 미치는 것에 그치지 않고 우리가 살고 있는 사회 전체로까지 그 영향력을 확대시킨다. 그렇기 때문에 오늘날 소비자들은 자신의 소비와 관계를 맺는 다양한 영역에 대한 고려를 하지 않을 수 없다. 소비를 본인의 필요에 대한 충족이라는 차원에서만 이해하는 것은 소비자로서 소비행위의 가치를 올바르게 이해하지 못하는 것이다. 이제 소비행위는 개인적 차원은 물론 사회적, 생태적 차원에 걸쳐 있기 때문에 소비로 인한 사회 전반적인 영향력을 생각해야 한다. 이를 위해서는 무엇보다도 소비자의 의식이 높아져야 한다. 개인적 차원에서 윤리적 소비의 필요성을 인식할 때, 이를 기반으로 다양한 소비영역에서 윤리적 소비가 실현될 수 있다. 소비자의 의식향상은 제품생산과정에 대한 정보를 제공하는 것은 물론, 환경과 인권, 동물복지 등 윤리적 소비와 관련된 다양한 영역에 대한 정보를 꾸준히 제공함으로써 가능하다. 소비자들에게 다양한 윤리적 소비이슈를 전달함으로써 소비가 환경과 사회정의에 미치는 영향력을 알리고, 올바른 가치관 확립을 도와야 한다. 윤리적 소비가 영향을 미치는 생산, 가공, 유통이라는 구조적

과정의 이해는 물론 지역사회, 생산자와의 관계문제, 나아가 국제적 연대의 필요성 등 윤리적 소비의 전반적인 틀로 이해의 범위를 확장시킬 때 올바른 가치관 성립이 가능하다.

현대사회가 소비자중심의 경제사회로 전환되면서 소비자로서 고려해야 하는 소비의 요소가 점차 증가하고 있다. 장기적인 관점에서 소비자의 의식향상과 소비행위의 중요성에 대한 인식증가는 윤리적 소비확산에 긍정적인 영향을 미칠 것으로 보인다. 소비자의 의무와 권리를 모두 수반하는 윤리적 소비행위는 앞으로 소비를 통해 더 나은 세상을 모색해야 한다는 사회적 기대가 커짐에 따라 함께 높아질 것이다. 이러한 차원에서 윤리적 소비를 돌아보고 윤리적 소비의 방향성을 만들어나가야 한다.

참고문헌

김재현(2008), "착한 소비자의 윤리적 소비행동에 영향을 미치는 요인에 관한 질적 연구", 연세대학교 석사학위논문.
박미혜·강이주(2009), "윤리적 소비의 개념 및 실태에 대한 고찰", 『한국생활과학회지』, 18(5).
송인숙(2005), "소비윤리의 내용과 차원정립을 위한 연구", 『소비자학연구』, 16(2).
이기춘(1991), "과소비 문제와 소비윤리", 『대한가정학회지』, 29(4).
천경희·홍연금·윤명애·송인숙(2010), 『착한 소비 윤리적 소비』, 시그마프레스.
채정숙(2004), 『정보사회의 소비자와 시장』, 신정.
한겨레연구소(2009), 『2009 윤리적 소비 체험수기 공모전 수상집』, 한겨레출판.
허은정(2011), "소비자의 윤리적 상품에 대한 태도 및 구매의도의 관련요인 분석", 『소비자학 연구』, 22(2).
홍연금(2009), "우리나라 윤리적 소비자에 대한 사례연구", 가톨릭대학교 박사학위논문.
홍은실·신효연(2010), "대학생 소비자의 윤리적 소비와 관련 변인: 교육경험 변인과 사회심리적 변인의 효과를 중심으로", 『한국가정관리학회지』, 28(5).

Alasdair Macintyre(1984), *After Virtue*, Notre Dame: University of Notre Dame Press.
Cherrier Helene(2006), Consumer Identity and Moral Obligations in Non-plastic Bag Consumption: A Dialectical Perspective, *International Journal of Consumer Studies,* 30(5).
Christine Swanton(2003), *Virtue Ethics: A Pluralistic View,* Oxford: Oxford University Press.
Clive Barnett, Paul Cloke, Nick Clarke and Alice Malpass(2005), Consuming Ethics: Articulating the Subjects and Spaces of Ethical Consumption, *Antipode,* 37(1).
Clive Barnett, Philip Cafaro and Terry Newholm(2005), *Philosophy and Ethical Consumption in the Ethical Consumer,* London: SAGA Publications.
Deirdre Shaw and Ian Clarke(1999), Belief Formation in Ethical Consumer Groups: An

Exploratory Study, *Marketing Intelligence and Planning*, 17(2).

Derek Parfit(1984), *Reasons and Persons*, Oxford: Oxford University Press.

Erlina Hendarwan(2002), Seeing Green, *Global Cosmetic Industry*, 170(5).

Frederick E. Webster(1975), Determining the characteristics of the socially conscious consumer, *Journal of Consumer Research*, 2(3).

John Jackson(2001), Prioritising customers and other stakeholders using the AHP, *European Journal of Marketing*, 35(7/8).

Philip Cafaro(2004), *Thoreau's Living Ethics: Walden and the Pursuit of Virtue*, Athens, GA: University of Georgia Press.

Richard Taylor(2002), *Virtue Ethics*, Amherst, NY: Prometheus.

Roger Cowe and Simon Williams(2000), *Who are the Ethical Consumers?*, Co-operative Bank Report.

제3장

윤리적 소비의 역사

“   윤리적 소비는 자본주의가 가장 먼저 발달한 선진국에서부터 시작되었다. 생각 없이 반복되는 일상적인 소비행위에 대한 반성과 도덕적 의식에 대한 자각이 필요하다는 사실에서부터 기인한 윤리적 소비자운동은 인간과 동물, 자연과 환경을 착취하거나 해를 가하지 않는 상품 또는 건강한 삶을 사는 데 도움을 주는 상품을 구매하자는 움직임이라고 볼 수 있다. 윤리적 소비라는 단어가 사용되고 확산되기 시작한 배경에는 현대사회의 정치·경제·사회 등 다방면에서의 지속적인 요구가 존재했다고 할 수 있다. 따라서 윤리적 소비의 등장배경과 그 역할을 확인하기 위해서는 우리가 놓여 있는 현재의 상황을 되돌아보고 점검하는 과정이 필요하다.

구매와 판매라는 제한적인 소비의 측면에서 윤리적 소비를 이해하는 것은 윤리적 소비의 본질을 이해하기에 충분하지 않다. 시대의 변화와 사회적 요구에 따른 대응이라는 보다 거시적인 관점에서 윤리적 소비를 들여다볼 필요가 있다. 윤리적 소비의 지난 역사를 통해 현재 윤리적 소비의 위치를 확인하고 앞으로 윤리적 소비의 사회적 역할과 윤리적 소비자의 확산 가능성을 점검해보자. ”

윤리적 소비의 등장

윤리적 소비는 어느 순간 갑자기 등장한 새로운 개념이 아니다. 사회문제가 심화될수록 이를 해결할 수 있는 대안 마련에 집중하게 되었고, 사회 전반에 맞닿아 있는 소비에 대한 인식변화는 소비가 올바른 생산, 더 나은 세계를 이끌어낼 수 있다는 기대를 갖게 했다. 윤리적 소비가 증가하게 된 등장배경을 우리가 살고 있는 사회의 경제·정치·환경·기술 그리고 소비자의 입장에서 살펴봄으로써 윤리적 소비가 촉진된 상황을 살펴보고자 한다.

1. 윤리적 소비 등장배경

1) 경제적 측면

18세기 후반, 자본주의 등장 이후 현재까지 우리는 자본주의라는 경제체제에서 살아가고 있다. 자본주의 경제란 사유재산제도와 결합된 시장경제를 의미하며 물가, 실업, 경제성장, 주택가격 등 우리의 삶에 직접적으로 영향을 미치는 모든 요인들이 주로 자본주의 시장경제 메커니즘을 통해 결정된다. 시장을 통해 생산과 분배가 이루어지는 시장경제는 생산의 효율성이나 개인 자유의 보장이라는 측면에서 사회주의 경제나 과거의 봉건 경제보다 유리하다. 시장에서의 경쟁은 더 좋은 품질의 제품과 서비스를 더 저렴하게 공급할 것을 요구했으며, 시장에서 거래하는 당사자 모두가 이익을 얻을 경우에만 자발적인 거래가 이루어지기 때문이다. 즉, 시장은 개인의 욕구와 자유를 충족시키기에 충분한 공간이라 할 수 있다. 특히 1970년대 유럽 전역에서 감지된 경제위기의 심화는 경제의 주요부분에 정부가 직접적으로 개입하기보다 시장기능의 활성화를 통해 정부의 역할을 시장에 일부 분담하는 방향으로 정책을 수정하게 한다. 이는 경제적 풍요로움을 통해 모든 문제를 해결할 수 있다는 경제적 관점의 심화를 단적으로 보여주는 경우라고 할 수 있다. 그러나 시장원리는 우리 삶의 모든 영역으로 확산되면서 빈부격차와 빈곤, 독점화, 공공재의 공급부족이라는 구조적 문제를 발생시켰다. 뿐만 아니라 지나친 이익추구로 인한 사회윤리의 타락과 인간성의 황폐화, 공동체의 약화 등 사회·문화적 차원의 문제까지 일으켰다.

경제적인 부문에서의 문제제기에서 나아가 우리의 삶과 직접적으로 닿아 있으며, 일상생활에 실제 영향을 미치는 윤리적인 문제의 심화는 현재의 소비구조에 대한 경각심을 소비자들에게 일깨웠다. 그러나 소비자의 개별적인 대응은 자본주의 체제하에서 주요 위치를 차지하고 있는 기업에 충분한 압력을 가하기에 미미했다. 일시적인 불매운동과 캠페인만으로는 한계가 있었다. 시장에서 기업의 영향력이 점차 강화되면서 기업들은 노사관계 및 노동시장은 물론 경제 전반의 구조에 큰 변화를 가져오기 시작했다. 시장에서의 경쟁심화는 노동권의 준수와 소비자의 권리보호라는 기본적인 기업의 의무마저 간과하게 만들었다. 특히 글로벌화의 가속화는 기업들에게 더 많은 권력과 부를 장악할 수 있는 기회를 제공했다. 세계화된 시장경제는 기업의 성장과 다국적 기업 위주의 세계화를 당연한 사실로 이끌어갔기 때문이다.

대부분의 다국적 기업은 빈곤의 문제를 안고 있는 개발도상국에서 낮은 가격으로 제품을 생산해 전 세계의 소비자들에게 공급한다. 이를 위해서는 개발도상국의 노동자와 생산자에 대한 착취가 요구된다. 투입된 생산비용이 낮을수록 저렴한 가격으로 소비자들에게 상품공급이 가능하기 때문이다. 단기수익 극대화에 치중한 다국적 기업의 생산전략은 개발도상국 노동자, 생산자들의 인권과 안전, 위생문제를 비롯해 아동노동의 문제, 강제노동의 문제 나아가 환경파괴와 자원고갈의 문제까지 야기한다. 대표적 스포츠용품 다국적 기업인 나이키(Nike)와 아디다스(Adidas)는 그들의 생산자와 노동자를 착취하고 있다고 알려져 있으며, 코카콜라(Coca-Cola), 맥도날드(McDonald's) 등은 성인노동자들의 생활임금보장 및 노동자의 조직·결사의 자유에 대한 인정을 거부하고 있다. 이처럼 우리에게 잘 알려진 다국적 기업의 상당수가 이윤창출이라는 경제적 입장만을 앞세운 채 다른 중요한 가치들을 간과하고 있다.

다국적 기업은 개발도상국에 부정적 영향을 미칠 뿐만 아니라 모국(母國)의 지역사회와도 충돌하고 있다. 규모의 경제달성과 비용절감의 필요성으로 인해 상당수의 다국적 기업은 아웃소싱(outsourcing)을 일반화하고 있다. 인건비와 운영관리비가 상대적으로 저렴한 개발도상국에 공장 설립만이 아니라 콜센터 등 영업지원 분야에 관한 아웃소싱을 실시하고 있다. 스위스가 모국인 네슬레(Nestle)는 자국민의 고용인원이 전체 고용율의 2%에 불과하다. 네슬레의 매출이 증가하더라도 자국민들에게 돌아갈 실질적인 혜택은 전무하다. 시장경제의 관점에서 보면 더 유리한 조건을 제공하는 곳으로 설비시설과 기업의 거점을 옮기는 것은 결코 잘못이 아니다. 각 나라에서는 자기 나라에, 자기 지역에 새로운 사업을 유치하기 위해 경쟁한다. 세금혜택과 지원금을 제안하기도 한다. 물론 더 나은 조건의 제시를 통해 기업의 자국유치를 확보하는 것이 미래의 지역발전, 나아가 국가발전에 이득이 된다고 볼 수 있다. 그러나 교육, 사회복지 등 사회전체에서 시급히 필요로 하는 공공영역에 투자되어야 할 돈을 기업을 위한 혜택 제공에 쓰고 있는 현재의 상황이 과연 옳다고 할 수 있는지 다시 한번 생각해 볼 문제이다.

다행히 최근 자본주의 논리에 따른 기업운영에 대한 제동이 걸렸다.

과거에는 기업의 경제적인 책임, 즉 이익의 최대화가 기업의 유일한 책임으로 인식되었으며 이어 투명회계, 성실한 납세 등이 중요하다고 강조됐다. 이제는 여기에 덧붙여 지속 가능한 사회·환경, 그리고 지역사회를 위한 기업의 기여 등이 요구되고 있다. 1980년대부터 제기되기 시작한 기업의 사회적 책임(CSR: Corporate Social Responsibility)이라는 개념은 기업의 힘이 때로 정부나 국가의 힘을 능가하고 있는 오늘날, 기업시민(corporate citizen)으로서의 권리와 책임을 부여함으로써 구체적이고 실효성 있는 사회적 역할을 요구하고 있다.

이제 소비자는 단순히 이윤창출에만 집중하는 거대한 기업을 원하지 않는다. 소비자에게 신뢰를 주고 소비자와 함께 미래를 그려나갈 수 있는 기업을 필요로 한다. 국제기구를 중심으로 기업의 사회적 책임에 대한 평가가 점차 확산되고 있다. 이는 윤리적 소비를 실천하고자 하는 소비자들에게 공식적인 지표 역할을 할 뿐만 아니라 기업 스스로에게 윤리적 소비의 중요성을 일깨우고 있다. 국제표준화기구(ISO: International Organization for Standardization)에서는 ISO26000이라는 사회적 책임에 대한 새로운 국제표준을 6개의 이해관계자그룹(기업관계자, 각국정부 관계자, 소비자단체, 노동자, NGO, 전문가그룹)과 함께 만들었다. 점차 ISO26000에 기초해 기업 간 거래를 실시하는 사례가 증가하고 있다. 각 기업들이 일정 수준 기업의 사회적 책임에 도달하지 못할 경우 해당 기업에 대한 소비자들의 불매운동은 물론 공급·유통업체 등 실제 사업당사자들 사이의 계약거절, 인증취소와 같은 무역장애가 발생할 가능성이 크기 때문이다. 점차 기업의 윤리적 소비에 대한 이해가 높아지는 것은 물론 윤리적 사업을 적극적으로 실행하는 것이 장기적인 관점에서 기업에게 이익이라는 인식이 확산되고 있다. 오늘날 기업의 사회적 책임은 공유가치창출(CSV: Creating Shared Value)의 개념으로 진일보하였다. Porter(2011)에 의해 제시된 공유가치창출은 사회적 책임에 대한 기업의 근본적인 인식전환을 촉구하고 있다. 기존의 기업의 사회적 책임이 기업의 사회공헌을 이익창출과는 무관한 기부적 활동으로 간주했던 것과 달리 공유가치창출은 사회공헌을 기업의 장기적인 발전과 경쟁력 향상을 위한 투자로 인식한다. 자원의 고갈, 공해, 근로조건 등 사회적 이슈들을 장기적인 관점에서 기업의 비용을 증가시키는 원가상승 요인으로 파악하고, 회사전체 차원에서 이를 줄이는 데 적극 나서자는 입장이다. 기업의 사회적 책임을 기업과 사회와의 가치공유의 차원으로 인식하는 이와 같은 새로운 관점은 기업의 이윤창출이 사회적 가치의 추구와 결코 떨어진 개념이 아니라는 사실을 일깨운다. 앞으로 기업 운영에 있어 이익의 창출과 공공의 이익에 대한 기여는 함께 고려해야 할 요소가 될 것이다. 특히 윤리적 소비에 대한 관심이 높아지고 윤리적 소비에 근거한 소비자들이 증가할수록 기업의 경쟁력은 기업 내외부의 윤리적 행위로부터 발생한다는 사실을 놓쳐서는 안 된다.

2) 제도적 측면

윤리적 소비에 대한 제도적 차원의 인식은 점차 강화되는 추세다. 시장의 자율에 경제체제를 맡겨두었던 과거와 달리 정부는 소비활동에 대한 규제강화와 윤리적 소비를 지원하는 보호정책을 동시에 추진하고 있다. 기업의 역할이 경제영역에서뿐만 아니라 사회 전반으로 확대됨에 따라 이를 통제하고 조정하는 정부의 역할이 필요해졌기 때문이다. Korten(1995)은 네슬레(Nestle), 씨티그룹(Citigroup)과 같이 이익추구를 중점으로 둔 다국적 기업이 풍부한 경제적 자본을 바탕으로 국제제도 규정에서 지배적인 영향력을 행사하고 있다고 주장한다. 실제로 정부의 시장규제에 관한 제도들이 WTO, EU, NAFTA와 같은 국제 제도들에 양도됨으로써 규제에 관한 정부의 권한은 상당 부분 축소된 상황이다. 다국적 기업들은 자국 정부를 압박하여 WTO 등 국제체제의 이름 아래 더 많은 무역협정을 만들어내게 하고 있다. 이러한 자유무역협정은 기업에 더 큰 역할을 부여하고, 기업이 사업에 실패했거나 환경을 파괴할 경우 또는 기업의 소유주가 재정적·도덕적 책임이 있는 경우에도 기업에게 유리한 입장을 유지할 수 있도록 하기 때문이다. 다행스러운 것은 기존의 친(親)기업적인 정서를 지닌 정부, 그리고 제도가 서서히 변화하고 있다는 사실이다.

먼저 기업을 통제하기 위한 방안으로 각국 정부는 윤리적 가이드라인을 설정하고 있다. 특히 미국의 경우 2001년 엔론(enron) 사태 이후 상장기업의 윤리경영 시스템 도입과 공시를 의무화하고 민간기업의 내부고발자에 대한 보호제도의 정비를 통해 거래의 안정성을 확보하고자 노력하고 있다. 기업의 비윤리적 행위가 기업내부에만 그 영향력을 미치는 것이 아니라 사회 전반으로 부작용이 확산될 수 있기 때문이다. 기업의 윤리강령 및 행동준칙의 준수는 윤리적 소비를 추구하는 소비자들의 요구에 대한 대응일 뿐만 아니라 궁극적으로 기업의 지속가능성을 담보하는 가장 확실한 방법이다. 윤리적 소비강화를 뒷받침하는 제도적 배경이 뚜렷이 나타나는 유럽의 사례는 우리나라의 제도적 변화차원에서도 참고할 만하다. CSR 장관을 신설하고 기업책임법의 제정을 검토하고 있는 영국을 비롯해 기업의 환경·사회의 영향에 대한 보고서를 다양한 방식으로 의무화하고 있는 프랑스, 제도적으로 기업의 윤리적 책임을 강조하는 것에서 한 걸음 나아가 기업의 생산활동에 관여하고 있는 이해관계자들의 권리와 가치를 중요시하는 독일의 사례가 그렇다. 제도화된 장치를 통해 소비자들은 양질의 기업관련 정보를 얻을 수 있으며, 윤리적 소비를 실천하려는 자신의 의지를 적극적으로 실행에 옮길 수 있다.

윤리적 소비의 촉진은 규제를 통해서만 이뤄지지 않는다. 윤리적 소비를 원하는 소비자들이 실제 시장에서 윤리적 제품과 서비스를 만날 수 있는 정부 차원의 제도적 지원과 시장확대 정책이 필요하다. 개발도상국 생산자들에 대한 공정한 임금지급, 장기적인 거래관계의 구축과 매입기간 보장, 최소한의 복지규정 준수, 사회적 정의와 자원의 지속가능성 보장을 주요내용으로 하는 정부 차원의 공정무역 활성화정책이 정부차원 지원 측면의 예시가 될 수 있다. 공정무역이 활발하게 이뤄질 수 있도록 개발도상국과의 긴밀한 공조관계를 형성하고 생산지에 대한 적극적 지원차원에서 관세면제 혜택을 부여하는 등의 노력을 실제 구현한 사례가 적지 않다. 뉴질랜드 정부는 개발도상국의 발전에 적합한 무역환경을 구축하기 위해 파트너 국가와 협상을 할 때, 지속가능성에 바탕을 두고 생산자, 농민, 노동자 모두에게 이익이 돌아갈 수 있는 방안을 모색한다. 개발도상국에 다양한 프로젝트별 기금을 전달하는 한편 소비자들의 공정무역에 대한 인식을 높이기 위한 홍보활동과 공정무역 인증제품에 대한 소비자의 접근성을 높이기 위해 뉴질랜드 전역에서 공정무역 제품을 구매할 수 있는 환경을 만들고 있다. 정부의 정책적 지원이 상품의 생산, 유통, 구매에 이르는 전 과정에 걸쳐서 이뤄지고 있다.

또 하나의 윤리적 소비의 예라고 할 수 있는 친환경농산물 재배에 대한 정부 차원의 지원을 살펴볼 수 있다. 이미 유럽에서는 1992년부터 정부의 직접지원이 이뤄지고 있다. 2007년부터 2013년까지 슬로바키아 공화국의 농촌개발계획안은 과수원과 포도원에 대하여 903유로(약 140만 원), 채소·약용식물·향신료에 대한 지불금은 헥타르(ha)당 약 665유로(약 100만 원)를 지원한다고 규정하고 있다(Lehocka & Klimekova, 2008). 이러한 지원금의 규모는 국가와 국가 간, 한 국가 내에서도 지역에 따라 차이를 보이나 친환경농산물 지원이라는 목적과 원칙 및 기본규칙은 동일하다. 국가적인 차원에서 친환경농산물 재배를 뒷받침하고 관련된 정보를 소비자에게 제공하는 한편 다양한 캠페인활동을 적극적으로 지원한다는 점이 특징적이다. 그러나 아무리 뛰어난 제도라 하더라도 운영이 실제 제대로 이뤄지지 않으면 아무런 소용이 없다. 이러한 점에서 캐나다의 사례는 제도의 도입과 유기적인 운영이 얼마나 중요한지를 단적으로 보여준다. 캐나다에서는 친환경농산물의 생산과 인증,

유통정책이 정부와 지자체의 적극적인 지원 아래 원활하게 이뤄지고 있다. 이러한 제도를 통해 생산자들은 자발적으로 친환경농산물의 종자를 연구하고, 자체적으로 소비자의 신뢰를 높이기 위한 다각적인 노력을 펼친다. 적절한 제도적 지원은 윤리적 소비를 추구하는 소비자뿐만 아니라 윤리적 소비의 이해관계자들 모두에게 자신들의 행위가 윤리적 소비와 실질적인 관계를 맺고 있다는 사실을 일깨워준다. 제도적 측면에서의 적절한 규제와 지원정책의 균형 잡힌 도입은 소비자는 물론 생산자와 노동자 스스로 변화하는 환경에 대한 대응에서 나아가 적극적으로 환경변화를 모색하는 기회를 제공하고 있다.

3) 환경적 측면

환경문제는 전 지구적인 문제로 인식되고 있다. 오늘날 환경문제는 현재와 장래 인류의 생존을 위협하고 미래사회의 모습에 결정적인 영향을 미칠 수 있다. 글로벌화의 확산은 사회 전반에 국가라는 개념에 의한 관계보다 시장경쟁과 화폐적 거래를 통한 삶의 관계가 중요하다는 인식을 높였다. 경제라는 한정된 영역에 국한된 문제가 아니다. 경제적, 사회적, 정치적 활동들이 글로벌화의 촉진과 맞물려 환경의 영역에까지 그 영향력을 미치고 있다. 글로벌화를 이끄는 교통·통신 네트워크의 확장, 생산라인의 초국가적 이전, 전 세계를 아우르는 상품의 유통과 소비의 흐름, 문화적 유사성의 증가와 정치제도의 통합 등은 관련된 영역에만 그 영향력이 한정되지 않는다. 환경에도 그 영향력을 행사한다.

선진국에 기반을 둔 다국적 기업이 생산라인을 개발도상국으로 확장 혹은 이전하여 설치하는 경우, 개발도상국의 자원환경으로부터 채취한 고가의 환경자원들은 저렴한 노동력을 기반으로 착취된다. 이렇게 생산된 상품은 저렴한 가격으로 유통되고 소비되면서 글로벌화된 세계 이전보다 더 많은 거래를 발생시킨다. 환경을 기반에 둔 상품화는 여기에서 그치지 않는다. 태평양 군도의 아름다운 섬들이 최고급 관광휴양지로 개발되고, 지하에 묻힌 광산물을 채취하기 위해 남극의 땅을 서로 선점하려 하며, 아마존의 원시림이 플랜테이션 농업을 위해 파괴된다. 환경의 중요성은 이윤창출이라는 목적을 위해서는 고려되지 않는다. 환경이 돈이 된다면, 이를 상품으로 바꾸는 개발행위는 아무런 제재 없이 무분별하게 일어난다. 이러한 과정에서 필연적으로 환경의 오염과 파괴가 동반된다. 이는 환경을 고가의 상품으로 개발하고 이용하는 과정에서 발생하는 환경파괴뿐만 아니라 이렇게 생산된 상품을 범지구적으로 유통, 소비하는 과정에서 끊임없이 일어나는 환경오염과 자원파괴까지 포함한다.

경제성장과 소득증대를 위한 글로벌화의 추진이 기후변화, 오존층 파괴, 생물종의 다양성 감소 등 환경과 관계된 문제에 직접 영향을 미치고 있다. 경제 성장이 과연 우리의 지속 가능한 삶을 보장할 수 있는지에 대한 논의가 필요한 상황에까지 이르렀다. 저렴한 상품을 손쉽게 구매할 수 있는 소비환경에 만족을 느꼈던 소비자들이 점차 현재의 소비행위가 가져올 수 있는 문제의 심각성을 인식하기 시작했다. 편의적인 차원에만 집중했던 소비가 가져온 문제가 다시 소비자들에게 돌아오고 있다는 사실을 깨달았기 때문이다. 지속 가능한 환경을 통해서만 우리의 삶이 유지될 수 있다는 당연한 사실을 인식한 것이다. 환경과 소비자는 불가분의 관계에 있다. 소비자와 환경과의 상호작용은 소비자들에게 바람직한 환경을 보존하고 유지하기 위해 노력할 책임이 있다는 것을 의미한다. 환경적 측면에서의 윤리적 소비 대두는 이러한 배경을 바탕으로 전개된다.

환경친화적 소비자는 환경문제를 고려한 소비생활을 지향하며, 제품구매를 할 때 환경을 소비행동의 중요한 선택요인으로 생각한다. 소비를 통한 개인의 가치추구는 물론 타인과 사회, 환경에 미치는 전반적인 영향력을 염두에 두고 소비활동을 한다. 이러한 차원에서 물, 공기, 토양의 오염을 최소화하고 지속적인 농업 생산력을 유지하면서 생태계를 보존하고, 동시에 식품의 안전성을 충족시키는 친환경농산물에 대한 수요가 증가하고 있다. 또한 재활용원료를 사용하는 재활용 제품, 정부가 공인한 환경친화적 마크가 부착된 제품에 대한 소비행위가 증가하는 등 소비자들의 실천이 구체적으로 나타나고 있다. 그러나 이러한 소비행위는 최종 구매단계에 국한된 소비행위라고 할 수 있다. 윤리적 소비자로서의 소비행위뿐만 아니라 소비의 이해관계자 모두가 참여하는 방향으로 윤리적 소비가 실행되어야 한다. 제품 생산과정 전반의 측면에서, 원재료의 선정에서부터 기술혁신, 공정, 관리, 유통, 판매, 구매 전반에 걸쳐 환경적 측면에서 소비행위를 고려해야 한다. 환경에 대한 사회의 관심이 높아질수록 윤리적 소비 분야에서 환경적 차원의 중요성에 대한 인식은 점차 높아질 것이다.

4) 기술적 측면

인터넷의 발전과 보급, 시장의 급격한 정보화 진행으로 인해 소비자들은 더욱 똑똑해졌다. 인터넷은 소비자들에게 다양한 정보를 상세히 전달하는 역할을 하고 있다. 정보기술의 발전은 대안적인 재화와 서비스를 얻기 원하는 소비자들에게 유용한 역할을 하고 있다. 새로운 기술의 발전은 정보전달의 범위를 확장시켰을 뿐만 아니라 잠재적인 윤리적 소비자들에게 윤리적 소비를 알리는 역할을 하고 있다. 특히 정보전달자의 측면에서 인터넷을 통해 최소의 비용으로 환경·사회정의·동물권리를 비롯한 윤리적 이슈를 전 세계의 소비자들에게 확산시킬 수 있다는 사실은 매력적이다. 실제로 윤리적 소비에 관한 이슈를 주로 다루는 세계 각국의 단체들은 자신들의 웹사이트를 통해 불특정 다수의 소비자들에게 활동사항을 전달하고 있으며, 소비자들은 이를 통한 직접적인 커뮤니케이션이 가능하다. 영국의 웹사이트인 '윤리적 소비자

(ethitcal consumer)'는 윤리적 소비와 관련된 다양한 정보를 손쉽게 얻을 수 있는 대표적인 사례이다.

소비자들은 제품이나 서비스의 구매 전, 해당 기업에 대한 정보를 비롯해 자신의 선택을 돕는 다양한 자료들을 인터넷을 통해 얻고 있다. 소비자들은 외부로부터 정보를 습득하는 수동적 역할에만 머무르지 않는다. 윤리적 소비와 관련된 정보를 또 다른 소비자, 이해관계자들에게 직접 제공·확산시키는 역할을 담당하기도 한다. 최근 활발하게 사용되고 있는 트위터(twitter), 페이스북(facebook), 유튜브(youtube) 등의 SNS(social network service)는 주로 한 방향으로 정보를 전달하던 기존 언론매체와 달리 정보제공자와 정보소비자가 서로 의견을 주고받을 수 있는 쌍방향 매체의 특성을 갖고 있다. 이는 적극적으로 소비활동에 참여하는 오늘날의 소비자 특성에 적합하다. SNS의 활성화는 소비활동과 관련된 주체들 간의 자유로운 의견교환과 소비자들 간에 공감대 형성을 이끌어내고 있다. 나아가 소비자집단의 집단적 행동을 가능하게 한다. 윤리적 소비와 관련된 단체를 비롯해 윤리적 소비에 관심을 갖고 있는 소비자들이 윤리적 소비확산을 위한 도구로서 SNS를 적극 활용할 때 더 빠르고 광범위하게 윤리적 소비가 확산될 수 있다.

기술의 발전을 통해 공공의 이익을 증대시킬 수 있는 반면, 급격한 과학기술의 발전이 오히려 사회적 관계, 환경, 동물 복지를 포함한 우리의 삶을 위협할 것이라는 우려가 동시에 제기되고 있다. 발전된 과학기술이 전 인류의 이익을 위해 사용되고 있는지, 아니면 단지 투자자의 이윤 극대화를 위해 쓰이고 있는지에 대한 확인이 필요하다. 유전자 조작식품(GMO: Genetically Modified Organism)의 존재는 이러한 확인의 필요성을 보여준다. GMO가 수확물의 품질을 높이고 생산성을 증대시키며, 화학살충제 사용을 줄임으로써 세계의 기아와 빈곤의 문제를 해결할 수 있다는 주장은 GMO의 생산과 확산을 옹호한다. 이러한 긍정적인 기대와 달리 GMO 개발을 통해 실제 이익을 얻는 것은 몇몇 다국적 기업뿐이라며 GMO를 반대하는 입장이 존재한다. 반대되는 입장의 의견을 뒷받침하는 사례를 아르헨티나의 GMO 재배상황을 통해 확인할 수 있다. 현재 아르헨티나는 세계에서 두 번째로 큰 유전자조작 콩 생산국으로 생산량의 대부분을 동물용 사료로 수출하고 있다. GMO 생산의 지속적인 증가는 GMO를 대규모로 재배할 수 있는 능력을 가진 소수의 토지 소유자들에게 토지 소유권이 집중되는 현상을 낳았다. 반면 대다수의 중소 농민들은 토지를 잃고 농촌에서 쫓겨나 도시 빈민으로 내몰리고 있는 것이 오늘날 아르헨티나의 현실이다. 더 큰 문제는 아르헨티나에서 GMO를 통한 작물재배가 시작된 1996년부터 식량안보에 대한 위협이 증가되기 시작했다는 것이다. 아르헨티나 전체인구의 절반(1,800만 명)이 기아상황이거나 기초생활 수준에도 도달하지 못하고 있다는 사실이 아르헨티나 정부의 공식통계를 통해 확인되었다. 이러한 사실은 GMO를 통해 기아문제를 해결할 수 있다는 몬산토(Monsanto)를 비롯한 다국적 기업의 주장이 결코 사실이 아니라는 것을 보여준다. 실제로 유전자가 조작된 종자로 작물을 재배할 경우, 종자에 대한 모든 권리가 특정기업이나 개인에게 속하기 때문에 소규모 경작을 하는 대다수의 농민들은 해마다 비싼 특허비를 지불하고 종자를 구입해야만 하는 상황에 놓인다. 유전자 조작된 종자에 맞는 농약 역시 소수의 기업이 독점하고 있기 때문에 농민들은 점차 기업이나 자본에 완전히 종속되게 된다. 대부분의 유전자조작 농산물들은 대량으로 생산되기 위해 만들어졌다. 때문에 결과적으로 소농들은 자신의 삶의 터전으로부터 밀려날 수밖에 없다. 소수의 대규모 농업생산 기업들에게 종속된 먹을거리는 결국 먹을거리의 구매자인 소비자들 역시 대기업과 자본에 종속되도록 만든다.

기술의 발전으로 인해 등장한 GMO는 소비자들에게 안전한 먹을거리 제공을 위협한다는 윤리적 소비차원의 문제에만 국한되지 않는다. 생태계 위해성 및 생물다양성의 파괴, 지역공동체의 와해, 식량 및 곡물이 소수의 거대기업에 독점되는 문제와 직접적으로 연관되어 있다. 이는 단기적인 이득을 얻기 위한 생산과 소비가 장기적으로 우리 사회 전반에 미치는 부정적 영향에 대한 우려를 낳는다. 이러한 우려는 소비자와 생산자가 직접 소통 가능한 지역 기반의 농산물 유통체계에 대한 관심을 높였다. 지역사회 활성화 차원에서도 지역에서 생산된 제품이나 서비스에 대한 지역 내부소비는 궁극적으로 확대되어야 할 것이다. 소비활동의 영향력은 소비가 이뤄진 그 순간에 그치지 않는다. 우리의 삶, 나아가 후손들의 삶에까지 소비를 통한 영향력은 확장될 수 있다. 따라서 기술의 발전을 통한 소비의 무분별한 증대와 기술발전에 대한 맹목적인 의존은 조심해야 한다. 윤리적 소비의 차원에서 기술 발전을 통해 도움을 얻을 수 있는 긍정적인 요인은 적극 수용하고, 오히려 윤리적 소비확산에 걸림돌이 될 수 있는 부정적인 요인에는 적극 대응하고 대안을 찾으려는 노력이 필요하다.

2. 윤리적 소비자 역할의 강조

1) 소비자운동의 시작(19세기 중반∼20세기 초)

오늘날 점차 그 중요성에 대한 인식이 높아지고 있는 윤리적 소비의 기반에는 소비자운동에서 비롯된 소비자들의 역할 증대가 존재한다. 소비자운동은 윤리적 소비라는 개념이 나타나기 이전부터 활발히 전개되었다. 20세기부터 소비자 불매운동을 포함해 환경보호, 동물복지, 인권 등 다양한 이슈와 관련된 소비자운동이 본격화되었다. 이러한 소비자운동의 뿌리는 20세기 이전부터 존재한다. 19세기 중반 서구유럽을 중심으로 등장한 협동조합 운동이 그것이다. 1844년 영국 로치데일에서 공정무역선구자협동조합의 등장과 함께 시작한 협동조합은 프랑스와 이탈리아에서 노동자생산협동조합의 형식으로, 독일에서는 신용협동조합의 형성으로 확산된다. 특히 초기 협동조합 운동을 이끈 원동력이라고 할 수 있는 소비자협동조합은 일반적인 소비자운동의 개념과 일치한다. 자본가나 생산자에 비해 상대적으로 소외받고 힘 없는 소비자들의 단결과 협동을 통한 문제해결을 목적으로 하고 있는 소비자협동조합의 목표는 오늘날에도 유효하다.

북미와 유럽대륙을 중심으로 활발하게 확산되기 시작한 소비자협동조합운동은 대자본으로부터 소규모 지역농업과 지역사회를 지키는 역할을 한다. 소비자협동조합을 통해 생산자와 직접 관계를 구축함으로써 소비자들은 신뢰에 기반해 양질의 제품과 서비스를 얻을 수 있다. 생산자들의 입장에서 소비자협동조합은 중간상인을 배제하고 적정한 가격으로 유통을 가능하게 함으로 자신들의 삶의 질을 향상시킬 수 있는 기회를 제공한다.

조합원의 이익보호와 증진을 주요내용으로 하는 협동조합 운동은 사회적 다양성의 증대로 인해 조합원의 요구가 다양해졌다는 사실을 인식한다. 그리고 보다 광범위한 조합원의 니즈를 이해하려고 노력한다. 이러한 소비자협동조합의 변화는 19세기 후반부터 20세기 초, 이미 산업화의 과정을 마친 선진국을 중심으로 소비활동을 통해 개인적·사회적 요구를 충족시키고자 하는 근대적인 성격의 소비자운동이 나타나기 시작한 것과 그 방향성을 같이한다. 미국에서는 1891년 뉴욕에서 설립된 소비자연맹(Consumers League)에 이어 1898년에는 전국소비자연맹(National Consumers League)이 설립된다. 영국에서는 오늘날 소비자연합회(Consumer's Association)의 전신인 소비자의회(Consumers Council)가 제1차 세계대전이 발발한 시기에 등장한다. 소비자운동 초기단계에 설립된 연합체 성격의 단체들은 소비자의 행동을 적극적으로 행사하기보다는 소비자들이 소비행위와 관련된 유용한 정보를 얻을 수 있도록 지원하는 역할에 집중한다. 이를 위해 각 소비자 단체에서는 제품에 대한 분석을 실시하는데 전문가들이 가격, 안정성, 내구성, 효율성 등의 평가지표에 따라 제품을 테스트하고 그 결과를 소비자들에게 전함으로써 소비자의 구매행위를 돕는 유용한 정보를 제공하고자 했다. 이와 같은 초기 소비자운동의 전개는 허위광고 규제와 식품성분표시의 의무화처럼 사회적으로 소비자들에게 유효한 정보제공의 틀을 만드는 데 기여했으며, 소비자지위에 대한 인식을 기업은 물론 사회적으로도 높이는 데 크게 기여한다. 소비활동과 관련한 문제를 외부에서 해결해줄 때까지 기다리기보다는 해결 가능한 다양한 방안을 모색하고, 관련 당사자와의 의사소통을 통해 논의를 확장시키는 초기 소비자운동은 소비자의 역할 제고에 긍정적인 영향을 미쳤다. 소비와 관계된 직접적인 행위에 집중했기 때문에 상대적으로 소비의 중요성과 역할을 사회 전체적으로 확장시키는 것에는 미흡했지만, 소비자의 사회적 지위를 견고히 만들었다는 점에서 초기 소비자운동의 역할을 확인할 수 있다.

2) 소비자운동의 전개(20세기 중후반)

자본주의가 발전함에 따라 기후변화, 지구온난화와 같은 환경문제를 비롯해 인권과 관련된 아동노동착취, 제3세계의 생산자착취 등의 문제가 점차 증가하기 시작한다. 문제의 심각성이 높아질수록 소비자들의 관심이 증대된다. 결국 이를 해결하기 위해 사회적으로 다양한 단체들이 등장한다. 특히 20세기 중후반, 소비자주의와 환경주의의 측면에서 시민단체들이 등장·발전하기 시작한다.

과거의 시민단체들은 기본적으로 자기 단체 내 구성원들의 이익증진을 위해 활동했다. 그러나 1960년대 들어 보다 이타적인 목적을 내세우는 시민단체들이 급증하기 시작한다. 이러한 단체들을 학자들은 '촉진단체(Cause groups)' (Grant, 2000), '공공이익집단(Public interest groups)' (Libby, 1998), '압력단체(Pressure groups)' (Smith, 1990), 'NGOs' (Murphy & Bendell, 2011) 등으로 지칭한다. 환경보호단체인 지구의 친구들(Friends of the Earth), 국제 앰네스티(Amnesty International) 등이 보다 광범위하고 보편적인 문제해결에 집중하는 이와 같은 단체의 적절한 예라고 할 수 있다. 공동의 이익증진을 위해 활동하는 시민단체의 절반 이상은 1972 년에서 1986년 사이에 설립되었다(Berry, 1989). 보편적 가치를 위해 활동하는 시민집단은 제2차 세계대전 이후 경제적인 안보의 정도가 새롭게 설정되고, 탈(脫)물질주의적인 삶과 삶의 질 향상을 추구하는 소비자들의 논의가 활발하게 전개되는 상황에서 등장했다고 볼 수 있다. 오염된 식수, 허용기준을 초과한 항공기 소음, 토양 내 화학약품에 의한 건강위협, 대기오염 등 환경파괴로 인한 삶의 질의 전반적 악화는 인간의 생존을 위협했으며 이타적인 목표를 중심에 둔 시민단체의 필요성을 강하게 자극했다. 결국 세계경제의 글로벌화와 기술의 급격한 변화는 이전 사회와 구분되는 새로운 이슈를 등장시켰으며, 새로운 시민단체, 소비자운동을 자극시켰다. 이처럼 시민단체가 증가하고 그 활동의 폭이 넓어지면서 소비환경의 변화에 대한 소비자의 의식이 함께 높아졌다. 소비자의 자발적 정책참여의 확대, 지속 가능하고 환경친화적인 소비에 대한 관심증가현상이 나타났다.

이타적인 이슈에 중점을 둔 시민단체의 증가는 소비자운동에도 영향을 미친다. 1970년대 환경에 관한 이슈가 큰 관심을 얻으면서 그린피스(Greenpeace), 지구의 친구들(Friends of the Earth)과 같은 환경단체를 중심으로 환경문제에 대한 해결방안 모색이 적극적으로 나타난다. 환경에 관한 소비자들의 관심은 1980~1990년대의 인권에 대한 관심으로 이어진다. 전 세계적 차원에서 상품과 서비스의 생산, 유통, 판매가 이뤄지면서 소비자 단체는 국제노동기준 준수를 감시한다. 대표적 다국적 기업인 나이키(Nike), 갭(The Gap), 리복(Reebok), 막스 앤 스팬서(Marks & Spencer) 등이 제품의 생산 과정에서 관행적으로 노동자들을 착취하고 있다는 사실도 이때를 기점으로 알려진다. 소비자운동은 초기에 다국적 기업들의 노동자에 대한 책임부재와 개발도상국에서 자행되는 불공정한 거래에 대한 문제제기를 중심으로 이뤄졌다. 이를 통제할 수 있는 국가적, 범세계적 차원의 규칙 및 법규의 필요성에 대한 주장이 주를 이뤘다. 소비자의 직접적 개입을 주장하기보다 제도적 차원에서의 보완책 마련을 주장한 소비자운동은 점차 소비자 불매운동이라는 소비자 참여로 발전된다. 이는 실질적으로 해당기업의 수익에 부정적인 영향을 미쳤으며 기업들 스스로 그들의 사업에 대한 사회적 책임의 중요성을 인식하는 계기를 만들었다. 기업은 소비자가 기업의 생존과 직접적인 관계를 맺고 있다는 사실을 깨닫게 된다. 기업은 소비자들에게 기업의 긍정적 이미지를 부각시키고자 자신들의 공급 및 투자가 윤리적으로 이뤄진다는 사실을 홍보하고, 관련된 국제협약 및 기준의 준수를 위해 노력한다. 기업의 태도변화는 1차적인 기업의 사회적 책임에서 나아가 기업의 거래행위 자체를 윤리적 소비에 중점을 둔 공정무역이 활성화되는 계기를 만든다.

20세기에 전개된 소비자운동은 소비활동은 물론 다양한 영역에 걸친 소비자의 관심을 바탕으로 폭넓은 분야에서 전개된다. 소비자들은 점차 소비행위가 사회에 미치는 영향력을 감지하고 이를 활용해 적극적으로 사회에 목소리를 높이고자 한다. 소비자들은 문제를 인식하고 요구사항을 전달하는 것에서 나아가 불매·구매운동이라는 직접적인 소비행위를 통해 소비자의 입장을 구체적으로 표명하고 있다. 이는 공정무역이라는 또 다른 윤리적 소비영역을 만드는 데 일조한다. 소비를 통해 사회의 전반적인 변화가 이뤄질 수 있다는 사실을 깨달은 소비자들의 적극적인 실천의지는 지금까지와는 다른 윤리적 소비를 만들고 있다. 윤리적 소비는 소비자들의 의식변화를 바탕으로 전개되고 있다.

3) 오늘날의 소비자운동

세계화, 지식사회, 정보화 사회의 도래는 기업중심의 시장구조를 소비자중심으로 이동시키는 원동력이다. 소비자는 종래의 수동적, 피동적인 역할에서 기업활동과 경제구조를 결정짓는 적극적, 능동적 주체로 변했다. 오늘날 소비자들은 소비를 할 때 가격, 품질, 배송상태에 대한 고려뿐만 아니라 환경에 미치는 영향, 생산자의 노동환경에 대한 고려, 기업의 사회적 책임에 대한 인식 등 윤리적 영역에 대한 고려까지 관심의 폭을 확대했다. Fletcher(1990)는 1990년대의 소비자들은 1960년대의 욕구충족을 위한 소비, 1970년대의 자기중심적 소비, 1980년대의 적극적인 동시에 탐욕적인 소비행태와 비교할 때 소비 시 고려하는 우선순위와 기본태도, 신념이 현저하게 다르다고 주장한다. 1990년대 들어 환경과 사회에 대한 높아진 인식을 기반으로 소비하는 소비자들이 증가함에 따라 일상적으로 구매하는 제품의 원재료에 대한 가공에서부터 최종 생산에 이르기까지 소비자들의 관심과 요구는 커지고 있다. 21세기의 소비자들은 자신의 욕구충족을 사회적 가치와의 균형을 통해서 이루고자 한다. 소비자들 간의 연대로부터 다양한 정보를 얻고 있는 소비자들은 공정한 거래를 통해 생산한 제품을 요구할 뿐만 아니라 제품 생산과정에서 제조업자와 유통업자들도 윤리적 조건을 충족할 것을 요구한다. 적극적인 윤리적 소비자의 등장은 소비자의 역할을 소비의 영역에서 정치, 경제, 사회 등 주변 상황과의 관계설정으로까지 확장시켰다.

소비자들은 의식 수준이 향상될수록 현명한 소비생활을 위해 제품과 관련된 더 많은 정보의 제공과 교육의 실시, 그리고 소비자보호에 관한 내용을 약관과 광고에 표시할 것을 요구한다. 단순히 제품의 설명과 기능에 대한 안내, 거래의 편의성을 도모하는 차원에서 나아가 사회적 이익을 증대시키기 위한 기업의 역할을 요구한다. 오늘날의 소비자들은 소비의 적극적 주체로서 소비활동과 관계된 이해당사자들에게 책임 있는 소비활동이 가능하도록 일정한 기준을 제시하고 있다. 그러나 소비자가 얻을 수 있는 정보의 양이 방대해짐에 따라 오히려 개별 소비자들은 소비에 관한 올바른 판단을 내리기 어려워졌다. 모든 기업들이 소비자의 기대를 충족시키고, 소비자의 입장을 반영하는 주체로서 자신을 홍보하기 때문에 소비자들은 혼란에 빠지기 쉽다. 기업은 보다 저렴한 가격으로 제품공급이 가능한 자체 브랜드를 설립하고 고객들에게 비용절감 프로모션을 통해 저렴하게 제품을 제공한다. 또한 다양한 캠페인이나 광고를 통해 소비자들의 관심과 이해를 반영하기 위해 노력하고 있는 기업의 이미지를 지속적으로 전달 중이다. 장기적인 관점에서 소비자들의 적극적인 소비활동에의 참여를 독려하기 위해서는 개별 소비자단체의 활동과 함께 소비자들에게 정보를 전달할 수 있는 공통의 통로가 필요하다. 소비자의 의사결정에 영향을 미치는 다양한 관련요인들을 구체화하고, 타당한 기준에 따라 분류함으로써 소비자의 욕구를 이해하고, 충족시키는 것은 물론 사회적 가치에 중심을 둔 소비활동을 장려해나가야 한다. 특히 윤리적 소비의 관점에서 소비자를 비롯해 소비활동의 이해당사자들에게 소비의 가치를 전달하는 작업이 지속적으로 이어져야 한다. 앞으로의 소비자운동은 소비의 영역에서 나아가 사회 전반에 영향력을 행사할 수 있도록 발전되어야 할 것이다.

3. 외국의 윤리적 소비

윤리적 소비가 다루는 영역은 광범위하다. 공정무역을 통한 제품이나 사회적 기업에서 만들어진 제품에 대한 구매행위, 지역에서 생산된 농산물을 소비하는 로컬소비 등 직접적인 소비활동을 통해 윤리적 소비를 실천하는 한편, 기업에 사회적 책임을 촉구하며 정부에 지역소비 활성화, 노동자의 인권을 향상시킬 수 있는 제도적인 지원정책을 요구하는 간접적인 윤리적 소비활동 등 윤리적 소비의 영향력이 미치지 않는 영역이 없다고 해도 과언이 아니다. 윤리적 소비라는 단어가 사용된 지 벌써 20여 년의 시간이 지난 선진국에서 윤리적 소비는 일상적인 소비행위와 큰 차이 없이 이뤄지고 있는 추세이다. 윤리적 소비의 대표적 사례

를 확인함으로써 우리 사회에서 앞으로 추구해야 할 윤리적 소비의 방
향성에 도움을 얻고자 한다. 윤리적 소비는 각 나라의 상황과 배경에 따
라 다양한 모습을 보이고 있지만 생산과 상품의 유통에 있어 윤리적, 도
덕적인 요소를 고려한다는 보편적 가치는 변하지 않는다. 이러한 사실
을 기반으로 윤리적 소비의 사례를 점검하고 우리 사회에서 윤리적 소
비를 확산시킬 수 있는 방안을 모색할 필요가 있다.

　윤리적 소비가 활발하게 전개되고 있는 분야는 공정무역과 노동자의
인권에 대한 영역이다. 윤리적 소비자들은 공정무역 상품의 소비활동
을 통해 일반대중들에게 공정무역이 등장하게 된 이유와 목적을 적극적
으로 알리고자 노력한다. 사회적인 이슈를 만들어 윤리적 소비를 공론화
시키고자 한다. 1997년 NGO 단체인 세이브 더 칠드런(Save the Children)
은 온종일 축구공을 만들어 60센트를 버는 12살 파키스탄 소년의 이야기
를 전 세계에 알린다. 아동노동 착취의 심각성이 제기되고, 개발도상국
의 노동자들이 삶을 유지할 수 있는 적절한 임금과 안전한 노동환경의
필요성이 대두된다. 윤리적 소비실천은 공정무역 외 다양한 영역에서 이
뤄진다. 실업을 비롯한 열악한 삶의 조건을 극복하기 위하여 크레딧(신용
대출) 제도를 활용하는 '연대금융(micro finance 또는 solidarity-based finance)'
이 그것이다. '윤리적 투자'나 '사회책임투자'의 경우 환경, 근로조건, 하
청업체와의 관계 등 다양한 기준을 지키는 상장기업에 투자하는 방식으
로서 때로는 무기생산이나 주류생산 등 특정한 부문을 배제하기도 한다.
그런데 연대성예금은 한층 강화된 책임의식을 요구한다. 우선 예금의
일부를 사회적 목적을 가지는 사업에 투자하는 것이고, 두 번째는 예금
자가 수익의 일부를 포기하고 그것을 사회적 목적을 갖는 사업에 기부
하도록 하기 때문이다. 이러한 연대성예금은 대부분 사회적 기업에 투
자되거나 고객이 정하는 시민사회단체의 활동에 기부된다. 사회적 목
적을 갖는 사업으로서 사업활동을 통한 잉여가 사회적 목적을 위한 사
업이나 지역사회를 위하여 재투자되는 '사회적 기업(social enterprise)' 역

시 윤리적 소비의 한 분야이다.

　윤리적 소비의 영역은 단지 상품에만 한정되지 않는다. 휴가를 보내거나 여행을 떠나서도 사회적 연대를 실천하고 방문한 지역에 대한 존중을 표현할 수 있다. '공정여행(fair travel)'이라 불리는 '환경관광(ecotourism)', '연대적 관광(solidarity tourism)', '지속 가능한 관광(sustainable tourism)' 등, 이 모든 명칭은 다른 방식의 여행을 하고자 하는 의지의 표현이다.

　이처럼 외국에서 윤리적 소비는 소비자를 비롯해 소비활동의 다양한 이해관계자들이 함께 참여하는 방향으로 발전되고 있다. 윤리적 소비가 시작되고 있는 우리 사회에서도 앞으로 다양한 윤리적 소비가 등장, 발전할 것이라고 기대한다.

제2절
우리나라의 윤리적 소비

윤리적 소비는 제품을 선택할 때 가격과 품질뿐만 아니라 상품이 만들어지는 '과정'까지도 고려한다. '건강', '환경', '사회'를 생각하는 소비행위라고 할 수 있다. 과거에는 최대한 낮은 가격에 많은 양의 제품을 소비하려고 하는 합리적 소비가 당연한 일이었다. 이제 소비자들은 무조건 저가상품을 선호하는 것이 아니라 앞으로의 건강한 삶을 생각하며 제품의 품질에 관심을 갖는다. 우리나라의 소비자들 역시 예외는 아니다. 우리나라에서 윤리적 소비는 어떻게 등장했으며 현재 어느 수준에까지 이르렀는지 알아보자.

1. 윤리적 소비의 등장

우리나라의 윤리적 소비는 1980년대 후반부터 전개된 농산물의 개방화 물결 속에서 시작되었다고 할 수 있다. 수입농산물에 대한 개방을 반대하는 농민운동의 전개와 이러한 과정에서 축소되어가는 농업의 현실, 도시로 유출된 농촌의 젊은 청년들로 인한 농촌의 공동화는 먹을거리에 대한 불안감을 높였다. 이러한 배경에서 소비자협동조합운동을 통해 사회문제를 해결하고자 하는 바람이 등장한다. 소비자와 농민의 연대를 통해 안전한 먹을거리를 지켜나가야 한다는 의식에서 시작된 소비자협동조합운동은 현재의 윤리적 소비운동의 기반이 되었다. 안전한 먹을거리와 생산자와의 연대 중시, 로컬푸드 운동 등 윤리적 소비에서 언급되는 주요 키워드가 1980년대 말부터 형성되었던 것이다. 소수의 의식 있는 소비자들을 통해 유지되어온 소비자협동조합운동은 2000년대 접어들면서 일반대중에게 알려지게 된다. 식품의 안정적인 공급체계가 흔들리면서 소비자들 스스로 안전한 식품을 찾아야 하는 과제에 직면했기 때문이다. 또한 사회 전반적으로 정신적인 건강의 중요성과 행복에 대한 의미를 다시 한번 점검하게 되면서 농민과 농업의 문제, 안전한 먹을거리에 집중했던 소비자협동조합운동은 윤리적 소비라는 보다 포괄적인 소비자운동으로 전환되는 계기를 갖는다.

한겨레경제연구소(2009)는 우리나라에서 윤리적 소비가 크게 건강, 환경, 사회의 세영역으로부터 등장했다고 본다. 건강을 대표하는 개념으로서 웰빙(Well-Being)이라는 단어를 언급하지 않을 수 없다. 당장의 욕구를 충족시키는 근시안적인 소비에서 벗어나 장기적으로 자신의 정신적·육체적 건강에 도움이 되는 소비를 해야 한다고 주장하는 웰빙은 원래 육체적·정신적 건강의 조화를 통해 행복하고 아름다운 삶을 추구하는 삶의 유형이나 문화를 통틀어 일컫는 개념이다. 이러한 웰빙이 우리 사회에서 본격적으로 언급되기 시작된 것은 2000년대 이후의 일이다. 물론 이전에도 다양한 형태로 육체적·정신적 삶의 균형 잡힌 조화를 추구하는 움직임이 있었다. 하지만 이러한 움직임이 웰빙이라는 트렌드로 확장되고 대중들에게 알려지게 된 것은 2000년대 들어서부터이다.

웰빙 트렌드는 도입 초기까지만 해도 부유층이 추구하는 생활방식으로 알려졌으며, 웰빙의 대상도 유기농 쌀이나 고급 헬스클럽 등 대중의 일상생활과 괴리된 요인들에 초점이 맞춰있었다. 이러한 웰빙 트렌드가 점차 대중의 관심을 받기 시작한 배경에는 경제성장에 대한 사회적 불안증대와 사회안전에 대한 사람들의 불만 확산이 있다. 불안정한 사회구조에 놓인 현대인들은 불합리한 사회·경제 구조로부터 스트레스

를 받기 시작한다. 이를 극복하기 위한 차원에서 웰빙 트렌드가 재인식
되기 시작한 것이다. 도심의 바쁜 일상과 극심한 공해로부터 벗어나 자
연친화적인 삶을 사는 것, 심신의 건강과 행복을 추구하는 것이 현대
인의 주요 관심사로 부각된 것이다. 이러한 관심은 초기 건강과 관련된
식품구매와 친환경농산물에 대한 소비급증으로 나타난다. 초기 등장한
웰빙 트렌드는 나만을 위한 소비활동에 주로 관심을 둔다. 안전하고 품
질 좋은 농산물을 구매함으로써 나의 건강은 물론 가족의 건강을 지
키고자 한 것이다. 이는 어쩌면 이기적인 라이프스타일의 전형이라고
도 할 수 있다. 불안전한 현실에 그대로 노출된 개인들은 사회로부터
스스로를 지킬 수밖에 없었다. 안전한 먹을거리의 구매는 자신을 지
키는 가장 기본적인 방법이었다. 이때의 소비자들은 소비활동과 관계
된 사회 전반적인 구조를 살피기에는 이타적 동기가 부족했다고도 할
수 있다.

　점차 웰빙 트렌드는 '나의 건강을 위한' 관점에서 '모두가 건강한'이
라는 개념으로 옮겨가기 시작한다. 개인의 건강을 위한 소비활동으로부
터 생태계 보호, 자연과 삶의 조화라는 좀 더 포괄적인 개념으로 소비행
위가 확장되기 시작한 것이다. 매슬로우(A. H. Maslow)의 욕구 5단계 이
론은 하위욕구를 충족시킨 사람들이 자신들의 행위를 통해 자아를 실현
하고자 하는 욕구가 점차 증가한다고 말한다. 우리 사회의 소비자들 역
시 이와 같은 흐름을 따른다. 자신의 건강을 지킨다는 기본적인 하위욕
구를 충족시킨 소비자들이 소비행위를 통해 자아를 실현하고자 한 것이
다. 육체적으로 질병이 없는 건강한 상태에 대한 관심에서 비롯된 소비
활동이 점차 여가생활이나 가족 간의 유대, 심리적 안정, 성취감 등 다
양한 측면에 대한 고려로 나아간다. 이는 몸과 마음, 일과 휴식, 가정과
사회, 자신과 공동체 등 모든 것이 조화를 이루는 방향으로 소비활동을
하고자 한 소비자들의 의지를 보여주는 것이다. 이러한 예로 나의 건강
은 물론 너의 건강까지 생각한다는 로하스(LOHAS: Lifestyle of Health and

Sustainability)족의 등장을 들 수 있다. 2000년 미국의 비즈니스 컨설팅 업체인 National Marketing Institutes에서는 처음으로 로하스라는 개념을 사용한다. 건강과 지속 가능한 사회에 대한 배려(권용주·송홍규·변광인 2006; 박수민·유영선 2008; 박임구 2008; 서동구·주현식 2008; 장혜진·김윤성 2004)를 의미하는 로하스는 친환경적이며 합리적인 소비패턴을 지향하는 소비자들의 개념까지 포괄하고 있다. 이들은 자신뿐만 아니라 미래세대의 건강까지 고려해 소비활동을 한다. 저에너지 제품과 재활용 제품의 사용, 동물보호 제품 소비 등을 중시한다. 개인적인 수준의 웰빙 추구에서 사회적 의미의 웰빙 추구로 소비의 개념이 확장되었다고 할 수 있다. 이러한 소비자들에게 가격은 가장 중요한 고려사항이 아니다. 자신들의 가치에 맞는 상품이라면 조금 비싸더라도 기꺼이 자신의 의지에 부합하는 상품과 서비스를 선택한다.

안전한 먹을거리에 대한 개인의 소비욕구로부터 시작된 친환경농산물에 대한 관심증가는, 농산물을 생산하는 생산자들의 안정적인 소득보장과 이를 유통시키는 기업의 사회적 책임에 대한 필요성 인식으로 이어졌다. 급격한 농촌붕괴현상을 소비를 통해 해결하고자 하는 움직임이 나타난 것이다. 이러한 흐름은 소비와 관련된 다양한 영역의 운동으로 확산된다. 2003년 공정무역이 우리 사회에 등장한 것이 그 첫걸음이라 할 수 있다. 커피와 설탕, 바나나 등 한정된 작물에서 제한적으로 이뤄지고 있지만, 공정무역은 소비자들의 사회적 책임에 대한 인식증가로 인해 안정적인 유통구조를 갖춰 나가고 있다. 현재 대형유통업체에서도 공정무역 커피를 구매할 수 있을 정도로 공정무역은 빠른 시간 내에 우리 사회에 자리 잡아 가고 있다. 급격하게 전개되고 있는 글로벌화와 세계시민의식의 확산이 대안적인 무역을 통해 현재 직면한 개발도상국의 사회 전반적인 문제를 해결하고자 하는 소비자들의 의지를 높이고 있다고 볼 수 있다. 2007년 등장한 사회적 기업에 대한 소비자들의 관심증대는 사회적으로 가치 있는 소비를 추구하는 소비자들의 요구를 충족시키고 있다. 사회적 취약계층을 소비행위의 이해관계자인 생산자, 노동자로 받아들이고 소비자와의 신뢰를 기반으로 지속적인 소비관계를 유지, 발전시켜나가는 사회적 기업의 존재는 앞으로 더욱 다양한 유형의 소비자, 생산자 관계가 나타날 수 있다는 기대를 품게 한다.

윤리적 소비는 우리 사회에서 철학적 담론 또는 운동적 차원의 접근에서 시작되었다는 한계로 인해 아직까지 소수의 소비자들에게만 활성화되었을 뿐 일반소비의 영역에서 활발하게 전개되고 있지 않다. 하지만 세계적인 흐름을 볼 때, 윤리적 소비는 소비자의 역할과 가능성에 대한 기대증가와 함께 사회 다방면으로 그 영향력을 확장시킬 것으로 보인다. 우리나라에서도 소비와 관련된 영역에서 소비자의 역할이 점차 높아질 것이라는 예상과 함께 윤리적 소비에 대한 기대가 증가하고 있다. 소비활동을 통해서 개인의 욕구를 만족시키려는 소비자로서의 권리와 소비를 통해 사회에 긍정적 영향을 미치려는 소비자로서의 역할에 대한 균형과 조화가 오늘날의 소비행위에서 요구되고 있기 때문이다. 소비자들은 점차 개인의 욕구를 넘어 사회 의식적인 소비행동, 즉 윤리적 책임을 다하는 소비자로서의 역할을 지향한다. 당장의 욕구를 충족시키는 근시안적 소비에서 벗어나 장기적인 관점에서 자신의 정신적·육체적 건강에 도움이 되는 소비행동을 추구해야 한다는 흐름은 더 이상 생소한 개념이 아니다. 여기에 더해 사회적 가치를 향상시키는 소비활동은 개인의 만족을 물질적·정서적으로 충족시키는 역할을 하고 있다. 윤리적 소비가 성숙해가기 위한 첫걸음을 내딛은 우리 사회에서 앞으로 윤리적 소비가 어떤 방향으로 그 가지를 뻗어나갈 것인지 단정 지을 수 없다. 하지만 분명한 것은 사회가 성숙하고 소비자의 사회적 의식이 높아질수록 윤리적 가치를 실현하고자 하는 소비자의 욕구가 커질 것이라는 사실이다. 이러한 소비자의 욕구를 뒷받침할 수 있는 정부 차원의 제도적인 기반마련과 관련 단체들의 적극적인 윤리적 소비 캠페인 및 지원활동이 전개되어야 한다.

2. 윤리적 소비현황

우리나라의 윤리적 소비는 시작단계에 있다. 윤리적 소비라는 단어가 시장에서 언급된 지 얼마 되지 않았다. 윤리적 소비를 어떻게 이해하고 받아들일지에 대한 논의는 앞으로 활발히 전개되어야 한다. 아직 윤리적 소비에 대한 밑그림이 그려지지 않은 상황에도 불구하고 우리 사회에서 윤리적 소비에 대한 인식과 소비는 빠르게 확산되고 있다. LG경제연구원(2011)은 경제침체기에도 불구하고 국내에서 공정무역 상품의 매출이 2008년 280%, 2009년 210%의 가파른 성장을 보이고 있다고 밝혔다. 우리나라의 윤리적 소비 영역은 크게 사람과 노동, 농업과 환경에 대한 측면에서 살펴볼 수 있다. 특히 식품안전과 농업공동체의 중요성에 대한 인식을 바탕으로 전개된 윤리적 소비는 우리나라에서 두드러진 윤리적 소비에 관한 특징이라고 할 수 있다. 이러한 관점에서 살펴본 윤리적 소비현황은 외국의 윤리적 소비와는 다른 양상을 보인다.

농촌의 붕괴와 먹을거리의 위협에서 비롯된 소비자협동조합운동은 우리나라 윤리적 소비의 시작지점이다. 이는 국내 윤리적 소비에 대한 이해가 농촌의 친환경농산물에 집중된 구조를 갖게 했다. 유기농산물, 저농약농산물을 비롯한 친환경농산물 시장규모는 매년 꾸준히 성장하고 있다. 2006년부터 2008년 동안 연평균 26.3%(한국식품연구원, 2008)의 성장률을 보이고 있으며, 전문유통업체를 통한 유통비중도 지속적으로 증가하고 있다. 소비자들의 농산물에 대한 안정성 및 환경에 대한 관심이 증가하면서 국내에서 친환경농산물 분야는 1990년대 후반 이후 매년 70% 이상의 가파른 성장을 보이고 있는 상황이다(조완형, 2010). 무항생제, 유기농, 저농약이라는 단어들이 등장하고 이러한 용어들이 소비자들 사이에 '웰빙'이란 단어로 받아들여졌다. 오늘날 소비자들은 품질이 보증된다면 기꺼이 지갑을 열 준비가 되어있다. 친환경농산물과 함께 로컬푸드에 대한 소비자들의 관심도 높아졌다. 하지만 윤리적 소비를 단순히 친환경농산물에 대한 구매행위로 제한해 받아들이는 것은 옳지 못하다. 윤리적 소비의 시작이 안전한 먹을거리에 대한 소비자들의 욕구에서부터 기인했음은 분명하지만 윤리적 소비는 보다 포괄적인 영역을 포함하고 있다.

다행히 소비자협동조합, NGO를 중심으로 공정무역 상품이 국내에 유통되면서 윤리적 소비의 가치와 의미를 보다 많은 소비자에게 전달하려는 시도가 진행되었다. 초기 커피와 초콜릿이라는 한정된 제품에서 이뤄진 공정무역 제품은 최근 식료품을 비롯해 축구공, 수공예품 등으로 다양해지고 있다. 제품의 다양화는 보다 많은 소비자들에게 공정무역, 윤리적 소비를 알리는 역할을 하고 있다. 뿐만 아니라 정부 차원에서 적극 지원되고 있는 사회적 기업의 등장은 생산자와 노동자라는 소비자의 관심 밖에 있던 소비활동의 숨겨진 당사자들을 부각시켜 함께 더불어 사는 소비활동의 중요성을 부각시키고 있다. 윤리적 소비가 실천되고 있는 우리의 실제 삶의 모습을 확인하면서 생각보다 가까운 곳에서 이뤄지고 있는 윤리적 소비의 다양한 사례들을 살펴볼 필요가 있다.

권용주·송홍규·변광인(2006), "일반소비자의 로하스지수와 라이프스타일이 웰빙메뉴 선택에 미치는 연구", 『호텔관광연구』, 22.

김나경(2011), "윤리적 소비자가 몰려온다", *LG Business Insight*, 1136.

박수민·유영선(2008), "2000년대 그린디자인에 나타난 로하스의 패션특성 분석", 『한국의류학회지』, 32(2).

박임구(2008), "성인 여성의 로하스 라이프스타일에 따른 자연주의 화장품 구매행동과 태도", 『패션비즈니스』, 12(1).

서동구·주현식(2008), "호텔레스토랑의 로하스 이미지와 관여도, 고객만족, 고객충성도와의 영향관계", 『관광연구』, 23(1).

장혜진·김윤성(2004), "로하스의 노메딕 소비자층을 위한 외식산업에서의 컬러와 이미지 마케팅에 관한 연구", 『한국조리학회지』, 10(4).

조완형(2010), 『생협운동의 경과 및 현황과 당면 과제』, 모심과 살림 포럼.

천경희·홍연금·윤명애·송인숙(2010), 『착한 소비 윤리적 소비』, 시그마프레스.

한겨레경제연구소(2009), 『2009 윤리적 소비 체험수기 공모전 수상집』, 한겨레출판.

한국식품연구원(2008), 『유기식품 시장동향 2008』, 한국식품연구원 식품산업정책연구단.

David C. Korten(1995), *When Corporations Rule the World*, West Hartford, Conn: Kumarian.

Donelson R. Forsyth(1980), A Taxonomy of Ethical Ideologies, *Journal of Personality & Social Psychology*, 39(1).

John C. Fletcher(1990), Evolution of Ethical Debate about Human Gene Therapy, *Human Gene Therapy*, 1(1).

Jeffery M. Berry(1989), *The Interest Group Society(2nd edn)*, Glenwiew: Scott Foresman.

Michael E. Porter and Mark R. Kramer(2011), Creating Shared Value, *Harvard Business Review*, January.

Outi Uusitalo and Reetta M. Oksanen(2004), Ethical consumerism: a view from Finland, *International Journal of Consumer Studies*, 28(3).

Rob Harrison, Terry Newholm, and Deirdre Shaw(2006), *The Ethical Consumer*, SAGE Publications.

Zuzana Lehocka and Marta Klimekova(2008), *The world of organic agriculture: statistics and emerging trends 2008*, Routledge.

제4장

기업과 윤리적 소비

      오늘날 기업이 이윤만을 추구할 경우 소비자들로부터 외면받을 수 있다. 기업이 사회의 구성요소로서 사회적 책임과 역할을 다하고 사회에 공헌해야 한다는 소비자 인식이 증가하고 있기 때문이다. 이제는 기업의 지속 가능한 발전이라는 관점에서 기업의 사회적 책임에 대한 논의가 이뤄져야 한다.

      최근 우리 사회에 나타난 문제들 가운데 대기업과 중소기업의 상생문제, 청년실업, 노사문제, 부의 양극화, 환경 등 다양한 문제들이 기업과 직간접적으로 관련되어 발생하고 있다. 이를 해결하기 위한 방안으로 기업의 사회적 책임에 대한 관심이 높아지고 있는 실정이다.

      주주들은 기업에게 경제적 책임을 다할 것을 요구한다. 반면 현대의 소비자들은 경제적 책임과 동시에 법적, 윤리적, 자발적 책임을 모두 포함한 기업의 사회적 책임을 요구하고 있다. 이러한 관점에서 기업이 준수해야 하는 기업윤리란 무엇이며 기업의 사회적 책임은 어떤 방향으로 추구되어야 하는지를 살펴보고자 한다.

기업윤리

기업윤리는 단지 하나의 캠페인이 아니다. 내부적으로는 조직구성원의 사기를 진작시키며 기업활동의 의사결정원칙이 되고, 외부적으로는 이해관계자들에게 신뢰할 수 있는 기업으로 인식되기 위해 기본적으로 준수해야 하는 기업의 필요조건이다. 기업윤리 준수의 궁극적인 목적은 기업의 이해관계자인 주주, 협력업체, 지역사회 모두가 신뢰와 믿음을 가질 수 있는 기업을 만들어가는 것이다. 이러한 기업이야말로 오늘날 치열한 경쟁구도 속에서 시장을 리드할 수 있는 기업이 될 수 있다. 기업윤리의 등장과정과 의미를 통해 점차 커지고 있는 기업의 사회적 책임을 확인해보자.

1. 기업윤리의 등장

1) 기업윤리의 등장배경

기업윤리는 사회적 책임과는 달리 기독교적 윤리 또는 청교도적 윤리를 기업의 경영자들이 자발적으로 준수하기를 기대하는 종교적 입장에서 출발하였으며, 1960년대 이전에는 주로 종교적 관심에서 이루어졌다(Trunfio, 1990). 당시의 주요이슈는 초기 자본주의 폐해와 관련해 대다수 사람들이 합의할 수 있는 보편적 윤리, 즉 합리적인 급료, 부당

노동행위 폐지, 작업환경의 개선, 건전한 자본주의 윤리의식의 추구 등에 있었다. 한편 소비자문제, 환경보호문제 등이 대두되기 시작한 1960년대에도 기업윤리문제에 대한 본격적이고 체계적인 연구는 부족하였으며, 주로 기업의 사회적 책임이 강조되었다.

기업윤리에 대한 체계적이고 본격적인 학술적 연구가 시작된 것은 1970년대부터라고 할 수 있다. 특히 Rawls(1971)의 『정의론(A Theory of Justice)』은 기업경영이라는 경제적 문제를 철학적 이슈와 연계시킨 최초의 연구서로 알려져 있다. 1970년대 말 미국과 일본에서 일어난 워터게이트 사건(Watergate scandal)[1]이나 록히드 사건(Lockheed case)[2]처럼 정부나 민간기업을 대상으로 하는 대규모 뇌물수수 문제를 비롯해 소비자를 현혹시키는 기만광고, 합리적인 수준 이상으로 책정되어진 기업이윤의 폭, 소비자의 안전을 고려하지 않은 제품생산 등의 문제는 기업윤리의 필요성을 제기했다. 점차 기업경영자는 기업의 윤리적 이미지 제고가 기업성과에 긍정적 영향을 미친다는 사실을 깨닫고 적극적 자세를 보인다. 이후 본격적으로 기업윤리에 대한 활발한 논의와 학문적 기틀이 마련된다.

1980년대 기업에서는 윤리헌장이나 윤리위원회와 같은 윤리적 제도화를 시도하였으며, 학계에서는 기업의 비윤리적 사례를 개발하고 윤리이론을 재정립하여 구체적인 문제해결에 적용하려는 본격적인 기업윤리연구를 진행하였다. 1980년대 후반부터 기업윤리교육을 체계화하고, 윤리적 의사결정을 관리과정에 통합하려는 노력이 나타난다(DeGeorge, 1987). 각종 출판물과 세미나, 국제회의 등에서 기업윤리를 다루었으며, 미국의 경영대학에서는 기업윤리를 정식교과목으로 채택한다. 1990년

---

1) 1972년 6월 대통령 닉슨의 재선을 획책하는 비밀공작반이 워싱턴의 워터게이트빌딩에 있는 민주당 전국위원회 본부에 침입하여 도청장치를 설치하려다 발각·체포된 사건으로 닉슨정권의 선거방해, 정치헌금의 부정·수뢰·탈세 등이 드러났으며 1974년 닉슨은 대통령직을 사임하게 된다.
2) 미국 군수업체 록히드가 일본의 고관에게 뇌물을 줌으로써 빚어진 사건. 1976년 2월 미국 상원 '처치위원회'에서 록히드사의 공작자금이 일본 고관에게 전달됐다는 증언이 발단이 돼 일본 여당은 전후 최대 혼란에 직면케 됐고 미키 다케오 총리가 정치생명을 걸고 강력 수사, 다나카 가쿠에이 전 총리를 체포했다.

대에 접어들면서 미국정부는 기업의 자율적 경제활동을 보장하면서 기업 스스로 자발적 윤리의식의 고양과 성취를 추구하도록 그 제도적 기반을 마련하는 데 주력하였다. 한편, 1995년 클린턴 전 미국대통령은 미국기업들에게 기업윤리 표준모델(Model Business Principles)을 제시하고 기업윤리구축을 권고한 바 있다.

21세기에 접어들면서 세계는 공정하고 투명한 경쟁 룰(Rule)이 적용되는 개방된 세계경제시장을 구축하고 있다. 1999년 2월 15일 경제협력개발기구(OECD)의 '국제상거래에서 해외공무원에 대한 뇌물방지 협약(Convention on Combating Bribery of Foreign Public Officials in International Business Transactions)'이 발효됨으로써 국제적으로 부패에 대응하는 체제가 나타났으며, 우리나라도 1998년 12월 28일 특별법으로 '국제상거래에 있어서 외국공무원에 대한 뇌물방지법(Foreign Bribery Prevention Act in International Business Transactions of 1998)'을 신규 제정하여 세계적인 흐름에 동참한다. OECD 협약에 합의하고 비준한 우리나라는 앞으로 부패를 없애고 감시하기 위한 국제적인 노력에 동참해야 하며, 주요 제도나 상거래 관행을 개선해나가야 한다. 앞으로 부패에 대한 대응은 국제적으로 확산될 것이며, 추진 주체도 WTO(World Trade Organization), IMF(International Monetary Fund), IBRD(International Bank for Reconstruction and Development) 등으로 확대될 것이다. 한편, 이러한 세계적인 윤리환경 변화에 따라 국내기업들도 1992년도부터 '기업윤리강령'을 제정·선포하고 윤리경영에 조금씩 관심을 갖기 시작했다.

2) 국제환경변화의 요구

UN은 기업들이 인권·노동기준·환경·반부패 등의 4개 영역에 대한 핵심가치를 지지하고 채택하여 규범화할 것을 요청하였다. 2000년 UN 본부에서 The Global Compact를 발족하였으며 현재 135개국 8,000여 개

기업과 단체가 가입하였고 국내의 경우 2012년 1월 기준 201개 기업 및 기관이 가입하였다. The Global Compact는 4개의 핵심가치에 대하여 10대 원칙을 준수하고 있다. 인권(Human Rights)과 관련하여 인권보호에 대한 지지와 인권학대에 공모하지 않는다는 원칙을 세웠으며, 노동기준(Labor Standards)과 관련해서는 단체교섭의 자유·강제노동의 배제·아동노동의 폐지·고용 및 업무차별배제의 원칙을 언급하고 있다. 환경(Environment)에 대해서는 환경도전에 대한 예방적 접근과 환경에 대한 책임증진 및 환경친화적 기술개발에 합의하였다. 반부패(Anti-Corruption)와 관련하여 부당가격 청구 및 뇌물을 포함한 부패에 대응한다는 원칙을 세웠다. UN Global Compact의 10대 원칙을 정리하면 다음의 <표 4-1>과 같다.

〈표 4-1〉 UN Global Compact 10대 원칙

인권 (Human Rights)	Principle 1. 기업은 국제적으로 선언된 인권의 보호를 지지하고 존중해야 한다. Principle 2. 기업은 인권 학대에 공모하지 않을 것을 확신해야 한다.
노동기준 (Labor Standards)	Principle 3. 기업은 단체교섭에 있어서 조합의 자유와 권리의 효과적인 인식을 지지해야 한다. Principle 4. 기업은 모든 형태의 강요되거나 강제된 노동을 배제해야 한다. Principle 5. 기업은 아동노동을 효과적으로 폐지해야 한다. Principle 6. 기업은 고용 및 업무에서 차별을 배제해야 한다.
환경 (Environment)	Principle 7. 기업은 환경도전에 대해 예방적 접근을 지지해야 한다. Principle 8. 기업은 환경에 대한 책임증진에 솔선해야 한다. Principle 9. 기업은 환경친화적 기술의 개발 및 보급을 지원해야 한다.
반부패 (Anti-Corruption)	Principle 10. 기업은 부당가격 청구 및 뇌물을 포함하여 모든 형태의 부패에 대응해야 한다.

2004년 6월, 국제표준화기구(ISO)는 ISO9000(품질경영)이나 ISO14000(환경경영)과 같은 시스템의 표준형식으로 SR표준가이드라인 ISO26000을 제정하기로 결의하였다. ISO26000은 CSR(Corporate Social Responsibility)에서 C(Corporate)를 삭제하여 기업 이외에도 정부·노조·시민단체 등에 적용될 수 있는 사회적 책임(SR) 가이드라인이다. ISO26000은 기본적으

로 선진국, 후진국, 공공기관, 사기업 등 모든 형태의 조직에 적용될 수 있는 표준규격으로 사회적 책임의 개념과 사회적 책임을 이행하기 위해 논의하여야 할 이슈에 대한 국제적 합의를 도출하고 사회적 책임의 원칙에 관한 효과적인 실행지침을 제공하고 있다.

이외에도 OECD는 1977년 다국적 기업 가이드라인(Guidelines for Multinational Enterprises) 제정 이후 4차례 개정을 거쳐 노동관계, 환경, 뇌물방지, 소비자 이익 등에 대한 기업행동준칙을 제시하고 있고, 기업지배구조에 관한 원칙(1999)과 외국공무원뇌물방지협약(1999) 등을 통해 기업의 사회적 책임을 강조하고 있다.

일명 다보스포럼(Davos Forum)으로 불리는 세계경제포럼(World Economic Forum)[3]은 1996년부터 하버드 대학 국제발전연구소(Harvard Institute for International Development)와 공동으로 '국가경쟁력보고서(Global Competi-tiveness Report)'를 매년 발간해오고 있으며, 이 보고서에 포함된 자료를 근거로 종합적 경쟁력 지수를 작성하고 있다. WEF의 경쟁력 지수는 기업의 고위경영자들이 특정국가에서 일어나는 일들에 대해 어떤 견해를 갖고 있는지를 주요 설문내용으로 하여 자료를 수집한 후, 수집된 데이터를 개방성·정부·금융·하부구조·기술·경영·노동·제도 등의 8개 요소로 분류하여 종합한 후 복합지수를 측정한다. 복합지수인 경쟁력 지수를 작성할 때 경제성장론에 관한 연구문헌들을 참고하여 요소별 지수에 대해 각기 다른 가중치를 부여하여 측정한다.

3) 국내환경변화의 요구

국내에서는 지난 2009년 전경련이 새로운 기업윤리강령을 발표했으며 대기업을 중심으로 기업윤리프로그램이 실시되고 있다. 학계에서도 20여 개 대학에 기업윤리 강좌가 개설되어 있고, 2008년 10월 한국기업

---

3) World Economic Forum(WEF)은 기업·정부·학계·언론계의 지도자들이 정치·경제·사회의 주요 문제들에 대해 논의하는 비영리기구이며 1971년 설립되었고 스위스 제네바에 본부를 두고 있다.

윤리학회가 창립되었다.

이제 국내에서도 기업을 시장에 제품과 서비스를 공급하는 주체로 한정지어 인식하지 않는다. 기업은 경영활동에서 얻는 이익을 고객, 종업원, 주주와 함께 공유하여 그들의 삶을 개선시켜야 하는 책임을 갖고 있다고 보고 있다. 경영진만을 위한 기업은 사회적으로 인정받지 못한다. 협력업체에게 기업의 의무를 준수하기 기대하며, 지역사회(지역, 국가, 세계)에 대한 책임을 다해야 하는 주체로 기업에 대한 인식이 변하고 있다.

윤리적 경영을 하지 않는 기업은 기업의 이미지 저하와 기업의 신뢰도하락 및 제품 판매량의 급감을 예상하지 않을 수 없다. 또한 국제간 무역제재를 당하게 되어 수출에도 문제가 생길 수 있다. 기업윤리는 21세기 기업의 새로운 경쟁력으로 기업윤리 실천에 대한 국내기업의 적극적인 대응이 필요하다.

2. 기업윤리의 이론적 배경

1) 기업윤리의 개념

윤리(ethics)란 일반적으로 선한 행동과 악한 행동을 정의하는 규칙이나 원칙을 말한다. 특히 윤리는 도덕(morality)과 달리 종교적 판단기준과 관계가 없는 행위기준으로써 절대적인 것이 아니다. 미국에서는 1960년대까지 반 트러스트에 입각한 준법경영이 기업윤리라고 이해되었으며, 1970년대에는 고용자 해고, 인종차별 등과 같은 기업경영의 내부문제에 관심을 두었다. 1980년대에 들어서는 분식결산, 부정정치자금 헌금사건, 해외뇌물사건 등 기업비리가 사회 문제화되면서 윤리헌장이나 윤리위원회 같은 제도의 설치에 관심을 두고 보다 적극적 의미에서 기업윤리를 이해하고 실천하기 시작하였다(이인석, 2004).

기업윤리의 개념은 연구자와 연구관점에 따라 매우 다양하게 나타난다. Donaldson은 기업윤리를 기업이 부담해야 하는 도덕적 책임, 기업의 도덕적 행위를 위한 최소한의 기준, 혹은 도덕적 역할을 수행하기 위한 책임이라고 하였고, Baumhart(1961)에 의하면 기업윤리는 주주, 근로자, 타 기업, 소비자 등 이해관계자 집단과 밀접하게 연관된 기업 의사결정의 옳고 그름 또는 선하고 악함을 구별하기 위한 문제를 체계적으로 연구하는 것이라고 하였다. Goodpaster(1990)는 기업윤리는 기업경영이라는 특수한 상황에서 나타나는 행동, 태도의 옳고 그름이나 선과 악을 체계적으로 구분하는 판단기준 또는 연구라고 하였다. Carroll(1991)은 기업윤리는 기업의 태도나 행동의 옳고 그름을 판단하는 기준으로 기업경영에서 발생하는 도덕적 문제들을 해결하거나 최소한 이를 규명하는 역할을 한다고 보고, 이러한 기업윤리는 모든 사람들이 윤리적이라고 인정하는 규범이나 해를 줄 수 있는 기업행동의 의사를 결정하는 기준이 된다고 하였다.

신유근(1994)은 기업윤리는 모든 상황에서 보편적으로 적용되는 규범적·일반적 윤리라기보다는 기업경영이라는 특수한 상황에 적용되는 응용적 윤리의 성격을 지니고 있기 때문에 실용적 접근을 도외시할 수 없다는 입장을 지지하고 있다. 이러한 논리는 규범적 관점과 실용적 관점을 포괄하는 입장에서 기업윤리를 이해하는 것으로 볼 수 있다. 즉, 기업윤리(Business Ethics)란 기업을 경영하는 데 있어서 준수해야 하는 규범으로써 규범적 이론에 기반을 두고 기업의 이해관계자인 경영자, 고객, 종업원, 주주, 사회 등이 상호 번영할 수 있도록 하는 도덕적 가치와 관련된 올바른 의사결정의 기준이라고 할 수 있다. 기업윤리는 그 특성상 다음의 네 가지 요소를 포함하고 있다(Lewis, 1985).

첫째, 비윤리적 행위를 막을 수 있는 도덕지침으로서의 규칙(rules)이나 기준(standards), 규범(codes) 또는 원칙(principles)을 지녀야 한다.

둘째, 법 또는 사회적 규범 등의 기준을 따르거나 사실 또는 신념과 일치하는 행동과 같이 도덕적으로 올바른 행위를 포함한다.

셋째, 윤리적 판단을 요구하는 도덕적 딜레마에 빠진 경우와 같이 구체적 상황에 적용 가능해야 한다.

넷째, 여러 가지의 윤리적 문제를 포괄적으로 고려하는 윤리적 의사결정과정을 포함해야 한다.

기업윤리에 대한 매우 다양한 정의들이 존재하지만 이들을 종합해보면, '기업경영이라는 상황에서 나타나는 행동이나 태도의 옳고 그름이나 선악을 구분해주는 규범적 판단기준, 도덕적 가치와 관련된 기업행동과 의사결정의 기준(Bartels 1963; Grandz & Hayes 1988; 신유근 1997)'이라 정의할 수 있다.

2) 기업윤리의 유형화

기업윤리의 유형을 확인함으로써 기업윤리의 개념을 보다 쉽게 이해가능하다. 기업윤리 또는 윤리적 이슈를 유형화할 수 있는 방법에는 여러 가지가 있는데, 첫째는 윤리적 문제가 발생하는 수준에 따라 유형화하는 것이다(Gandz & Hayes, 1988): ① 사회에서 기업의 역할이나 기능에 초점을 두는 거시적 수준에서의 기업윤리문제, ② 조직의 정책, 관행, 압력과 개인의 자발적 가치나 의사결정기준과의 갈등에 초점을 두는 중간적 수준에서의 기업윤리문제, ③ 대인관계에서 발생하는 윤리적 문제에 초점을 두는 미시적 수준에서의 기업윤리문제. 둘째, 관리기능에 따라 기업의 윤리적 문제를 유형화 한다(Dunfe & Robertson, 1988): ① 전반관리부문에서의 기업의 인수·합병, 투자방법결정, 윤리헌장제정, 환경보호 문제 등, ② 인적자원관리부문에서의 차별·부당노동행위, 개인생활 침해, 부당한 인사 관행문제 등, ③ 마케팅관리부문에서의 허위과대광고, 가격조작, 강압적 판매방법, 경쟁기업과의 담합문제 등, ④ 재무관리부문에서의 특혜대출, 내부자 거래, 공금횡령 및 유용문제 등, ⑤ 회계관리부문에서의 보고서 허위작성, 탈세, 인프라 회계작성 문제 등, ⑥ 생산관리부문에서의 공장입지 선정, 공장폐수 방출, 작업장의 안전 및 위생문제 등, ⑦ 정보 관련 부문에서의 기업정보 누출, 개인사생활침해, 과도한 정보수집 문제 등, ⑧ 국제경영관리부문에서의 외국 정부 관료의 매수, 과다한 송금, 외화도피, 현지직원 차별문제 등. 셋째, 기업윤리와 사회적 통합을 위한 개념적 틀에 기초해서 기업윤리를 유형화 한다: ① 행위의 주체에 따라 개인에 초점을 두는 대내적 윤리와 조직에 초점을 두는 대외적 윤리로 구분, ② 금지할 문제를 다루는 소극적인 윤리와 장려할 문제를 다루는 적극적인 윤리로 볼 수 있다.

3. 기업윤리의 적용

1) 윤리적 인사관리

인사관리란 기업조직의 목표달성을 위해 필요한 인적자원을 확보하고, 인적자원의 능력을 최대한 개발하는 것을 말한다. 또한 종업원에게 직무에 대한 만족을 부여함으로써 개발된 능력을 유지시키는 관리활동을 의미한다. 따라서 기업경영에 필요한 인적자원을 조달·확보하고, 유지·개발하며, 유효한 노동력의 활용과 노동의욕의 만족을 도모하기 위한 계획적인 관리활동의 체계라 할 수 있다.

현대지식기반사회에서 인적자원관리는 인적자원의 계획·협력·지휘를 포함한 기능, 개인으로서의 종업원에 관한 것으로 선발, 교육, 배치, 직무분석, 인사고과, 면접, 승진 등을 포함하는 기능, 관리자와 노동조합과의 관계, 집단으로서의 단체교섭, 임금제도, 노사협의회 활동 등의 기능으로 조직구성원의 상호 간 생산성과 윤리성의 두 축에서 이루어지고 있다.

현대사회에서는 사회에 공헌하는 기업만이 존재할 수 있다. 종업원은 이익창출을 위한 수단으로 존재하는 것이 아니다. 종업원의 복지향상을 중시하며, 일반적인 사업관행이라도 사회적 가치기준에 맞지 않으면 거부해야 한다. 현대사회의 윤리적 인적자원관리는 종업원을 기업의 이윤창출을 위한 수단으로 보는 입장에서 종업원의 가치실현을 기업의 목적과 조화시키는 입장으로 변화되어야 한다. 이를 위해 첫째, 안전한 작업장을 요구할 종업원의 권리로서 기업은 종업원의 건강에 해가 없는 안전하고 쾌적한 환경을 제공해야 한다. 따라서 기업은 종업원들의 안전을 위하여 법에서 정하는 의무를 이행하여야 한다. 이를 위해 다음 사항들을 고려해야 한다. 작업환경이 종업원의 건강에 미치는 위험에 관한 정확한 정보를 사전에 제공하고 종업원들이 미리 대비할 수 있게 하여야 하며, 작업장의 위험 정도에 따라 임금 수준을 적절하게 달리하여야 한다. 종업원들이 작업환경이 위험한 줄 알면서도 다른 대안이 없을 경우 할 수 없이 일하게 되는 경우가 많은데 이는 윤리적으로 문제가 되며, 작업능률과 생산성 면에서도 기업에 이롭지 못한 결과를 가져올 수 있기 때문이다.

둘째, 임금 및 복지후생으로 종업원이 제공한 노동에 대한 정당한 보상과 평등한 대우를 제공하여야 하며, 기업은 종업원 가족의 경제적, 문화적 환경을 유지·증진시키기 위해 임금 이외의 여러 가지 간접적인 보수를 지급해야 한다. 종업원의 임금문제에 대해서는 다음의 두 가지 문제를 고려하여야 하는데, 경영자는 종업원에게 급여와 수입의 차이를 이해시키려는 노력이 필요하며 종업원도 이를 인정해야 한다. 종업원들 간의 급여차이로는 남녀 간, 교육 수준, 업무상 책임의 정도, 근속연수 등에 따라 전통적으로 차등을 두었는데 앞으로는 재조정하는 것이 바람직하다. 특히 남녀 간, 교육 수준의 차이에 의한 문제는 윤리적인 이유에서 뿐만 아니라 경제적인 이유에서도 재조정되어야 할 것이다. 복지후생은 경영자의 자유의사에 의한 임의적인 제도의 성격으로 실시되었으나 산업사회의 발달과 노사관계의 변화로 오늘날에는 강제의 성격을 가지게 되었다. 기업은 종업원의 복지후생을 증진시키는 것이 기업의 사회적 책임이라는 인식을 갖고 종업원의 복지후생 증진을 위해 노력하여야 할 것이다.

셋째, 남녀고용의 평등으로 기업은 종업원의 채용, 승진 시 성별, 교육 수준, 장애 등의 이유로 차별을 두어서는 안 된다. 기업은 취업지원자들에게 취업의 공정한 기회를 제공함으로써 그들의 일할 권리를 보장해주어야 한다. 이러한 윤리적 인사정책은 고용된 종업원의 사기와 생산성 향상뿐만 아니라 회사에 대한 충성심 제고에 긍정적 영향을 줄 것이다.

넷째, 교육훈련은 기업의 경영환경변화에 적응하는 데 매우 중요한 인사관리과정 중의 하나로 교육훈련을 통해 종업원들의 지식과 기술, 잠재능력을 개발하여 종업원들의 자아실현과 조직에 대한 기여도를 높일 수 있다.

다섯째, 노사관계에서 경영자는 종업원의 권리를 인정하고, 종업원에게 지켜야 할 윤리강령을 구체적으로 명시하여 윤리강령의 준수와 근로생활의 질 및 생산성 향상에 활용하도록 노력해야 할 것이다. 또한 경영자는 민주적인 경영을 실천하고, 경영성과를 투명하게 종업원들에게 공개해야 하며, 회사의 장래에 중요한 영향을 미치는 의사결정을 할 때에는 종업원의 의사가 반영되도록 노력해야 한다.

2) 윤리적 회계·재무관리

일반적으로 회계란 일정한 경제활동을 수행하는 조직에 대하여 이해관계자들에게 그들의 의사결정에 이용할 수 있도록 재무정보를 측정, 제공하는 기능을 말한다. 즉, 기업의 재무적인 수입과 지출을 기록하고, 거기에 수반하는 수익과 비용관계를 명확히 기록하고 정리하는 과정이다. 이러한 기록을 통해서 기업은 일정기간의 영업성적과 일정시점의 재무상태를 나타내는 손익계산서와 대차대조표를 작성한다. 재무상태나 경영성과는 경영진뿐만 아니라 기업의 활동과 직간접적인 관계를 갖고 있는 종업원, 주주, 증권시장, 정부, 언론 등 이해관계자들의 관심의 대상이다. 따라서 기업의 회계처리와 재무제표에 부정이나 비윤리적인 내용이 있다면 기업과 관계된 이해관계자들의 불신을 초래하여 경영활동에 많은 지장을 초래할 것이다.

기업의 신용도를 유지하고, 향상시키려면 회계활동과 그 기록의 합법성만으로 부족하다. 법 이전의 수준에서 윤리적으로 수긍이 갈 수 있어야 한다. 신용과 서비스는 기업의 중요한 자산으로 사회적 신용도의 평가기준이 되는 회계활동은 윤리적이어야 하며, 윤리적 수준을 높은 수준으로 향상시켜야 장기적으로 시장에서 기업성장에 도움이 될 것이다. 따라서 기업은 기업회계기준을 철저히 준수하여 회계처리를 해야 한다. 기업회계기준[4]은 회계처리 및 보고는 객관적인 자료와 증거에 의해 공정하게 처리해야 한다는 신뢰성 원칙, 재무제표가 이해하기 쉽게 작성되어야 한다는 명료성 원칙, 중요한 내용을 재무제표에 충분히 표시해야 한다는 충분성 원칙, 자산평가, 감가상각, 원가계산방법 등 내용의 계속성과 계정과목의 명칭, 분류, 배열 등에 대한 형식의 계속성이 유지되어야 한다는 계속성 원칙, 과목이나 금액이 중요한 것은 반드시 재무제표에 표시해야 하며 중요하지 않을 때는 통합하거나 무시해도 좋다는 중요성 원칙, 보수주의의 적용을 의미하는 안정성 원칙으로 구성되어 있다. 재무관리란 기업의 자본적 지출을 상세히 분석하고, 자본 조달과 운영방법을 검토하며 신용정책(credit policy)을 점검하면서 재무관리 목적을 성공적으로 수행하기 위한 여러 가지 재무의사결정을 분석하는 것을 말한다.

재무관리의 윤리적 문제는 크게 기업의 자금조달에 관련된 윤리적

---

4) 회계행위의 지침이 성문화되어 공표된 형식적인 의미의 회계기준을 말한다. 기업회계기준은 기업회계처리를 함에 있어서 준수해야 할 기준이지만, 그 준수에 대한 강제성은 없다.

문제와 기업의 소유구조에 관계된 윤리적 문제로 나누어볼 수 있다. 여기에서는 기업의 자금조달에 관한 윤리적 문제를 알아보고자 한다. 이는 주로 증권시장과 관련된 문제이다. 자유시장 경제체제에서 기업의 가장 중요한 자금조달 수단의 하나는 주식의 발행인데, 시장에서 주가형성에 영향을 미치는 기업의 비윤리적문제의 발생은 장기적으로 기업의 이해관계자들에게 기업의 신용도를 떨어뜨리고 낮게 형성된 주가로 인해 기업에 악영향을 미친다.

자금조달과 관련된 윤리적 문제는 첫째, 기업공개의 문제로 기업공개 전 과도한 유·무상증자를 일컫는 공개 전 증자남발이고, 또 하나는 공개 후 적정한 시장가격을 상회하는 발행가 과대산정문제라 할 수 있다.

둘째, 기업내용공시의 윤리적 문제로 경영자 자신에게 유리한 정보만을 알리려 하고 기업비밀의 유출과 경쟁상의 불이익 등을 염려하여 자발적인 공시를 유보하는 경우 등이다.

셋째, 내부자 거래는 유가증권의 가격에 영향을 미칠 수 있는 공개되지 않은 중요한 정보를 직무와 관련하여 또는 직무수행과정에서 취득하고 이를 이용하여 당해 증권을 거래함으로써 부당하게 이득을 얻는 행위를 말한다.

3) 윤리적 마케팅 관리

마케팅 윤리는 마케터가 따라야 하는 행동지침, 원리, 가치관을 말한다. 기본적으로 소비자들의 안전을 침해해서는 안 되고, 제품에 대한 모든 사실 정보를 제공해주어야 함을 그 주요 내용으로 하고 있다. 마케터들은 종종 마케팅 윤리를 따르기 힘든 상황을 호소한다. 그들의 논지는 윤리적 기준이 상대적일 수 있고, 윤리적 기업활동이 눈에 보이는 수익을 가져오지 못하고 오히려 비용상승만 초래할 수 있다는 것이다. 이러한 상대적 윤리기준, 그리고 기업의 영리목적과 윤리적 행위의 상충이 마케터를 딜레마에 빠뜨리는 경우가 종종 있다. 개인차는 존재하지만 사람들은 대개 무엇이 정직한 것이고, 무엇이 올바른 것이며, 또한 무엇이 공정한 것인가를 알고 있다. 이러한 윤리적 규범이 마케팅 계획 전반에 걸쳐 반영되지 못하면 결코 성공적인 마케팅 활동이 이루어질 수 없다. 윤리적 마케팅 활동은 고객과의 장기적 관계를 유지하도록 해줌으로써 초기비용을 커버하고 수익을 가져다준다. 문제는 이익을 보는 기업의 시각이다. 장기적인 시각에서 이익을 바라본다면 윤리는 기업활동에 방해가 되고 부담이 되는 요소가 아니라 오히려 도움을 주는 것이다. 마케팅 활동과 관련된 윤리적 문제들은 제품, 가격, 촉진, 유통과 마케팅 정보수집의 다섯 가지 분야에서 살펴볼 수 있다.

첫째, 제품관련 윤리문제이다. 제품의 결함, 제품의 안전성(위험한 제품), 제품의 계획적 진부화, 허위표시, 과대포장, 환경오염 등과 관련한 것들이 있는데 주로 문제가 되는 것은 품질이나 기능상의 결함과 안전성이다. 기업은 기본적으로 고객만족과 사회지향적 마케팅 콘셉트에 입각하여 제품결함을 원천적으로 차단하기 위한 제조 및 유통과정에서의 철저한 품질관리가 필요하다. 만일 의도하지 않은 제품결함이 발생한다면 기업 스스로 즉각 제품회수(product recall)를 함으로써 소비자피해를 최소화 또는 구제할 수 있어야 한다.

둘째, 가격관련 윤리문제로 수평적·수직적 가격담합, 가격차별, 기만적 가격표시, 부당한 가격인상, 유보가격이용5) 등을 대표적으로 들 수 있다. 최근 국제유가가 올라갔다는 이유로 주유소의 기름값이 인상된 사례를 흔히 볼 수 있다. 그러나 반대로 국제유가가 하락해도 판매가를 서서히 소폭 인하하거나 혹은 아예 인하하지 않는다. 이처럼 부당한 가격인상은 소비자들로부터 윤리적 비난을 받고 있다. 기업은 이윤을 극대화하는 것도 중요하지만 기업활동의 사회적 역할을 고려해야

---

5) 유보가격(reservation price) 혹은 최고수용가격은 고객이 어떤 제품에 대해 지불할 의사가 있는 최고가격을 의미한다. 기업이 가격을 결정함에 있어 원가구조나 경쟁자의 가격 수준 등을 이용하여 합리적으로 책정하기보다 소비자들이 지불할 용의가 있는 유보가격 범위 내에서 결정하는 것을 유보가격이용이라 말한다.

할 필요가 있다.

셋째, 촉진과 관련된 문제이다. 허위·기만광고, 유해광고, 과다경품 제공, 뇌물·향응제공, 강압적 판매권유 등이 이에 해당된다. 주로 문제가 되는 것은 허위·기만광고와 뇌물·향응제공 등이다. 소비자에게 사실과 다른 정보를 제공하거나, 지나치게 선정적이거나 폭력적이며 해를 입히는 광고를 하는 경우가 문제될 수 있다. 이는 단기적 성과에 도움이 될지 모르나 궁극적으로 소비자의 불만을 사게 되어 기업과 제품에 악영향을 미치게 되므로 고객지향적 마케팅 콘셉트에 입각한 판매활동이 요구된다.

넷째, 유통관련 윤리문제로는 중간상에 대한 우월적 지위의 남용과 대리점 판매 지역제한 등이 있다. 국내에서는 일반적으로 제조업자가 유통경로상의 우월적 지위를 남용하는 사례들이 많았는데, 대형유통업체의 성장으로 유통업체가 제조업체를 압박하는 경우가 증가하고 있다. 특정 이해관계자가 지위를 남용하기보다 관계자 전체의 성과를 극대화하는 방향으로 유통경로를 활용할 때 모든 구성원들이 만족할 수 있다.

끝으로 마케팅 정보수집 관련 윤리문제이다. 기업들 간 경쟁이 치열해지면서 두드러지게 나타나고 있다. 수단과 방법을 가리지 않고 경쟁자나 고객에 대한 정보를 수집하고 이를 마케팅에 이용한다면 법률적, 윤리적 문제에 부딪히게 된다. 고객과의 커뮤니케이션이나 공개적으로 고객만족을 담당하는 마케팅의 영역에서 윤리적 문제는 간과할 수 없는 부분이다.

4) 윤리적 생산관리

생산관리의 목표는 최소의 자원을 투입하여 나오는 산출물을 극대화하는 것이라 할 수 있다. 이러한 목표는 생산성과 경제성의 향상과 같이 현실적이기 때문에 지나친 이윤추구로 이어질 수 있다. 또한 지나친 원가 절감으로 인한 저품질의 생산이 이뤄질 수 있고, 근로자들의 저임금 문제가 나타날 수 있다. 이러한 비윤리적인 상황을 방지하기 위해서는 기존의 성과에 대한 평가와 함께 근로자의 직무만족도나 안전사고율, 환경적 측면 및 품질에 대한 평가 등 윤리적 지표가 추가되어야 한다.

이러한 관점에서 생산관리의 윤리적 문제는 크게 대내적 윤리문제와 대외적 윤리문제로 구분할 수 있다. 대내적 윤리문제는 경영자와 관리자의 윤리로 근로자들이 보다 좋은 환경에서 직무수행을 할 수 있는 여건을 조성하고, 신기술 개발을 통한 자원의 절약 및 생산공정의 간소화로 비용을 절감하는 것으로 문제를 해결할 수 있다. 근로자 및 작업자의 윤리문제는 실제 생산을 담당하는 책임자로 공정한 직업적 양심을 지녀야 함을 의미한다. 매일 반복되는 작업에서 소홀함을 보일 수도 있기 때문에 근로자 및 작업자의 윤리적 문제를 제고시키기 위한 적극적인 교육훈련이 요구된다. 대내적 윤리문제의 마지막 경우는 자재 및 설비와 관련된 윤리로 앞서 언급된 대내적 문제를 해결하기 위해 기본적으로 고려해야 할 문제이다. 근로자들이 보다 좋은 품질의 생산물을 산출하기 위해서는 무엇보다 근로자들이 작업하는 환경이 중요하다. 안전한 작업환경의 유지, 생산과정에서 엄격하고 지속적인 자재검사를 통해 불량자재를 줄여나가는 윤리적 재고가 필요하다.

대외적 윤리문제는 소비자, 환경, 공급업자와 관련된 윤리로 볼 수 있다. 특히 환경오염문제는 국내외에서 심각한 문제로 언급되고 있다. 자연친화적인 생산공정의 설비를 통해 환경을 보존할 수 있는 윤리적 행동이 요구된다. 물론 법규의 제정을 통해 강제적 제재를 가할 수 있으나 무엇보다 중요한 것은 생산자의 윤리적 인식강화라고 할 수 있다.

기업의 사회적 책임

1980년대 후반부터 전 세계적으로 불어 닥친 규제완화와 시장경쟁 격화로 기업이 지배하는 생활의 범위가 크게 확장되었다. 투자가와 소비자 그리고 시민단체들은 기업이 이윤창출 외에 환경, 노동 등 사회 전 영역에 대해서도 경제력에 상응하는 책임을 실행하기를 기대한다. IT 혁명으로 소비자들은 보다 많은 정보를 입수해, 사회적 책임을 수행하는 기업의 '윤리적 브랜드(ethical brand)'를 선택하고 구매결정한다. 소비자들은 지구촌 구석구석에 기업들이 어떤 영향을 미치며 어떻게 비즈니스를 하는지 이전보다 더 많이 알게 되었다. 소비자들은 개발도상국 생산자, 노동자들의 열악한 노동환경에 대한 동정과 환경오염을 일으키는 기업의 비윤리적 활동에 대해 반감 혹은 분노를 갖게 되었다. 기업의 사회적 책임은 기업의 지속가능성을 위해 필수적으로 고려해야 할 요인이 되었다. 이러한 관점에서 국내외 기업의 사회적 책임사례를 확인해보고 소비자의 요구를 알아보고자 한다.

1. 기업의 사회적 책임의 이론적 배경

1) 기업의 사회적 책임의 개념

최소한의 정부개입을 강조하는 신자유주의(Neo-Liberalism)의 대표적 학자인 Friedman(1970)은 기업의 사회적 책임은 이윤창출에 있으므로 경제적 성과에만 집중하면 된다고 하였다. 1934년 올드 미션 포틀랜드 시멘트(Old Mission Portland Cement) 회사와 주주인 헬버링(Helvering) 간의 소송에 대한 판례에서도 볼 수 있듯이 한때 미국에서는 기업에 직접적인 이득이 없는 기부금은 법적으로 금지되었다. 이윤창출만을 강조하는 사회분위기 속에서 자연적으로 기업의 사회공헌활동은 매우 제한되었다(Blair, 1998).

1950년대 사회공헌이 기업이 담당해야 할 역할인지에 대한 많은 논란이 있었고, 1953년의 Smith vs. Barlow의 판결 이후 비로소 사회공헌이 기업의 책임 중 하나로 인식되기 시작하였다(Winkler, 2004). 제조업체인 스미스사가 기부금을 프린스턴 대학에 기증하자 주주들이 기업의 목적은 이윤창출에 있다며 무효소송을 냈는데, 이 소송에 대해 뉴저지 고등법원(New Jersey Supreme Court)은 기업도 사회에 대한 책임이 있다고 판결 내린다. 기업의 경제적 책임만이 요구되었던 과거와 달리 기업의 사회적 책임이 법적으로 강조되기 시작한다.

기업이 성장·발전함으로써 사회적 영향력이 커짐과 동시에 사회의 일정한 부분을 증진시키고 담당해야하는 책임이 커졌다. 기업의 독선적인 경영이나 일방적인 이익추구가 허용되지 않을 뿐 아니라 사회에 대한 일정한 행동과 복지를 수행해야 할 책임이 부과되고 있다. 기업의 사회적 기능인 생산을 효율적으로 수행하고 사회성, 공공질서를 지켜 다른 업체·집단에 피해를 주지 않는 공공성이 요구된다. 또한 특정한 집단에만 봉사하는 것이 아니고 이해관계자 모두의 이익을 증대시키는 공익성이 강조된다. 유해식품·위험상품의 거래 및 매점·매석 등은 사회성에 대한 위반이며, 착취·사기·허위·과대광고는 공공성 위반이고 합리화를 위한 노력의 태만에서 오는 가격인상이나 어떤 시기에 편승한 가격인상 등은 공익성에 대한 위반이다.

기업의 사회적 책임은 기업을 경영하는 본질적인 성격과 그로 인해 발생하는 윤리적·도덕적 책임, 그에 따른 경제적·법적 책임을 말한다. 기업의 의무는 자율적인 성격 때문에 정확하게 선을 긋기 어렵다. 그러나 단순히 기업책임 혹은 경영책임과는 다르다.

기업의 '사회적 책임(CSR: Corporate Social Responsibility)'에 관한 정의는 다양하고, 일관되게 정의하는 것은 쉽지 않다. 기업의 사회적 책임을 처음으로 정의한 Bowen(1953)은 그의 저서 『Social Responsibilities of the Businessman』에서 사회적 책임을 '우리 사회의 목표와 가치 관점에서 바람직한 정책을 추구하고 올바르게 여겨지는 행동들을 따르고 의사결정을 해야 하는 경영자의 의무'로 정의하면서 기업을 도덕적이며 사회적인 대리인으로 정의하였다. 기업이 직면한 환경에 대한 대응적이고 전략적인 차원이기보다 경영자의 가치관에 기초한 경영의 기본이념에 바탕한다고 할 수 있다.

McGuire(1963)는 '사회적 책임은 기업의 사회에 대한 경제적 및 법적 의무뿐만 아니라, 이러한 의무를 넘어서서 전체 사회에 대한 책임까지 의미한다'라고 정의하고 있다. 또한 McFarland(1963)는 '사회적 책임은 개인, 조직, 사회, 제도들 간의 상호의존성의 인식과 그러한 인식을 도덕적, 윤리적, 경제적 가치의 틀 내에서 행동으로 옮기는 것이다'라고 정의하고 있다. 한편 Caroll(1979)은 '사회적 책임은 주어진 특정시점에서 사회가 기업에 대하여 갖는 경제적, 법적, 윤리적, 재량적 기대를 포함하는 것'으로 설명하면서 사회적 책임 수행에 관한 개념적 모델을 통해 사회적 책임을 경제적 책임, 법적 책임, 윤리적 책임, 자선의 책임으로 구분하는 이론적 틀을 마련하였다. Sethi(1975)는 사회문제에 대해 기업이 반응하는 행동과정을 사회적 책임 의무단계, 사회적 책임단계, 사회적 반응단계로 구분하여 제시하였고, Staples(2004)는 사업체가 준수해야 할 다섯 가지 원칙을 제시하면서 기업의 사회적 책임에 대해 설명했다. 기업은 근로자들을 공정하고 공평하게 대우해야 하며, 도덕적이고 정직하게 운영하고, 종업원들의 기본적 인권을 존중해야 한다는 것이다. 그리고 미래 세대를 위해 환경을 지속 가능하게 유지해야 하며, 자신의 커뮤니티에서 남을 돌볼 줄 아는 기업이 되어야 한다고 주장하였다.

신유근(1994)은 사회적 책임을 '기업활동으로 인해 발생하는 사회·경제적 문제를 해결함으로써 기업의 이해관계자와 사회 일반의 요구나 기대를 충족시켜주어야 하는 기업행동의 규범적 체계'로 정의하였다. UN의 경우는 기업의 사회적 책임을 직접 정의하지는 않았으나 기관투자자들이 투자대상 기업을 선택할 때 기업의 재무적 측면뿐만 아니라 환경적(environment) 측면, 사회적(social) 측면, 지배구조(governance) 측면을 함께 강조해야 한다고 주장하면서 이를 종합적으로 고려하는 것을 기업의 사회적 책임으로 보았다. 유럽위원회(European Commission)는 기업이 사회적으로 책임감을 지닌다는 것이 법적 기대를 충족시키는 것뿐만 아니라 인적자본이나 환경 및 관련 이해관계자들에게 더 많은 투자와 동의를 얻어내는 것이라 주장하였다.

기업의 사회적 책임에 대한 다양한 정의는 결국 기업이 이윤극대화라는 전통적인 목표를 넘어 기업이 존재하고 있는 사회에 대한 총체적인 책임의 이행을 의미한다. 기업은 사회라는 전체시스템 중 하나의 하위시스템이므로 기업활동으로 인한 사회적·경제적 문제를 해결하고, 기업의 다양한 이해관계자의 요구나 기대를 충족시키고 사회와의 조화를 확보해야 한다. 정수영(1994)은 기업과 사회와의 관계가 중요한 다섯 가지 이유를 다음과 같이 말한다. 첫째, 기업이 거대화됨에 따라 한 기업이 사회에 미치는 영향력이 크고, 둘째, 사회적으로 기업의 경영 외적인 측면과 사회적 측면에 대한 관심이 증가하기 시작하였으며, 셋째, 공해나 환경문제 등 기업활동으로 인한 분쟁이 빈번하게 되었다. 넷째, 소비자운동과 시민운동 등이 활발해졌으며, 다섯째, IT 기술 및 매스컴이 발달함에 따라 지역적인 문제가 곧 사회적 문제로 인식되고 있다. 이러한 이유로 기업과 사회와의 관계는 매우 중요해졌으며, 기업은 경영활동 전 분야에서 광범위한 이해관계자들을 위해 사회적 책임을 이행해야 한다고 주장했다.

기업의 사회적 책임에 따라 기업들은 주주들을 위해 이윤을 창출해야 하는 것은 물론이고 노동자들을 위해 근로환경을 개선해야 하며, 시민사회와 지역사회를 위한 환경 및 인권문제, 기부 등의 사회적 공헌활동도 수행해야 한다. 사회적 책임활동은 이제 기업의 지속적인 생존 및 성장과 관련되어 있기 때문이다. 기업은 주주뿐만 아니라 기업을 둘러싼 모든 이해관계자의 이해와 요구를 반영하는 경영을 추구해야 한다. 이러한 의미에서 사회적 책임은 기업윤리(Business Ethics), 기업시민정신(Corporate Citizenship), 지속가능 발전(Sustainable Development), TBL(Triple Bottom Line) 등 다양한 용어들과 혼용되기도 한다.

2) 기업윤리와 CSR 개념의 상호연관성

1960년대 초반 기업윤리라는 개념이 등장한다. 기업윤리와 기업의 사회적 책임은 본질적으로 개념상의 차이가 있지만 더불어 상호밀접한 관계가 있다. 기업윤리란 일반적으로 기업경영 행위의 옳고 그름, 선악을 구분하는 원칙이나 판단기준의 총합을 뜻한다(Henderson, 1982). 반면 기업의 사회적 책임은 기업의 사회적 지위, 기능, 행위 등에 근거해 부과하는 의무의 범위를 일컫는다(Barry, 1983).

'윤리'는 구체적 지위나 역할을 필요로 하지 않고 추상적인 가치나 태도를 포괄하는데 비해 '책임'의 주체는 개인뿐만 아니라 조직에도 적용 가능하다. 이러한 원론적 개념상의 차이뿐만 아니라 기업경영의 상황에서도 제기되는 사회적 책임과 기업윤리의 개념은 다음과 같이 차이를 보이고 있다(배무환, 1998).

(1) 연구학자들의 학문적 배경 면에서 기업윤리를 주장하는 학자들은 대부분 철학이나 윤리학, 신학, 교육학 등의 인문과학에 기반을 두고 있는 반면, 사회적 책임을 논하는 학자들은 대부분 경영학이나 경제학, 사회학 등의 사회과학에 기반을 두고 있다.

(2) 사회적 책임이 기업행위의 사회에 대한 영향력이라는 결과에 큰 강조점을 두는 반면, 기업윤리는 기업행위나 경영의사결정의 옳고 그름을 가리는 판단기준 자체에 보다 큰 중요성을 부여하고 있다.

(3) 사회적 책임은 이를 실천하려는 기업의 자유의지를 반영하는 능동적 역할을 강조하는 반면, 기업윤리는 상대적으로 이를 준수해야 한다는 수동적인 역할에서 출발하고 있다.

(4) 사회적 책임이 그 수행주체로서 조직차원의 기업을 보다 강조하는 반면, 기업윤리는 그 수행주체로서 인적 자원의 경영자나 조직구성원을 보다 강조한다.

(5) 사회적 책임이 이해관계자를 비롯한 사회적 요구나 기대에 대응하는 규범체계라면, 기업윤리는 사회적 윤리규범에 대응하는 규범체계이다.

(6) 당초 기업의 사회적 책임의 문제는 1930년대 미국의 대공황시기에 대두했다가 1960년대부터 본격적인 논의가 이루어졌다. 이에 비해 기업윤리의 문제는 미국에서 1960년대부터 거론되어 1970년대에 외국정부에 대한 대규모 뇌물공여사건, 기업제품의 안정성 문제를 계기로 본격적인 논의가 시작되었다.

하지만 사회적 책임과 기업윤리의 개념을 보는 관점이나 이를 해결해나가려는 방식은 공통점이 있다(신유근, 1994). 사회적 책임과 기업윤리 사이의 경계가 모호해지고, 1970년대 이르러 사회적 반응의 개념이 등장함에 따라 기업윤리와 사회적 책임은 통합이 가능하게 되었다. 통합된 개념의 사회적 반응을 수행하기 위해 기업은 기업 이념, 기업 목적, 전문 경영체제, 조직, 감사시스템, 의사결정기법의 확립을 요구받고 있다. 여기서 기업의 사회적 반응(corporate social responsiveness)이란 사회적 책임과 기업윤리의 통합적 개념으로 사회적 책임의 실천적 성격을 규정하는 개념으로 사용되기도 한다.

2. 기업의 사회적 책임과 소비자

소비자들 사이에서 공정무역에 대한 관심이 높아지면서 착한 소비, 윤리적 소비(Ethical Consumerism)가 이슈로 부상하였다. 가능한 사회적으로 도움되는 소비를 하려는 소비자들이 늘어나고 있다. 현대의 소비자들은 기업이 제공하는 제품이나 서비스의 품질, 가격, 디자인 등 전통적 구매 고려 요소와 더불어 기업이 실행하는 기부, 공익 활동, 공정거래 등 기업의 사회적 책임과 기업의 윤리성에도 관심을 보인다. 시장에 넘쳐나는 제품 및 서비스의 품질과 가격에 대한 차별성이 적어진 것도 윤리적 소비에 대한 관심이 높아지는 원인 중 하나이다. 글로벌한 시대를 살아가는 오늘날, 소비자들과 각 지역사회는 '기업은 경제적인 요구와 함께 사회적 사명을 다해야 한다'는 생각을 갖기 시작했다. 따라서 기업의 역할은 단순히 소비자의 경제적 욕구를 충족시키는 역할만으로 부족하게 되었다.

현대의 소비시장은 없어서 불편한 것이 아니라 '더 좋은'것을 구매하기 위해 고민해야 하는 수준으로 변했다. 이제 기업은 단순 생산·판매를 넘어 기업이 갖고 있는 브랜드를 글로벌화하고, 차별화시키기 위해 노력하고 있다. 지금의 소비자들은 조금의 편함을 포기하고서라도 더 상위의 가치를 추구하는 소비활동 경향을 보이기 때문이다. 최근 블로그, 카페, SNS 등 소셜미디어를 통해 수많은 정보들이 온라인상에서 유통되고 있다. 사회적 이슈 역시 예외가 아니다. 사회적 이슈에 대한 문제제기 및 정보공유와 해결을 촉구하는 사회적, 공동체적 시민의식이 예전보다 한층 강화되었다. 수많은 정보 속에는 그동안 소비자들이 접하기 어려웠던 기업의 내부 문제, 제품개발의 비화, 엄청난 영업이익에 비교되는 미미한 기부액수 등 부정적이지만 매우 세부적이고 현실적인 정보 역시 포함되어 있다. 때문에 기업의 사회적 책임이 소비자의 제품 및 서비스 구매에 영향을 미칠 가능성은 더욱 커졌다. 기업의 사회적 책임 관련 활동이 소비자들의 소비로까지 연결되어 기업의 존재목적인 이윤창출에도 영향을 미치면서, 기업의 사회적 책임활동을 수동적으로 수용할 것이 아니라 적극적으로 활용해야 한다는 의견이 점차 힘을 얻고 있다.

기업의 사회적 책임에 대한 대중의 필요성 인지와 관심이 높아지면서 기업의 사회적 책임활동은 기업의 가치를 높일 수 있는 투자로 인식되어 전략적으로 사회적 책임의 중요성이 갈수록 높아지고 있다(권정희, 2009). 일반적으로 기업의 사회적 책임활동은 기업이미지를 긍정적으로 만든다고 알려져 있다. 긍정적인 기업이미지는 기업이 상대하는 다양한 집단에 호의적인 관계를 형성함으로써 기업에 기여한다(하봉준, 1999).

최근에는 기업의 사회적 책임활동이 과연 효과적으로 수행되고 있는지에 대한 의문과 함께 차별적인 관점에서 사회적 책임활동의 효과를 확인해야 한다는 주장이 제기되고 있다(Ellen, Wedd & Mohr 2006; 박상윤, 2009). 이와 관련하여 여러 연구자들은 사회적 책임활동의 효율성과 소비자의 기업의 사회적 책임활동에 대한 인식, 그리고 기업의 사회적 기여가 반감되고 있음을 지적했다(김성호, 2007; 이은미, 2008). 김성호(2007)는 사회적 책임활동이 획일적인 기부중심의 활동이 아니라 기업의 규모와 사업특성에 맞게 진행되어 전략적 효과를 반영한 실천이 되어야 한다고 주장했고, 이은미(2008)는 사회적 책임활동이 더 큰 전략적 효과를 창출하기 위해서는 기업의 특성이 소비자의 특성과 적합하게 관련되어야 한다고 보았다. 기업이 수행하는 사회적 책임활동의 다양한 유형과 소비자들의 특성이 연관성을 가져야 한다는 것이다. 기업의 사회적 책임활동과 기업의 특성, 기업의 해당 제품 사이의 연관성이 높을 때 소비자의 기업사회적책임에 대한 관심을 높일 수 있다.

기업의 사회적 책임을 사회적 요구로 인해 수동적으로 수행해야 하는 전략이라고 생각할 수 있는 반면, 소비자들과 우호적인 관계를 맺기 위한 활동으로 인식하고 능동적으로 실천할 수도 있다. 양자의 입장차이는 존재하지만 무엇보다 중요한 것은 기업의 사회적 책임이 거스를 수 없는 시대적 흐름이라는 사실이다. 사회적 책임의 실행에 있어, 소비자를 설득하거나 정보를 일방적으로 전달하려 하기보다 상호이해에 초점을 맞춰 커뮤니케이션을 한다는 관점에서 접근해야 한다. 기업의 사회적 책임이 기업의 이미지 개선을 위해 실시되는 것이 아니라 소비자들이 지향하는 사회적, 경제적 가치 실현을 보조하기 위한 관점에서 실시된다는 사실을 명확히 전달해야 한다. 커뮤니케이션은 참여자들이 동시에 동일대상을 지향해야 효과가 커진다. 기업과 소비자 상호 간 원활한 커뮤니케이션의 관점에서 기업의 사회적 책임을 바라보고 보다 포괄적으로 기업의 사회적 책임을 구현하려는 작업이 필요하다.

3. CSR 사례

1) 해외기업의 CSR

(1) 미국

전통적으로 윤리경영과 투명회계를 강조해온 미국은 엔론(Enron), 월드콤(WorldCom) 등의 대형 회계부정사건(2001)을 겪으면서 기업윤리 및 기업의 사회적 책임관련 법규를 더욱 강화하고 있다. 2004년 연방 판결

가이드라인(Federal Sentencing Guidelines) 개정 이후 기업들의 윤리경영
에 대한 관심이 한층 고조되고 있는 실정이다.

윤리경영에 관심 있는 기업, 비영리기관, 기타 기관의 임원으로 구성
된 윤리임원협의회(EOA: Ethics Officer Association)가 1992년에 설립되어
각 기업의 윤리경영 모범사례에 대한 정보를 교환하고 있다. 특히 EOA
에서 제안한 윤리경영에 관한 기업행동의 규칙(계획-이행-점검-행동:
Plan-Do-Check-Act)은 ISO에서 추진하는 표준화작업(ISO26000)의 계기가
되기도 했다. 연방정부 12개 기관에서 약 50개의 지원 프로그램이 운영
중이며 국무부가 매년 말 해외에서 가장 우수한 사회공헌활동을 펼친 자
국기업을 선정해 발표하는 ACE(Award for Corporate Excellence)를 시행하고
있다. 기업의 사회공헌활동이 단순히 기업의 이미지를 제고하는 데 그
치지 않고, 미국이 국제사회에 긍정적인 영향을 미치고 있음을 세계사
회에 인식시킬 수 있는 기회로 삼고 있다.

미국의 대기업들은 기업의 사회적 책임과 자선활동을 경영전략의 중
요한 요소로 인식하고 다양한 형태의 사회공헌활동을 개발·실천하고
있다. 이들은 기업의 사회공헌활동을 시혜적인 개념이 아니라 사회적
투자(social investment)의 개념으로 생각한다. 사회공헌활동을 통해 사회
적 자본의 핵심인 신뢰를 구축한다고 본다(Stump, 1999). 순수한 의도에
서의 자선적 사회공헌활동만이 사회발전에 이바지할 수 있다는 접근방
식은 개인의 기부행위를 촉진시키는 데 더 적합할 수 있다. 반면 이윤
을 추구하는 기업에게는 사회적 투자를 통해 장기적 이익을 추구한다
는 구체적인 목적의식이 더 필요하다는 것이다.

또한 사회적 투자의 개념을 발전시켜 기업경영에 사회공헌활동을 전
략적으로 접목시키고 있다. 기업인들이 사회적 투자 마인드를 갖고 있
더라도 기업현장에서 경영마인드와 연결되지 않으면 시너지효과를 기
대하기 어렵다. 따라서 기업의 핵심역량에 적합한 부문에서의 사회공
헌활동에 집중함으로써 효율성을 극대화하고 있다. 이를 위해 사회공

헌활동에 투자개념을 도입한 전략적 사회공헌활동(strategic philanthropy)을 펼치고 있다. 이는 경제적 사회공헌활동의 하나로 활동에 들어가는 비용을 효율적으로 관리하고 사용 비용의 투명화를 이루는데 효과적이다. 사회공헌활동의 경험이 많은 기업일수록 모든 자선활동에 참여하기보다 자신의 핵심역량에 적합한 사회공헌활동에 전략적으로 참여하고 있다.

화이자(Pfizer)사의 '공동체 벤처펀드(Community Ventures Fund)'는 자발성과 창의성 그리고 쌍방향성을 중시하는 사회적 투자의 대표적인 사례이다. 화이자는 1996년 취약계층의 개인이 공동체의 일원으로 생활할 수 있는 자활능력을 갖추도록 자금과 노하우를 지원해주는 공동체 벤처펀드를 설립하였다. 1997년 뉴욕시의 재활을 추진하고 있는 11개의 NGO에 공동체 벤처펀드를 통해 자금을 지원하였는데, 이 펀드는 개인 사업 개발과 사업서비스 제공 등 상업적인 능력 제고에 초점을 맞춰 운영되었다. 화이자의 활동은 사회문제에 대한 중앙집중식 해결방식과 대조되는 접근방법으로 문제를 가장 잘 알고 있는 개인이나 공동체가 아래로부터 문제해결방안을 모색하게 한다. 단순한 부의 이전이 아니라 새로운 자활기회를 창출한다는 점에서 의미가 있다(Kosminsky, 1997).

미국의 최대유통업체인 월마트(Walmart)는 회사 창립 때부터 직원들이 납품업자로부터 커피 한 잔도 얻어 마시지 못하게 규제하고 있고 이를 어길 경우에는 즉각 파면하는 엄격한 윤리규정을 시행하고 있다.

체이스 맨해튼 은행(Chase Manhattan Bank)은 임직원의 자원봉사활동을 적극적으로 지원해주는 회사 중 하나다. 은행 자체 주관으로 1년에 3번씩 우수 자원봉사자를 선정하여 사장이 직접 주관하는 포상파티를 열고 우수 봉사팀에게 표창한다. 시상금은 봉사팀이 아니라 그 봉사팀이 활동하는 봉사처로 은행에서 1,000달러씩 기부한다.

에스티로더(Estee Lauder)의 핑크리본 캠페인은 가장 성공한 CSR 캠페인으로 알려져 있다. 캠페인은 여성들의 유방암에 대한 인식고취와 조기검진의 중요성을 알리기 위해 1992년 처음 시작되었다. 자사 고객들에게 150만 개의 핑크리본과 유방암 자가 진단카드를 나눠준 것에서 시작된 캠페인은 2010년 기준 70여 개국에서 캠페인을 진행하고 있으며 1억 1천만 개 이상의 핑크리본이 배포되고 있다.

에스티로더는 핑크리본 컬렉션 제품을 출시하며 수익금의 일부를 유방암 연구재단(BCRF)에 연구기금으로 기부했다. 참여 기업들 역시 핑크색 관련 제품을 판매하거나 이벤트를 통해 수익금의 일부를 기금으로 조성했다. 총 4천5백만 달러가 넘는 기금이 비영리기관인 유방암연구재단에 기부되어 유방암 임상연구 혁신에 기여하고 있다.

코카콜라(Coca-Cola)는 2002년 인도의 한 지역단체가 코카콜라 보틀링사[6]의 수질오염 문제를 제기한 이래, 투자자들이 이 문제를 주요 이슈로 제기하기 시작했다. 전 세계 200여 개 나라에서 100여 개 하천과 이해관계를 갖고 영업하고 있는 코카콜라는 해당 문제를 간과할 수 없었다. 이때부터 수자원 이용의 효율성과 법적 문제, 상수원, 수자원 공급 타당성 등 경제적·사회적 문제들과 결부된 정보를 수집, 분석해서 이해관계자들에게 제공하기 시작했다. 코카콜라는 현재 물이용의 효율성과 수질, 폐수처리 등 자사 사업장과 결부된 모든 수자원 보호활동을 자신 있게 발표하고 있으며, 전 세계에서 관련 이슈에 가장 물 정통한 기업으로 자리매김했다. 2009년에는 'Clear on Our Commitments: Our Journey to 2020' 보고서를 발표하고 다섯 가지 전략 분야(에너지보존·기후변화, 물 관리, 지속 가능한 포장·재활용, 제품 포트폴리오·균형 잡히고 활동적인 삶의 방식, 다양하고 포괄적인 문화)에 대한 집중적인 지원을 약속했다.

(2) 일본

일본에서는 일본형 기업시스템에 대한 구조적인 비판이 제기되고,

---

6) 코카콜라 사업구조는 자회사 코카콜라 인디아가 원액을 생산하면, 현지 보틀링(Bottling) 파트너가 이를 구입해서 독자적으로 병입, 포장, 유통하는 시스템이다.

기업의 해외진출이 본격화된 1980년대 중후반에 이르러서 기업의 사회
적 책임에 대한 중요성이 강조되기 시작했다. 사회적 책임에 대한 대처
가 유럽이나 미국에 비해 뒤처졌다는 판단하에 민간을 중심으로 활발
한 논의가 진행되고 있다. 일본의 대표적인 민간경제단체인 경제단체
연합회(경단련)7)를 중심으로 기업들이 자율적으로 CSR을 추진할 수 있
도록 기업행동헌장과 실행방법에 기초한 'CSR 추진 룰'을 발표(2005년
10월)하여 기업의 자율적인 사회적 책임의 추진을 도모하고 있다.

일본정부의 CSR에 대한 정의는 2004년 경제산업성의 '기업의 사회적
책임에 대한 간담회'에서 발표한 보고서를 통해 확인할 수 있다. 이 보
고서에서 CSR은 '본래의 사업과 불가분의 다양한 사회적 행동으로서의
CSR, 예를 들어 최저한의 사회규범으로서의 법령준수는 물론, 사업과
밀접한 관계에 있는 제품, 서비스의 안전확보, 지구환경, 폐기물 재활용
대책을 포함한 환경보호, 노동환경개선, 노동기준의 준수, 인재육성, 인
권존중, 부패방지, 공정한 경쟁, 지역공헌 등을 성실하고 적극적으로 실
천해 기업과 주주의 공생관계를 구축하는 것이다'라고 언급되어 있다.
일본정부는 CSR에 대해 기업의 자율실천을 존중하고 있으며 규제적 법
률이나 규범적 접근보다는, 경제산업성과 경단련이 공동으로 설립한
CSR 표준위원회(2002)를 지원해 CSR 국제표준화에 대응하는 등 민간기
업의 자율적 실천을 강조하고 있다.

도요타(TOYOTA)는 1992년 고객과 사원, 거래처 등의 이해관계자들
과 관계를 명확히 하고, 국제사회에서 기업시민으로서 자각해야 할 사
항을 기본이념에 명시하였다. 이와 동시에 지구환경에 관한 도요타의
대처방침(통칭 '도요타 지구환경헌장')을 제정했다. 이후로 꾸준히 도요
타 지구환경헌장을 개정하고 실행하였다. 실행의 일환으로 1997년 12월
세계 최초로 하이브리드 자동차 '프리우스(TOYOTA Prius)'를 발표하였

---

7) 일본 경제단체들의 연합. 1946년 정부의 경제정책 및 관련문제에 대해 조언을 주고 회원기업 간의 이견을
  조정할 목적으로 설립되었다.

다. 그리고 1999년에 모든 공장에서 환경관리 국제규격 ISO14000을 취득하였다.

마쓰시타 전기(Matsushita Electric)의 경우 산업보국의 기업목표 아래 경영의 7대 원칙을 ① 사회의 공헌, ② 공정과 정직, ③ 조화와 협동, ④ 끊임없는 개선, ⑤ 예의범절과 겸손함, ⑥ 적응과 순응, ⑦ 감사하는 마음으로 설정하고, 대표적 인재양성기관인 '마쓰시타 정경숙'을 설립해 사회공헌에 이바지하고 있다.

일본의 대표 기업인 소니(SONY)와 리코(Ricoh)사 등은 2003년부터 사회책임과 관련된 부서를 만들어 이 분야에 많은 관심을 기울이고 있다. 일본 기업들은 사회적 책임활동을 자사의 사업활동과 연관된 분야에서 추진하는 한편, 평상시의 기업활동을 체계적으로 정리하여 보고서 형태로 공표하는 등 홍보에도 노력하고 있다.

아사히맥주(Asahi Breweries Ltd.)의 환경경영은 '저탄소 사회구축', '순환형 사회구축', '생물다양성 보존', '환경교육' 등 4가지 테마를 중심으로 추진되고 있다. 저탄소 사회구축을 위한 활동으로 전 공장에서 맥주 발효공정에서 발생하는 이산화탄소를 수집하여 탱크에 저장해 병, 캔 등 포장공정에 재활용하고 있으며, 발전 시 배출되는 배기가스를 다시 에너지로 활용하는 코제너레이션 시스템과 폐수 중 메탄가스를 재활용할 수 있는 폐수 처리시설을 도입했다. 제조과정에서 발생하는 부산물 등 폐기물의 100%를 재활용함으로써 순환형 사회구축을 위한 활동을 펼치고 있으며, 환경오염이 적은 포장용기 개발, 병이나 캔 등의 재활용에도 적극적이다. 생물다양성 보전을 위한 활동으로 히로시마 현에 아사히의 숲을 조성하고 직원과 그 가족들을 자원봉사자로 숲을 유지·관리하고 있다. 니시노미야 공장은 직원과 아이들이 쉼터로 이용할 수 있도록 잠자리 연못을 조성하였으며, 가나가와 공장은 준공 때부터 반딧불이 살 수 있는 환경조성을 목표로 반딧불 유충을 사육하여 지금은 매년 많은 관광객들이 반딧불을 보러 오고 있다. 지역사회를 중심으로 다양한 환경행사 및 환경교육을 실시하고 있는 아사히맥주는 이를 사회공헌과도 연계시켜 직원들이 직장 인근의 쓰레기줍기 등 자원봉사를 통해 쌓은 에코 마일리지를 금액으로 산출해 지역사회에 꾸준히 기부하는 활동을 펼치고 있다.

(3) 유럽

유럽은 기업, 노동자, 투자자, 정부, NGO 등 다양한 계층의 이해관계자들을 중요시하는 문화를 가지고 있다. 특히 노조의 영향력이 큰 유럽에서는 노조와 이해관계자들이 유럽의회를 압박하여 기업의 사회적 책임 관련 규범을 강화했다. 유럽은 기업의 사회적 책임강화를 위해 전략적 노력을 기울이고 있다. 2001년 7월 EU 집행위원회는 유럽식 기업윤리인 '기업의 사회적 책임' 개념을 정리한 '그린페이퍼(Green Paper)'를 내놓았다. 그린페이퍼는 기업이 사회에 책임을 진다는 것은 '사회가 요구하는 법적인 기대 수준을 넘어 인재와 환경, 기업의 이해관계자에게 더 많은 투자를 한다는 것'이라고 정의했다. 또 '기본적으로 기업들이 자발적으로 더 나은 사회와 더 맑은 환경에 공헌하도록 하는 것'이라고 CSR 운동의 방향을 제시했다. 유럽에서는 '사회적 책임투자(SRI: Socially Responsible Investment)'를 권장하는 분위기도 고조되어 있다. 친환경펀드인 '그린펀드(Green Fund)', 윤리적 기업에 투자하는 '윤리펀드(Ethical Fund)' 등 SRI 펀드는 꾸준히 늘어나 현재 유럽지역에서만 300여 개가 운영되고 있다. 또 사회적 책임투자를 지속적으로 활성화하기 위해 독일, 이탈리아, 영국, 네덜란드, 프랑스 등 유럽 5개국의 투자자 단체들은 2001년 사회적 책임투자 포럼인 EURO SRIF(European Sustainable and Responsible Investment Forum)를 세웠다.

EU는 CSR이 기업차원의 문제이기는 하지만 지속 가능한 발전에 기여하고 사회적 가치창출에 기여한다는 측면에서 기업의 사회적, 환경적으로 책임 있는 관행정착을 위해 국가적 차원의 노력이 필요하다고 보고 있다. 모범적 기업관행을 장려함으로써 지속 가능한 개발을 위한 정부의 정책적 노력을 보완하고 있다.

영국의 바클레이스은행(Barclays Bank)은 영국에 본사를 두고 아프리카·중동·남미 등 신흥국을 비롯해 전 세계 50여 개국에서 소매금융·신용카드·투자은행·자산관리 등의 서비스를 제공하는 글로벌 금융그룹으로, 17세기에 설립돼 300년이 넘는 기간 동안 고객들의 신뢰를 받아왔다. 바클레이스는 '책임 있는 금융(Responsible Banking)'이라는 목표 아래 세상을 변화시키고 있다. 변화를 위한 금융(Banking on Change) 사회공헌 프로그램은 아시아·남미·아프리카를 소리 없이 발전시키고 있다. 국제구호개발재단 케어(Care) 및 아동개발기관 플랜(Plan)과 함께 3년간 170억 원을 들여 11개국에서 진행 중인 이 프로그램은 우리나라에서도 쉽게 볼 수 있는 계 형태의 소액금융제도다. 15~30세의 25~30명 규모 여성그룹을 조직, 9~12개월로 기간을 정해 저축과 대출을 하게 하는데, 중요한 결정은 그룹이 정기미팅을 통해 자체적으로 정한다. 이 과정에서 투명성과 책임감을 독자적으로 체득할 수 있다.

사회공헌뿐 아니라 핵심 비즈니스에서도 책임 있는 금융의 가치를 실천하고자 한다. 바클레이스는 조선·발전·에너지·발전소 등 대규모 사업에 적용되는 프로젝트 파이낸싱에 환경·사회·인권의 영향을 평가하는 글로벌 금융업계의 행동원칙인 적도원칙(Equator Principles) 초기 멤버다. 바클레이스는 프로젝트 파이낸싱은 물론 다른 종류 대출에까지 해당 정책을 확대하고 있다. 핵심 비즈니스는 물론 전 세계 빈곤층에게도 신뢰와 책임감을 강조하는 바클레이스는 사회에 대한 책임을 통해 사업적 성공까지 달성하고 있다.

프랑스의 다논(Danone)은 세계 최대의 낙농제품 생산업체로 현재 요구르트 브랜드 다논 외 전 세계적으로 알려진 볼빅(Volvic), 에비앙(Evian) 등의 생수 브랜드를 생산하고 있다. 프랑스 최대식품기업이라는 위상에 걸맞게 식품안전, 환경경영, 책임구매(purchasing social responsibility 혹은 CSR procurement), 소외계층·지역지원, 각종 문화·스포츠·예술 후원 등 광범위한 분야에서 CSR 활동을 전개하고 있다. 타깃 분야별로 다양한 프로그램과 지원 프로젝트, 기금조성을 통해 CSR 활동을 구현하고 있는데 온실가스 배출축소, 자연보호기금 마련, 낙후지역 자원공급 활동 등이 주를 이루고 있다. 특히 전 세계 사회·환경 관련 중요 이슈에 대한 보다 체계적이고 효율적인 해결책 지원을 위해 조성된 Danone Ecosystem fund는 손꼽히는 CSR 활동으로 언급되고 있다. 기업활동과 관계된 모든 이해당사자(공급자, 하청업체, 운송·물류업체, 지자체 등)의 애로사항 해결을 위해 마련된 기금은 2009년 도입 당시 1억 유로의 규모를 보였다. 향후 5년간 순이익의 1%까지 기금확대를 목표로 하고 있으며, 기금조성 및 지원대상 프로젝트 선정 등 모든 과정에서 NGO, 관련 기관·단체와 긴밀한 협조를 구축하고 있다. 2010년에만 10여 개 프로젝트가 지원됐는데 대표적인 예로 우크라이나 전체 우유생산의 80%를 차지하는 소규모 농가지원 프로젝트를 들 수 있다. 프로젝트는 고품질 우유생산을 위한 정보제공, 기술보급을 위한 센터 운영에 집중되었다. 시장의 힘과 제도 혁신을 통해 사회에 기여하고 있는 다논의 CSR은 성장 그 자체가 아니라 성장을 통해 사람들의 삶을 더 낫게 만들려는 목표가 내재되어 있다.

스웨덴의 글로벌 SPA 브랜드 H&M에서 품질은 '제품이 환경적, 사회적으로 지속 가능한 방법으로 생산되는 것'을 뜻한다. 환경과 지속가능성에 대한 문제는 아이디어 개발단계에서부터 제품의 구매단계에 이르기까지 전 과정에 걸쳐 중점이 되는 사안이다. CSR 전략은 친환경 제품을 통해 확인할 수 있다. H&M은 2004년, 유·아동 라인을 통해 유기농 면 소재 제품을 처음 선보이기 시작했으며, 2007년부터는 성인 라인에서 유기농 제품들을 출시했다. 2008년 이후부터는 유기농 면 사용량을 2013년까지 매년 50% 증가시키는 것을 목표로 전사차원에서 장기적인 프로젝트를 실시하고 있으며 면화재배로 인한 환경오염을 최소화하기 위한 다양한 방안을 모색하고 있다. 이 밖에도 재활용 플라스틱 병에서 추출한 폴리에스테르 섬유, 제품공정에서 남는 직물조각과 낡은 니트류에서 추출한 울을 재활용하는 등 더 나은 친환경 제품을 만들기 위해 다각적이고 지속적인 노력을 기울이고 있다. 또한 유니세프와 파트너십을 맺고 유엔 아동권리협약에 관한 인식을 신장시키고, 어린이들의 노동력 착취 보호에 앞장서는 등 사회적 이슈에도 적극 참여해 전 세계 고객들에게 동참할 수 있는 기회를 제공하고 있다.

2) 국내기업의 CSR

최근 한국사회에서는 양극화 심화에 따라 대기업의 사회적 책임이 부쩍 강조되고 있다. 납품 중소기업에 대한 부당한 단가인하 요구, 중소기업과 영세 자영업자의 사업영역에 대한 무분별한 침해, 정규직 고용회피와 과도한 비정규직 활용, 총수 일가 회사에 대한 일감 몰아주기 등으로 대기업이 사회적책임을 다하지 못한다는 비판이 제기되었다. 세계시장에서는 성공했지만 국내에서는 지탄을 받고 있다.

국내에서 기업의 사회공헌활동에 대한 인식이 확산되기 시작한 것은 비교적 최근의 현상이라고 할 수 있다. 재화와 서비스의 공급이 절대적으로 부족했던 1950~1960년대에는 인간의 기본적 욕구를 충족시킬 수 있는 제품을 값싸게 제공하는 기업이 곧 사회적으로 존경받는 기업이었다. 1970년대에는 수출주도형 공업화전략이 지속적으로 추진되면서 국가기간산업에 참여하여 수출을 증대시킴으로써 국민경제발전에 기여하는 기업이 곧 최고의 기업이라는 공급주도형 경제의 기업인식이 지배적이었다. 이러한 사회분위기로 인해 기업의 사회공헌활동에 대한 경제 주체들의 인식은 매우 미약한 수준이었다. 주로 성공한 기업가가 수해 등의 국가적 재난 시에 성금을 내거나 방위성금은 물론 준조세적 성격의 각종 부담금을 기부하는 소극적인 자선활동이 주를 이루었다.

국내에서 사회공헌활동의 중요성이 본격적으로 강조되기 시작한 시기는 1990년대 이후이다. 비자금 사건 등으로 기업의 사회적 책임에 대한 비판이 증가하였고, 기업의 규모가 커지고 활동영역이 확대되면서 사회복지체제에서 기업의 역할이 재조명되기 시작했다. 최근 윤리경영이 수익성 제고와 생존전략의 하나로 인식되면서 기업들 사이에 확산되고 있다. 기업윤리헌장은 과거 그룹단위로 제정되어 그룹의 경영이념을 제시하는 수준에서 벗어나 고객지향, 주주중심, 사회환원 등 구체적 경영비전의 하나로 정착화되고 있다. 1999년부터 기업의 선언적인 그룹단위 윤리강령의 차원을 넘어, 기업별·계열사별로 자사의 실정에 맞는 현실적이고 구체적인 기준을 자세히 담고 있는 윤리강령이 제정되고 있다. 기업들은 윤리강령과 함께 구체적인 윤리행동지침을 제정하고, 사내에 윤리사무국 등을 운영하는 등 보다 실천력 있는 윤리경영 실천프로그램을 추진하고 있다.

우리나라의 경우 현재까지 기업의 사회적 책임을 내용으로 하는 법령은 제정되어 있지 않다. 다만 기업의 사회적 책임에 대한 국제사회의 논의와 국가 내 논의에 따라 개별 법령에서 부분적으로 이를 다루고 있다. 기업의 사회적 책임에 관한 내용을 직간접적으로 반영하고 있는 법령은 산업발전법, 지속가능발전법, 저탄소녹색성장기본법, 사회적기업 육성법 등이 있다. 대한상공회의소 산하 지속가능경영원과 기술표준원은 2010년 말 각각 ISO26000을 토대로 기업들이 사회책임 경영 수준을 자가 진단할 수 있는 지표를 개발해 보급하는 등 글로벌 흐름에 발맞추려 노력하고 있다. GS칼텍스, 포스코, 삼성전자, SK, LG 등 대기업들도 실제 사회책임경영에 대한 자가 진단에 나섰다. 하지만 국내대기업의 사회적 책임은 선진국에 비하면 아직 낮은 수준이다. 기본적인 시스템은 마련한 것으로 보이지만 아직 정착단계에 이르렀다고는 볼 수 없다.

지난 2009년 전경련의 '기업 사회공헌에 대한 국민의식' 조사결과에 의하면 사회공헌활동이 기업이미지 제고에 도움이 된다는 의견이 72.2%

로 나타났다. 하지만 기업의 사회적 책임활동의 이유가 사회적 책임의 순수한 이행이라는 입장(11.3%)보다는 기업이미지 개선(24.5%), 브랜드 이미지 개선(19.8%)과 사회적 분위기 때문이라는 입장(17.5%)이 대부분이었다. 기업의 사회적 책임에 대한 국민들의 정서는 아직 부정적이라고 볼 수 있다. 이는 국내기업의 사회적 책임활동 역사가 짧고, 대기업에 편중되는 등 투입에 비해 사회적 성과가 부각되지 않았기 때문일 수 있다. 일회성 기부를 통한 사회적 책임활동이 아닌 기업의 특성에 맞는 방식으로 사회적 책임을 달성하는 자세가 요구된다. 양적 확대보다는 질적 개선에 초점을 맞춰 기업의 사회적 책임이 진행되어야 한다.

넥슨은 2010년 사회공헌 브랜드 '넥슨 핸즈'를 공개하고 자회사들과의 통합을 바탕으로 사회공헌활동을 실천하고 있다. 넥슨 핸즈는 넥슨의 사회공헌정신을 상징하며 상황에 따라 '창의 핸즈', '희망 핸즈', '나눔 핸즈', '지식 핸즈'의 네 가지 하위 브랜드로 나뉜다. 그동안 개별적으로 진행되어 왔던 다양한 사회공헌활동이 보다 체계적으로 진행되고 있다. 넥슨은 지난 2007년부터 '기분 좋은 네티켓 수업'을 진행하고 있다. 어린이와 청소년 대상으로 네티즌 에티켓을 교육하는 사업으로 매년 전국 초등학교, 중학교를 직접 찾아가 진행된다. 게임업체인 넥슨은 회사에 대한 부정적 이미지를 개선함은 물론 회사에 특화된 영역에 비롯된 사회 공헌을 통해 기업의 사회적 책임에 대한 입지를 굳히고 있다. 건강한 인터넷 윤리관을 자연스럽게 확립할 수 있도록 인터넷상의 예의범절, 올바른 사이버 언어사용, 개인정보 보호의 필요성, 저작물 공유 및 저작권 침해 등의 주제를 전달하고 있다. 그 외에 교육, 후원활동으로 작은 책방 설립을 들 수 있다. 지난 2004년 지방분교에 대한 도서 지원을 계기로 시작된 '넥슨 작은 책방'은 현재 35곳의 초등학교, 아동센터, 공부방 등에 개설됐으며 총 2만 4,000여 권의 도서를 기증했다.

2011년 대한상공회의소와 현대경제연구원의 조사에 의하면 국민들의 기업호감지수(CFI)[8]는 100점 만점에 51.2점이다. 해외와 비교해도 우리나라의 반기업정서는 훨씬 높은 편이다. 국민들의 반기업정서는 일부 기업의 잘못된 경영관행과 부정적인 이윤축적 과정에 대한 혐오감 등으로 발생되었다. 이를 완화하기 위해 기업에서는 경제교육 등 홍보활동을 실천하고 있다. 하지만 기업 스스로 사회적 책임을 이행하려는 노력이 이에 앞서 수반되어야 한다.

이윤과 기업의 사회적 책임은 결코 대립되는 것이 아니다. 기업의 사회적 책임이야말로 기업이 취할 수 있는 최선의 장기적인 홍보전략이다. 사회적 신뢰는 물질적으로 환산하기 어렵지만 그 값어치는 따지기 힘든, 눈에 보이지 않는 사회적 자본이다. 기업의 사회적 책임과 윤리경영은 사회로부터 신뢰를 획득하는 하나의 방법이라는 사실을 놓쳐서는 안 될 것이다.

---

8) 기업호감지수(CFI, Corporate Favorite Index)는 국가경제 기여도, 윤리경영, 생산성 향상, 국제경쟁력, 사회공헌 등 5개 요소와 기업에 대한 전반적 호감도를 합산하여 지수화한 것이다. 100점에 가까울수록 호감도가 높다는 의미이며, 반대로 0점에 가까울수록 호감도가 낮다는 뜻이다.

금대연 역(2003), 히노 사토시 저, 『TOYOTA 무한성장의 비밀』, 동양문고.

곽동성·이상훈·김규동·강기두(2011), 『마케팅』, 문영사.

권정희(2009), "기업과 사회공헌활동의 적합성이 기업브랜드의 태도에 미치는 영향", 홍익대학교 석사학위논문.

김성수(2011), 『21세기 청렴형 윤리경영론의 콘서트』, 탑북스.

김성호(2007), 『사회공헌은 아름다운 동행』, 삼영사.

류장선 역(2008), Thomas Donaldson 저, 『기업윤리』, 서강대학교출판부.

박재린(2005), 『중소기업 경영학』, 무역경영사.

배무환 (1998), "기업윤리와 윤리강령의 실천방안에 관한 연구", 『경영논집』, 17.

신유근(1997), 『현대의 기업과 사회』, 경문사.

이은미(2008), "기업, 소비자와 사회공헌활동의 적합성이 소비자 반응에 미치는 영향에 관한 연구: 소비자 지각과 동일시 매개적 역할을 중심으로", 이화여자대학교 석사학위논문.

이종영(1995), 『기업윤리-이론과 실제』, 삼영사.

정수영(1994), 『신경영학원론』, 박영사.

하봉준(1999), "제품 구매의도에 영향을 미치는 기업이미지 요인에 관한 연구", 경희대학교 박사학위논문.

Archie B. Carroll(1991), The pyramid of corporate social responsibility: Toward the moral management of organizational stakeholders, *Business Horizons,* 34(4).

Archie B. Carroll(1979), A three Dimensional Conceptual Model of Corporate Performance, *Academy of Management Review,* 4(4).

Adam Winkler(2004), Corporate Law or the Law of Business? Stakeholders and Corporate Governance at the End of History, *Journal of Law and Contemporary Problems,* 67.

Chris Staples(2004), What does corporate social responsibility mean for charitable fundraising in the UK?, *International Journal of Nonprofitn & Voluntary Sector Marketing,* 9(2).

Dalton E. McFarland(1982), *Management Society,* New York: Prentce-hall.

Edward J. Trunfio(1990), *Corporate Cultures and the Institutionalization of Business Ethics,* Doctoral dissertation, Boston University.

Harper R. Bowen(1953), *Social Responsibilities of the Businessman,* New York: Harper and Brothers.

Jeffrey Gandz and Nadine Hayes(1988), Teaching Business Ethics. *Journal of Business Ethics,* 7(9).

John Rawls(1971), *A Theory of Justice,* Harvard University Press.

Joseph W. McGuire(1963), *Business and Society,* New York: McGraw-Hill.

Kenneth E. Goodpaster(1990), Business Ethics and Stakeholder Analysis, *Business Ethics Quarterly,* 1(1).

Kosminsky Jay(1997), *Venture Philanthropy: A New Model for Corporate Giving,* Fund Raising Management: Garden City.

Margaret Blair(1998), Whose Interest Should Corporations Serve?, *The Corporation And Its Stakeholders: Classic and Contemporary Reading,* edited by M. B. E. Clarkson, Toronto: University of Toronto Press.

Milton Friedman(1970), The social responsibility of business is to increase its profits, *New York Times Magazines,* 32(13).

Pam S. Ellen, Deborah J. Webb and Lois A. Mohr(2006), Building Corporate Associations: Consumer Attributions for Corporate Socially Responsible programs, *Journal of the Academy of Marketing Science,* 34(2).

Phillip V. Lewis(1985), Defining business ethics: Like nailing jello to a wall, *Journal of Business Ethics,* 4(5).

Prakash S. Sethi(1975), Dimension of Corporate Social Performance: An Analytical Framework, *California Management Review.* 17(3).

Raymond Baumhart(1961), How Ethical Are Businessmen?, *Harvard Business Review,* July-August.

Richard T. George(1987), The State of Business Ethics: Past and Future, *Journal of Business Ethics,* 6(3).

Robert Bartels(1963), *Ethics in Business,* Columbus, Ohio: Ohio State Univ.

Sallyanne Decker(2004), Corporate Social Responsibility and Structural Change in Financial Services. *Management Auditing Journal,* 19(6).

Thomas W. Dunfee and Diana C. Robertson(1988), Integrating Ethics nto the Business School Curriculum, *Journal of Business Ethics.* 7(11).

Verne E. Henderson(1982), The Ethical Side of Enterprises, *Sloan Management Review*, 23(3).
Vincent E. Barry(1983), *Moral Issues in Business,* Belmont, Calif.: Wadsworth.

기타
김정남(2012), 기업, 왠지 싫다…… 반기업정서 더 확산, 이데일리.

제5장

환경을 생각하는 윤리적 소비

" 소비가 지구전체의 환경에 미치는 나쁜 영향의 대부분은 소비자의 눈에 보이지 않는다. 때문에 아주 소수의 사람들만이 이 사실을 알고 있다. 그러나 소비의 문제는 이제 전 세계인에게 가장 중요한 환경적 도전이 되고 있다. 현재와 같은 소비생활을 바꾸지 않는다면 지속 가능한 삶의 보장은 불확실하다. 우리는 환경을 생각하는 가치기준과 행동을 일치시키려는 노력을 기울일 수 있다. 좀 더 세심한 소비활동을 통해 지구환경에 끼치는 나쁜 영향을 줄여나가야 한다. **"**

환경친화적 소비

1. 환경친화적 소비의 등장배경

1972년 6월 스웨덴 스톡홀름에서 열린 유엔 인간환경회의(The United Nations Conference on the Human Environment)는 인류 역사상 최초로 인간환경선언문을 채택한다. 선언문은 인류가 역사적 전환점에 이르렀다고 주장하면서, 현재와 미래의 세계를 위하여 인간 환경을 보호하고 개선하는 것이 인류의 지상목표가 되었으며, 이는 인류의 평화와 범세계적 경제·사회 발전이라는 확고하고 기본적인 목표 아래 조화 있게 추구되어야 한다고 강조하였다(환경연구회, 1994).

21세기 들어 인류는 지구 역사상 유례없는 환경위기에 처하게 되었다. 지구의 생명체들은 6천 5백만 년 전 공룡시대 이후로 가장 엄청난 대량멸종시대를 맞이하고 있다. 매일 100여 종 이상의 동식물들이 멸종하고 있으며, 이러한 추세는 앞으로 수십 년 안에 2~3배 증가하리라고 예측된다. 지구는 물론 인간 삶의 토대인 대기, 물, 땅 등은 위험할 정도로 오염되고 파괴되어 있다. 지구의 기후와 대기 또한 오존층 파괴와 온실효과로 위협받고 있다. 인간의 삶을 영위하기 위한 기본적인 활동과 사회경제활동이 지구 상에 사는 모든 생물체의 생존조건들을 위협하고 있다(이용필 외 2002). 인간의 경제활동, 즉 재화의 생산과 소비활동은 환경문제의 발생, 해결과 직접적으로 연결되어 있다. 따라서 환경을 고려한 윤리적 소비의 필요성이 자연스럽게 나타난다.

환경오염은 소비자의 소비생활에 직간접적으로 영향을 미치고 있어, 일부 행정 관료나 전문가의 노력만으로는 해결될 수 없다. 환경도 소비자 문제의 한 영역이므로, 환경문제해결을 위한 소비자 개개인의 노력이 요구된다. 환경문제는 이미 전 지구적인 문제로 소비활동은 지속 가능한 개발의 관점에서 논의되어야 한다. 환경친화적 소비는 지속 가능한 개발, 발전에 대한 인식을 통해 그 이해의 폭을 확장시킬 수 있다.

1992년 브라질의 리우에서 개최된 세계환경개발위원회(World Commission on Environment and Development)에서는 악화되고 있는 지구환경문제를 극복하기 위해서 '지속 가능한 개발'이라는 개념을 정립하였다. '지속 가능한 개발'은 환경적으로 건전하고 지속 가능한 개발(Environmentally Sound and Sustainable Development)을 줄여서 쓰는 용어인데, 그 의미는 미래의 우리 후손들이 그들 스스로의 욕구를 충족시킬 수 있도록 그 능력과 여건을 저해하지 않으면서도 현재 우리의 욕구를 충족시켜나갈 수 있는 성장을 뜻한다. '지속 가능한 개발'에 있어서 개발행위는 환경용량 또는 지구의 수용능력의 범위 내에서 이루어져야 한다는 한계성을 포함하며, 자원배분의 경우에는 현세대 간은 물론 미래세대와도 공평하여야 한다는 필요의 개념을 포함한다. '지속 가능한 발전'은 1972년 로마클럽에서 그 용어가 처음 등장한 이래 WCED에서 공식화되었다.

'지속 가능한 소비(Sustainable Consumption)'라는 개념도 이와 같은 지속 가능한 개발과 연결되어 발전하고 있다. 지속 가능한 소비도 결국 지속 가능한 개발이 인지하고 있는 환경과 지구용량의 한계성, 이를 유지·보존하려는 필요성에 근거하여 정의된다. 이러한 관점에서 지속 가능한 소비는 '미래세대의 요구를 희생시키지 않으면서 현세대의 욕구를 충족하는 소비'이다. 1994년 오슬로 심포지엄에서는 이를 좀 더 구체화하여 '기초적인 필요에 부응한 상품과 서비스의 사용으로 생활의 질을 향상하고 동시에 자연자원 사용을 최소화하고 독성물질과 폐기물의 방출 오염을 줄여 다음 세대의 필요를 위태롭게 하지 않는 소비'라고 정의하였다. 지속 가능한 소비는 현재의 욕구를 만족시키고 생활수준을 향상시키고, 자원의 효율성을 높이며, 폐기물을 최소화하고, 생애순환의 관점에서 평가하며, 형평성의 영향을 고려하는 등 포괄적인 개념의 소비이다(정희성, 1996).

이러한 관점에서 볼 때, 환경친화적 소비생활이란 구매단계에서 구매품목을 결정함에 있어 환경보전형 제품, 즉 환경 오염도를 낮추는 제품, 자원 및 에너지를 절약하는 제품, 폐기물의 발생량을 줄이는 제품을 선택하는 것을 말한다. 사용단계에서는 소비 혹은 사용 중에 환경보전을 고려한 소비행위를 하는 것으로 소비단계에서 아껴 쓰는 자세를 말한다. 또한 폐기단계는 소비 후 발생하는 폐기물을 어떻게 버릴 것인가 하는 문제이다(노영희·강성진, 1992). 무분별한 소비는 지금 당장의 욕구를 충족시킬 수 있을지 모르나 장기적인 관점에서 삶의 질을 생각한다면 환경친화적인 소비를 고려해야 한다.

2. 환경친화적 소비자

환경친화적 소비자의 개념이 등장하기 시작한 것은 1960년대 말이었다. 당시 마케팅 개념의 확장논쟁과 더불어 사회마케팅 개념이 발생하기 시작한다. 뒤이어 일어난 오일쇼크는 소비자들에게 에너지절약 소비행동을 강조했다. 이러한 시대적배경은 환경친화적 소비자에 대한 연구를 등장시켰다(이수복, 1997). 환경친화적 소비자는 상대적으로 환경훼손을 적게 하는 제품을 선호하는 소비자의 개념에서 점차 환경오염을 유발하는 기업의 제품과 서비스에 대한 불매운동을 하는 소비자로 개념이 확대된다. 환경친화적 소비자는 환경문제에 대한 높은 관심을 바탕으로 친환경 제품을 선호하는 소비자집단을 말한다.

1970년대 초반부터 환경친화적 소비에 관한 연구가 진행되었는데,

당시 학자들마다 환경친화적 소비자를 지칭하는 용어들이 조금씩 달랐다. 환경친화적 소비자는 '생태적 관심을 가진 소비자(Ecologically Concerned Consumer)', '사회적으로 의식 있는 소비자(Socially Conscious Consumer)', '환경적으로 의식 있는 소비자(Environmentally Conscious Consumer)' 등 다양한 명칭으로 불리면서 하나의 소비자운동으로 자리 잡기 시작한다.

예컨대 Anderson & Cunningham(1972)은 사회적으로 의식 있는 소비자(Socially Conscious Consumer)란 용어를 사용하면서 이들을 '사회적, 또는 환경적 복지를 향상시키기 위해 자신의 구매력을 행사하는 소비자'로 정의하고 있다. Herberger(1975)는 소비자들이 사회전체의 복지를 위해 자신이 좋아하는 제품의 구매를 포기하는 결정을 내려야 할 때와 같이 전형적인 트레이드오프(trade-off) 현상을 설명하는 데 유용한 개념으로서 사회지향적 경제를 들고 있다. 그는 이런 상태를 설명하는 한 예로 소비자들이 일회용 용기(편리함)에 든 제품과 재활용 가능한 용기(환경적으로 안전함)에 든 제품 사이의 구매결정을 들고 있다.

Webster(1975)도 사회의식적 소비자라는 용어를 사용하면서 사회의식적 소비자는 '사적인 소비의 공적인 결과를 고려하는 소비자, 또는 사회개혁을 위해 자신들의 구매력을 행사하려는 소비자'라고 정의하고 있다. Brooker(1976)는 자기실현적인 사회의식적 소비자(The self-actualizing Socially Conscious Consumer)라는 용어를 사용하여, 이들을 '자신의 욕구를 만족시키는 동시에 다른 사람의 욕구도 만족시키는 방향으로 구매의사결정을 하는 소비자'로 정의하고 있다. Stampfl(1978)은 시대의 변천과 소비자 가치변화에 따른 소비자상을 다음과 같이 기술한다. 첫째, 산업화시대의 소비자 개념으로서 이는 물질적 소유와 편리함만을 강조하고 자신의 소비가 사회와 환경에 미치는 영향을 거의 고려하지 않는 소비자이다. 둘째, 전환기의 소비자 개념으로서 이는 산업화시대의 시장기조에 의하여 조성된 욕구를 갖고 있지만 사회와 환경문제도 함께 고려해야 한다는 의무감 사이에서 갈등을 겪는 소비자이다. 셋째, 탈산업화시대의 소비자 개념으로서 자신의 소비가 사회와 환경에 미치는 영향을 인식하며 효율적이고 책임 있는 소비생활을 지향하는 소비자를 말한다. Stampfl(1978)은 산업사회의 소비자 가치는 탈산업사회로 접어 듦에 따라 미래 사회유지에 바람직한 소비자 가치로 변화되어야 한다고 주장했다.

한편 Henion(1976)은 환경적으로 의식 있는 소비자(Ecologically Concerned Consumer)라는 용어를 사용해 '특정제품 및 서비스의 구매, 소유, 사용, 처리와 관련된 환경적인 결과에 대해 사회적 가치, 태도, 의식, 행동 면에서 상대적으로 지속적이면서 의식적인 관심을 표시하고 그것을 행동에 반영하는 사람'이라고 환경친화적 소비자를 바라보았다. 그는 비교적 자세하게 녹색소비자의 개념을 설명하고 있는데 소비자집단을 생태의식적 소비자 ECC(Ecologically Concerned Consumer), 반생태의식적 소비자(Anti-ECC), 비생태의식적 소비자(Non-ECC)의 세 집단으로 세분화한다. 생태의식적 소비자는 특정제품이나 서비스의 구매, 소유, 사용, 또는 처분과 관련된 환경적 귀결에 대해 그들의 가치, 태도, 의도 또는 행동 면에서 지속적이고 의식적인 관심을 표시하고 그것을 행동에 반영하는 사람이라 보았으며, 반생태의식적 소비자란 그들의 태도와 행동 측면에서 환경의 질을 개선시키는 데 목표를 둔 프로그램이나 목적에 반대하는 반응을 지속적이고도 의식적으로 나타내는 사람이라고 인식했다. 그리고 비생태의식적 소비자란 환경개선 프로그램이나 목적에 적대적이지는 않지만 그들이 사용하는 제품이나 서비스의 환경적 결과에 대해서 무관심한 소비자라고 서술하고 있다. 그러나 이 문제에 대해 Clee(1978)는 반생태의식적 소비자에 해당하는 사람은 극소수라는 연구 결과를 밝힌 바 있다. 따라서 환경친화적 소비자의 분류는 생태의식적 소비자와 비생태의식적 소비자를 기준으로 하는 것이 더 의미가 있다고 주장하고 있다.

오늘날 환경친화적 소비를 마케팅 차원에서 다루는 그린마케팅에 대

한 활발한 논의와 더불어 녹색소비자(green consumer)란 용어가 자주 등
장하고 있다. 녹색소비자는 '환경에 대한 관심에 기반을 두어 소비행위
를 결정하고 환경에 미치는 부정적 영향이 상대적으로 적은 제품을 적
극적으로 선호하는 소비자집단'으로 정의할 수 있다. 녹색소비자라는
용어는 엘킹턴(J. Elkington)과 헤일스(J. Hailes)가 1988년 출간해서 베스
트셀러가 된『녹색소비자 가이드(The Green Consumer Guide)』에서 언급
되면서 시작되었다. 녹색소비자에 대한 논의는 최근 활발히 전개되고
있으며, 현재는 단순히 자신의 건강뿐만 아니라 지구의 건강에도 관심
을 갖는 소비자집단을 지칭하고 있다.

환경친화적 소비자에 대한 용어 선택의 차이는 있지만 위에서 언급
된 소비자들의 공통점은 자신들의 소비행동이 환경에 미치는 영향을
고려해서 구매의사결정을 한다는 것이다. 환경친화적 소비는 현재까지
도 명확한 정의가 이루어지지 않은 개념이다. 이는 환경친화적 소비자
가 소비자의 개인적 가치관, 삶의 질과 그것을 보장하는 소비 정도 등
다양한 요소를 복합적으로 내포하고 있기 때문이다. 또한 환경친화적
소비의 주체는 개별 소비자들만이 아니라 가정과 기업, 정부를 모두 포
함하고 있기 때문에 환경친화적 소비의 정의는 더욱 복잡해질 수밖에
없다. 넓은 의미에서 환경친화적 소비라는 것은 '환경에 부정적인 영향
을 주지 않는 생산과 소비체제의 결과물로 자연생태계를 파괴하지 않는
선에서 소비자의 필요와 욕구를 만족시키고자 하는 소비'를 의미한다.

이와 같은 의미에는 두 개의 개념, 즉 환경과 소비라는 독립적 개념
이 복합되어 있고 사회적·윤리적 책임, 과학적 태도 등이 포함되어 있
다. 소비자의 환경친화적 태도에는 단기적으로는 개인이 이익추구 행
위인 소비행동의 손실을 감수해야 된다는 윤리적 책임감이 포함되기도
한다. 소비행위는 행위자의 성숙 정도에 따라 이기적일 수도 있고 이타
적일 수도 있다. 소비란 경제행위는 대체로 이기적 본능에 의존한다.
이타적 성향은 원래가 타인을 배려하는 것에서부터 비롯된다. 한편 우

리나라의 연구에서는 서정희(1986)가 '환경문제를 의식하는 소비자'란 재화와 용역의 소비과정에서 사회와 환경에 미치는 해로운 영향을 인식하고 개인의 욕구와 사회의 복지까지도 함께 고려하는 소비자라고 보아 이타적인 소비행위에 주목했다. 또한 박운아·이기춘(1995)은 '환경의식적 소비자행동'이란 자신의 사적인 소비가 타인, 사회, 환경에 미치는 영향을 염두에 두고 제품과 서비스를 구매·사용·처분하는 것이라고 정의하고, 각 단계에서의 환경의식적 소비자행동을 구체적으로 설명하여 소비자의 이타성과 이성을 중시하였다.

환경친화적 소비자는 환경적 혹은 사회적 기준에 기초하여 구매의사를 결정하는 소비자이다. 합리적인 소비자뿐 아니라 자신의 소비생활이 환경에 어떤 영향을 미치는가를 자각하고 환경보전적 소비생활을 실천하는 소비자 즉, 환경친화적 소비자(일명 녹색소비자)가 환경위기의 시대에 맞는 새로운 소비자상이라 할 수 있다(이득연, 1999). 환경적으로 바람직한 소비자행동은 환경친화적 가치관과 태도의 내면화를 통해 이루어지므로 환경문제의 해결을 위해서는 환경에 대한 태도의 변화가 우선되어야 한다(심미영, 1999).

국제소비자기구(Consumer International)는 '소비자-시민-책임 있는 소비자를 위한 활동지침서'를 발간하여 환경에 대한 소비자의 책임을 강조하였다. 즉, 소비자는 책임 있는 소비생활을 함으로써 후손에게 맑고 쾌적한 환경을 물려주어야 하며, 이는 소비자로서 마땅히 지켜야 하는 의무이자 권리라고 하였다. 오늘날 제품구매 시 소비자의 욕구를 만족시켜주는 제품이 환경오염이나 자원고갈을 초래하여 사회전체에 부정적인 효과를 초래는 경우를 볼 수 있다. 소비자는 스스로 주권의식을 갖고 주어진 권익을 옹호하여 문제를 일으키는 산업활동을 적극적으로 비판하고, 기업공해에 대한 감시자 역할을 통해 공해문제, 인간소외 현상 등의 부정적인 면을 감소시켜야 할 의무를 갖고 있다. 개인의 소비가 영향을 미치는 공적 결과의 고려에서 나아가 자신의 구매력을 사용하여 사회에 긍정적 변화를 가져올 수 있도록 노력해야 한다. 능동적인 소비행동이라 할 수 있는 환경친화적 소비행위는 오늘날 우리 사회의 지속가능성을 위해서 필요한 소비의 미덕이라 할 수 있다.

3. 환경친화적 소비자의 특성

오늘날 환경친화적 소비자집단의 영향력이 중요하게 언급되면서, 미국의 Roper Starch Worldwide는 1990년 '환경: 대중의 태도와 개인의 행위'라는 주제 아래 대규모 설문조사를 실시했다. 마케팅 분야에서는 이 조사결과를 '녹색소비자 집단의 농도(shades of green segments)'로 명명했다. 로퍼의 소비자 설문조사는 환경에 대한 관심 정도, 즉 어느 정도 녹색소비에 대한 의지와 행위를 보이는가에 따라서 녹색의 농도를 달리하여 소비자유형을 분류했다. 이것은 그린소비자의 성향을 파악하기 위한 소비자 분류방식으로 널리 이용된다.

> a. 완전한 녹색소비자(true blue green): 환경적 가치를 매우 중요시하며, 이러한 가치를 위해 효과적인 변화를 추구한다. 이들은 친환경 제품을 선택하고, 비윤리적이거나 환경에 대한 고려가 없는 기업의 제품을 의식적으로 구매하지 않으려 한다.
>
> b. 중간 녹색소비자(greenback green): 정치적 의미까지 담아 환경친화적 소비를 하지는 않지만, 친환경 제품 구매에 있어 일반소비자보다 훨씬 적극적이다.
>
> c. 초기 녹색소비자(sprout): 환경문제를 이해하고 있는 수준이며, 그린 제품이 일반제품보다 훨씬 비쌀 경우 구매하지 않으려는 속성이 있다. 그러나 잘 설득할 경우 그린제품을 구매할 잠재성을 가지고 있다.
>
> d. 불평자(grouser): 환경이슈에 대해 교육을 제대로 받지 못한 상태이

며, 환경친화적 구매에 의한 환경개선에 회의적이다. 이들은 그린 제품이 일반제품보다 훨씬 비싼 데도 품질은 열등하다고 생각한다.
  e. 무관심자(basic brown): 일상적인 관심사에 몰두할 뿐 환경이나 사회적 이슈는 등한시하는 경향이 있다.

이와 같은 소비자유형은 제품의 종류와 기타 다양한 요인에 따라 달라질 수 있고 시기에 따라서도 불규칙한 면이 있다. 하지만 이 분류대로라면 대략 50% 이상의 소비자가 친환경 제품을 구매할 수 있는 환경친화적 소비자로 분류될 수 있다(이병욱 외 2005).

환경친화적 소비자들의 특성은 1차적으로 자신의 소비과정이나 소비행위에서 환경오염이 예상되는 제품과 서비스의 구입을 자제함으로써 직접적인 피해를 없애고, 더 나아가 환경오염을 자행하는 기업의 제품과 서비스 구입에 대한 불매행동까지도 기꺼이 실행한다는 것이다. 환경친화적 소비자들의 행동적 특성은 소비자들의 개인적 성향에 따라 달라질 수 있다. 그러나 일반적으로 환경친화적 소비자들은 환경에 관한 정보를 필요로 하며, 정부 및 행정기관의 환경에 대한 통제 필요성을 느끼고, 일반소비자들과의 차별을 추구하며 기존 생활양식이 유지되기를 원한다(정헌배, 1997). 나아가 환경친화적 소비자들은 제품 수명의 각 단계 및 제조업자와 유통업자들이 추구하는 정책까지도 고려한다. 구체적으로는 원자재 및 제조과정에서 시작해 제품의 사용 후 재순환, 재충전, 재사용의 가능성을 고려하며 기업의 윤리성 및 진실성, 사회책임적 행동까지도 구매의사결정의 고려 요인이 된다(Ottman, 1993).

환경친화적 소비자들은 점차 늘어나고 있다. 하지만 이들은 각기 다양한 특성을 내포하고 있기 때문에 그 본질을 정확히 밝혀내는 것은 어렵다. Peattie(1992)는 환경친화적 소비자의 본질을 다음과 같이 정리하였다.

첫째, 특정제품을 구매할 때 환경친화적 소비행동을 하는 소비자가 다른 제품을 구입할 때 다른 소비행동을 보인다. 즉, 모든 제품 구매행동에 있어 동일하고 일관된 행동을 보이지 않는다는 것이다. 둘째, 일반적으로 환경친화적 소비자들은 어떤 제품들이 환경보호에 유익한 제품인지 확신하지 못한다. 셋째, 전통적인 시장세분화에 적용되는 사회경제적, 지리적, 인구통계학적, 심리적 변수는 환경친화적 소비자의 시장세분화 전략에 크게 효과적이지 못하다. 넷째, 환경친화적 소비자들은 주로 교육 수준이 높고 가정적으로, 경제적으로 안정적인 30~40대로 형성되어 있으며, 소비자 행동적 측면에서 여론선도자(opinion leader) 역할을 하고 있다. 다섯째, 자녀가 있는 부모는 자녀가 없는 부모보다 환경친화적 제품구매에 더 큰 노력을 기울인다.

그러나 이진희(1999)는 Peattie(1992)의 환경친화적 소비자의 본질이 언제나 모든 소비자들에게 동일하게 적용되는 것이 아니라고 보았다. 자신의 개인적 욕구충족 이외에는 다른 사항은 고려하지 않는 구매행동에서부터 개인소비 행동의 환경 및 사회 전반에 대한 영향을 명백히 고려한 구매행동에 이르기까지 소비자들의 본질은 다양하기 때문이다. 즉, 환경친화적 소비자들의 보편적 행동특성이 아닌 행동의 개념일 뿐이라는 것이다.

이와 같은 소비자의 특성을 고려하여 소비자의 행위를 환경친화적으로 변화시키기 위해서는 세 가지 고려가 필요하다. 첫째, 소비자들에게 환경친화와 관련된 정보가 제공되어야 한다. 소비자들에게는 어떻게 소비하는 것이 환경친화적인지를 쉽게 판단할 수 있는 정보가 필요하다. 물론 현재 환경친화적 소비에 대해 부분적으로 매체를 활용한 교육과 홍보가 이루어지고 있다. 하지만 대부분 일시적이며 대규모로 이루어지고 있고, 내용도 일반적이거나 단순히 교훈을 전달하는 경우가 많아 직접적으로 소비자의 호응을 이끌어내기에는 한계가 있다. 실질적으로 환경친화적인 소비가 이루어지기 위해서는 구체적인 정보가 장기적으로 소비자들에게 제공되어야 한다. 하지만 현 단계에서 소비자들이 어느 제품이 환경에 좋은 제품인지를 구분하기란 쉽지 않다. 소비자가 제품을 구매할 때 어느 제품이 환경친화제품인지 또는 어느 제품이 환경유해제품인지 판별할 수 있다면, 소비자의 구매력을 통해 환경친화제품 시장을 확대해나갈 수 있다. 제품의 환경관련 정보를 소비자에게 쉽게 제공하기 위해 표시제도를 활용하는 것도 하나의 방안이 될 수 있다. 현행 환경관련 표시제도가 환경친화적인 소비를 지원할 수 있도록 보다 강화되어야 한다.

둘째, 소비자의 환경친화적인 소비행위를 직접적으로 유인할 수 있는 경제적 유인요소를 다양하게 도입하여 시행하는 것이다. 소비자들의 구매행동 변화는 단순히 환경친화적 소비의 필요성에 대한 정보제공이나 환경을 보호해야 한다는 도덕적 당위성만으로 쉽게 달성되기 어렵다. 이미 대부분의 소비자들이 환경문제가 심각하다는 것은 충분히 인지하고 있다. 하지만 개별 소비자 차원에서 환경친화적인 소비를 행하는 것은 기존의 소비습관이나 선호, 편리함 등을 버리고 새로운 주의나 번거로움, 불편함을 감수해야 한다는 것을 의미한다. 소비자 입장에서는 개인적인 비용을 감안하고 환경친화적 소비를 해야 하는 것이다. 따라서 환경친화적 소비가 소비습관으로 자리 잡을 때까지 인센티브 제공이 필요하다. 환경적으로 바람직하지 않은 소비행위나 제품에 대해서는 그에 상응하는 범칙금을 부과하고, 반대로 환경적으로 바람직한 소비행위나 제품에 대해서는 경제적 보상을 제공해줌으로써 환경친화적인 소비양식으로의 전환을 유도할 필요가 있다. 예를 들어 최근 일본과 영국 등을 중심으로 시행되고 있는 에코포인트제도나 탄소마일리지제도의 도입을 고려할 수 있다. 생활 속에서 에너지사용을 줄일 때 경제적인 인센티브를 제공하여 이를 공공생활이나 지역사회활동에 사용하게 하는 것이다. 우리나라 역시 지식경제부와 환경부를 중심으로 탄소포인트제도가 도입되어 있다. 그러나 홍보가 부족해 실질적으로 소비자들에게 널리 알려지지 않았다. 물론 이러한 유인책들은 소비자들의 대안적인 선택권이며, 경제적 보상이나 벌칙이 소비자들의 친환경적 행위를 유도할 만큼 충분한 정도로 감안되어야 한다.

셋째, 소비자들의 실천행동을 촉발할 수 있는 계기가 마련되어야 한다. 소비자에게 환경관련 정보를 제공하고, 환경친화적 소비자 선택에 따른 경제적 보상이 주어진다고 해서, 곧바로 소비자행동의 변화가 나타나는 것은 아니다. 실천행동의 변화는 소비자 교육이나 홍보를 통해 그 계기가 마련될 수 있다. 또한 보다 효과적으로 소비자 행동변화를 이끌어 낼 수 있는 소비자 참여 프로그램이 제공된다면 자연스러운 호응을 얻을 수 있을 것이다. 소비자 참여 프로그램은 관련 소비영역이나 대상물품, 또는 대상목표에 따라서 다양하게 구성될 수 있다.

개별 소비자들의 환경의식만으로 환경친화적 소비사회가 구축되는 것은 아니다. 환경친화적 소비의 확산을 위해서는 물론 소비자들의 높은 환경의식이 필요하지만, 환경친화적 소비가 이루어질 수 있도록 소비자의 행동을 유인하고 그것이 가능하도록 사회적 여건을 형성해야 한다.

4. 환경친화적 소비의 유형

환경친화적 소비행동은 소비자가 환경문제를 새롭게 인식하고, 환경파괴를 억제하는 방향으로 제품을 구매·사용·처분하는 소비행동을 말한다. 소비유형에 대한 확인은 소비자들의 환경이해 정도의 확인과 현재 부족한 부분에 대한 보완점을 제공할 수 있는 척도가 될 수 있다. 이러한 관점에서 환경친화적 소비의 유형을 확인해보고자 한다. 환경문제에 대한 환경친화적 소비행동의 유형은 학자에 따라 다양하게 분류되고 있다.

Balderjahn(1988)은 환경친화적 소비자행동을 소비의 절제 또는 포기, 환경을 오염하는 상품에서 환경을 보호할 수 있는 상품으로의 수요변화, 환경보호적 효과가 있는 재화의 구매, 재활용과 분리수거, 환경의식적 불만을 나타내고 이의를 제기하는 행동의 5가지 차원으로 분류하였다. Schahn & Holzer(1990)에 의하면, 환경친화적 행동은 7개 영역으로 구분된다. 에너지절약, 자원절약, 환경의식적 구매, 환경의식적 정치참여, 재활용과 쓰레기 줄이기, 건강보호 등이 포함된다. Nelson(1994)의 연구에서는 환경친화적 소비자행동의 유형을 환경상품의 구매행동과 재활용행동으로 분류하여 구분한다. 한편 Pelletier, Lagault and Tuson(1996)은 환경문제와 관련된 소비자행동의 범주를 재활용(recycling), 보존(conserving), 구매(purchasing) 영역 이외에 환경단체 활동에 참여나 기부금 활동 등의 적극적 행동 즉, 환경과 관련된 활동까지 포함시키고 있다. Karp(1996)는 환경친화적 행동을 자아초월적인 행동과 자아중심적인 행동으로 구분 가능하다고 보고 행동유형을 분석해 좋은 시민(good citizen), 활동가(activist), 건강한 소비자(healthy consumer)로 구분했다. 개인의 욕구충족에 주요 관심을 두는 행동에서부터 전체 사회복지에 관심을 두는 행동으로 환경친화적 행동을 이해하고 있다.

국내연구를 살펴보면 노영화·강성진(1992)은 첫째, 환경에 도움이 되는 상품자원 및 에너지절약형 제품, 재이용 및 재활용이 가능한 제품처럼 환경보전형 제품의 구매, 둘째, 제품의 장기적 사용, 자원에너지의 절약, 환경오염 감소를 위한 절약적 사용 등 환경보전 지향적 사용, 셋째, 폐기물 발생량의 감소와 폐기물 재활용이 쉽도록 폐기물을 분리배출 하는 행동의 3개 차원으로 분류하고 있다. 유두련 외(1996)는 Balderjahan(1988)의 연구에서 제시된 5개 차원을 수정하여 4개 차원으로 분류하여 사용하였다. 즉, 환경을 오염하는 상품에서 환경을 보호하는 상품으로의 수요변화와 환경보호 효과가 있는 재화의 구매행동을 하나의 차원으로 분류하여 인식하였다. 이외에도 환경문제에 대한 대부분의 소비자행동 국내연구는 구매·사용·처분의 3단계로 구분하는 것이 일반적이다(안향아 1994; 박운아 외 1995; 김영희 1995; 박운아 1997). 구매·사용·처

분 단계에서 환경문제와 관련된 소비자행동의 내용과 사례는 다음의
<표 5-1>과 같다.

<표 5-1> 환경친화적 소비자행동의 내용과 범위

범위	소비행동의 목표	내용	사례
구매	환경보전형 상품구매	환경오염을 줄이는 상품구매	- 표백, 염료, 향료 등을 최소로 포함시킨 단순한 제품 선택 - 환경마크제품의 구매 등
		쓰레기를 줄이는 상품구매	- 재활용재질이나 리필제품의 구매 - 재이용 및 재활용이 가능한 상품의 구매
		자원 및 에너지 절약형 상품구매	- 에너지 효율등급이 높은 제품을 구매 - 에너지 포장수요가 큰 수입식품의 구매억제 등
사용	환경보전 지향적 사용	제품의 장기적 사용	- 자동차, 청소기, 보일러 등의 성능저하 방지를 위한 평소관리 - 물건을 버리지 않고 수리·수선하여 사용
		자원 및 에너지의 절약	- 세탁물을 모아서 하거나 세탁기 사용 시 헹구기 전 탈수 - 냉난방 온수 적정하게 유지
		환경오염 감소를 위한 사용	- 합성세제는 표시된 적정량을 사용 - 카풀제도에 참여하거나 대중교통수단 이용 등
		타인을 고려한 사용	- 소음 있는 사용(청소기 등)은 새벽, 심야를 피함 - 공공장소에서 호출기나 휴대폰 사용자제
처분	환경보전 지향적 폐기	폐기물 발생량의 감소	- 장바구니를 사용하여 비닐 사용을 줄임 - 폐기물은 부피를 적게 하여 배출
		폐기물의 분리배출	- 우유팩은 내용물을 비운 후 납작하게 접어 배출 등
기타			- 제품을 만든 회사의 환경친화성 확인 - 환경단체 및 정책의 지지 - 환경기금의 출현 등

출처: 노영호 외 1992; 소비자보호원 정보자료 1995; 한울안 생협 1993; 최남숙 1994; Garman 1995; 박운아 1997

최근 소비자는 환경문제에 대한 수동적인 입장에서 벗어나 일상생활
에서 환경오염을 방지하고 자원과 에너지를 절약하는 적극적 소비자행
동을 요구받고 있다. 환경친화적 소비의 유형을 통해 환경친화적 소비

행위가 우리 사회에서 어느 정도까지 활성화됐는지 대략적으로 확인할
수 있다. 이와 같은 유형에 따라 좀 더 구체적으로 환경친화적 소비의
사례를 살펴보고자 한다.

환경친화적 소비사례

주요 선진국의 소비자들에게 환경친화적 생활을 실천하는 친환경 생태문화가 보편화되고 있다. 정부의 환경규제 강화와 소비자의 인식변화는 지속 가능한 소비·생산의 확산을 가능하게 한다. 미국의 '에코맘', 영국 '에코 드라이빙'[1] 등 환경친화적 실천운동이 전개되고 있으며 자발적 도시혁신 운동도 진행되고 있다. 아일랜드 트랜지션 타운 운동은 전 세계 30여 개 도시가 참여하는 국경을 초월한 글로벌 환경운동으로 확산되었으며, 도시의 녹색친화적 변화는 국민들의 인식변화를 가져왔다. 미국 산타바바라(Santa Barbara)시 전기버스, 뉴욕(New York)시의 그린 캡(하이브리드 택시), 독일 Vauban 지역의 자동차 없는 마을 등이 그 예라고 할 수 있다. 이처럼 다양한 방법으로 실행되고 있는 친환경적인 삶의 여건 마련을 위한 실천활동은 다음과 같다.

1. 정부 차원의 노력

1) 영국

EU 소비자들은 높은 환경의식과 정부의 엄격한 환경규제를 배경으

---

[1] 급발진, 급정지, 급가속 등을 지양하고 관성운전 등 한 템포 느리게 운전함으로써 연료를 적게 쓰고 환경을 보호하는 운전을 말한다. 자동차 연료는 적게는 20%에서 40%까지 절감될 뿐 아니라 이산화탄소 배출량도 줄어들고 교통사고도 줄일 수 있다.

로 친환경적 소비에 대한 인식이 높다. 특히 스웨덴(97%), 덴마크(92%), 노르웨이·핀란드(86%) 소비자들은 친환경 제품에 대한 높은 인지도를 보이고 있다(환경부, 2011). 소비자들은 농산물, 식음료, 전자제품, 섬유·의류, 차량 등 생활에 관련된 다양한 제품에서 친환경 제품을 소비하고 있다. 유럽정부 간 긴밀한 협력은 소비자들의 환경친화적 소비행동을 촉진시킨다. 유럽연합은 친환경적인 구매를 간접적으로 유도하기 위해 회원국 간에 네트워크를 운영하는 한편 강력한 환경규제(에코디자인 지침, 백열등 판매금지 법규 도입 등)를 활발하게 활용하고 있다.

영국은 2003년 시작된 녹색소비 활성화전략(Changing Patterns)을 통해 친환경 제품의 개발, 고효율 생산공정의 개발 등에 집중하고 있다. 시장변화프로그램(MTS)을 통해 강제적인 에너지라벨링, 에너지효율성 제고를 유도하고 있으며, 배기가스 배출량에 따라 자동차세, 도심혼잡세, 주차비를 징수하고 있다.

또한 온실가스를 줄이면서도 경제성장률을 높일 수 있는 선도적인 정책들을 수행하면서 자국기업의 기술력을 축적하고 이를 기반으로 타국에 대해서도 친환경체제로의 이행을 유도 또는 강제하고 있다. 친환경적인 소비체제로의 변화가 지속 가능한 사회의 유지를 위해 필수적이라는 사실을 인식하고 있는 영국정부의 발 빠른 대응은 소비자의 변화를 이끌어내는 역할을 하고 있다.

영국정부는 적극적인 기후변화정책 추진과 함께 탄소감축과 저탄소 기술개발 촉진을 위한 지원에 앞장서고 있다. 이를 위해 설립된 곳이 카본 트러스트(Carbon Trust)[2]이다. 지난 2001년 설립된 카본 트러스트는 영국정부에서 기금을 지원하고 국가에서 회계감사를 직접 실시하고 있다. 2007년 3월부터 시행되고 있는 '탄소라벨링'은 카본 트러스트가 환경식품농림부 및 영국표준협회와 함께 탄소성적표를 운영하는 제도

---

2) 카본 트러스트에는 150명의 직원과 350명의 컨설팅 전문가들이 활동하고 있다. 2001년 설립된 이후로 각 종 사업을 통해 10억 파운드의 에너지 절약과 1,700만 톤의 이산화탄소 감축 등의 실적을 보이고 있다.

로, 온실가스 배출량을 상품에 표시해 소비자들에게 탄소정보를 제공하는 것이다. 라벨에는 제품의 원료생산에서부터 폐기까지 전 과정에서 배출되는 탄소량이 숫자로 표시되며, 기업들은 카본 트러스트 가이드라인에 따라 자사제품의 공급체인(supply-chain)을 대상으로 탄소분석을 실시해야 한다. 이러한 정부의 정책은 영국 최대의 소매업체인 테스코(TESCO)가 자회사 제품에 탄소감축라벨을 최초로 부착하게끔 만들었다. 현재 식료품에서부터 도로벽돌까지 60개 제조업체 2,500개 이상의 소비자 제품으로 인증이 확대되었다. 탄소라벨링 실시에 관해 대표적으로 언급되는 기업의 제품은 제과업체인 워커스크리스프(Walkers Crisp)사의 감자칩(CO_2 배출량 75g), 부스트스(Boosts)사의 샴푸(CO_2 배출량 148g), 이노슨트(Innocent)사의 음료수(CO_2 배출량 294g) 등이다. 테스코는 현재 세제, 감자, 오렌지주스 등 20개 품목에 탄소라벨링을 붙이고 있으며, 몇 년 이내로 판매되는 7만 개 상품 모두에 탄소라벨링을 확대할 예정이다.

영국의 또 다른 슈퍼체인이자 의류업체인 막스 앤 스펜서(Marks & Spencer)는 탄소라벨 대신 '항공라벨(Air Label)'과 '기후를 생각하세요(Think Climate)'라는 라벨을 2007년부터 도입했다. 항공라벨은 해당 상품이 항공운송 됐다는 것을 의미한다. 항공운송은 열차나 배편에 비해 이산화탄소 배출량이 더 많다. 배달시간이 적게 들어 상품이 신선하지만 지구온난화에 영향을 더 많이 미친다는 정보를 주고, 판단은 소비자에게 맡기는 것이다. '기후를 생각하세요'는 의류에 붙이는 라벨로 기후변화의 위험을 생각해서 세탁물 온도를 30℃ 정도만 하는 것이 좋다는 내용이다.

영국정부의 노력은 모든 소비자들에게 실용적인 도움을 주는 것을 목표로 한다. 정부의 적극적인 정책도입은 기업들의 변화를 일으켰으며, 이는 소비자들의 인식변화에도 중요한 역할을 하고 있다.

2) 일본

일본은 1998년 '지구온난화대책 추진에 관한 법률'을 8장 50개조로 제정하였다. 또한 2001년 4월부터 그린구입법을 시행하고 있다. 법안은 국가기관이 그린구입을 할 의무가 있으며, 지방자치체는 노력할 의무, 사업자나 국민에게도 일반적인 책임과 의무가 있다고 규정하고 있다.[3]

2007년에는 '국가 및 지방자치단체의 온실효과 가스 배출 삭감을 배려한 계약의 추진에 관한 법률'을 제정하여, 환경 부하가 적은 지속 가능한 사회의 구축을 강조했다. 국가 및 지방자치단체 등이 배출하는 온실효과 가스의 삭감을 위하여 정부물자의 구입, 에너지의 구입 등에서 온실가스 저감노력을 하는 기업과 사업자에 대한 우대, 정부 및 공공기관 청사의 설계 및 시공계약 등에 에너지 이용 효율화 및 온난화 방지를 규정하고 있다.

에너지효율화를 위해 에너지절약 라벨링 제도와 통일에너지절약 라벨제도를 실시하고 있는 일본정부는 에너지절약형 가전제품의 소비를 촉진하기 위해 2009년 5월 15일부터 2010년 3월 31일까지 일시적으로 냉장고·에어컨·평판 TV 등 3개 가전제품의 고효율 모델을 구입하면 구매가격의 일부를 포인트로 환급해주는 에코포인트제도(정식명칭: 에코포인트의 활용에 따른 녹색가전 보급 촉진사업)를 시행했다.

하지만 에코포인트를 쌓은 이후 소비자들이 백화점 상품권이나 여행권, 교통선불카드 등 친환경과 아무런 연관이 없는 품목들로 포인트를 교환하거나 신제품 구매가 증가해 오히려 환경에 해를 줄 수 있다는 사

---

3) 주요내용:
- 그린구입은 제품이나 서비스 구입 시, 품질이나 가격뿐만 아니라, 환경을 고려해 환경부하가 가급적 적은 제품이나 서비스를, 환경부하 절감을 위해 노력하는 사업자로부터 우선해 구입하는 것을 가리킨다.
- 그린구입이 증가되면 환경배려형 마켓이 확대돼 기업은 환경부하가 적은 제품을 개발하게 된다.
- 그린구입네트워크 GPN(Green Purchasing Network)의 2005년 그린구입 실태에 대한 조사결과에 따르면, 조직적으로 그린구입에 참여하는 단체는 88%, 거래처의 환경배려 참여를 고려하는 단체는 73%에 달한다고 한다. 조직적인 그린구입 참여는 1996년경부터 증가해 2001년에 증가율이 급증했다.
- 그린구입네트워크가 운영하는 웹사이트 '에코상품네트'는 그린구입 촉진을 위해, 친환경적 제품 순위 등을 조사해 공표하고 있다.

실이 일본 환경단체를 중심으로 언급되었다. 또한 에코포인트제도가 일시적인 경기부양 효과를 위해 시행되었다는 주장이 함께 제기되었다. 정부의 정책적 지원을 통해 환경친화적 소비를 늘리고자 했지만 결국 구입하는 사람이 상당한 환경의식을 갖고 구입하거나, 친환경 제품에 포인트를 사용하지 않으면 환경을 보호하기는커녕 오히려 소비전력을 늘려 지구온난화 방지에 부정적 영향을 미칠 수 있는 것이다. 아무리 좋은 의도로 시행된 정책이더라도 받아들이는 기업과 소비자들이 어떻게 제도를 실제 소비활동에 적용하는지에 따라 정책의 방향이 최종적으로 결정된다고 할 수 있다. 위로부터의 제도적 지원은 분명 환경친화적 소비시장의 확대를 위해 필요한 요인이지만 소비시장에 결과적으로 어떤 영향을 미칠지에 대한 세심한 확인이 요구된다.

3) 미국

미국 연방거래위원회(FTC: Federal Trade Commission)는 2009년 '친환경 마케팅지침(Environmental Marketing Guides, 일반적으로 Green Guide라고 지칭)'을 개정해 불공정 또는 기만적 관행으로부터 소비자를 보호하고 있다. 개정안은 ① 기업에 대한 규정과 지침의 마련, ② 법의 시행을 통한 사기, 기만적 광고에 대한 조치, ③ 고객들이 정보에 기반을 둔 구매결정을 내릴 수 있도록 지원하는 자료공개를 언급하고 있다. 현재 친환경지침은 친환경 마케팅 전반에 적용할 수 있는 일반 원칙뿐만 아니라 '생물분해성(Biodegradable)', '부식성(Compostable)', '재생가능성(Recyclable)', '재생(Recycled)', '리필가능성(Refillable)', '오존친화적(Ozon Safe)' 등의 구체적인 주장에 대한 지침을 제공하고 있다.

친환경지침과 더불어 FTC는 소비자의 구매를 유도하고자 제품의 환경적인 특징을 강조하는 기업들의 기만적인 광고에 제재를 가하고 있다. 이와 관련하여 Tender Corp., Dyna-E International사가 각각 자사제품

(걸레 및 타월)이 미생물 분해가 가능하다는 입증되지 않은 거짓 주장을 했다는 사실이 밝혀졌다. 미국정부의 노력은 소비자 입장에서 환경에 관한 보다 신뢰성 있고 정확한 양질의 정보를 제공받을 수 있는 환경을 제공하고 있다.

2. 소비자 차원의 노력

환경친화적 소비는 소비자 입장에서 볼 때, 소비자 개인과 가족 및 생산자(사회)와 자연과의 공생을 통한 장기적인 삶의 질 향상의 추구라는 의미를 갖는다. 사회적으로는 환경친화적 제품구매와 자원의 효율적 사용 및 폐기물 감소로 소비행동이 구체화되어 녹색성장을 견인하고, 지속 가능한 생활양식으로의 변화를 이끌어내는 소비실천의 의미를 지닌다.

1) 일본

서구의 환경보호단체들에 비해 규모가 작고 역사가 오래되지 않았지만 일본에는 5,000개 이상의 다양한 환경보호단체가 존재한다. 풀뿌리단체들은 일본사회 내에서 다양한 역할을 수행하고 있다.

환경친화제품, 재료 및 서비스 시장의 확대를 위해 시민단체와 기업, 지방단체 및 환경청(현재의 환경성)은 1996년 2월 환경친화적 제품의 구매 장려를 위한 네트워크를 구축하고, 환경을 오염시키지 않는 제품과 용역의 구입을 장려하기 위해 소비자들에게 구매지침을 발표하였다. 각 지역사회의 자치단체는 에너지 보존 및 재활용을 통해 환경을 고려한 지역발전을 추진하고 있다. 유네스코 세계유산지역으로 지정된 가고시마 현의 야쿠시마 섬은 주방쓰레기를 퇴비로 만들어 쓰레기를 최소화하고, 폐식용유를 자동차의 연료로 재활용 하는 등 환경보존을 위해 노력하고 있다. 특히 인구 2,000명 정도의 작은 마을 카미카츠는 2003년 9월 일본 최초로 Zero Waste를 선언했다. 이는 가능하다면 쓰레기를 배출하지 않도록 노력하는 운동으로, 쓰레기가 배출되었다면 최대한으로 재활용할 수 있는 시스템을 구축하는 것이다. 마을 주민들은 불필요한 소비와 낭비를 줄임으로써 쓰레기를 최소화하려고 노력한다. 2003년 선언 이후 카미카츠 마을은 이를 지키기 위해 마을사람들에게 지속적인 교육을 실시하고, 마을 내에서 발생하는 쓰레기를 감량, 분리, 회수함으로써 발생하는 쓰레기의 양을 최소화하고 수거율을 최대화하도록 하고 있다.

일본의 비영리단체인 'WE21'은 시민들로부터 중고물품을 기부받아 깨끗하게 손질한 뒤 되판다. 이러한 점에서 국내 재활용가게와 비슷해 보이지만 운영목적과 방식, 수익배분 등에 있어서는 많은 차이를 보인다. 우리나라의 경우 특정 시민단체가 주도해 각 지역에 직영 매장을 설립해 운영하고 있지만, 일본의 WE21 매장은 각 마을마다 주민들이 자발적으로 독립법인을 설립해 운영하고 있다. 재활용가게를 통해 형성된 네트워크는 각 지역의 환경과 빈곤문제 등을 해결하기 위한 통로로 활용되고 있다. 뿐만 아니라 재활용가게 수익금은 아시아 여성들의 자립 지원과 교육을 위해 투자되고 있다.

2) 미국

'에코맘(EcoMom)'이란 자연훼손에 깊은 관심을 갖고, 일상생활과 육아과정에서 적극적으로 환경보호를 실천하는 주부들을 뜻한다. 자녀교육에 전념하는 사커맘(Soccer Mom), 헬리콥터맘(Helicopter Mom)에 이어 에코맘이 미국 주부들을 지칭하는 새로운 용어로 인식되고 있다.

에코맘은 환경보호 웹사이트를 만들거나 지역모임을 조직해 실생활에서 얻은 지혜를 공유한다. 음식물쓰레기 없는 도시락 만들기, 찬물과 생물분해 세재를 이용한 세탁법, 절약형 형광전구 이용 등이 대표적인 예이다. 이들은 자녀들을 기다릴 때 자동차 공회전하지 않기, 로컬푸드 구매하기, 사용하지 않는 전자제품의 전원 차단하기, 절전장치 이용 등을 의무사항으로 규정하고 있다. 자원절약을 위한 장난감 및 입던 옷 나눠쓰기 운동도 활발히 전개하고 있다.

에코맘의 등장은 환경보호를 중시하는 미국의 사회적 분위기를 배경으로 한다. 특히 앨 고어(Al Gore) 전 부통령의 환경 다큐멘터리 '불편한 진실(Inconvenient Truth)'이 큰 반향을 일으키면서 환경에 대한 관심이 급증했다. 에코맘은 '에코맘 얼라이언스(EcoMom Alliance)[4]'라는 단체를 통해 미국 전역에서 9,000명 이상의 회원이 활동하고 있다.

에코맘 운동의 가장 큰 특징은 실천적인 성향이 강하고 지역단위로 전개되고 있다는 점이다. 1970~1980년대 미국의 친환경 단체들이 환경보호와 관련된 법이나 제도의 개선을 위한 시위와 논쟁에만 집중하고 실질적인 성과를 얻지 못했다는 교훈을 바탕으로 에코맘 운동은 '지구를 지키는 일은 집에서부터(Saving Earth Begins at Home)'라는 슬로건 아래 생활 속 실천운동을 확산시키고 있다. 에코맘은 지역 모임을 만들어 쓰레기줄이기, 그린 앤 클린맘(green and clean mom)과 같은 환경보호 인터넷 웹사이트 구축하기 등 일상생활에서 얻는 지혜를 모아 서로 함께 운동하고 있다.

3) 우리나라의 환경친화적 소비사례

지난 2009년 '푸른경기21실천협의회'와 '한국지속가능발전센터'는 서울 시민들이 앞으로 지속 가능한 삶을 유지하기 위해서는 현 소비수준의 89.9%를 줄여야 한다고 보고했다. 인간이 지구에 살면서 소비하는 자원의 양을 토지면적으로 환산한 생태환경 지표의 하나인 '생태발자

---

4) http://www.ecomomalliance.org/

국(Ecological Footprint)'[5] 조사결과를 서울시에 대입할 경우 서울 시민이 현재의 소비수준을 유지하기 위해서는 서울시 면적의 9.95배가 필요하기 때문이다.

정부에서는 환경친화적 상품구매 및 소비촉진을 위해 환경라벨링제도(환경마크, GR마크), 탄소성적표지제도 등을 정비하였다. 또한 '친환경 상품 구매 촉진에 관한 법률'을 2005년 7월 1일부터 시행해 공공기관에서 구매하고자 하는 품목에 친환경 상품 마크가 부착된 상품을 의무적으로 구매해야 하는 제도를 마련하였다. 그러나 공공기관 중심의 환경친화적 구매현황은 환경상품소비의 10%에 불과한 것이 현실이다.

현재 우리나라에서 환경친화적 생활을 위해 정부가 주도하는 활동으로는 환경부의 그린스타트 네트워크 운동, 여성부의 위그린(We-green) 네트워크 운동 등이 있다. 여성부는 2009년 5월 위그린 네트워크 운동을 통해 전국 16개 시도별 지역에 위그린을 출범하여 여성과 시민사회가 함께 녹색생활을 추구하는 시민운동을 추진하고 있다. 환경부에서는 다양한 환경친화적 생활과 관련된 정책을 펼치고 있다. 그린스타트 네트워크 운동은 총 175개 지방자치단체가 저탄소 사회를 구현하고자, 개개인이 온실가스 줄이기를 생활 속에서 실천하기 위한 목적으로 시작되었다. 그린스타트 네트워크 운동의 주요 사업은 녹색교통운동, 녹색생활운동과 관련한 그린스타트 캠페인, 온실가스 줄이기를 위한 그린스타트 실천약속, 탄소발자국[6] 측정 및 소비자의 인지도를 높이기 위한 다양한 공모전 개최를 들 수 있다. 이와 같은 사업을 통해 보다 손쉽고 다양한 방법으로 환경친화적 생활을 국민들이 실천하도록 하는데

---

5) 지구에 살고 있는 인간의 의·식·주 해결을 위해 드는 음식물(kg), 에너지원(m²·kℓ 등), 산림자원(ha) 등의 양을 토지로 환산한 지수이다. 글로벌헥타르(gha)라는 단위를 사용한다. 수치가 높을수록 환경에 미치는 영향이 나쁜 것을 의미한다. 이 때문에 '생태파괴 지수'라고도 불리고 있다.

6) 탄소발자국(carbon footprint)이라는 용어는 1996년 캐나다의 경제학자의 마티스 웨커네이걸과 윌리엄 리스가 개발한 개념인 생태발자국(ecological footprint)에서 파생된 개념으로 생태발자국이 인간이 자연에 미치는 영향을 측정하는 지표라면, 탄소발작국은 이 중 온실가스 부분만을 측정하는 지표이다. 탄소발자국 표시제는 2007년부터 영국에서 시행되기 시작하였으며, 현재 우리나라와 함께 프랑스, 독일, 일본 등에서 도입하거나 도입을 검토 중에 있다.

사업의 목적이 있다. 여성부가 추진하고 있는 위그린 네트워크 운동의 주요 사업은 친환경 제품의 구입, 물 절약, 적정 실내온도 유지, 일회용품 사용 줄이기, 대중교통 이용, 전기 사용량 줄이기 등이다.

제도적 변화는 환경친화적 소비활성화와 환경친화적 생활을 위한 실천운동의 증가를 가져왔다. 그러나 정부정책은 실천의 필요성을 강조하는 반면 실천전략은 부재하다는 평가를 받고 있다. 이를 보완하기 위한 소비자 대상의 체계적인 소비학습은 하나의 전략이 될 수 있다. 환경친화적 소비가 생활습관이 될 수 있도록 체계적인 학습이 필요하다. 일반소비자의 환경친화적 제품과 소비에 대한 인지도를 파악하기 위해 지난 2010년 진행된 설문조사 결과 응답자의 대부분(90.3%)이 제품이 환경에 미치는 영향이 중요하다고 인식하고 있었다. 하지만 구매 등 환경친화적 소비에 대한 실제 실천 정도는 37.9%로 나타남으로써 제품이 환경에 미치는 영향의 중요도 대비 소비의 실천 정도는 상대적으로 낮은 것으로 나타났다(한국환경산업기술원, 2010).

현재 우리나라는 환경친화적인 생활에 소비자들의 자발적 동참을 유도할 수 있는 인프라가 미미하다. 어린이·청소년·시민 대상 친환경 제품에 대한 교육, 환경행사를 비롯해 지역 내에서 친환경 제품의 전시홍보, 공공기관·기업·단체·가정 등에 친환경 제품 보급촉진, 환경친화적 소비 관련 의식 및 실태 모니터링, 환경친화적 캠페인 등의 사업들이 추진되고 있다. 환경친화적 소비의 실천을 위한 캠페인들이 정부부처별로 시행되고 있지만, 생활 속의 구체적인 실천 과제 및 실천 프로그램은 부족하다. 일상에서 전 국민이 환경친화적 소비를 실천하기 위해서는 지자체의 재활용센터, 환경관리사업소, 주민자치센터 등 지역밀착형 시설을 활용해 환경친화적 소비를 위한 정보제공 및 교육, 미래세대를 위한 체험학습공간 또는 환경친화적생활지원센터를 지역별로 조성할 필요가 있다. 뿐만 아니라 환경친화적 생활을 촉진시키기 위한 구체적 인센티브 방안 점검과 실천에 따른 환경적·경제적 혜택의 제공도 모색할 필요가 있다. 환경친화적 생활을 일상생활과 구분하여 특별한 것으로 보는 국민의식이 지배적이다. 따라서 소비자들의 의식을 변화시킬 수 있는 방안이 필요하다.

우리가 갖고있는 소비자로서의 첫 기억은 부모를 졸라서 갖고 싶은 것을 사달라고 요청했던 것이다. 소비행동을 할 때 과학적인 행동을 위해 동기를 부여받은 적이 거의 없다. 어떻게 재화와 서비스를 사야 하는지, 왜 사야 하는지에 대한 문제의식이 부족했다. 매일의 소비행동은 반복적·습관적으로 몸에 배어온 것이다. 녹색성장을 위한 환경친화적 소비 실천은 체계적인 문제인식과 과학적실천을 필요로 한다. 지속 가능한 순환형 사회구축을 위해 소비자들에게 시민사회의 일원으로서 책임감과 의무를 다하는 실천교육이 체계화되어야 한다. 환경친화적 소비생활 가이드라인을 마련하여 환경친화적 소비생활 실천을 확산하고 더불어 소비자의 삶의 질을 높여야 한다.

- 경기녹색살림실천단

민간부문의 녹색구매 활성화를 위해 경기지역에서 소비자 환경운동을 해오던 NGO를 중심으로 경기녹색살림실천단 활동이 전개되고 있다. 소비자 스스로 환경친화적 구매의 필요성을 인식하고 환경친화적 생활을 실천하기 위한 방안으로, 생활 속에서 친환경 제품 찾기와 사용, 친환경 상품 전시회, 교육, 홍보, 실태조사, 캠페인, 친환경 상품 생산업체 방문 등 다양한 활동을 진행하고 있다.

경기녹색살림실천단은 환경친화적 구매에 대한 교육 등을 통해 환경친화적 삶과 소비에 대한 이해와 실천을 유도하며, 소비자들의 의견을 모아 정부와 관련기관, 기업에 제안하는 모임을 지역별로 구성하고 있다. 이들은 기본적으로 매월 한가지의 환경친화적 삶과 관련된 내용을 실천단 내부에서 공유하고 스스로의 생활을 점검한다. 실천지침리스트를 작성해 가정에서의 환경친화적 소비활동을 체크한다. 개인의 의식변화를 통해 생활의 변화가 나타난다. 지역별 모임은 지역의 여건과 관심 분야에 따라 다양한 활동을 전개하고 있다. 환경과 관련한 교육, 체험, 견학, 지역모니터링, 제도 제안 등이 그것이다. 지역의 환경친화적 제품 판매처 및 생산업체를 소개하는 책자를 제작해서 배포하는 한편, 생산업체를 직접 방문함으로써 친환경 제품을 생산하는 지역기업과 연대의식을 높인다. 소비자의 환경친화적 삶에 대한 관심과 기업의 참여가 지속적으로 이뤄질 수 있도록 노력하고 있다.

- 한국친환경상품제조협회

사단법인 한국친환경상품제조협회는 매년 경기도 내 31개 시·군에서 친환경 상품 순회 전시회를 열고, 공무원을 대상으로 친환경 상품 구매교육을 실시한다. 2009년부터 서울시, 이마트와 양해각서(MOU)를 맺고 이마트 안에 친환경 상품 전문매장을 개설해 운영 중이다. 우정사업본부 우편사업지원단과도 협약을 맺어 우체국 쇼핑몰 안에 녹색구매코너를 운영하고, 한국교직원공제회와 교원나라 학교장터에 친환경 상품 구매코너를 개설하는 협약을 맺기도 했다. 또한 2010년 안양시 청사에 '친환경 상품 녹색매장' 1호점을 개점하기도 했다. 협회는 공공기관을 대상으로 친환경 상품 녹색매장공공기관을 설치하고 활발하게 친환경 상품을 알리고 있다.

환경친화적 소비의 활성화는 소비자의 삶의 질, 나아가 건강한 사회의 활성화와 관련있다. 민간부문의 환경친화적 소비활성화는 아직 미미한 수준에 머무르고 있지만 민간단체와 일반시민의 참여는 점차 늘고 있는 추세이다. 환경친화적 소비활동이 생활 속에서 자리매김할 수 있도록 개별 시민단체는 물론 정부, 기업의 적극적인 지원이 요구된다.

김영희(1995), "환경 보전을 위한 소비자행동에 관한 연구", 성신여자대학교 석사학위논문.

노영화·강성진(1992), "환경보전을 위한 가정소비생활 개선방안 연구", 한국소비자보호원.

박운아·이기춘(1995), "환경의식적 소비자행동에 관한 연구", 『대한가정학회지』, 33(4).

박운아(1997), "기혼여성의 환경친화적 소비자행동", 서울대학교 박사학위논문.

서정희(1986), "환경문제 측면에서 본 소비자행동에 관한 연구", 서울대학교 석사학위논문.

심미영(1999), "환경문제에 대한 사회책임적 소비자태도와 행동의 일치성 및 영향요인", 대구가톨릭대학교 박사학위논문.

안향아(1994), "주부의 환경문제 인식정도가 환경관리행동에 미치는 영향", 이화여자대학교 석사학위논문.

유두련·정경옥·심미영(1997), "가계의 환경의식적 소비특성에 관한 연구", 『대한가정학회지』, 35(2).

이득연(1999), "환경친화적 소비를 위한 전략: 소비자운동과 환경운동의 결합", 『소비자문제연구』, 22.

이병욱·황금주·김남규(2005), 『환경경영』, 에코리브르.

이수복(1997), "그린소비자의 특성에 관한 연구", 『한일경상논집』, 13(1).

이용필·박지운·변종헌·이범웅(2002), 『지구촌 생태계 위기와 환경윤리교육』, 서울대학교출판부.

이진희(1999), "그린 소비자행동과 라벨인지도 간의 관계에 관한 연구", 『산업경제연구』, 12(5).

정헌배(1997), 『그린시대의 환경마케팅』, 규장각.

정희성(1996), 『환경친화적 소비사회 구축방안』, 한국환경기술개발원.

최남숙(1994), "서울시 주부들의 생활양식과 환경보전행동에 관한 연구", 『환경교육』, 7(1).

한국환경산업기술원(2010), 『녹색소비·녹색제품 소비자 인식도 조사』, 한국

환경산업기술원.

한울안생활협동조합(1993), 『주부가 나서야 환경이 살아납니다』, 정보여행.

환경부(2010), 『제2차 녹색제품구매촉진기본계획(2011~2015)』, 환경부.

환경연구회(1994), 『환경논의의 쟁점들』, 나라사랑.

Frederick E. Webster(1975), Determining the characteristics of the socially conscious consumer, *Journal of Consumer Research,* 2(3).

George Brooker(1976), The Self-Actualizing Socially Conscious Consumer, *Journal of Consumer Research,* 3(2).

Ingo Balderjahn(1988), Personality variables and environmental attitudes as predictors of ecologically responsible consumption patterns, *Journal of Business Research,* 17(1).

Jacquelyn A. Ottman(1993), *Green Marketing: Challenges and Opportunities,* NTC Business Books, Lincolnwood.

Karl E. Henion(1976), *Ecological Marketing,* Grid Inc. Columbus.

Kenneth Nelson(1994), *Finding and implementing projects that reduce waste,* in Industrial ecology and global change, New York: Cambridge University Press.

Ken Peattie(1992), *Green Marketing,* London: Pitman Publishing.

Luc G. Pelletier, Louise R. Legault and Kim M. Tuson(1996), The environmental satisfaction scale: A measure of satisfaction with local environmental conditions and government environmental policies, *Environment and Behaviour,* 28(1).

Roy A. Herberger(1975), The Ecological Product Buying Motive: A Challenge for Consumer Education, *Journal of Consumer Affairs,* 9(2).

Ronald W. Stampfl(1978), The Postindustrial-Age Consumer, *Journal of Home Economics,* 70(1).

Thomas Anderson and William H. Cunningham(1972), The socially conscious consumer, *Journal of Marketing,* 36(3).

제6장

인권을 생각하는 윤리적 소비

　　　　　　　　　　" 　　윤리적 소비를 실천하는 소비자들은 소비와 연관된 주체, 특히 생산자와 노동자를 고려한 소비활동을 하고자 한다. 소비를 통해 소비자의 개인적 욕구를 충족시키는 것뿐만 아니라 소비자로서 사회적 책임을 달성하려는 의지를 갖고 있기 때문이다. 보다 저렴한 가격으로 양질의 상품을 소비하기 원하는 소비자들은 자신들의 욕구를 만족시켜줄 수 있는 기업과 거래한다. 이때 소비자는 상품을 직접적으로 공급하는 기업 이외의 소비와 관련된 주체들을 생각하지 않는다. 열악한 환경에서 최저임금을 받고 작업하는 노동자, 생산에 대한 적절한 가격을 받지 못하는 생산자는 고려의 대상이 되지 않는다.

　　　　　　하지만 윤리적 소비는 생산자와 노동자의 인권을 생각한다. 생산, 유통, 판매의 소비 전 과정에서 소비자가 행사할 수 있는 영향력의 크기를 인식한 소비자들은 이전과는 다른 새로운 소비유형을 만들고 있다. 그 대표적인 예로 개발도상국의 생산자를 고려한 '공정무역'과 노동자의 인권과 안전을 보장하는 '사회적 기업'을 통한 소비를 들 수 있다. 이번 장에서는 인권을 생각하는 윤리적 소비활동을 통해 건강한 사회를 이루고자 하는 소비자들의 실천의지를 알아보고자 한다. **"**

제1절
공정무역

공정무역이라는 단어를 심심치 않게 주위에서 접하게 된다. 공정무역 커피, 공정무역 초콜릿, 공정무역 핸드메이드 제품까지. 언제부터 공정무역이 시작되었을까? 공정무역이 추구하는 가치는 무엇일까? 일반적인 무역활동과 공정무역의 차이점이 무엇일까? 공정무역이 점차 활성화될수록 이와 관련된 질문은 늘어만 간다. 공정무역을 통해 생산된 상품을 소비하는 소비자들은 공정무역의 구체적인 실체를 확인하기 원한다. 개발도상국의 생산자들에게 적절한 수익이 돌아갈 수 있는 공정무역의 구조적 원인은 무엇이며 이를 유지·발전시키기 위한 소비자의 역할이 무엇인지 알고자 한다. 열악한 환경에 놓인 생산자들이 불쌍하기 때문에, 그래서 이들을 돕겠다는 차원의 공정무역은 지속되기 어렵다. 공정무역의 존재이유와 당위성을 소비자들에게 전달해야 한다. 이에 본 절에서는 공정무역의 등장배경과 공정무역의 현황, 그리고 공정무역에 대한 비판을 살펴봄으로써 건강한 사회를 위한 공정무역의 역할을 확인하고자 한다.

1. 공정무역

오늘날 공정무역은 전 세계적인 시민운동의 하나로 자리 잡아 가고 있다. 남반구의 50여 개 이상의 국가에서 수백만 명이 넘는 소규모 생산자들과 노동자들이 3,000여 개가 넘는 풀뿌리단체를 조직하고 있다. 이들이 생산한 상품은 기존의 소비주체인 유럽과 북미대륙, 나아가 아시아 지역으로 확산되고 있다. 공정무역은 단순한 재화의 유통이 아닌 기존 무역체계에 대한 반성이며 더 나은 세계를 위한 하나의 방안으로 인식되고 있다. 사회와 환경에 대한 책임 있는 소비가 중요한 화두로 등장하면서 공정무역의 가치가 더욱 부각되고 있다.

공정무역(Fair Trade)이란 용어는 1985년 2월 런던에서 개최된 영국 및 제3세계 국가들이 참여한 무역기술회의에서 처음 사용되었다. 공정무역에 대해 가장 널리 알려진 정의는 4개의 공정 무역 네트워크(Fairtrade Labelling Organization(FLO), World Fair Trade Organization(WFTO), the Network of European Worldshops(NEWS!), European Fair Trade Association (EFTA))의 공식 연합체인 FINE[1]에서 2001년 12월 내린 정의이다. 이에 따르면 공정무역은 '대화와 투명성, 존중을 바탕으로 국제무역에서 더 높은 수준의 평등하고 정의로운 관계를 추구하는 파트너십'으로 '경제 발전에서 뒤처진 생산자들과 노동자들의 권익을 보장하기 위해 더 나은 무역조건을 제공함으로써 지속 가능한 경제발전에 기여할 수 있는 무역'으로 정의된다. 공정무역의 정의는 공정무역이 갖고 있는 비전을 포함한다. 전 세계적으로 이루어지고 있는 기존의 무역체계와는 다른 모델을 생산자와 소비자에게 제시하고, 이를 통해 특히 소비자의 의식을 일깨우고자 한다. 일시적인 캠페인으로서 공정무역을 추진하는 것이 아니라, 오늘날 지배적인 경제체제인 자유무역의 대안으로 공정무역이 무역시장에 뿌리내릴 수 있는 기반을 만들고자 한다.

이와 같은 비전이 달성되려면 더 많은 노력이 필요하다. 지금까지 공정무역에 대한 통일된 정의나 전 세계의 공정무역을 관리하는 단일기관은 부재한 상황이다. 공정무역은 각 나라마다 각기 다른 형태로 나타난다. 각 나라별 공정무역 현황을 살펴보기 전에 먼저 공정무역 단체의

---

1) FINE은 비공식 공정무역 네트워크.

형태를 알아보고자 한다. 공정무역 단체는 크게 3가지로 구분할 수 있다(Moore, 2004). 첫째, 개발도상국의 생산자 단체로 공정무역 상품을 공급하는 역할을 담당한다. 둘째, 공정무역 상품을 구매하는 선진국의 공정무역 단체로 공정무역 상품의 수입, 유통의 역할을 한다. 오늘날과 비교해 상대적으로 공정한 무역이 무엇인지에 대한 명확한 정의가 부족한 초기단계에서, 대안적 무역을 실행하는 역할을 했다. 셋째, 공정무역 상품을 직접 구매·판매하기보다 공정무역과 관련된 이슈를 확산시키고 공정무역 제품 인증에 초점을 맞춘 공정무역 연합조직을 들 수 있다. 공정무역을 통한 교류가 확산되면서 공정무역이 추구하는 가치가 소비자들의 공정무역 상품 소비로 달성되는지에 대한 소비자들의 의문이 커졌다. 이를 확인하는 역할을 공정무역 연합조직에서 담당하고 있다. 이러한 대표적인 조직으로 먼저 IFAT(The International Fair Trade Association)2)를 들 수 있다. IFAT는 1989년 설립된 단체로 전 세계적으로 생산자와 소비자 양 소비활동의 주체를 구성원으로 포함하고 있으며, 약 110개의 생산자 단체와 50여 개의 소비자 단체로 구성되어 있다(IFAT, 2003). IFAT에서는 무역이 환경파괴를 일으키지 않으면서 가난한 사람들의 생계를 향상시켜야 한다는 믿음을 가진 회원들이 참여하고 있다. 1997년 설립된 FLO(Fairtrade Labelling Organizations)는 공정무역 표준과 인증작업을 수행하는 단체로 40여 개 국가의 80만 명 이상의 생산자들에게 공정무역 인증작업을 함으로써 생산자와 소비자 사이의 원활한 공정무역을 돕고 있다. 공정무역 인증은 공정무역을 하는 단체에 대한 인증과 공정무역 제품에 대한 인증으로 나눠진다. 인증기준은 생산품에 대해 생산자에게 지급되는 최저가격보장과 생산공동체나 단체에 지급되는 공동체 발전기금이 주로 평가요소로 작용한다. 그 밖의 연합조직으로 1994년 설립되었으며 유럽 전역에서 공정무역 제품을 판매하는 매장들의 연합체인 NEWS!(The Network of European Worldshops)가

---

2) IFAT는 2009년부터 세계공정무역기구(WFTO)로 바뀌었다.

있으며, 9개 유럽국가 내 11개 주요 공정무역단체의 연합조직으로 1990년 설립된 EFTA(European Fair Trade Association)를 들 수 있다. EFTA의 목표는 공정무역을 지지하며 장려하기 위해 회원들간 협력과 통합을 돕는 것이다. 북미지역에는 공정무역 단체 연합조직인 FTF(Fair Trade Federation)가 있다. 전 세계 농민과 경제적으로 불이익을 받는 장인들에게 고용의 기회와 정당한 대가를 제공하려는 공정무역 도매상, 소매상과 생산자로 이루어진 연합체이다. 연합조직들은 그들이 주력하는 분야에 따라 구분된다. 공통적으로 이들 단체는 소비시장에서 이해관계자의 주체인 생산자와 소비자 사이의 상호관계를 장기적으로 유지·발전시키는 역할을 하고 있다.

다양한 형태의 공정무역 단체들이 공정무역에 대한 소비자들의 이해를 높이고자 노력하고 있다. 특히 개발도상국의 생산자들로부터 직접 상품을 구매하고 소비자에게 판매하는 공정무역 단체들은 공정무역을 통해 기존의 자유무역이 갖고 있는 문제점을 보완하고, 소비를 통해 노동자와 생산자의 불안정한 인권상황을 개선할 수 있다는 사실을 소비자에게 적극적으로 알리며 소비자의 의식을 일깨우고자 한다. 또한 개발도상국의 생산자들과 장기적인 관계를 유지하면서 신뢰를 쌓고, 생산자들에게 안전한 근로환경을 보장하는 것은 물론 다양한 교육활동을 통해 생산성을 향상시킬 수 있도록 아낌없이 지원하고 있다. 공정무역을 실천하는 단체들은 소비자와 생산자, 양 소비주체를 연결함으로써 생산자와 소비자가 모두 원-윈(win-win)할 수 있는 구조를 만들고자 한다. 이는 공정무역의 기본가치로부터 확인할 수 있다. 공정무역은 선진국의 원조가 아닌 무역활동을 통해 개발도상국의 빈곤문제를 해결하고자 한다. 개발도상국의 생산자들이 스스로 자립할 수 있는 환경을 조성하기 위해서는 생산자들에게 기본적으로 경제·사회적인 기반이 필요하다. 공정무역을 통해 유통되는 상품은 일반적인 무역을 통해 유통되는 상품에 비해 더 높은 가격으로 판매된다. 이는 개발도상국 생산자들의 기본적인 생산비용을 충당할 뿐만 아니라 장기적으로 생산성 향상, 지속 가능한 재배기술과 같은 투자를 가능하게 한다. 또한 공정무역을 통해 얻은 이익의 상당 부분이 다시 생산자 공동체로 돌아가 교육이나 보건 등 생산주체 모두가 공유할 수 있도록 쓰인다. 공정무역을 통해 개별 생산자에게 혜택이 돌아가는 것은 물론 그들이 속한 공동체가 건강하게 성장할 수 있는 계기가 만들어진다. 즉, 공정무역은 개발도상국의 생산자와 노동자가 시장에서 독립적인 주체로서 활동할 수 있는 역량을 강화시킨다고 할 수 있다. 이를 바탕으로 그들은 더 나은 삶을 모색하게 된다. 이러한 선순환구조가 가능한 것은 윤리적 소비자들이 존재하기 때문이다. 정치적·경제적 힘이 아닌 소비자의 힘이 공정무역을 발전시키는 원동력이라고 할 수 있다.

2. 공정무역의 등장

공정무역은 200여 년 전 노예제도에 반대해 시작된 서인도제도의 설탕 불매운동에서부터 그 뿌리를 찾을 수 있다. 대규모의 농장 유지를 위해 대서양의 노예무역으로부터 노예들의 노동력을 활용한 영국에서는 부와 노동, 소비재 상품의 생산에서 노예를 통해 대단위의 경제적인 이익을 얻는다. 이를 반성하는 양심적인 지식인층을 중심으로 노예무역 금지, 노예해방 운동이 전개된다. 서구 선진국을 중심으로 시작된 공정무역의 실질적인 출발은, 윤리적인 자기반성과 소비자로서의 책임의식에서부터 비롯된다.

오늘날과 같은 공정무역이 본격적으로 시작된 지는 60여 년이 지났다. 공정무역의 시작에 관한 많은 이야기가 있으나 최초의 공정무역 움직임은 1946년 말 미국의 텐사우전드 빌리지(Ten Thousand Villages)[3]에

---

3) 개발도상국의 120여 개 그룹에서 불리한 조건으로 생산활동을 하는 장인들로부터 수공예품을 구매, 유통해 공정무역을 실시하는 비영리단체이다. 1946년 당시 명칭은 SELFHELP Craft이었고 이후 1996년에 Ten Thousand Villages로 변경, 현재 미국 전역에 약 100개 이상의 매장을 운영하고 있다.

서부터 시작되었다고 본다. 자원봉사자였던 에드나 루스(Edna Ruth)는 가난한 푸에르토리코 여성들과 협력해 그들이 만든 자수면제품을 가져다 교회에서 판매한다. 수공예품에 대한 소비자들의 구매가 점차 확산되면서 공정무역을 통한 상품의 유통 가능성을 확인한다. 이를 판매하는 공식적인 공정무역 매장이 1958년 미국에서 처음 문을 열며 공정무역이 미국사회에서 본격적으로 등장한다. 유럽에서 공정무역의 시작은 1950년대 후반 중국 난민이 만든 수공예품을 영국 옥스팜(Oxfam)4) 가게에서 판매하기 시작하면서부터다. 1960~1970년대는 유럽에서 공정무역이 활성화될 수 있는 기반이 마련된 시기이다. 1964년 최초의 공정무역 조직이 유럽 내에서 결성됨으로써 공정무역 단체들 간의 협력을 공고히 하는 계기가 만들어진다. 또한 남반구로부터 공정무역을 통한 커피 수입이 활발해지면서 공정무역에 대한 일반인들의 인식이 높아진다. 특히 1973년 네덜란드의 공정무역 단체 '페어트레이드 오가니사티에(Fair Trade Originisatie)'에서 처음으로 과테말라 농부들의 작은 협동조합에서 생산한 커피를 공정 구매한 이후로 수십만 명의 커피 재배 농부들은 정당한 가격을 받고 커피를 판매할 수 있게 된다. 오늘날 대형커피전문업체들까지 활발하게 공정무역에 참여하고 있는 배경은 이처럼 1960~1970년대로까지 거슬러 올라간다. 이후 네덜란드에는 1988년 '막스 하벨라르(Max Havelaar)'라는 공정무역 커피 회사가 설립되어 네덜란드 커피 시장에서 평균 2~3%에 점유율을 차지할 정도로 자리를 잡아가기 시작한다. 한편, 공정무역에 대한 관심이 나타나기 시작한 1960년대 독일에서는 '당신이 구입한 설탕으로 인해 개발도상국 생산자들의 경제적 안정과 번영을 보장할 수 있습니다'라는 메시지와 함께 공정무역 사탕수수 설탕(cane sugar)을 유통하는 공정무역 단체가 등장

---

4) 2차 세계대전 시절부터 영국 옥스퍼드 주민들이 자발적인 모금활동을 통해 난민이나 빈민 지원활동을 전개하면서 시작된 자선단체로, 근래에는 각국 정부나 WTO 등 국제기구의 정책결정에까지 영향력을 행사할 만큼 발전하였다. 1995년에는 13개의 독립적인 비정부기구들과 연계하는 '옥스팜 인터내셔널'을 결성하고 전 세계적인 빈곤 및 그와 관련된 불공평(injustice) 문제를 해결하기 위해 다양한 활동을 전개하고 있다 (www.oxfam.org).

한다. 이들은 또한 남반구의 개발도상국에서 생산된 수공예품을 들여와 1969년 유럽에서는 처음으로 공정무역 상품을 다루는 'Third World Shop'이라는 매장을 연다. World shops 또는 Fair Trade shops이라고 알려져 있는 공정무역 매장은 공정무역 상품의 판매뿐만 아니라 공정무역의 인지도를 높이기 위한 다양한 캠페인과 활동을 적극 실천해 초기 공정무역 확산에 중요한 역할을 한다.

오늘날 전 세계 공정무역 매출의 1/3이 미국에서 이뤄진다고 할 정도로 미국은 공정무역 최대의 시장이다. 하지만 인구규모나 대륙크기에 비해서 공정무역에 대한 소비자들의 인지도는 낮다. 이에 반해 영국, 핀란드 등 유럽에서 공정무역에 대한 소비는 미국과 비교할 수 없을 정도로 높으며, 다양한 공정무역 캠페인을 통해 소비자들의 인지도도 높은 상황이다. 이는 1960년대부터 유럽의 비정부기구(NGO)에서 아시아와 아프리카, 라틴아메리카 등 빈곤지역의 생산자 지원 필요성을 논의한 배경에서 비롯된다. 공정무역이 시작된 초기 공정무역은 대안무역단체 ATO(Alternative Trade Organization)에서 이뤄진다. 대부분 개발도상국에 대한 인도주의적 노력이나 정치·경제적 정의를 추구하는 운동에 초점을 맞춰 대안무역이 진행된다. 점차 대안무역이 시민운동의 한 흐름으로 자리 잡게 되면서 운동의 초점이 개발도상국, 그 자체로 옮겨진다. 개발도상국과 선진국 사이의 경제적·사회적 격차가 점점 벌어지고 있다는 인식은 개발도상국의 생산자들이 겪는 고통을 해결해야 한다는 주장으로 이어졌다. 개발도상국과 협력하여 생산한 제품을 판매하는 루트의 안정적 구축을 위한 매장이 유럽에서 설립되기 시작한 것도 이때부터다. 1960년대 후반부터 자유무역의 문제점을 지적하고, 무역의 변화가 필요함을 주장한 유럽의 활동가들은 소비자들의 의식개선을 위한 활동과 캠페인을 적극 실행한다. 이는 1987년 유럽공정무역연합(European Fair Trade Association) 결성으로 이어지며 소비자를 비롯해 정부 차원의 공정무역에 대한 지지와 소비활성화에 대한 동의로 연결된다. 공정무역의 필요성에 대한 사회적 인식의 확산은 공정무역 단체들의 새로운 시장개척과 취급제품의 다양화로 나아갔으며, 공정무역 제품에 대한 소비증가로 이어진다.

본격적으로 공정무역이 시장에서 자리 잡아가기 시작한 배경에는 전 세계적인 무역의 확대와 불균형 심화가 있다. 1980년대까지 다수의 공정무역 단체와 의식 있는 소비자를 중심으로 공정무역이 알려진다. 공정무역이 궤도에 오르기 시작한 것은 1990년대 중반 이후, 세계화와 자유무역 체제의 영향으로 무역을 통한 이익이 선진국에 집중되면서부터다. 개발도상국 생산자들이 빈곤의 굴레에서 벗어날 수 없다는 인식이 확산되면서부터라고 할 수 있다. 다국적 기업의 노동착취와 자연자원 파괴문제, 최저임금 철폐, 쿼터제 및 보조금 철폐와 같은 선진국에게 일방적으로 유리한 자유무역 체제하에서 개발도상국의 경제성장 둔화와 성장 잠재력 감소는 필연적으로 나타날 수밖에 없는 현상이었다. 과거 생산자들이 겪는 고통을 해결한다는 차원에서 논의되었던 공정무역에서 나아가 대화, 투명성, 존중에 기초해 생산자와 소비자가 동등한 거래 파트너라는 인식을 바탕으로 공정무역을 바라봐야 한다는 주장이 제기된다. 공정무역은 생산자나 소비자 중 어느 한쪽의 권리만을 일방적으로 고려하지 않는다. 생산자가 어떤 환경에서 일하고 있으며, 소비자가 필요로 하는 물건이 무엇인지 서로 더 많이 알아감으로써 결국 양자 모두에게 이익이 되는 길을 지향한다.

특히 1990년대 들어 등장한 윤리적 소비자들은 공정무역 확산에 커다란 원동력이 된다. 전 세계적인 규모로 유통되는 값싼 제품이 어떻게 생산·유지될 수 있는지에 대한 의문과 자신의 과소비적 생활방식에 문제의식을 가진 소비자의 증가는 공정무역 활성화에 큰 역할을 한다. 소비자들은 윤리적 소비활동에 그치지 않고 그들의 구매력을 통해 현재 무역시스템에 대한 문제를 제기하고, 기업 혹은 정부 차원의 책임강화를 요구하기에 이른다. 윤리적 소비자의 증가는 개발도상국 생산자

들에게 안정적으로 정당한 대가를 보장하는 공정무역에 대한 지지로
이어진다. 소규모의 활동가들로부터 시작한 공정무역이 오늘날 60개국
이상의 생산국에 살고 있는 500만 명 이상의 생산자, 그리고 공정무역
제품 판매액이 40억 달러에 이를 정도로 많은 소비자들이 참여하게 된
배경에는 사회적 구조의 불합리성뿐만 아니라 소비자의 역할이 소비하
는 행위자에서 세상의 변화를 가져오는 소비자로 변화했다는 사실이
중요하게 작용했다. 소비활동과 연관된 소비자와 생산자, 당사자들 간
의 직접적인 교류확대는 공정무역이 갖고 있는 가장 큰 힘이다.

<표 6-1> 공정무역의 전개

연도	내용
1946년	미국, Ten Thousand Villages, 푸에르토리코산 수공예품 판매
1958년	미국, 첫 번째 공식 Fair Trade shop 개장
1950년 후반	영국, 옥스팜(Oxfam)에서 중국 난민의 공예품 판매
1964년	최초 공정무역 기구 설립
1968년	UNCTAD(국제연합무역개발협의회) 컨퍼런스 개최(델리)
1973년	네덜란드, 'Fair Trade Organisatie'에서 과테말라산 커피 거래 시작(네덜란드의 무역 조직에서 최초로 과테말라의 작은 협동조합에서 커피 구매, 공정무역 커피의 효시)
1987년	유럽공정무역협회(EFTA: European Fair Trade Association) 설립
1988년	네덜란드, Max Havelaar 설립 및 상표부착 커피 출현
1989년	국제공정무역연합(IFAT: International Fair Trade Association) 설립
1994년	유럽공정무역가게협회(NEWS: Network of European World shops) 설립
1997년	세계공정무역인증기관(FLO: Fairtrade Labelling Organizations International) 설립

3. 공정무역의 현황

공정무역은 꾸준히 성장하고 있다. 윤리적 가치를 인식하고 있는 소
비자뿐 아니라 정계, 주류 기업 등 사회 각 부문의 관심을 통해 점점 더
많은 기회를 얻고 있다. 세계적인 경제위기 속에서도 2010년 공정무역
시장은 전년 대비 15%가 성장해 57억 달러(약 6조 5,000억 원)의 판매

량을 달성했다. FLO의 보고서에 의하면 2010년은 2009년과 비교해 27% 가량 공정무역 상품에 대한 교류가 확장돼 436억 유로의 매출을 보였다(FLO, 2010).

<표 6-2> 국가별 공정무역 판매량

국가	2009(유로)	2010(유로)	전년대비성장률
영국	946,540,300	1,343,956,837	40%[*]
미국	851,403,590	936,973,359	5%[*]
독일	267,473,584	340,000,000	27%
프랑스	287,742,792	303,314,314	5%
캐나다	201,978,074	248,772,680	6%[*]
스위스	180,160,263	219,918,679	12%[*]
호주/뉴질랜드	28,733,986	125,940,187	258%[*]
네덜란드	85,818,400	119,000,000	39%
스웨덴	82,662,331	108,477,630	18%[*]
핀란드	86,865,284	93,001,210	7%

출처: FLO, 2010
*성장률은 유로가 아닌 각 국가별 화폐단위에 따라 측정

<표 6-3> 공정무역 상품 판매량

상품	2009(단위)	2010(단위)	전년대비성장률
화훼	335,893(stems)	325,210(stems)	-3.18%
바나나	311,465(mt)	286,598(mt)	-7.98%
설탕	89,628(mt)	126,810(mt)	41.49%
커피	73,781(mt)	87,576(mt)	18.70%
코코아	13,898(mt)	35,179(mt)	153.12%
와인	11,908(liters)	32,527(liters)	173.15%

출처: FLO, 2010

윤리적 소비운동을 통한 공정무역의 눈부신 발전에도 불구하고 전 세계적으로 공정무역의 규모는 여전히 세계교역규모의 0.1%밖에 이르지 못한다. 틈새시장에 불과한 공정무역이지만 그 역할은 상당하다. 자유무역의 대안으로서, 또한 소비자의 의식을 일깨우는 운동으로서 공

정무역은 다국적 기업을 견제하고 신자유주의가 가져온 문제를 해결할 수 있는 방안으로 적극 논의되고 있다. 옥스팜은 다국적 기업의 생산과 유통, 가격을 결정짓는 왜곡된 무역구조에서 개발도상국이 얻는 이익의 비율을 단 1%만 올려도 세계 1억 2천 8백만 명의 가난한 사람들이 극심한 빈곤으로부터 벗어날 수 있다고 주장한다. 여전히 지구 상에는 하루 1달러도 채 되지 않는 돈으로 살아가는 사람이 13억 명에 이른다. 빈곤의 문제는 21세기에도 여전히 지구 전반에 걸쳐 있는 해결되지 않은 문제다. 공정무역은 작은 생산자 공동체들이 다국적 기업과 대등하게 맞설 수 있도록 불공평한 세계무역구조를 바꾸는 것에 그 목표가 있다. 무조건적인 원조를 통해 일시적으로 문제를 해결하는 것이 아니라 삶의 기반을 마련함으로써 생산자들이 자율적으로 해결할 수 있는 구조를 만들어가는 공정무역은 지속 가능한 삶을 위한 하나의 방안이다.

공정무역이 성장할수록 그만큼 개발도상국의 생산자, 노동자들에게 주어지는 교육의 기회와 일자리는 늘어날 것이며, 생활의 질도 빠르게 향상될 것이다. 하지만 오늘날 견고하게 자리 잡은 양극화문제의 해결은 여전히 어렵다. 저개발의 구조적 원인을 제거하기 위해서는 전 세계적으로 공정무역이 더 활발히 전개되어야 한다.

1) 유럽

유럽은 전 세계적으로 공정무역이 가장 활성화된 지역으로 영국, 네덜란드, 스위스는 공정무역이 두드러지게 나타나는 나라로 손꼽힌다. 네덜란드의 경우 일반소비자의 85%가 공정무역 상품을 취급하는 'Worldshop'을 알고 있을 정도로 높은 인지도를 보이고 있다. 특히 영국과 스위스의 공정무역 성장속도는 놀랄 만큼 빠르다. 유럽 각국의 상당수 유통업체에서는 현재의 고객은 물론 장기적인 관점에서 잠재고객을 확장시키려는 마케팅의 일환으로 적극적으로 공정무역 상품을 취급하고 있다.

따라서 유럽에서 공정무역 매출액의 상당수는 공정무역 매장뿐만 아니라 일반 슈퍼마켓에서 차지하고 있다. EFTA는 유럽의 공정무역 현황에 대한 보고서에서 유럽 전역의 43,000여 개가 넘는 상점에서 공정무역 상품의 이용이 가능하다고 보고했다. 이는 공정무역에 대한 정부의 지원이 뒷받침되고 있기 때문이다. 공정무역에 대한 지원이 적극적인 프랑스, 벨기에, 이탈리아의 경우 공정무역에 관한 법안을 제정하고, 공정무역 캠페인에 대한 보조금을 지급하는 등 실질적 지원을 위해 노력하고 있다. 또한 유럽의 수많은 지방정부, 중앙정부는 공식모임에 공정무역 커피나 차를 내놓고 있으며, 공정무역을 소개하거나 공정무역 정책을 위한 서명운동을 개최하는 등 많은 관심을 보이고 있다. 유럽에서 공정무역 상품은 특별하게 취급되기보다 점차 일반상품과 마찬가지로 손쉽게 접할 수 있는 제품으로 자리잡고 있으며 소비자들에게도 보다 가깝게 인식되고 있다.

(1) 영국

공정무역의 역사가 가장 깊은 나라인 영국에서 공정무역은 사회운동으로 인식되어 소비자와 공정무역 단체를 비롯해 정부, 지방자치단체, 교회와 학교 등 사회 전반에서 활발히 전개되고 있다. 2007년 영국의 공정무역 시장은 4억 9천 3백만 파운드의 매출을 보였으며, 커피, 차, 초콜릿, 설탕, 바나나 등 기본적인 공정무역 상품에서부터 유기농 의류, 향신료, 와인에 이르기까지 3,000여 개 이상의 공정무역 상품들이 판매되고 있다. 특히 주목할 사항은 영국의 주요 유통업체에서 공정무역 상품을 취급하고 있다는 사실이다. 영국 최대의 소비자협동조합 코업(The Co-opevative)을 비롯해 테스코(Tesco), 막스 앤 스펜서(Marks & Spencer)처럼 대형유통업체에서도 손쉽게 공정무역 제품을 구매할 수 있을 정도다. 영국정부의 적극적인 지원과 영국공정무역재단의 교육과 홍보활동이 공정무역의 활성화를 이끌었다. 영국정부는 1999년 이후 2008년까지 약 300만 파운드의 보조금을 공정무역 활동에 지원했으며, 2009년부터 4년간 1,200만 파운드를 추가 지원하여 개발도상국의 농민들이 세계무역 시장에서 더 나은 조건으로 생산활동에 전념하도록 했다. 영국정부의 정책적 지원은 세계에서 가장 역동적이고 혁신적인 공정무역이 가능한 배경을 만들었다. 특히 공정무역에 대한 적극적인 홍보와 캠페인은 소비자들이 직장과 학교, 카페, 슈퍼 등 일상적인 장소에서 공정무역 상품을 접할 수 있도록 하고 있다. 이는 20~30대의 젊은 소비자층에게 공정무역에 대한 인지를 높이는 데도 기여하고 있다. 또한 공정무역 재단에서 실시하는 공정무역 학교를 통해 공정무역에 관한 다양한 학습이 이뤄지고 있으며, 협동조합과 공정무역 운동을 연결한 청소년 협동조합이 만들어져 14세에서 17세 사이의 청소년들에게 공정무역의 가치와 의미를 알리고 있다. 이러한 사실은 앞으로 공정무역 발전에 대한 전망을 긍정적이게 한다. 미래의 주 소비층에게 공정무역의 가치와 의미를 이해시키고, 이를 기반으로 공정무역 활성화를 더 적극적으로 추진해갈 수 있기 때문이다. 이외에도 오랜 공정무역의 역사와 활발한 활동을 기반으로 세계적으로 유명한 공정무역 회사들이 많이 설립되어 있는 영국은 제3세계와의 연대에도 힘쓰고 있다.

(2) 프랑스

프랑스의 공정무역은 다른 유럽국가에 비해 더딘 성장속도를 보인다. 공정무역 상품 중 가장 높은 판매량을 보이는 공정무역 커피는 2,400개가 넘는 슈퍼마켓에서 판매되고 있지만 전체 커피 소비량의 0.1%에 불과하다(EFTA, 2001). 그러나 프랑스에서 공정무역이 기업의 사회적 책임과 맞물려 성장하고 있다는 사실은 앞으로 더 큰 성장에 대한 기대를 갖게 한다. 공정무역 커피의 71%가 대형유통업체에서 유통되고 있을 정도로 주류시장에서 공정무역의 입지를 굳혀나가고 있다. 이는 프랑스 소비자들의 공정무역에 대한 인식 증가로 이어지고 있다.

공정무역을 접해본 소비자는 2005년 74%로 2004년 56%에 비교해 18%
증가했다. 그러나 소비자의 의식이 실제 구매행동으로까지 연결되는
것이 어려운 상황이다. 프랑스에서 공정무역을 활성화시키기 위해서는
공정무역 커피 외에 다양한 공정무역 상품을 시장에 유통시킴으로써
소비자들의 구매의지를 촉진시켜야 한다. 또한 정부 차원의 지원과 공
정무역 단체, 활동가들의 적극적인 캠페인 전개로 공정무역에 대한 소
비자들의 지지를 확보해 나가야 한다.

2) 미국

미국의 공정무역은 세계시장의 1/3을 차지할 만큼 활발하고 힘 있게
추진되고 있다. 미국사회에서 공정무역은 소비자 개개인은 물론 학교
나 교회 등 공동체와 지역사회를 터전 삼아 빠르게 확산되고 있다. 미
국의 공정무역 단체들은 소비자들에게 개발도상국의 생산자들로부터
일반 시장가격보다 다소 비싼 값으로 '공정무역 상품'을 구입함으로써
생산자들의 수입증대는 물론 학교나 병원건설과 같이 지역사회의 재투
자로 이어진다는 사실을 적극적으로 홍보하고 교육시킨다.

공정무역 제품을 전문으로 취급하는 업체는 500여 곳에 이른다. 특
히 원유 다음으로 전 세계 교역량이 가장 많은 커피 부문의 성장이 눈
부시다. 공정무역 커피는 현재 미국 커피 시장(스페셜티 커피 포함)의
4%가량을 차지한다. 최근에는 공정무역 마을 캠페인 등 적극적인 캠페
인 활동도 전개하고 있다.

미국 매사추세츠 주의 '이퀄 익스체인지(Equal Exchange)'는 1986년
설립된 미국의 첫 공정무역 협동조합으로 커피를 시작으로 차, 코코아,
초콜릿, 견과류 등으로 공정무역 제품의 품목을 넓히면서 연평균 30%
씩 성장하고 있다. 지난 2008년에는 미국 전역 200여 개 학교가 이퀄
익스체인지의 제품을 이용해 모금활동을 벌였다. 이를 통해 학생들은

공정무역 상품을 판매해 수익을 남기는 것은 물론 개발도상국의 생산
자들도 도울 수 있다는 만족감을 경험했다. 학교 내 공정무역 운동은
미래의 소비자가 될 학생들에게 미리 공정무역의 가치를 알린다는 교
육차원에서 효과적이다. 아이들이 윤리적 소비를 이해하고 또 실제 소
비활동에 참여함으로써 윤리적 소비에 대한 인식을 높일 수 있기 때문
이다. 학교에서 사용하는 수업용 공정무역 교재도 이미 여러 가지 나와
있다. 이퀄 익스체인지도 2009년 초등학생들을 대상으로 '공정무역 커
리큘럼'을 개발하기도 했다.

3) 일본

일본의 공정무역은 1960년대 중반 기성 정당의 틀 내에서 사회변혁
의 한계를 느낀 청소년과 지역시민들이 '생활협동조합운동'을 결성해
일상생활 속에서 사회를 바꾸고자 시도한 것에서부터 시작되었다. 1970
년대부터 본격적으로 시작된 일본의 공정무역은 1990년대 이후 식품판
매에서 의류와 수공예품 중심으로 활성화되었다. 대부분의 공정무역
상품이 아프리카, 남미의 농산물인 유럽과 달리 일본은 아시아의 개발
도상국과 여성 생산자들의 수공예품 개발에 집중하여 공정무역을 진행
하고 있다. 일본의 공정무역 시장규모는 비슷한 경제규모를 보이는 나
라와 비교해 상대적으로 작다. 2007년 73억 엔의 공정무역 시장이 2008
년 81억 엔으로 증가했으나 이는 전 세계 공정무역 시장규모의 1.7%밖
에 차지하지 못한다. 공정무역 상품을 취급하는 매장은 심각한 경제적
위기상황에 놓여 있으며 대부분 소규모로 운영되기 때문에 연간매출이
5백만 엔을 넘지 못하고 있다.

장기적인 관점에서 일본의 공정무역을 활성화시키기 위해서는 급격
히 공정무역 시장규모를 확장시키기보다 소비자들과 직접 소통하면서
공정무역의 가치와 역할을 점진적으로 알리는 작업이 필요하다. 공정

무역의 성공은 소비자들의 지지를 바탕으로 이루어진다. 소비자들의 공정무역에 대한 인식이 높아지고 이를 기반으로 한 소비행위가 이어질 때 공정무역 시장이 안정적으로 유지·발전될 수 있을 것이다.

4) 우리나라의 공정무역 현황

공정무역이 하나의 소비형태로 자리 잡은 유럽, 북미지역과 비교해 우리나라의 공정무역은 아직 걸음마 단계라고 할 수 있다. 공정무역이 등장하기 이전 '윤리적 소비'라는 관점에서 생활협동조합 운동과 우리 밀살리기 운동 등이 있었다. 이는 공정무역 운동의 기반이 되었다. 소비자의 역할이 강조되면서 점차 소비자의 사회적 책임이 강조되었고, 소비자와 생산자와의 관계를 재확인하는 계기를 가져왔다. 2000년대 이전 사회·경제적 문제에 대한 인식은 우리나라를 벗어나지 못했다. 그러나 점차 세계화의 열풍이 불면서 다른 세상에 대한 관심 증가와 함께 공정무역에 대한 관심도 나타나기 시작한다.

우리나라의 공정무역은 유럽, 북미와의 공정무역을 통해 이미 구성된 개발도상국의 생산자 조직과 연계해 우리나라의 소비자들에게 공정무역을 알리고, 윤리적 소비의 실천으로서 공정무역에 관심을 갖자는 설득을 기반으로 이뤄지고 있다. 소비자의 자발적인 조직구성과 각성에서 비롯된 유럽의 공정무역과 형성배경은 다르다. 하지만 그 성장속도는 빠르다. 초기 7,000만 원에 불과했던 시장은 현재 80억이 넘는 시장으로 성장했다. 현재 국내에서 공정무역 상품을 수입, 판매하는 단체는 두레생활협동조합, 아름다운 가게, 페어트레이드코리아, 한국공정무역연합, 한국 YMCA, iCOOP생활협동조합 등이다.

우리나라에서 공정무역이 시작된 것은 2000년대 들어서부터이다. 2003년 9월 '아름다운 가게'에서 인도, 방글라데시, 네팔에서 활동하고 있는 공정무역 단체로부터 수공예품을 들여와 판매하면서 공정무역이 알려졌다. 초기 공정무역은 일부 소비자들에게게만 알려졌으며 크게 확산되지 못했다. 수공예품이라는 한정된 상품 종류는 소비자들의 관심을 끌기에 부족했으며, 아직 공정무역에 대한 개념이 생소한 대부분의 소비자들에게 공정무역은 특별한 소비활동으로 인식됐기 때문이다. 2004년 소비자협동조합의 하나의 '두레생활협동조합'에서 필리핀의 마스코바도 설탕을, 2005년 한국 YMCA에서 동티모르 사회개발을 위해 '한 잔의 커피, 한 잔의 평화'라는 브랜드로 공정무역 커피를 판매하기 시작하면서 점차 공정무역에 참여하는 단체가 증가하기 시작했다. 2006년을 기점으로 보다 다양한 공정무역 상품들이 국내에 유통되기 시작한다. 두레생활협동조합의 팔레스타인 올리브유, 네팔에서 생두를 수입하여 볶은 아름다운 가게의 커피 '히말라야 선물', 일본의 공정무역 단체로부터 생활용품, 향신료 등을 수입·판매한 페어트레이드코리아 등 공정무역 상품을 취급하는 단체가 점차 늘어났다. 하지만 몇몇 제품을 제외하고는 큰 수익은 내지 못하는 상황이다. 아직 공정무역 제품을 소비하기에는 시장의 규모가 작기 때문이다.

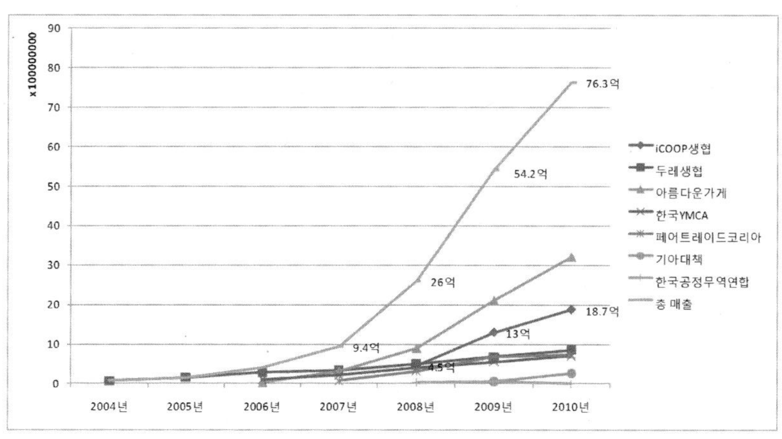

〈그림 6-1〉 한국 공정무역 단체 매출현황

　현재 국내에서 거래되는 공정무역 상품은 커피, 설탕, 올리브유, 후추, 수공예품 등 기후나 지역적 특성으로 인해 국내생산이 어려워 수입이 불가피한 품목 내에서 제한적으로 이뤄지고 있다. 이는 우리나라 공정무역의 특징이자 한계라고 할 수 있다. 또한 상품의 품질보다는 '개발도상국의 가난한 생산자, 노동자를 도와주자'는 선의에 호소한 공정무역 상품의 판매전략은 소비자들의 지속적인 공정무역 상품구매로 이어지기 어렵다는 한계를 갖고 있다. 소비자의 선의에 의지할 것이 아니라 소비자들의 공정무역 상품에 대한 인지를 강화하고 신뢰를 높일 수 있는 방안을 마련해 이를 소비로 연결시켜야 한다. 일반상품과 비교해 상대적으로 높은 공정무역 상품의 가격이 뛰어난 품질에서 비롯되었다는 정당성과 타당성을 소비자들에게 인지시켜야 한다.

　공정무역을 활성화시키기 위해 이미 공정무역 상품이 주류시장에 자리 잡은 유럽이나 미국의 사례를 참고할 필요가 있다. 1차적으로 공정

〈표 6-4〉 한국 공정무역 단체 현황

단체명칭	사업개시	거래지역 및 원산지	공정무역 파트너	취급품목
아름다운 가게	2006년 8월, 희망무역	네팔	- Gulmidistricto corporation - Arghakhanchi basic corporation	- 히말라야선물(커피) - 마운틴 블랜드(네팔+페루)
			KTE	홍차
		페루	Cocla 협동조합	안데스의 선물(커피)
한국 YMCA	2005년 10월	동티모르	- 로뚜뚜 마을 - 카브라키 마을	peace coffee
두레생활 협동조합	2004년 6월 민중교역	필리핀	ATG(Alter Trade Group)	마스코바도 설탕
		팔레스타인	UAWC(Union of Agricultural Work Committee)	올리브유
iCOOP생활 협동조합	2007년 12월	동티모르	한국 YMCA로부터 수매	커피
		필리핀	PFTC(파나이 공정무역센터)	마스코바도 설탕
페어트레이드 코리아	2007년 5월	네팔	Mahaguthi	수공예품
		인도	Assisi Garment(공정무역 단체)	유기농 면직물
기아대책	2009년	멕시코	Selva de Union	치아파스 커피
한국공정무역연합	2007년 10월	비영리민간단체등록		

무역 상품 품질의 구체화와 공정무역 인증마크의 홍보로 일반소비자들
로부터 인지도를 높여야 한다. 이어 정부 차원의 공적 지원이 필요하다.
공정무역 상품을 다루는 단체에 대한 관세 인하, 일반기업에게 사회적
책임을 강화하는 방안을 통해 공정무역이 활성화될 수 있는 기반을 만
들어야 한다.

특히 우리나라와 같이 인터넷이 발달한 나라에서는 SNS를 활용하는
것이 필요하다. 공정무역 포털(공정무역 상품안내, 공정무역 관련 학술
자료 제공을 비롯해 해외 생산지의 소식이나 자원봉사가 가능한 곳 등
공정무역에 관련된 모든 것을 알리는 플랫폼으로서의 기능을 수행)의
개설을 통해 일상적으로 공정무역에 대한 이야기는 물론 상상력을 자
극할 수 있는 이야기가 확산될 수 있는 통로를 만들어야 한다. 이는 미
래세대들에게 공정무역의 가치를 전달하는 것은 물론 지속적으로 공정
무역이 확산될 수 있는 새로운 동력이 될 것이다.

4. 공정무역에 대한 비판

공정무역이 전 세계적인 소비자운동의 하나로 확산되기 시작하면서
공정무역에 대한 비판이 제기되고 있다. 가장 대표적인 비판은 소비자
들에게 희생을 요구한다는 것이다. 공정무역 상품은 일반상품과 비교
해 그 가격이 비싸다고 알려져 있다. 그러나 직거래의 원칙에 의하면
비쌀 이유가 없다. 공정무역으로 구매하면 훨씬 저렴한 가격에 구매가
가능하다. 공정무역 상품시장이 아직 형성되어 있지 않기 때문에 값이
비싸질 수밖에 없는 현실을 이해해야 한다. 워낙 소량이라서 단가가 나
오지 않는 경우도 있기 때문에 상대적으로 가격이 다소 높게 책정될 수
밖에 없다. 소비자들의 인식을 높여 적절한 가격으로 유통 가능한 시장
형성이 필요한 시점이다.

공정무역은 주류시장의 변화를 가져왔다. 네슬레(Nestle), 스타벅스

(Starbucks) 등 다국적 기업들이 기업의 사회적 책임을 위한 프로그램에 공정무역을 포함시키기 시작했다. 다국적 기업의 공정무역 참여는 공정무역의 핵심가치를 일반기업들이 받아들이기 시작했다는 것을 의미한다. 궁극적으로 공정무역 운동이 사회적으로 더 광범위하게 확산될 수 있는 기반이 마련되었다는 것을 뜻한다. 하지만 기업들의 공정무역 참여는 미미한 수준에 불과하며 이미지 쇄신을 위한 새로운 마케팅 전략에 불과하다는 반박이 있다. 분명한 사실은 다국적 기업의 공정무역 참여가 공정무역에 대한 소비자들의 인지도 증가와 시장확장에 긍정적인 영향을 미친다는 것이다. 다국적기업이 갖고 있는 풍부한 자본이 공정무역 시장에 투자되기 때문이다. 공정무역 단체들은 대기업 및 주류 유통시스템과의 협력을 통해 그들과 보조를 맞춰가야 할 필요가 있다. 주류시장에 진입함으로써 기존의 무역관행을 공정무역의 가치에 맞춰 바꿔나갈 수 있는 기회를 얻을 수 있기 때문이다. 동시에 공정무역을 실천하는 다국적 기업을 비롯한 기존 유통 체계에 대한 모니터링을 실시해야 한다. 공정무역의 가치를 기만하거나 공정무역을 이윤확보라는 틀 안에서만 다룰 경우 가차 없이 비판하고, 문제점을 제기할 때, 공정무역의 가치를 유지하면서 공정무역 시장을 확대해나갈 수 있을 것이다.

이와 유사한 관점에서 제기되는 또 다른 문제는 공정무역이 점차 기존의 시장중심 무역시스템으로 편입되는 경향을 보이고 있다는 것이다. 공정무역이 보호하려고 하는 개발도상국의 가치와 전통, 그리고 자연환경이 점차 목적이 아닌 수단으로 간주되면서, 공정무역이라는 이미지를 바탕으로 한 수익 그 자체가 목적이 되고 있다는 사실이 비판받고 있다. 개발도상국의 생산자 조직에 속한 일부 생산자, 노동자들은 기존의 무역시스템과 별반 다를 것 없는 부당한 대우를 여전히 받고 있다. 따라서 공정무역 최대의 수혜자는 공정무역에서 이야기하는 개발도상국의 생산자와 노동자가 아닌 공정무역 단체라는 것이다. 그러나 이러한 문제점이 발생되었다는 사실로 공정무역 자체를 부정할 수 없다. 장기적인 관점에서 공정무역을 유지·발전시켜 나가기 위해, 공정무역 상품을 유통·판매하는 단체들에 대한 철저한 감시와 관리가 필요함을 단적으로 보여주는 사례라고 할 수 있다. 공정무역을 통해 상당수의 개발도상국 생산자, 노동자들의 근무환경이나 임금에 대한 처우가 이전보다 개선되었다는 사실 역시 분명하다. 공정무역 운동은 공정무역 제품을 생산하는 생산자나 노동자에 대한 소득의 증대뿐만 아니라 노동조건의 개선, 여성 및 어린이의 보호, 환경보호, 공동체의 환경개선과 발전을 동시에 추구하고 있다. 공정무역 제품에 대한 생산증대를 통해 여러 측면에서 일정한 긍정적 외부효과를 발생시키거나 그것을 기대하는 것으로 볼 수 있다. 공정무역이 본래 갖고 있는 기본적인 가치인 '시장에서 생산자와 노동자가 독립적인 주체로서 활동할 수 있는 역량 강화'가 담론에 그치지 않고 실제 현실에서 그 힘을 발휘할 수 있도록 공정무역 단체와 생산자, 소비자의 협력이 더욱 견고해져야 한다. 그 필요성을 지적하는 문제라고 할 수 있다.

우리는 매일같이 무엇인가를 사고 소비하며 살아가지만 그 물건이 어느 곳, 누구에 의해 만들어졌는지는 모른다. 효율과 이익만을 위한 생산은 점점 더 기계화되고 있으며, 이미지와 가격만으로 선택하는 소비는 불평들을 더욱 심화시키고 있다. 생산과 소비는 철저히 분리되어 간다. 하지만 우리의 삶은 소비과정에 관계한 지구촌의 수많은 사람들과 연결되어 있다. 우리의 소비가 가난한 나라의 사람들을 더욱 가난하게 만드는 불평등에 의존하고 있다는 사실을 들여다봐야 한다. 윤리적 소비는 당면한 사회적 문제해결을 위해 소비자 스스로 주체적으로 참여하는 것이다. 공정무역을 통한 소비활동은 상품의 생산자, 판매자, 소비자 모두에게 이롭다.

지난해 우리나라는 최초로 무역규모 1조 달러를 돌파했다. 선진국 수준으로 사회적, 경제적 위상을 높이기 위한 새로운 도전목표가 주어

졌다. 하지만 그 목표에 더불어 사는 삶에 대한 배려는 얼마만큼 포함
되어 있을까? 우리나라는 아시아에서 일본에 이어 두 번째로 공정무역
을 실천한 나라이다. 공정무역이 활발하게 전개되는 유럽, 북미지역의
경우 과거 식민지에 대한 부채의식이 있다. 개발도상국의 생산자, 노동
자들의 열악한 삶에 대한 책임차원에서도 공정무역을 적극적으로 실천
하고자 한다. 반면 우리나라는 이와 같은 역사를 갖고 있지 않다. 착취
와 수탈에 놓여 있는 그들의 삶이 과거 우리의 모습이었다. 우리나라에
서 공정무역이 활성화된다는 것은 오히려 그들에게 더 큰 희망을 준다.
더 나은 삶을 꿈꿀 수 있다는 희망, 변화가 가능하다는 희망을 주기 때
문이다. 자유무역시장에서 이익 극대화를 위한 경쟁과 재화의 쏠림현
상에서 벗어나 사회와 이웃에 책임 있는 역할을 하고, 경제 정의를 구
현할 수 있는 공정무역이 우리 사회에 보다 활발히 전개되어야 할 이유
가 여기에 있지 않을까?

사회적 기업

사회적 기업이라는 낯선 단어가 소수의 입에 오르내리던 시기가 얼마 되지 않았는데, 어느새 한국사회에서 사회적 기업은 사회적 가치와 이익창출의 두 마리 토끼를 잡을 수 있다는 사실에서 중요하게 인식되고 있다. 2011년 12월 기준, 사회적 기업으로 고용노동부의 인증을 받은 기업은 전국 645개에 이르고 있다. 모든 지방자치단체가 사회적 기업 육성을 경쟁적으로 강조한다. 사회적 기업을 창업하려는 대학생부터 새로운 수익사업을 검토하는 비영리단체, 윤리적 소비를 강조하는 소비자운동에 이르기까지 사회적 기업에 대한 관심은 폭넓게 확산되고 있다. 동시에 거품을 걱정하는 목소리도 함께 커지고 있다. 사회적 관심 증가와 정부의 지원이 계속되고 있음에도 불구하고 고용문제 해결이나 복지서비스의 확대에서 가시적 성과를 만들어낸 사회적 기업을 찾는 것이 쉽지 않다는 것이다. 또한 대부분의 사회적 기업이 경제적 자립구조를 갖추지 못해 지속가능성에 심각한 도전을 받고 있는 현실이 지적되고 있다. 사회적 기업의 지속 가능한 성장을 위해 사회적 기업은 지금 무엇을 해야 하고, 정부와 기업, 시민사회는 사회적 기업의 육성을 위해 어떤 역할을 담당해야 하는가? 이번 절에서는 사회적 기업의 기본개념과 현황을 살펴보고 앞으로 극복해야 할 과제를 점검하고자 한다.

1. 사회적 기업

사회적 기업은 '사회적 목적을 가진 기업'으로 인식되면서 비영리 기업(nonprofit enterprise), 지역사회 벤처(community wealth venture), 사회적 목적기업(social purpose enterprise) 등 다양한 이름으로 불리고 있다. 일반적으로 사회적 기업은 영리적인 기업활동을 통해 수익을 창출하고 창출된 수익은 사회적 목적을 위해 환원하는 기업으로 정의할 수 있다.

사회적 기업의 맥락을 이해하기 위해서는 '사회적 경제(social economy)'라는 개념에 대한 이해가 선행되어야 한다. 사회적 경제는 산업혁명 이후 200여 년 동안 사용되었던 개념이다. 이는 수익 또는 형평성에 중점을 둔 시장경제나 사회연대를 강조하며 또 하나의 경제영역을 지칭하는 비영리섹터(Non-Profit Sector)와도 다른 의미를 갖는다. 사회적 경제는 비영리성을 띠는 동시에 수익성 또한 배제하지 않는다는 특징을 지닌다. 자원봉사, 비영리, 그리고 협동조합 등의 다양한 형태가 존재하며 국가로부터 독립적으로 운영되는 공식적인 경제의 주체들이다. 사회적 경제는 정부중심의 사회정책을 통해 빈곤문제를 해결하기보다 지역사회를 기반으로 지역사회의 인적, 물적 자원을 조직하여 거대시장에 대응하여 자치적이고 독자적인 시장을 형성하여 빈곤문제를 해결하고자 한다. 이 영역에서 기업의 형태를 띠고 경제적 활동을 하는 조직을 '사회적 기업'이라고 부른다. 사회적 기업은 각국의 사회서비스 수요의 증가 정도, 실업의 심각성 등에 따라 추구하는 목적이 달라지며, 복지국가의 발전 정도, 제3섹터의 발전 및 자율성에 따라 그 형태가 다르게 나타난다. 사회적 기업은 공공성과 자립이라는 방향성은 존재하지만 완전하게 고정되어 있지 않다.

1980년대를 기점으로 사회적 기업은 미국과 유럽 전역에서 활발하게 확산된다. 비영리의 사회적 가치추구와 영리기업의 이익추구관점을 동시에 포함하고 있는 사회적 기업은 기존의 사회문제를 해결할 수 있는 새로운 방안으로 인식·확산되는 추세이다. 하지만 아직까지 사회적 기업에 대한 보편적인 정의는 부재하다. EMES 네트워크연구센터[5]는 사회적 기업이 기업적인 전략으로 조직되지만 주요 목적은 이윤 극대화가 아닌 사회·경제적 목표의 달성이며, 사회적 소외와 실업에 혁신적인 해결책을 제시할 수 있는 역량을 가진 공익적 민간활동이라고 정의하고 있다. OECD에서는 '사회적 기업이란 상품과 서비스의 생산을 통해 일정 수준의 자금을 스스로 조달하고, 주주들을 위한 이익창출이 아니라 사회적으로 소외된 희생자들을 돕는 것을 주요 목적으로 삼으며 창출된 이윤은 이러한 목적을 위해 재투자하는 기업(OECD, 1999)'이라는 정의를 제안하고 있다. 이 밖에 영국의 통상산업부(DTI)는 사회적 기업을 사회적인 목적을 우선적으로 추구하며, 창출된 수익을 사회적 목적달성을 위해 주로 기업 자신이나 지역사회에 재투자하는 기업으로 정의하고 있다. 이와 같은 다양한 정의에서 볼 수 있듯이 사회적 기업의 정의는 각 나라별로 다르게 나타나고 있다. 각국의 고용문제와 복지문제를 해결하는 과정에서 등장한 사회적 기업은 해당국가의 상황과 특성이 반영되어 있기 때문이다. 일반적으로 사회적 기업은 미국과 유럽 모델로 구분된다. 미국과 유럽 사회적 기업의 궁극적인 목적과 가치는 동일하지만 주요 관심사와 사회적 기업을 통해 얻고자 하는 결과는 각기 다르다. 유럽국가들은 공공성과 국가적 개입을 강조하는 반면 미국의 경우 개인주의적 전통에 의해 정부의 직접 지원보다는 사회적 기업 자체의 자율성 및 독립성을 강조한다. 미국과 유럽의 사뭇 상반되는 사회적 기업의 등장배경과 존재이유, 그리고 정책의 방향을 확인하는 것은 사회적 기업을 보다 명확히 이해하기 위해 필요하다.

미국의 온라인 잡지 '사회적 기업'은 '개인 사회적 기업가, 비영리조직 또는 비영리조직에 의해 수행된 사명지향의 수익 또는 일자리 창출

---

5) The Emergency of Social Enterprise in Europe. 유럽의 사회적 기업을 전문적으로 연구하는 네트워크. 유럽연합 15개국의 연구자들로 구성된 EMES는 1996년부터 '유럽 사회적 기업의 출현' 등의 연구를 통해 학문적 논의를 이끄는 한편, 각국의 상세한 사례를 바탕으로 정부 지원정책의 방향을 제시하고 있다.

프로젝트'로 사회적 기업을 정의한다. 전국 사회적 기업가 회원조직인 'Social Enterprise Alliance'는 더욱 협의의 정의를 내린다. '자선적 사명을 옹호하여 수익을 발생시키려는 비영리조직에 의해 수행된 근로소득 사업이나 전략'이 그것이다. 미국에서 '사회적 기업'이라는 용어는 1970년대 후반 경제불황과 함께 연방정부의 재정지원 예산이 삭감되면서, 이에 대응하기 위해 비영리조직들이 수익창출을 위한 방안의 하나로 사회적 기업이라는 개념을 모색하면서 등장한다. 기부를 통한 자금조달에 마케팅기법을 도입하거나 일반기업의 경영기법을 도입하는 등 생존을 위한 적극적인 대응방식을 채택하는 것이 초기 사회적 기업의 모델이었다. 과거 미국의 사회적 기업은 비영리조직의 수익창출 활동을 의미했으나, 오늘날 사회적 기업은 협동조합, 비영리조직, 상호조직 등 광범위한 영역을 포함하며, 다른 나라와 비교해 상업적인 성격이 두드러진다는 특징을 갖는다.

사회적 기업을 이윤추구 수단으로 인식하는 경향이 강한 이유는 미국의 비영리조직이 정부의 복지지출 삭감과 경기침체로 재정적 어려움에 직면하면서 영리활동을 추구해야 했기 때문이다. 정부 차원의 제도적 지원이 없는 미국에서는 사회적 취약계층을 지원한다는 공익적인 사명을 갖고 영리적인 비즈니스를 하는 기업 모두를 사회적 기업으로 분류하고 있다. 원래 미국의 사회적 기업은 비영리조직의 별도 영리사업법인 형태로 발전했으나, 1990년대부터 영리와 비영리 간의 구분이 모호해지면서 결과적으로 사회적 가치실현과 경제적 이익을 동시에 달성하려는 벤처기업들까지도 사회적 기업의 범위에 포함하고 있다. 미국학계에서 사회적 기업은 사회적으로 유익한 활동에 종사하는 영리지향 기업에서부터 비영리사업을 위해 상업적 활동을 하는 비영리 민간단체를 모두 포함한다. 영리 지향기업의 사업 자체는 사회적 유용성과 관계가 적기 때문에 그 수익의 일부를 사회공헌활동에 투자하는 경우를 말하며, 비영리 민간단체는 순수한 수익사업을 하는 경우와 장애우

보호작업장처럼 그 자체가 목적사업인 경우를 말한다. 비영리조직에 의해 구성된 사회적 기업은 상업적 벤처기업, 영리 그리고 비영리 자회사 등 다양한 조직형태를 포함한다.

미국의 활발한 기부문화와 자원봉사는 사회적 기업 활성화에 좋은 조건으로 작용한다. 지난 2003년 존스홉킨스대 시민사회연구소가 36개 국가를 대상으로 한 비교연구에서 미국은 네덜란드, 벨기에, 아일랜드에 이어 자발적 부문의 활동이 가장 활발한 국가 4위(시민사회조직 노동력이 경제활동인구의 9.8% 차지)에 올랐다. 자원봉사자 활동도 활발해 전체인구의 49%가 비영리조직을 위해 시간을 할애하고 있다. 유럽에 비해 국가복지 발달 정도가 늦은 미국의 경우 비영리기관과 자발적 자원봉사자들을 통해 사회적 기업이 유지·발전되고 있다.

사회적 기업을 각 나라의 환경에 따라 '사회적 협동조합(이탈리아)', '사회적 목적의 회사(벨기에)', '사회적 연대협동조합(포르투갈)' 등 다양한 명칭으로 부르고 있는 유럽에서는 그 명칭만큼이나 사회적 기업의 유형이 다양하고 범위도 매우 포괄적이다. 유럽은 1970년대 중반 이후, 경제위기 심화로 인한 실업증가, 인구학적 변화로 인한 고령화문제와 여성의 사회참여 확산으로 정부의 역할 강화를 요구받았다. 그러나 재정적인 문제로 인해 국가의 사회서비스 전달능력이 저하된다. 따라서 정부가 충족시키지 못하는 사회서비스의 영역을 채우는 새로운 비영리단체들의 활동이 등장하기 시작한다. 이러한 흐름은 단체별로 매우 다양한 활동내용과 국가별로 상이한 제도적 지위를 갖고 독특한 발전경로를 보이고 있다. 유럽은 국가별 사회문화적 배경에 따라 협동조합, 협회, 회사 등 다양한 형태의 사회적 기업이 존재한다. 사회적 목적과 수익을 추구한다는 기본목적은 같지만 중부 및 동부 유럽에서는 전통적인 협동조합형태의 사회적 기업이, 영국 및 아일랜드, 북유럽 등에서는 회사형식의 사회적 기업유형이 활성화되어 있다. 후자의 경우 생산적 활동의 사회적 영향을 강화하고 사회적 기업가 정신을 강조하며 주로 비영리조직을 통한 혁신적 접근을 시도한다.

미국의 사회적 기업이 어떠한 이익배분도 허용하지 않는 반면, 유럽의 사회적 기업은 주로 개념상 협동조합에 포함되기 때문에 어느 정도의 이익배분을 허용한다. 또한 유럽의 사회적 기업은 미국과 달리 사회적 소외계층에 대한 고용과 근로를 수반한다. 수익의 발생은 사회적 기업에 참여한 근로자의 활동과 결합되어 있다. 사회적 기업에 대한 재정적인 지원이 민간조직으로부터 나오며, 별도의 법률이 없는 미국과 달리 유럽의 경우 다수국가들이 사회적 기업의 육성과 관련한 법률 및 지원정책을 갖고 있다. 특히 영국은 공동체이익회사법 제정 및 제3섹터청6)을 중심으로 범정부적 지원을 받고 있다. 유럽에서 사회적 기업의 법제화가 이루어진 국가는 이탈리아(1991), 프랑스(2002), 핀란드(2003), 영국(2004), 벨기에(2005), 폴란드(2006) 등이다.

사회적 기업이라는 용어가 사용된 이후 미국과 유럽은 각기 다른 개념적 접근을 통해서 사회적 기업을 발전시켜왔다. 유럽의 사회적 기업이 사회적 소외계층에 대한 공평한 분배개념에의 접근이라면, 미국의 경우 기업가 정신이 투철한 기업가가 많은 부를 축적하고 이렇게 축적된 부의 분배과정에서 사회적 가치를 강조하는 것으로부터 사회적 기업의 개념이 발전된다. 그러나 유럽과 미국의 사회적 기업 모델은 기업 소유주의 이윤추구만을 목적으로 하지 않는다는 공통점을 갖는다. 이는 일반기업과 사회적 기업의 두드러진 차이점이다. 사회적 기업의 설립목적은 지역사회가 안고 있는 문제를 해결함으로써 일자리 부족문제, 사회통합, 사회서비스 제공, 지역경제 재건 등 공익적 활동을 수행하려 한다는 점에서도 이윤추구를 중점에 둔 일반 영리기업과 차이를 보인다. 사회적 목표와 가치의 중요성을 주장하고 있는 사회적 기업의 다양한 유형을 확인하고, 각 나라별 발전현황을 확인함으로써 오늘날 사회적 기업이 자본주의 사회에서 어떤 위치를 차지하고 있는지 점검할 필요가 있다.

---

6) 영국 제3섹터청(OTS)은 사회적 기업만이 아니라 제3섹터 전반에 관한 업무를 담당한다.

2. 사회적 기업의 유형

사회적 목적을 추구한다는 공통된 속성을 갖고 있는 사회적 기업은 사회경제적 목적을 지닌 경제활동조직으로 각 나라별 특성에 따라 다양한 형태를 보이며 그 명칭 또한 다양하다. 유럽의 경우 사회적 기업의 유형은 보통 협동조합(cooperative), 상호공제조합(mutual societies), 시민단체(association voluntary organizations) 등으로 구분한다(OECD, 1999). 영국의 사회적 기업 전문지원기관인 SEL(Social Enterprise London)은 8가지로 사회적 기업을 분류하고 있다. 노동자소유기업, 협동조합, 신용협동조합, 개발신탁, 지역공동체기업, 사회적 회사, 노동중계시장 프로젝트, 자선단체부설사업체가 8가지 유형에 해당된다. Defourny(2001)는 다양한 유형의 사회적 기업을 생성배경과 조건, 운영원리, 구체적으로 추구하는 목표 등에 따라 크게 노동통합형, 사회통합형, 혼합방식형의 세 가지 범주로 나누고 있다. 첫째, 사회적 소외계층의 일자리 창출을 주도하는 노동통합형 사회적 기업이 있다. 주로 노인, 장애우 등 취업하기 힘든 취약계층을 위한 보호고용(sheltered employment) 활동을 한다. 동시에 일시적 실업자들을 위한 직업훈련을 통해 과도적 고용(transitional employment)을 제공하는 경우도 있다. 일자리 제공을 목표로 하는 사회적 기업은 공익적 고용정책의 지원을 받지 못하는 매우 특수한 근로계층을 직접 고용하기도 하고, 광범위한 근로계층을 구별하지 않고 고용하기도 한다. 둘째, 사회적 소외계층에게 사회적 서비스를 제공하는 서비스 제공형 사회적 기업이다. 공공기관이 제공하지 못하는 사회서비스나 공공기관이 제공하는 사회서비스에서 제외된 사회계층을 위해 서비스를 제공한다. 정부의 지원을 거의 받지 않고 독자적으로 서비스를 제공하는 경우도 있고, 정부가 지원하는 프로그램을 대리 운영하는 경우도 있다. 셋째, 앞의 두 형태를 혼합한 형태로 사회적 소외계층에게 노동통합의 기회를 제공함과 동시에 사회적 서비스를 필요로 하는 사람들에게 서비스를 공급하는 형태의 사회적 기업이다. 일부 사회서비스의 경우 노동집약적이고 기술 수준이 낮아 고령자 등 일부 한계 근로집단에도 충분히 적합하다. 약물중독자 등 한계 근로집단을 위한 사회적 기업은 사회서비스의 공급과 일자리 제공을 동시에 수행하고 있다. 사회적 기업이 주로 사회적 취약계층에게 일자리를 공급하기 때문에 고용창출과 사회서비스 제공이 서로 긴밀하게 연결된 경우가 많다. 이들 사회적 기업은 궁극적으로 추구하는 가치와 통칭되는 명칭 등에 따라 좀 더 세부적으로 살펴볼 수 있다.

우선 사회적 협동조합(Social Co-Integration Social Enterprise)을 들 수 있다. 노동자협동조합, 소비자협동조합, 농업협동조합 등 기존의 전통적 협동조합의 형태로부터 발생한 사회적 협동조합은 사회적 목적을 추구하는 새로운 조합형태를 보인다. 이탈리아, 스웨덴, 영국 등에서 확인할 수 있으며, 사회적 소외계층의 일자리 제공이나 취약계층에 대한 사회서비스 제공을 목적으로 한다. 영국에서는 지역사회 협동조합의 형태로도 존재하는데 이러한 유형의 사회적 기업은 실업과 빈곤이 반복해서 일어나는, 사회적 환경이 열악한 지역을 기반으로 나타난다. 즉, 일자리를 창출하고 지역사회에 서비스를 제공한다는 목적을 갖고 있다. 둘째는 노동통합형 사회적 기업(Work-Integration Social Enterprise)이다. 프랑스, 스페인 등에서 나타나는 형태로 훈련, 고용, 주거(accommodation)의 통합된 서비스를 제공하며 사회적 소외계층에게 노동통합을 제공하는 사회적 기업이다. 영국의 경우, 노동을 중개하는 사회적 기업이 장기실업자들에게 직업훈련과 노동의 경험을 제공하며, 지속적으로 고용을 위한 역할을 수행한다는 측면에서 노동통합형 사회적 기업의 성격을 갖는다고 할 수 있다. 셋째, 제3섹터 기업으로 주로 프랑스에서 나타나는 형태이다. 장기실업자 등 소외계층의 노동통합과 새로운 영역에서의 일자리 창출을 목적으로 하고 있다. 넷째, 사회적 회사(Social Firm)는 영국의 사회적 기업 모델로써 정신적, 육체적 장애를 갖고 있는 사람들에게 일반 작업환경과 동일한 상황에서 훈련을 받을 수 있는 기회를 제공하고 일자리 제공을 목적으로 한다.

이와 같이 사회적 기업으로 분류되는 다양한 형태의 조직들은 주된 목적이 고용창출인지 서비스의 제공인지 혹은 대상을 장애우로 한정 짓는지, 사회적 소외계층 전반을 대상으로 하는지, 또 대상지역을 특정 지역에 한정시키는지 등에 따라 조금씩 다른 명칭과 형태를 갖는다. 한편, 일부 사회적 기업들은 고용창출과 서비스 제공이라는 두 가지 목적을 함께 충족시키고 대상선정에 있어서도 장애우와 그 밖에 사회적 소외계층을 동일한 비율로 선정함으로써 여러 가지 특성을 동시에 만족시키는 형태로도 존재한다.

지금까지 사회적 기업의 유형을 목표에 따라 구분했다면, 이번에는 성격에 따라 공공부조형 사회적 기업과 지역사회친화형 사회적 기업, 시장친화형 사회적 기업으로 세분화해 살펴볼 수 있다. 첫째, 공공부조형 사회적 기업은 빈곤으로부터 벗어나는 것을 우선 목표로 만들어진 조직으로 사회적 기업의 참여자와 구성원을 위한 보호된 시장을 만들어 이들에게 시혜적으로 복지급여를 제공하는 형태이다. 공공부조의 연장선으로 이해할 수 있다. 둘째, 지역사회친화형 사회적 기업은 유럽에서 주로 나타나는 형태로 사회적 기업이 속한 지역사회의 발전을 목적으로 하고 있다. 사회적 기업 구성원들의 빈곤해소뿐만 아니라 해당 지역사회에서 필요로 하는 재화와 서비스를 생산하는 기능을 담당한다. 마지막으로 시장친화형 사회적 기업은 미국식 사회적 기업으로 볼 수 있으며 기업의 활동으로 이익을 추구하고 발생된 이익을 공익활동, 자선을 위한 재정적 기여로 환원하는 유형으로 볼 수 있다.

이와 같은 사회적 기업의 유형은 그 성격에 따라 구분할 수 있으며 이를 통해 사회에서 사회적 기업의 역할을 좀 더 명확하게 확인할 수 있다.

3. 사회적 기업의 현황

1) 유럽

유럽에서는 1970년대를 전후하여 사회적 기업의 기초단계가 형성되고, 1990년대 이후 제도적 기반이 마련되었다. 사회적 기업의 지속가능성은 점차 강조되고 있다. 유럽에서 사회적 기업의 발달 정도는 국가의 개입 여부 및 개입 정도에 따라 큰 편차를 보이고 있다. 사회적 기업의 조직체계는 일반적으로 협동조합, 재단 등 전통적 조직구조와 유한회사, 주식회사 등 사업적 모델을 모두 포함하고 있다. 전통적 조직형태는 유럽 중부 및 동부 유럽에서 우세하며, 상업적 모델은 영국, 아일랜드, 북유럽에서 많이 나타난다. 사회적 기업에 대한 유럽사회의 관심이 증가하면서 나라마다 사회적 기업의 규모가 확대되고 있으며 지속적인 발전이 이뤄지고 있다.

〈표 6-5〉 유럽의 사회적 기업 조직 현황

국가	협동조합	상호공제조합	민간단체	사회적 경제총고용 인원(A)	전체 임금노동자(B)	A/B (%)
영국	190,458	47,818	1,473,000	1,711,276	24,568,280	7.0
프랑스	439,720	110,100	1,435,330	1,985,150	22,725,763	8.7
이탈리아	837,024	-	499,389	1,336,413	17,725,710	7.5
독일	466,900	150,000	1,414,937	2,031,837	35,103,987	5.8
네덜란드	110,710	-	661,400	772,110	7,200,519	10.7
덴마크	39,107	1,000	120,657	160,764	2,599,789	6.2
벨기에	17,047	12,864	249,700	279,611	3,505,908	8.0
스웨덴	99,500	11,000	95,197	205,697	4,138,561	5.0
스페인	488,606	3,548	380,060	872,214	14,798,984	5.9
아일랜드	35,992	650	118,664	155,306	1,460,230	10.6
체코	90,874	147	74,200	165,221	3,997,309	4.1
포르투갈	51,000	-	159,950	210,950	3,807,255	5.5
폴란드	469,179	-	60,000	529,179	8,682,597	6.1
핀란드	95,000	5,405	74992	175,397	2,074,993	8.5
헝가리	42,787	-	32,882	75,669	3,323,441	2.3

출처: 노동부(2008). 사회적 기업 현황 및 육성정책

유럽국가들은 상대적으로 다양한 사회적 기업의 경험을 보유하고 있으며, 사회적 기업에 대한 제도적 규정을 통해 국가가 일정 비용을 지원하고 있다.

(1) 영국

19세기 협동조합운동으로부터 시작된 영국의 사회적 기업 역사는 유럽국가들 중에서도 최초에 해당한다. 또한 협동조합 외 자선단체, NGO 등 다양한 제3섹터 단체들이 사회적 가치를 위해 지속적인 활동을 유지·발전시켜온 사회적 배경을 간과할 수 없다. 현대적인 의미의 사회적 기업은 1997년 제3섹터 강화를 주장한 토니 블레어의 노동당 집권 이후 시작된다. 당시 노동당은 대처리즘[7]으로 유발된 영국사회에 만연한 빈곤과 복지, 실업문제 해결을 위해 공공분야와 민간분야의 파트너십을 통한 뉴딜프로그램에 적극 투자한다. 기존의 제3섹터는 사회적 기업의 목적이라고 할 수 있는 저소득층을 위한 지원과 일자리 창출을 위해 운영되었다. 하지만 사회적 기업에 대한 통일된 개념이나 정의는 부재했다. 또한 제3섹터 조직에 대한 지원도 개별적으로 이루어졌으며 정부 차원의 통합된 지원시스템이나 관련 법률도 부족한 상황이었다.

2000년대를 기점으로 영국정부의 본격적인 사회적 기업 지원시스템이 구축된다. 2001년 사회적 기업에 대한 정부 지원을 담당할 부서로 사회적 기업단(Social Enterprise Unit)이 통상산업부(Department of Trade and Industry)에 설치된다. 영국 통상산업부는 2002년 'Social enterprise: a strategy for success'라는 보고서를 통해 사회적 기업에 대한 비전을 제시한다. 이 보고서에는 사회적 기업에 대한 영국정부의 정책과 과제, 사회적 기업 활성화를 위한 환경조성 및 경영지침 등이 제시되어 있다. 이러한 영국정부의 노력은 2006년 5월, 사회적 기업에 대한 정책조율을

---

7) 영국 경제의 재생을 추진한 대처 수상의 사회·경제 정책의 총칭으로 각종 국유화와 복지정책 등을 포기하고 민간의 자율적인 경제활동을 중시하는 머니터리즘(monetarism)에 입각한 개혁정책을 말한다.

보다 원활하게 하기 위해 통상산업부의 사회적 기업단과 내무부(Home office)의 Active Communities Directorate(ACD)를 합병하여 수상직속인 내각부(Cabinet office)의 제3섹터청(The Office of the Third Sector)으로 이전하는 것으로 이어진다.

영국의 사회적 기업 육성정책은 제3섹터청으로 사회적 기업 관련 업무가 이전되면서 본격화된다. 이미 오랜 사회적 기업의 역사를 지니고 있었지만 사회적 기업이라는 명칭보다는 협동조합(cooperatives), 사회적 법인(social firm) 등의 명칭이 통용되며, 정부 차원의 지원이 구체적이지 않았던 시점과 명확한 차이가 나타나기 시작한다. 사회적 기업의 역량 강화를 위한 액션플랜(Social Enterprise Action Plan)8)을 발표하면서 정부 차원의 지원이 강화된다. 영국정부는 사회적 기업에 대한 세금혜택이나 인건비 지원과 같은 직접적인 지원은 별도로 하지 않고 있다. 이는 직접보조금은 단기적 효과가 있을 뿐 장기적인 관점에서 사회적 기업의 정부의존도를 높이고 자생력을 떨어뜨릴 수 있다는 우려때문이다. 대신 다양한 대부자금과 투자자금을 운영한다. 또한 경영노하우가 부족한 사회적 기업을 대상으로 전문적인 경영지원을 실시해 사회적 기업의 활성화를 뒷받침하고 있다.

영국의 사회적 기업은 2010년 기준 62,000여 개로 파악되고 있다. 2008년을 기준으로 전체 고용의 5%를 사회적 기업에서 차지하고 있으며, 이는 GDP대비 2%를 차지한다. 연간 총매출액은 약 61조원 이상으로 사회적 기업에 종사하는 총 노동자 수는 약 50만 명에 이른다(ESRC, 2008). 대부분의 사회적 기업은 지역에 기반을 둔 소규모기업이며 다양한 경제 분야에 참여하고 있다. 특히 교육 및 훈련, 사회적 보호, 주거, 레저, 육아 등의 분야에서 두드러지게 나타나고 있다.

---

8) 액션플랜에는 사회적 기업의 경쟁력 강화를 위한 사회적 기업의 문화배양, 사회적 기업에 대한 경영자문지원, 재정접근성 확충, 정부와 민간협력체계를 통한 사회적 기업의 공공서비스 참여 등에 대한 내용이 담겨져 있다.

영국의 사회적 기업 피프틴(Fifteen)은 세계적인 스타 요리사 제이미 올리버(Jamie Oliver)가 사회적 기업가 정신을 발휘해 만든 사회적 기업이다. 출발은 소외되고 불우한 청소년들에게 전문요리사가 될 수 있는 기회를 만들어주겠다는 소박한 생각에서부터였다. 하지만 그 작은 발상이 세상을 바꾸고 있다. 올리버는 2002년 런던에서 청년 15명을 모아 이탈리안 식당 '피프틴'을 시작했다. 15명의 청년들은 실업자, 노숙자, 전과자, 마약·알코올 중독자로 상처받은 영혼들이었다. 하지만 이들은 요리로 세상을 바꾸는 올리버와 함께 자신들의 꿈을 되찾고 미래의 희망을 조리해보고자 낯선 주방일을 자청했다. 올리버는 이들에게 가혹한 요리훈련도 시키지만, 이들이 자존감을 회복하고 자신감을 키울 수 있도록 따뜻한 치유와 배려도 아끼지 않는다.

올리버는 자신의 유명세를 아낌없이 활용했다. 소외청년들이 요리사로 변화하는 과정을 고스란히 보여주는 TV 리얼리티 쇼 '제이미의 부엌(Jamie's Kitchen)'을 제작해 사회적 관심을 이끌어냈고, 식당 창업기금 마련을 위한 자선단체(Cheeky Chops)도 만든다. 또한 요리사 양성 프로그램도 관리하며, 피프틴에서 나온 수익금을 운용하는 '피프틴 재단'도 설립했다.

피프틴을 졸업한 청년들은 불행한 과거를 딛고 훌륭한 시민으로 성장했을 뿐만 아니라, 자신과 같은 처지의 불우청소년들을 돕는 또 다른 올리버로 거듭나고 있다. 피프틴은 불우청년들의 요리학교이면서 값비싼 이탈리아 음식을 파는 영리식당이다. 영국 런던 외에도 네덜란드 암스테르담, 호주의 멜버른에 분점을 두고 있다. 수익금은 모두 피프틴의 법적 소유자인 피프틴 재단으로 들어가 훈련생 교육비로 재투자된다. 공익재단이 주인인 피프틴은 불우청년들이 요리를 배우면서 시장에서 맛으로 정면 승부해 돈을 벌고, 그 돈이 세상을 바꾸는 동력으로 쓰이는 독특한 사회적 기업 모델을 만들어냈다.

(2) 프랑스

프랑스는 사회적 기업보다 사회연대경제(social and solidarity economy)라는 용어를 사용한다. 프랑스는 국가의 사회복지에 대한 책임이 사회정책에서 중요한 역할을 차지하고 있었다. 하지만 1980년 사회당 정부가 수립되면서 사회적 경제시스템 안에서 연대성의 목적 아래 비영리부문이 중요한 사회정책수단으로 부각·장려되었다. 사회적 기업이 활성화되기 시작한 것은 1990년대 들어 사회적 배제에 대한 대응이 나타나면서부터다. 특히 1980년 사회적 경제헌장(Charter of Social Economy)에서 처음으로 공익협동조합과 같은 비영리부문의 존재를 공식 인정하면서부터 비영리조직의 중요성이 사회적으로 인지되기 시작한다.

세계화에 따른 빈곤 및 불평등의 심화와 국가의 후퇴라는 열악한 시대적 상황에도 불구하고 프랑스는 사회적 경제조직이 국가 및 시장과의 관계 유지를 통해 사회적 문제를 해결하고자 활발히 움직이고 있다.

프랑스의 사회적 경제조직들은 사회적 배제를 겪고 있는 이들에게 노동의 권리를 보장하고, 창출된 일자리를 통해 지역사회발전에 기여할 수 있는 구조를 만들 것을 주장했다. 이러한 움직임에 따라 사회적 기업의 참여가 가장 활성화된 영역은 대인서비스 분야이다. 사회적 기업의 참여를 통해 참여자의 삶의 질을 변화시키고자 한다. 프랑스의 사회적 기업 유형은 크게 6가지로 나눌 수 있다. 장애우에 대해 직업활동을 제공하는 경제활동적응센터, 통합과정에 참여하는 노동시장 통합 사회적 기업, 중간 자발적 조직, 지방의 자발적 조직, 임시직노동통합기업법, 사회통합과 자격획득을 위한 고용주 단체가 그것이다(노동부, 2004). 이 같은 조직으로는 '인력지원협회(Association Intermediaire)', '노동통합기업(Enetrprise D'Insertion)', '임시직노동통합기업(Enetrprise de Travail Temporaire D'Insertion)' 등이 있다.

프랑스에는 사회적 기업 관련 협회가 약 160만여 개 있으며 이 중 70만 개가 활발히 활동 중이고 약 20만 개는 고용효과를 창출한다고 인정되고 있다. 사회적 기업에 종사하는 사람은 약 130만 명으로 이 중 83만 명이 전일제 근로자로 이는 노동인구의 5%를 차지한다. 2007년 기준으로 프랑스의 사회적 기업 수는 약 8,400개로 이는 15세 이상 고용의 7%를 차지하고 있다(홍석빈, 2009). 프랑스의 사회적 기업발전은 정부와 시민사회, 제3섹터의 협력을 통해 이뤄졌다. 사회적 기업의 활성화를 위한 제도적 기반마련과 함께 사업지원도 진행되고 있다.

(3) 이탈리아

이탈리아는 전통적으로 가족이 사회적 소외계층에 대한 서비스 제공의 역할을 해왔다. 그러나 1970년대 이후 국가복지 부문의 재정위기에 따라 지원이 줄어들고, 전통적인 가족의 역할 변화가 나타나면서 서비스 제공이 어려워진다. 이탈리아 사회적 기업의 발달은 사회복지 수요에 비해 부족한 공급문제를 해결하기 위해 제3섹터가 발전되면서부터 시작되었다고 할 수 있다. 이탈리아에서 사회적 기업이라는 용어는 1991년 사회적 협동조합법(cooperativa sociale, 법 381)이 통과되면서부터 사용되었다. 이탈리아는 유럽국가 중 가장 활발하고 다양한 형태의 사회적 기업이 활동하고 있는 나라이다(OECD, 2006). 사회적 협동조합법에 의하면 이탈리아의 사회적 기업은 사회, 보건, 교육서비스를 담당하는 사회적 협동조합과 취약계층을 노동시장에 통합시키는 목적의 사회적 협동조합으로 나눠진다. 이탈리아의 사회적 기업은 공동체의 보편적 이익과 시민들의 사회적 통합을 목적으로 하고 있다.

이탈리아의 사회적 기업들은 서비스의 수요에 대응하기 위해 개별조합의 규모를 각기 키우기보다 컨소시엄(consorzi)을 시도하고 있다. 컨소시엄을 통해 사회적 기업에 관한 정책의 확산과 공조체제를 공고히 함으로써 함께 더불어 발전하는 기회를 삼고 있다. 이러한 전략은 이탈리아 사회적 기업 발달에 크게 기여했다. 2004년 기준으로 이탈리아의 사회적 기업 수는 11,000개이고, 조합원 수는 27만 명이며, 유급직원은 23만 명이다. 총수익은 약 9조원으로 GDP대비 1.4%의 규모를 차지한다(Eva & Ingrid, 2007). 이와 같은 성장은 정부의 제도적, 재정적 지원이 뒷받침되었기 때문에 가능했다. 다른 유럽국가들에 비해 상대적으로 제3섹터의 발전이 늦게 나타난 이탈리아에서는 사회적 경제의 주체들을 활성화시키기 위한 정부의 정책과 함께 사회적 경제가 활성화되기 시작했다. 이탈리아는 유럽국가 내에서 사회적 기업에 대한 법적 지위를 가장 먼저 확립시킨 사회적 협동조합법(1991년 제정)을 통해 사회적 기업의 유형을 구분했으며, 사회적 협동조합에 대한 정부 차원의 지원 내용을 구체적으로 제시하였다. 이후 2006년 사회적 기업에 관한 법규9)(법 118)가 통과되었는데, 이는 이탈리아에서 사회적 기업에 관한 공식적인 정의와 사회적 기업을 조직형태로 인정한 최초의 법규이다. 이탈리아정부의 재정적 지원은 매우 포괄적이고 적극적으로 이뤄진다. 사

---

9) Regulation of the Social Enterprise.

회적 기업에 관한 법규를 기반으로 세제지원 정책과 사회적 협동조합 관리 및 직업훈련, 재정지원을 하고 있다. 특히 발달된 컨소시엄 체계에 대한 지원을 통해 장기적으로 전략적 기능 수행에 필요한 경영지원이 이뤄지고 있다.

(4) 독일

독일에서 사회적 기업은 대부분 고용을 창출하는 기업으로 본다. 그 예로 '사회적 고용이니셔티브'와 '동독의 고용창출을 위한 민간단체', '기업형태의 사회적 기업' 등이 있다. '사회적 고용이니셔티브'의 역할은 훈련과 단기취업을 위한 일자리를 만드는 것이다. 그리고 '기업형태의 사회적 기업'은 기존의 기업에 장기실업자를 위한 일자리를 창출하는 유형과 새로운 기업을 설립해 장기실업자의 일정비율을 담당하게 하는 형태가 있다. 정규 노동시장 진입이 배제된 계층을 위한 일자리 창출과 노동시장 진입이라는 독일 사회적 기업의 역할은 지역공동체 차원에서 지역에 필요한 음식과 주택, 지역에너지 보급기술, 운송, 상하수도, 지역문화, 환경보호, 도시 인프라 구축 등 일자리 창출 분야로 그 영역을 점차 확장시키고 있다. 이는 지역사회 전체의 취업기회를 확대하는 수단임과 동시에 사회적·경제적으로 열악한 위치에 놓인 사람들의 일자리를 늘리는 역할을 사회적 기업이 담당하고 있음을 보여준다. 독일의 사회적 기업은 연대성과 자율적 운영, 경제공동체의 원칙을 중시하고 있다(Salamon & Anheier, 1997).

2) 미국

미국에서 사회적 기업은 초기 실업자, 노숙자, 마약·알코올 중독자들을 위한 비영리조직의 재원확보 측면에서 다뤄졌다. 그러나 최근 사회적 기업은 사회적 목적과 경제적 목적을 함께 달성할 수 있는 혁신적인 방안을 마련하는 비영리기업, 지역사회 벤처, 사회적 목적기업 등 다양한 형태로 이해되고 있다. 저소득층의 자립과 비영리조직 운영을 위한 재정창출이라는 두 가지 목표를 추구하는 미국의 사회적 기업은, 그래서 재정적 수입이라는 '경제적 가치'와 사회적 목적의 달성이라는 '사회적 가치'를 동시에 지향한다(Alter, 2007). 이러한 흐름은 영리, 비영리 각 영역에서 사회적 기업의 급격한 성장을 가능하게 했다. 미국의 사회적 기업유형은 비영리조직의 형태뿐만 아니라 지역사회 벤처나 사회적 벤처 등 기술이나 경영혁신을 통해 사회적 가치의 실현과 경제적 이익을 동시에 실현하려는 벤처기업까지 포함한다. 사회적 기업의 중심활동 분야는 일자리 창출로 실업자의 복지와 노동시장의 통합에 집중되어 있으며, 고령자 돌봄 서비스와 사회적 취약계층을 위한 새로운 서비스를 제공하고 있다. 끝으로 발전이 취약한 중소도시와 농촌지역의 지역발전을 위해 사회적 기업의 활동이 전개되고 있다.

미국은 사회적 기업에 대한 지원 법안이나 사회적 기업을 육성하기 위한 별도의 정부기관이 없다. 다만 연방정부 내 독립기관인 중소기업청(Small Business Administration)에서 취약계층을 돕기 위해 활동하고 있다. 융자사업, 기업개발, 정부 계약사업, 중소기업 보호사업 등을 시행하고 있는 SBA는 비영리단체인 사회적 기업에 대한 융자프로그램 중 CDC504(Certified Development Company) 프로그램과 소액대출 프로그램을 운영한다. CDC를 통해 사회적 기업에게 토지 및 건물과 같은 주요 고정자산을 위한 장기융자를 제공하고 있다. 소액대출 프로그램은 소규모 수준의 금액대출로 여성이나 소수인종 등 취약계층의 창업을 도와 경제적 기능을 향상시키는 것에 목적을 두고 있다. 또한 비영리조직이나 사회적 기업을 지원하기 위한 마이크로크레딧을 통해 저소득층 창업융자 및 컨설팅을 지원하고 있다. 정부의 지원금이 크지 않은 미국의 사회적 기업은 기업의 사회적 책임 차원에서 이뤄지는 협력을 통해 다양한 사업을 전개하고 있다.

미국은 사회적 기업 지원을 위해 60개가 넘는 대학 및 고등교육 기

관에서 비영리관리 교육활동(Non-Profit Management Education Movement)
과 사회적 기업 리더십 활동(Social Enterprise Leadership Movement)을
운영하고 있는 것이 특징이다. 미국은 유럽과 달리 NGO와 학계를 중
심으로 사회적 기업이 발달하였다. 사회적 기업 지원단체로서 비영리
재단인 로버츠재단(Robert Enterprise Development Foundation)은 대표적인
사회적 기업의 활성화를 이끄는 단체이다. 로버츠 재단은 소수의 사회
적 기업과 장기간 밀접한 관계를 형성하여 효과적으로 사업을 운영할
수 있는 조직역량강화에 주력하고 있다. 하나의 사회적 기업 모델을 만
든다는 것이 그들이 추구하는 비전이기 때문이다. 사회적 기업에 대한
재단의 지원은 '투자에 따른 결과'와 '책임성(accountability)'을 요구하는
일종의 사회적 투자(social investment)라고 할 수 있다. 로버츠 재단은 사
회적 기업의 목적을 저소득자에게 경제적 기회를 제공하기 위해 모험
적인 사업으로 수입을 창출하는 것으로 정의하고 있다. 사회적 기업 컨
설팅 업체인 버추벤처스(Virtue Ventures) 역시 사회적 기업을 사회적 목
적과 사회가치를 위해 만들어진 모험적인 사업형태로 보고 있다. 이러
한 정의는 미국 내에서 사회적 기업에 대한 인식을 보여준다.

미국의 맨체스터 비드웰코퍼레이션(MBC: Manchester Bidwell Corp.)은 미국 펜실베이니아
피츠버그에서 빈곤층을 대상으로 예술교육과 직업훈련을 하는 사회적 기업이다. MBC는
1963년 가을, 예술을 통해 삶과 희망에 눈을 뜬 16살 흑인소년 빌 스트릭랜드(Bill Strickland
Jr.)가 '불가능을 가능한 것으로 바꾼' 미국의 대표적인 사회적 기업 성공사례로 꼽힌다.
  흑백갈등으로 소란하던 1960년대 고등학교 1학년이었던 스트릭랜드는 물레를 돌리며
흙을 빚는 한 선생님을 도와 도예와 예술의 세계를 접한다. 아무런 꿈도 없던 그는 도예를
배우며 대학에 진학하고 세상을 향한 출구이자 자기 인생의 입구를 찾는다. 그는 대학 졸업
후 도예학교 '맨체스터 도예협회(MCG)'를 세우고 빈곤층 아이들에게 도예를 가르치지 시작
했다. MCG가 호평을 받자 피츠버그 시는 그에게 유명무실했던 비드웰문화·직업훈련센터
(BTC)의 운영을 의뢰한다. 스트릭랜드는 예술과 직업훈련을 결합한 독특한 프로그램으로
BTC를 쇠락하던 도시 피츠버그에 새로운 활력을 불어넣을 수 있는 지역센터로 바꿔놓았다.
MCG는 방황하는 빈곤층 학생들에게 예술의 세계를 알리고, BTC는 성인들에게 직업훈련을
통해 좋은 일자리를 얻을 수 있도록 한다. BTC 직업교육 프로그램은 벽돌제작과 목공작업
훈련에서 시작해 관련기업들과 제휴를 늘리며 점차 조리사, 약제사, 임상검사기사 양성 프
로그램으로 확대됐다.

MBC의 사업 영역은 이게 다가 아니다. 첨단 재즈 콘서트홀을 열어 그래미상을 받을 정도의 빼어난 재즈음반을 내고 있으며, MBC의 노하우를 바탕으로 비영리단체 대상의 사회적 기업가 아카데미도 열었다. 2003년부터는 싱글맘의 자립을 돕기 위한 목적으로 원예사업도 시작했다. MBC는 기업이나 정부의 기부와 자체 사업수익으로 운영되는 혼합형이다. MBC에서 예술교육을 받은 학생의 80% 이상이 대학에 진학한다. 기업과 제휴한 맞춤형 직업훈련은 높은 취업률을 보이고 있다. 빈곤으로부터 새로운 삶의 기회를 제공한 MBC는 성공적인 사회적 기업의 형태로 피츠버그 시를 넘어 미국의 또 다른 도시에도 그 영향력을 확대하기 위해 노력하고 있다.

3) 일본

일본에서는 1970년대부터 워커즈 콜렉티브나 노동자협동조합과 같은 단체를 통해 사회적 가치의 달성에 집중하여 이익을 분배하지 않고 이해관계자들의 민주적인 참여에 목적을 둔 사회조직들이 만들어진다. 이러한 움직임은 1990년대 후반에 접어들면서 마을 만들기와 지역 활성화의 맥락으로 이어진다. 사회적 기업이라는 개념이 자리 잡기 전부터 일본에서는 지역사회를 기반으로 하는 '커뮤니티 비즈니스'가 주목 받아왔다. 그러나 사회적 목적을 추구하는 사업체들은 제도적 한계로 인해 그 활동에 제약을 받았다. 이를 보완하기 위해 1998년 특정비영리 활동촉진법(이하 NPO법으로 지칭)이 제정되어 시민운동 활성화를 촉진시켰다. 사회적 기업의 개념이 등장하고 보다 체계화되기 시작한 것은 서구사회의 영향이 미치기 시작한 2000년 이후부터다. 이 시기를 기점으로 고령자복지, 장애우복지, 홈리스지원 등과 같은 사회적 과제 또는 사회적 문제가 사회적 기업을 통해 다뤄지게 된다. 또한 사회복지를 비롯한 다양한 영역에 걸쳐서 '사회적 기업', '사회적 기업가', '사회적 혁신', '사회혁신클러스터(social innovation cluster)' 등이 등장하기 시작한다.

일본에서는 사회적 기업의 기본요건을 사회성, 사업성, 혁신성으로 인식한다. 해결이 필요한 사회적 과제에 대한 집중이 사회적 기업의 사업 분야이며 이를 비즈니스 형태로 변환시키고 관련 사업을 계속적으로 전개할 수 있는 사업성이 요구된다. 또한 새로운 형태의 사회적 상품이나 사회적 서비스, 그리고 이를 제공할 수 있는 새로운 틀을 개발하는 혁신성이 필요하다. 일본의 사회적 기업은 특히 지역개발 및 재생과 관련한 활동이 많은데, 도시형으로는 요코하마의 '유스호스텔빌리지프로젝트'처럼 낙후된 지역의 재활을 위한 활동이 중심이 되며, 미야마정 같은 농촌에서는 녹색체험마을 같은 사업이 주를 이루고 있다. 이밖에 도쿄의 '플로렌스'나 히로시마 현 쿠레시의 '터치커뮤니케이션'처럼 보육서비스를 제공하는 활동들이 큰 성공을 거두고 있다. 이러한 활동들은 정부나 지자체의 체계적인 지원 속에서 이루어지는 것이 아니라 혁신적인 사회적 기업가들이 비영리 영역에서 개별적으로 진행하는 경우가 많다. 대체로 비영리 민간단체에 의해 풀뿌리사업처럼 독자적으로 운영된다. 따라서 운영 면에서 많은 어려움을 겪는다. 우리나라와 달리 사회적 기업을 대상으로 한 독립적인 법제도가 존재하지 않고 NPO법이라는 포괄적인 법제도 아래 사회적 기업을 두고 있기 때문에 제도적 지원은 한계가 있다. 따라서 일본의 사회적 기업은 이론적이며 활동적 차원에서 다뤄지고 있는 상황이다.

4) 우리나라의 사회적 기업

우리나라의 사회적 기업은 1970년대 빈민문제해결을 위한 지역빈민운동의 경제공동체구축 활동에서 그 뿌리를 찾을 수 있다. 하지만 정부정책에 의해 단절되고 왜곡되는 경우가 많았다. 때문에 다른 국가들과 달리 제3섹터가 충분히 발달하지 못한다(이은선, 2009). 우리나라에서 사회적 기업의 도입 논의는 1997년 외환위기 이후 본격화된 실업문제에 대한 대책마련 과정에서 시작되었다고 볼 수 있다. 경제구조조정에 의한 대량실업문제를 공공근로사업 정책의 도입을 통해 해결하고자 한 것이다. 당시 공공근로사업 정책은 지역사회 비영리단체들이 정부의 위탁을 받아 사회서비스 제공을 주요 목적으로 저소득층을 위한 무료 집수리, 간병사업 등의 복지 분야 사업과 음식물 및 쓰레기 재활용 등의 환경 분야 사업에서 주로 이루어졌다(전병유 외, 2003).

이와 같은 공공근로사업은 단기적으로는 성과를 가져왔지만, 고용의 안정성이 떨어지고 불안정하며 정부재정 지원의 효율성이 떨어진다는 문제가 제기되었다. 정부는 제기된 문제를 개선하고, 효율적인 일자리 지원 차원에서 2000년 자활지원사업, 2003년 사회적 일자리 사업과 이후 사회서비스 부문의 공급확충을 위한 2007년 사회서비스 일자리 사업을 전개한다. 하지만 정부 차원의 지원은 한계를 보였다. 정부 지원이 중단될 경우 사업의 지속성이 위협을 받기 때문이다. 이에 정부는 사업의 지속성을 유지하기 위해 정부가 직접 일자리를 만드는 식의 사업보다는 사회적 일자리를 만들어내는 기업을 육성하는 정책이 장기적으로 바람직하다는 판단을 내린다. 2006년 12월 8일 국회에서 통과된 '사회적 기업육성법'은 2007년 7월 1일자로 시행되어 우리 사회에 사회적 기업을 처음 등장시킨다.

사회적 기업육성법에서는 사회적 기업을 '취약계층에게 사회서비스 또는 일자리를 제공하여 지역주민의 삶의 질을 높이는 등 사회적 목적을 추구하면서 재화 및 서비스의 생산·판매 등 영업활동을 수행하는 기업으로서 사회적 기업육성법의 규정에 따라 인증받은 자(기업)'로 정의하고 있다. 우리나라의 정의는 취약계층에 대한 일자리 창출 및 사회서비스 제공을 중요시한다는 점에서 유럽식 정의에 가깝지만 정부에서 사회적 기업의 법적 기준을 명시한다는 점에서 차이가 발생한다. 정부의 사회적 기업인증은 우리나라의 사회적 기업이 갖는 독특한 특성이다. 인증체계 아래, 사회적 기업의 조직유형, 활동영역이 제한되고 있으며, 명칭 사용까지도 엄격하게 제한받고 있다. 인증을 통한 인건비 지원성격의 사회적 기업정책은 정부가 제시하는 사업범위 및 활동규범을 준수하는 단체를 대상으로 지원 여부를 결정하기 때문에 주무부처인

<표 6-6> 전국 인증 사회적 기업 수(2012. 1 기준)

총계	서울	부산	인천	대구	광주	대전	울산	경기	강원	충북	충남	경북	경남	전북	전남	제주
644	153	38	35	30	27	18	20	113	34	26	19	36	27	30	26	12

출처: 사회적 기업진흥원 www.socialenterprise.go.kr

고용노동부의 정책과제, 즉 취약계층의 고용창출에 유리한 사업을 중심에 둔 사회적 기업에 지원이 결정된다. 사회적 기업이 취약계층의 고용창출을 주요한 목적으로 하지 않는 경우, 다른 사회적 가치를 창출하기 어려운 한계를 내포하고 있다. 특히 인건비 지원이 한시적이기 때문에 2년 내에 경제적 자립구조를 갖추지 못한 사회적 기업은 기업으로서 존속하기 어려워진다. 이 때문에 정부로부터 사회적 기업으로 인증받고, 인건비를 지원받은 사회적 기업 혹은 예비사회적 기업은 목적한 사회적 가치창출보다는 직원들에게 인건비를 지급할 수 있는 수준의 수익창출에 주력하는 상황이다.

우리나라의 사회적 기업은 취약계층의 빈곤해소와 새로운 일자리 창출이라는 정책목표의 설정에 따라 정부 지원 아래 발달되었다. 철학적 배경과 사회적, 역사적 맥락에 대한 고려 없이 고용창출을 위한 방안으로 인식되어 정부 주도형 정책으로 다뤄진 우리나라의 사회적 기업은 시민사회의 주도적 역량과 자발성이 상대적으로 부족하다. 사회적 기업의 등장과 발전이 제3섹터, 시민사회에 기반을 두고 나타난 유럽이나 미국의 사회적 기업과 성장경로의 차이가 있을 수밖에 없다. 이로 인해 사회적 기업의 정부의존도가 매우 높다. 정부의 주도 아래 조직화된 사회적 기업은 시민사회의 주체적인 역할이 훼손될 여지가 크다는 사실을 놓쳐서는 안 된다. 자율적이고 독립적인 사회적 기업의 운영구조, 사회적 가치의 실현이라는 특성이 소홀히 다뤄지고 있다는 점은 앞으로 우리나라 사회적 기업이 극복해야 할 과제이다.

또한 정부 차원의 공적 사회지출이 저조하기 때문에 공적 부조, 사회보험 중심의 시장형성이 미약하다는 사실도 눈여겨봐야 할 특징이다.

이로 인해 사회보험의 수혜율이 낮아 사회적 기업이 제공하는 사회서비스의 주 소비자층의 구매력이 부족하다. 사회적 기업에 대한 인식과 이해가 낮은 상황에서 이와 같은 한계는 사회적 기업의 생존을 더욱 어렵게 하고 있다. 일반적으로 사회적 기업은 시장에서 경쟁할 수 있는 수준의 기업전략과 자원조달, 생산관리, 마케팅 등 경영역량을 갖추지 못한 경우가 대부분이다. 때문에 끊임없이 생존의 위협을 받고 있다. 앞으로 사회적 기업의 창업, 인력모집, 판로개척, 재정접근 등의 측면에서 제약이 될 여지가 크다. 사회적 기업에 대한 정부 차원의 적극적인 지원은 지속될 수 없다. 사회적 기업이 자생할 수 있는 환경을 만들기 위한 기반은 정부 차원에서 마련할 수 있으나, 사회적 기업이 시장에서 성공적인 안착을 위한 노력은 사회 변화를 꿈꾸는 사회적 기업가들로부터 나와야 한다. 앞으로 사회적 기업 스스로의 고민과 노력이 필요하다.

우리나라 사회적 기업의 설립주체는 현재 비영리 및 지역사회운동단체에서 중소기업 및 혁신적인 아이디어를 가진 청년층으로 확대되고 있다. 또한 정부 각 부처, 지자체, 기업, 대학의 관심과 참여도 늘어나고 있는 추세이다. 특히 사회적 기업육성을 위한 지역협력 네트워크의 중요성이 강조되고 있으며 지자체, 기업, 비영리 등이 협력한 사회적 기업모델 개발에 초점을 두고 있다. 사회적 기업에 대한 이해가 직면한 문제를 해결하기 위한 일시적인 수단으로 머무는 것이 아니라 '기업가적 전략과 방식으로 공익을 추구하는 조직'으로 확장되어야 한다. 사회적 기업가가 자유로운 발상과 투철한 사회에 대한 소명을 갖고 사회의 빈틈이 무엇이며, 그 빈틈을 메우기 위해 어떻게 해야 하는지를 현장에서 고민하고, 직접 그곳에 뛰어들어 해결방안을 찾을 수 있는 토대가 만들어져야 한다. 우리나라 사회적 기업의 사례를 통해 사회적 기업의 현황을 살펴보고자 한다.

문화로놀이짱은 매립, 소각되는 가구를 다시 사용할 수 있는 창의적 방법을 고민하는 사회적 기업이다. 버려진 가구를 재활용하여 디자인한 가구나 소품을 판매하는 한편, 지역주민들을 위한 커뮤니티 공간제공과 목공 워크숍 등의 사업을 실행하고 있다. 문화로놀이짱은 부서진 가구에 게 새로운 쓰임을, 소비자들에겐 소비가 아니라 공유의 기쁨을 제공한다. 재활용 가구를 만드는 사회적 기업으로 유명하지만 문화로놀이짱은 2004 년 설립된 이래 홍대 앞을 중심으로 지역문화예술기획을 꾸준히 펼쳐왔 다. 10대 문화에 대한 대안모색에서부터 시작된 활동은 이후 내 손으로 만든 악기 워크숍, 데모CD 마켓 등 다양한 방면으로 넓혀갔다. 생활과 창작, 소비와 공유에 대한 고민은 수시로 가게가 바뀌는 홍대 앞에 버려 진 가구로 시선을 옮기게 했다. 그리고 '네 곳의 버려진 가구가 만나면, 한 집의 가구가 된다'는 콘셉트의 '1/4 House'가 만들어진다. 재활용 가구 를 만드는 것은 새 나무로 가구를 만드는 것보다 3배 이상의 노동력이 든다. 문화놀이짱은 친환경의 가치를 살리면서 사회적인 필요를 충족시 키고자 한다. 가구와 소품을 만드는 일 외에도 재활용 문화활성화를 위해 재활용 목공 워크숍 등 다양한 프로젝트를 진행하고 있다. 흥미롭고 창의 적인 아이디어를 통해 새로운 시장을 개척하고, 사회적 필요에 대답하는 사회적 기업의 등장은 우리 사회의 건강한 발전에 기여하고 있다.

정립전자는 사회복지법인 한국소아마비협회 사업단에서 운영하는 장애우 108명을 포함해 144명의 근로자가 일하고 있는 사회적 기업이 다. 우수한 기술력을 바탕으로 LED조명과 CCTV를 생산하고 있다. 정립 전자는 장애와 체형에 맞는 작업공간을 제공하고 편의시설 등 다양한 복지혜택을 제공함으로써 장애우들이 보다 나은 환경에서 능력을 발휘 할 수 있도록 지원하고 있다. 정립전자는 최대이윤 창출이 아니라 장애 우들의 자립에 경영목표를 두고 있다. 한때 대기업의 생산기지가 해외 로 이전하면서 생산이 중단되는 위기를 겪었지만 과감히 업종을 전환하 고 사회적 기업으로 지원 받아 다시 한번 도약의 기회를 마련했다. 일할 능력을 충분히 갖추고 있지만 일할 수 있는 기회를 얻기 힘든 장애우들 에게 사회적 기업을 통해 일할 수 있는 기회를 더 많이 제공해야 한다.

4. 사회적 기업의 지속 가능한 발전방향

사회적 기업은 수익성과 공익성을 동시에 추구한다. 하지만 실제 성과에서 많은 한계를 보인다. 영리활동을 통해 이익의 극대화를 추구하는 일반기업과 비교해 수익성과 공익성을 동시에 추구하는 사회적 기업은 한계를 가질 수밖에 없다. 이윤의 극대화가 제한된다면 시장에서의 경쟁에서 생존하기 어렵다. 특히 노동자의 임금이 영리기업보다 상대적으로 낮다면 정상적인 고용이라고 할 수 없다는 지적이 있다. 또한 사회적 기업의 지배구조에 많은 이해관계자가 참여하기 때문에 의사결정과정의 비효율성이 커져 변화하는 사업환경에 신속하게 대응하지 못할 수 있다. 사회적 기업이 고용한 노동자들과 사회적 기업이 위치한 지역사회 사이에서 이익의 분배를 둘러싸고 갈등이 발생할 수도 있다. 끝으로 사회적 기업이 갖고 있는 고유의 특징 때문에 기업이 지속적으로 발전할 수 있는 적절한 전략과 사업모델을 만드는 것이 어렵다. 일정한 수익을 지속하지 못할 경우 정부의 재정부담 증가로 사업 지속가능성이 낮아지기 때문이다. 이러한 한계를 극복하고, 앞으로 사회적 기업의 지속 가능한 발전을 위해 논의되어야 할 다양한 내용 중 몇 가지를 추려보면 다음과 같다.

1) 정부의 정책적 측면

사회적 기업은 다양한 유형과 형태를 가지고 있으며 사회적 기업에서 생산하는 상품 역시 유형의 물품들로부터 무형의 서비스·공연에 이르기까지 다양하다. 점점 더 다양한 사회적 기업들이 나타나고 있으며, 이들이 필요로 하는 것은 유형별·상황별로 모두 다르다. 그럼에도 불구하고 현재 정부지원은 보조금을 통한 재정지원방식에 집중되어 있다. 앞으로는 사회적 기업과 사회적 기업에서 생산한 유무형의 생산품을 소

비자들이 보다 많이 알 수 있도록 홍보활동을 강화하고, 사회적 기업의
제품들을 쉽게 구매할 수 있도록 다각적인 노력을 활성화시켜야 한다.

　사회적 기업들이 처한 상황과 발전단계는 각기 다르다. 따라서 지금
과 같은 일률적인 지원방식은 비효율적이다. 사회적 기업의 발전단계
와 상황에 따라 필요로 하는 지원의 내용은 다를 것이다. 실제 사회적
기업이 필요로 하고, 성장에 실질적인 도움을 줄 수 있는 다양한 지원
방식과 내용이 모색되어야 한다. 정부는 정책결정과정에 사회적 기업
관계자들을 형식적으로 참여시키는 것 이상의 실질적인 협력관계를 구
축하기 위해 노력해야 한다. 사회문제를 해결하는 파트너로서 사회적
기업을 이해하고 받아들여야 한다.

2) 사회적 기업의 실행적 측면

　사회적 기업 활성화에 있어 다양한 민간조직들과 협력할 필요성이
두드러지게 나타나고 있다. 각 분야의 다양한 파트너들 간의 협력을 통
해 사회적 기업의 새로운 발전방향이 모색될 수 있다. 정부의 보조금
지원은 사회적 기업의 발전에 장기적인 측면에서 무조건 긍정적이라고
볼 수 없다. 정부의 지원에만 의존할 것이 아니라 자체적으로 재원을
조달하고 수익을 창출할 수 있는 방안들을 찾아야 한다. 정부의 경우
인증 사회적 기업이라는 타이틀이 시장에서 사업을 확장하는 데 프리
미엄으로 작용할 수 있도록 다방면에서 사회적 기업을 알리고, 민간부
문과의 연결고리를 만들 필요가 있다.

　사회적 기업은 사회적 기업들 간의 네트워크뿐만 아니라 공공기관,
민간기업, 시민사회 등 다양한 이해관계자들과 상호작용을 형성하고
활용해서 지속 가능한 사업유지 기반을 만들어야 한다. 이러한 차원에
서 사회적 기업가 정신이 요구된다. 사회적 기업으로서 혁신과 변화에
대한 역량을 키우고, 사업에 대한 도전과 열정을 발전시켜 나가야 한다.

사회적 기업은 시장으로부터 수익을 창출하는 기업이라는 사실을 경영 대표뿐만 아니라 모든 직원들이 인식해야 한다.

　장기적인 관점에서 사회적 기업이 자리 잡기 위해서는 지역에 자리 잡고 지역주민과 함께 호흡할 수 있는 풀뿌리형 사회적 기업모델이 요구된다. 지금까지 대부분의 사회적 기업이 지역에 기반을 두어 설립되었음에도 불구하고 실제 지역주민의 참여가 활발하게 이루어지지 않았다. 지역주민의 안정적 소득과 일자리 창출을 시도한 사회적 기업은 궁극적으로 능동적인 주민의 참여를 가능하게 한다(예: 서울 강동구 마을기업). 사회적 기업의 개념을 현재의 일자리 창출사업과 사회서비스 제공이라는 좁은 범위에서 보다 폭넓게 확대해서 바라봐야 한다. 사회적 기업이 활성화되면서 사회적 일자리의 운영범위가 지역사회개발, 교육 및 문화서비스의 제공 등으로 다양하게 확대되고 있다. 시대적·사회적 요구 변화에 따라 사회적 기업의 사업내용도 보다 다양하게 확장되어야 한다. 사회적 기업은 사회적 이익의 추구를 중시한다는 사실을 간과해서는 안 된다. 사회적 기업이 사회구성원들의 니즈를 적극적으로 반영할 수 있는 통로가 될 수 있도록 보다 포괄적인 관점에서 사회적 기업을 바라봐야 할 것이다.

3) 소비자의 태도적 측면

　일반인들의 사회적 기업에 대한 인지도는 매우 낮은 상황이다. 우선 사회적 기업에 대한 인지도 확산과 사회적 취약계층에 대한 긍정적인 인식을 제공할 수 있는 캠페인이 필요하다. 사회적 기업에서 생산되는 각종 제품과 서비스를 소비할 수 있는 윤리적 소비계층이 보다 두터워져야 한다. 사회적 기업이 생산한 제품과 서비스 구매를 통해 발생하는 사회적인 이익이 무엇이고, 개별 소비자들은 어떤 혜택을 받는지에 대한 소비자들의 인식이 높아질 때 사회적 기업의 활성화가 가능해진다.

사회적 경제 전체의 파이를 키우기 위해서는 소비자의 태도변화가 선행
되어야 한다. 편견을 버린 소비자들의 열린 태도가 사회시스템의 변화
를 촉진시킬 수 있다.

사회적 기업은 인간은 합리적인 존재이며 자신의 이익을 위해 선택
하고 경제행위를 하는 일차원적 존재만이 아니라는 문제의식에서 출발
한다. 인간은 이윤극대화라는 하나의 목표만을 추구하는 것이 아니라
사회적 가치도 함께 추구한다는 것이다. 윤리적 소비는 자본이 아닌 사
람의 결합을 중심 가치로 둬야 한다. 사회적 기업의 등장과 발전은 자
본주의에 대한 도전으로 더 큰 사회를 만들어가기 위한 하나의 방안이
라고 할 수 있다. 세상이 하나의 끈으로 연결되어 있다는 사회적 연대
의식을 통해 사회적 문제를 해결하려는 작은 시도에서부터 사회적 기
업이 성장·발전할 수 있다. 이를 통해 더 나은 삶의 기반이 형성될 것
으로 기대한다.

김태연(2010), "한국의 공정무역 현황", 『생협평론』, 겨울(창간호).
노동부, 한국노동연구원(2003), 『사회적 일자리 창출방안 연구』, 한국노동연구원.
노동부(2004), 『사회적 일자리 창출사업 중장기 발전방안』, 노동부.
노동부(2008), 『사회적 기업 현황 및 육성정책』, 노동부.
보건복지부, 한국보건사회연구원(2005), 『사회적 일자리 활성화 및 사회적 기
　　　업발전 방안 연구』, 한국보건사회연구원.
엄형식(2008), 『한국의 사회적 경제와 사회적 기업』, 실업극복국민재단.
이은선(2009), "사회적 기업 특성에 관한 비교 연구", 『행정논총』, 47(4).
전병유 외(2003), 『사회적 일자리 창출방안 연구』, 노동연구원.
홍석빈(2009), "사회적 기업의 지속성장 가능성", 『LG Business Insight』.

EFTA(2001), Fair Trade in Europe 2001, EFTA.
ESRC(2008), *Annual Report and Accounts: Economic and Social Research Council,* ESRC.
Geoff Moore(2004), The Fair Trade movement: parameters, issues and future research, *Journal of Business Ethics.* 53.
IFAT(2003), http://www.ifat.org.
Jacques Defourny and Marthe Nyssens(2008), *Social Enterprise in Europe, Recent Trends and Developments,* EMES Working Paper Series.
Jacques Defourny(2001), *From Third Sector to Social Enterprise. in Carlo Borzaga and Jacques Defourny(eds.) The Emergence of Social Enterprise,* London: Routledge.
Janelle A. Kerlin(2006), Social Enterprise in the United States and Europe: Understanding and Learning from the Differences, *International Journal of Voluntary and Nonprofit Organizations,* 17(3).
Kim Alter(2007), *Social Enterprise Typology,* Virtue Ventures LLC, http://www.virtueventures.com.
Lester M. Salamon and Helmut K. Anheier(1997), *Toward a Common Definition in Defining the Nonprofit Sector,* A Gross-National Analysis, Manchester Univ. Press.

OECD(1999), *Social Enterprise in An Evolving Economy: From Non-Profit Organizations to Social Enterprises*, OECD.

Roger Cowe and Simon Williams(2000), *Who are the Ethical Consumers?*, Co-operative Bank Report.

제7장

공동체를 생각하는 윤리적 소비

　　　　　　지속가능한 생활에 대한 요구가 확대될수록 '공동체'에 대한 관심은 높아진다. 공동체는 윤리적 소비에서 생소한 단어가 아니다. 윤리적 소비는 '나'를 위한 소비에서 '우리'를 위한 소비로 확장된 소비의 모습을 보인다.

　　　　　　우리라는 단어 안에는 문화적, 정서적, 공간적으로 관계를 맺고 있는 공동체의 개념이 함축되어 있다. 윤리적 소비는 일부 소비자에 의해 이뤄지는 것이 아니라 공동체에 포함되어 있는 소비자의 자율적인 참여와 협동이 중심이 되어야 한다. 무한경쟁의 속도로부터 벗어나 생태, 문화, 복지 중심의 공동체를 지향하는 윤리적 소비는, 윤리적 소비를 가능하도록 경제적 기반을 만드는 지역화폐와 건강한 공동체성의 회복을 가져오는 로컬푸드에 대한 관심이 높다.

　　　　　　본 장에서는 믿을 수 있는 공동체를 구성하고, 주체적·자발적으로 공동체의 유지·발전을 위해 노력하고 있는 공동의 생산자로서 소비자의 역할을 확인하고자 한다. 공동체에 숨어있는 관계를 복원하고, 이를 통해 윤리적 소비로 나아가는 모습을 확인해보자.

로컬푸드

먹을거리에 대한 소비가 공동체, 사회에 대한 관심과 결합되면서 오늘날 로컬푸드에 대한 관심으로 이어졌다. 로컬푸드에 대한 세계적 관심 및 연구는 주로 농업의 세계화 및 근대적 식생활에 따른 식량위기의 연구에서 출발하여 환경문제 및 윤리적 실천의 문제를 논의하는 대안적 방향으로 나아가고 있다. 음식에 대해 옳은 결정을 내리면 세상을 바꿀 수 있을까?

무엇을 먹어야 할지, 어떻게 살아야 할지를 고민하는 오늘날, 로컬푸드에 대한 논의는 필연적인 것일지도 모른다. 분명한 것은 우리가 먹는 음식이 어떻게 자라고 가공되는지, 그 음식을 얻기 위해 얼마나 멀리 가야 하는지, 그리고 그 과정에서 무슨 일이 일어나는지에 대해서 몇 가지 기본적인 사실을 안다면 더 좋은 먹을거리를 고를 수 있다는 사실이다. 더 신선하고 더 맛있는 음식을 구할 수 있으며, 그 과정에서 환경을 보호하고 날마다 우리가 먹을 음식을 생산하기 위해 애쓰는 농부들을 도울 수 있다. 우리의 먹을거리가 생산되는 시스템이 그 속에서 노동하는 모든 이들에게 경제적이며 사회적으로 공정하다면 우리들은 더 이상 단순한 소비자가 아니라 공동의 생산자로서, 좋은 먹을거리를 생산하고 믿을 수 있는 공동체를 만들어내는 참여자로서 존재하게 된다. 이러한 관점에서 로컬푸드의 의미를 살펴보고자 한다.

1. 로컬푸드의 등장배경

현재 우리가 먹고 있는 먹을거리의 본래 모습이 무엇이며 어떤 과정을 거쳐 우리가 소비하고 있는지 제대로 아는 것은 어렵다. 다양한 형태로 가공된 먹을거리들이 대형마트의 진열장에서 단지 소비되기만을 기다리고 있을 뿐이다. 이렇게 소비되는 먹을거리들에 대한 안전사고는 끊이지 않고 있으며 안전성에 대한 의문이 지속적으로 제기되고 있다. 이에 대응하기 위한 새로운 대안체제로서 로컬푸드의 개념이 등장해 확산되고 있다.

카길(Cargill), 몬산토(Monsanto), ADM(Archer Daniels Midland) 사로 대표되는 세계 곡물메이저 중심으로 이루어진 세계식량체계는 전 세계 곡물시장의 80% 이상을 장악하고 있으며 종자는 물론 방제 시비, 수확물의 저장·가공·유통 등을 독점하여 통제하고 있다. 먹을거리에 대한 시간과 공간의 맥락이 사라지게 된 것은 다국적 식품기업을 중심으로 한 식품산업의 성장에서부터 시작된다. 이러한 오늘날의 먹을거리 시스템을 세계식량체계라고 한다. '소규모 생산의 비효율성'이라는 문제를 해결하고 세계적인 빈곤의 문제를 해소할 것이라는 가정 아래 도입된 세계식량체계는 오히려 반대결과를 가져왔다. 국제연합식량농업기구(FAO)에 따르면, 120억 명을 충분히 먹일 수 있을 정도로 식량을 생산하면서도 실제로 지구 상에 살고 있는 60억 명의 사람들을 다 먹이지 못하고 있다. FAO의 '세계 식량불안 현황' 백서는 약 8억 명, 세계 인구의 1할이 영양부족상태에서 매년 굶주리고 있다고 말한다. 세계화 속에서 식량분배의 불평등은 확대될 조짐을 보이고 있다. 생산량 증대를 위한 과도한 화학물질 사용은 토지의 사막화, 수자원의 고갈, 생물다양성의 감소라는 모순을 낳고 있다.

세계 식량공급은 왕성히 늘어나는 곡물수요에 비해 축적된 농업기술의 감소, 경작지의 비경작지로의 전환, 기온상승으로 인한 수확감소, 관개용수의 도시유출 등으로 공급이 줄어들어 점점 더 어려워지고 있다. 세계식량체계하에서 농민들은 독자성과 자율성을 잃을 뿐만 아니라 다국적 기업이 주도하는 가격 중심의 시장에서 경쟁력을 상실하고 있다. 식량이 생산되고 유통되는 과정에서 여성들, 영세농, 소규모 식량 생산자들은 철저히 소외된다. 농민의 자율적이고 독립적인 삶은 그 형태를 잃고, 다국적 기업에 종속되거나 농민들 스스로 농업을 포기해야 하는 구조로 이어지고 있다. 심지어는 농산물을 대량으로 수출하는 선진 농업국가(미국, 캐나다, 호주 등)에서조차 농업생산성과 노동비용 측면에서 규모가 큰 다국적 기업농들에 경쟁이 되지 못하면서 가족 노동력으로 경영하는 소농들이 빠르게 몰락하고 있다. 산업화되고 세계화된 현재의 식량시스템은 남반구와 북반구, 생산자와 소비자, 그리고 부자와 가난한 자로 모든 것을 구분 짓고 있다. 세계식량체계는 농민과 소비자의 관계와 삶을 파괴함은 물론 인간과 자연의 관계마저 파괴하고 있다.

광우병, 멜라민, GMO 파동 등으로 나타나는 세계식량체계에 대한 문제는 또 다른 로컬푸드의 등장배경이다. 먹을거리는 인간의 건강과 생명에 직결되는 것으로 식품안전보장은 매우 중요하다. 하지만 이윤 극대화와 비용절감을 추구하는 농식품기업들의 식품생산 및 유통방식은 계속해서 치명적인 식품사고를 낳고 있다. 초국적 농식품기업들은 지구 상에서 가장 싸게 원료를 구매할 수 있는 곳을 찾고, 가공 후에는 이를 가장 비싼 값으로 판매할 곳을 지구전체에서 찾는다. 이러한 과정에서 식품의 다양성은 파괴되고 위험한 식품문화(junk food culture)가 만들어지고 있다. 생활의 질이 향상될수록 사람들은 점점 더 건강에 관심을 갖게 되고, 건강과 직결되는 먹을거리에 더 많은 주의를 기울이고 있다. 이러한 상황과 반대로 글로벌푸드의 문제는 전 세계로 빠르게 확산되고 있다. 또 다른 문제는 글로벌푸드와 가공된 먹을거리의 섭취비율이 높아지면서 비만이나 아토피와 같은 식원성 질병들이 빠르게 증가하고 있다는 사실이다. 먹을거리의 전반적인 질이 점차 하락하고 이로 인한 직접적인 피해가 증가하고 있다.

세계식량체계는 공간적, 시간적, 단계적, 형태적인 괴리를 계속해서 확산시키고 있다. 공간적인 괴리로서 먹을거리의 생산에서 소비에 이르기까지 이동 거리가 점차 증가하고 있다. 시간적인 괴리로는 먹을거리가 생산된 시점과 이를 소비하는 시점 사이의 괴리를 들 수 있다. 장거리 수송과 함께 냉동, 냉장보관, 가공을 통한 저장은 먹을거리의 생산과 소비의 시간적 괴리를 계속해서 확대시키고 있다. 단계적 괴리는 먹을거리 생산자와 소비자 사이의 점점 더 많은 단계들이 나타나고 이러한 단계를 거쳐 연결되는 현상으로, 보다 많은 행위자들이 생산과정에 참여함으로써 생산자와 소비자의 괴리가 커지는 것을 말한다. 이는 생산자와 소비자의 신뢰관계에도 악영향을 미친다. 마지막으로 형태적 괴리는 처음 생산된 먹을거리와 소비자에게 제공되는 먹을거리의 형태가 수많은 가공의 과정을 거쳐 전혀 새로운 형태의 먹을거리로 변하는 것을 말한다. 최종 가공된 먹을거리만으로 생산의 출처를 알기 어려워지면서 먹을거리에 대한 소비자들의 신뢰는 점차 떨어지고 있다. 먹을거리는 공업제품과 달리 생산과 소비 사이의 괴리가 커질수록 상품의 질이 급속이 떨어지는 유기물이기 때문에 시간과 함께 변질·부패하여 인간의 생명과 건강을 위협할 수 있다. 세계식량체계에서 소비자들은 점점 더 먹을거리로부터 소외되고 먹을거리의 문맹자가 되고 있다.

이와 같은 문제가 발생하는 가장 큰 이유는 '값싼' 식량에 대한 잘못된 믿음이다. 산업형 식량시스템이 더 많은 식량을 생산하고 있으며, 빈곤을 없애기 위해서는 이 시스템이 필요하다고 여기는 잘못된 믿음이 바로 그것이다. 다국적 기업의 성장과 집중화의 촉진은 지역식량 생산자와 지역식량 공급을 감소시켰다. 그러나 실제로 초대형으로 단일 경작하는 기업형 농장들보다 생물학적으로 다양한 작물을 재배하는 소규모 유기농 농장들이 훨씬 더 많은 식량을 수확하고 있다. 산업화된 농업시스템의 생산방식에 수반되는 환경적·사회적 비용과 필요한 막

대한 공공보조금을 제외한다면, 생산의 효율성을 증가시키지 못했음이
분명하다. 이러한 상황에서 세계식량체계의 대안으로 먹을거리의 생산
과 소비 사이의 물리적·사회적 거리를 축소하는 로컬푸드 운동이 주
목받고 있다. 로컬푸드는 전혀 새로운 개념이 아니다. 우리는 과거 지
역공동체 단위에서 소규모 식량생산을 경험했다. 전통과 문화, 협력의
즐거움, 그리고 수세기 동안 공동체 기반 생산 및 소비를 지속해왔기
때문이다. 과거 우리의 경험이 현대의 위기 속에서 더욱 부각되고 있다.

　로컬푸드가 농업과 농민을 살릴 수 있는 대안으로 떠오르는 배경에
는, 먹을거리를 생산하는 농업에 대한 관심과 먹을거리에 대한 소비자
의 인식변화가 있다. 로컬푸드는 생산자와 소비자 사이의 물리적·정
신적 거리의 축소와 관계의 확대를 지향한다. 지역적으로 식량을 생산
하게 되면 생산자와 소비자 사이의 거리가 줄어든다. 지역사회의 복지
에 기여하며, 토지에 부담이 덜 가는 생산방법을 선택하게 된다. 농부
들의 삶이 윤택해지며 소비자들은 건강을 되찾게 된다. 이러한 로컬푸
드는 자연과 완벽한 조화를 이룬다. 로컬푸드 안에서 소비자는 공동의
생산자다. 소비자와 소규모 생산자와의 관계는 계속 발전될 수 있다.
서로에게 공정하며, 건강한 식량시스템을 만드는 데 필수적인 연결고
리가 유지되기 때문이다. 로컬푸드를 통해 먹을거리의 안전성을 높일
수 있으며 궁극적으로 지속 가능한 농식품체계를 만들 수 있다. '맛있
다', '고맙다'는 말로 이어진 생산자와 소비자 사이의 신뢰가 그 어느
때보다 필요하다.

2. 로컬푸드의 개념

　학문적으로 로컬푸드에 대한 논의는 1970년대 후반부터 마르크스주
의적 정치경제학의 영향을 받아 시작된 관행적 농식품체계(conventional
agro-food system), 글로벌 식량체계, 글로벌 상품사슬론(global commodity

chain)에 입각한 농식품 사슬분석으로 거슬러 올라간다. 이후 2000년대 들어서 유기농, 공정무역, 로컬푸드와 같은 대안 농식품 네트워크 (alternative food network)에 관한 논의로 전환된다. 최근에는 로컬푸드, 농식품체계의 지역화, 생산자-소비자 연결 등 대안 먹을거리 운동 혹은 대안 농식품 네트워크에서 '로컬'의 의미가 두드러지고 있으며, 접근방식도 보다 다양해졌다.

영국을 비롯한 유럽의 관련 학계에서는 1990년대부터 로컬푸드 개념에 대한 다양한 연구들을 진행했다. 로컬푸드에 대한 가장 단순한 정의는 '일정한 지리적 거리에 기초를 둔 것으로 원산지 표시의 유무와는 상관없이 구매자가 살고 있는 곳에서 30마일 이내에서 생산된 식품(Glove, 2005)'이다. 그러나 이와 같은 정의는 실제 로컬푸드가 담아야 할 질적인 내용은 전혀 포함하고 있지 않다. 이에 Tregear(2001)는 로컬푸드의 개념과 관련한 3가지 요소를 제안했다. 첫째, 식품과 지역을 연계시킬 수 있는 사회문화적인 요인, 둘째, 식품과 지역 간의 연계에 의해 얻을 수 있는 마케팅 측면의 유리함, 셋째, 지역경제의 사회경제적 네트워크 형성에 미치는 영향이 그것이다. 이 개념은 지역적인 특성과 식품 간의 연계를 통해 얻을 수 있는 각종 효과와 영향을 파악하는 데 유용한 틀을 제공한다. 그러나 식품의 질적 수준이나 안전성에 대한 고려가 포함되어 있지 않다. 따라서 기존 대량생산 유통체제의 식품과 차별적인 형태인 로컬푸드에 대한 정의라고 하기에 미흡한 부분이 있다. Trobe(2002)는 이를 보완해 로컬푸드를 '생산자에게는 공정한(fair) 가격을, 모든 사람들에게는 적정한(reasonable) 가격을 보증하면서 가능한 지속 가능한(sustainable) 농법을 사용하여 특정지역에서 생산·가공되어야 하고, 직거래(direct)나 공급망의 단축을 통해서 지역주민들에게 유통되는 농산물'로 정의하였다. 이는 경제적, 윤리적, 환경적인 측면이 고려된 종합적인 개념이라고 볼 수 있다.

로컬푸드는 '거리적' 측면, '경제적' 측면 및 '환경적' 측면에서의 개

넘 확인을 통해 좀 더 명확한 이해가 가능하다. 일반적으로 로컬푸드의 거리적 측면은 물리적 거리와 사회적 거리로 구분된다(핼웨이, 2006). 많은 국가에서 로컬푸드는 반경 50킬로미터(30마일) 이내에서 생산된 먹을거리로 규정된다. 물리적 거리는 생산자와 소비자 간의 거리와 이동을 최소화하여 농산물의 품질과 생태계의 환경에 미치는 긍정적인 영향력의 측면을 말한다. 지역 내에서 생산되는 다양한 농축산물을 동일지역에 거주하는 사람들이 먹을거리로 이용하기 때문에, 생산자의 손을 떠나 소비자의 밥상에 오르기까지의 운송거리(Food Mileage)가 짧아 수송과정에서 발생하는 탄소배출량을 줄일 수 있다. 경제적 측면은 로컬푸드를 생산하는 생산자 및 유통업자들과 로컬푸드를 소비하는 지역공동체 구성원들 모두에게 경제적 이익이 창출되는 것이다. 로컬푸드를 통해 지역경제 내 농산물의 안정적 유통구조가 형성됨으로써 지역의 경제발전에 미치는 긍정적 파급효과는 경제적 측면에서 바라본 로컬푸드의 대표적인 특징이다. 로컬푸드는 지역 생산자들의 안정적인 생활유지에 기여함으로써 지역사회의 지속적인 발전을 도모하고, 지역경제의 다양화와 대안적인 유통구조를 성립한다. 지역에서 생산한 것을 지역에서 소비하기 때문에 생산, 유통, 판매 과정에서 고용을 창출하고, 소득을 증가시켜 지역공동체 활성화에 기여하기 때문이다. 마지막으로 로컬푸드의 환경적 측면이다. 소비자 입장에서 로컬푸드는 신뢰할 수 있는 상태에서 생산되어 농산물에 대한 안정성이 보장된다. 생산자 입장에서는 지속 가능한 생산이 가능하도록 환경을 고려해 생산하는 것을 말한다. 로컬푸드를 통한 농축수산물 품질의 우수성은 농산물 자체뿐만 아니라 환경지향적인 생산과정으로부터 확인할 수 있다. 로컬푸드는 장기적으로 지구온난화 방지와 지역 환경보전을 가능하게 한다.

그러나 로컬이라는 지리적 개념에 담겨져 있는 여러 가지 개념의 혼재는 로컬푸드 운동의 폐쇄적 진행가능성을 암시한다. 예를 들어 생산자와 소비자 간의 '과정'이나 '관계'가 아니라, 영역으로서 로컬에 접근

할 경우 방어적인 로컬리즘(defensive localism)에 빠지게 되어 지역 간의 갈등을 불러올 수 있다(Winter 2003; DuPuis & Goodman 2005). 로컬의 범위는 본질적으로 주어진 것이 아니라 사회적으로 구성되는 성격이 강하다. 따라서 '로컬'이란 개념에는 일정한 공간적 거리를 넘어서는 정치·사회문화적 개연성이 포함되어 있다. 로컬푸드에 운동적 성격이 결합될 때 로컬푸드의 개념은 기존의 지리적 개념에서 포괄적인 사회적 개념으로 발전된다. 로컬푸드 운동의 지향점은 먹을거리의 안전성을 포함하여 세계화되는 식량체계에 대한 저항 및 근대 산업화의 모순과 왜곡에 대한 대항적 의미를 포함하고 있다. 따라서 로컬푸드 운동을 유기농 먹을거리 운동 혹은 지역산 먹을거리 운동으로 단순히 바라보는 것은 로컬푸드 운동의 현상을 전체적으로 보지 못하는 것이다. 이전과 달리 로컬푸드 운동은 정치적 투쟁의 목표보다 안전한 먹을거리 체계의 확보 등 일상의 목표를 운동의 목표로 삼고 있다. 로컬푸드를 소비하기 원하는 소비자 조직을 구성해 지역공동체를 다시 활성화 시킬 수 있다. 로컬푸드 운동은 먹을거리를 통해 전반적인 사회의 문제를 해결하고자 하는 자발적·조직적 활동이기 때문이다.

3. 로컬푸드 사례

해외에서 로컬푸드 사업은 소비자협동조합이나 생산자협동조합, 박스 프로그램(box scheme), 공동체지원농업(CSA), 지역농산물구매운동 등 다양한 민간부문의 활동으로 확인할 수 있다. 로컬푸드 사업을 정부와 지자체 차원에서 본격적으로 제도화하는 사례도 있다. 먹을거리정책협의체(Food Policy Council) 설치, 지역농산물 학교급식지원, 농민장터 개설, 공공부문에서의 정부조달, 지역농산물 유통 인센티브 제공 등을 통한 지역농산물의 판로개척과 저소득층을 위한 식품 쿠폰제, 신선식품 공급을 통한 지역 내 안정적인 먹을거리 공급과 먹을거리 불평등 해소와 같은 통합적인 로컬푸드 정책이 이에 해당된다.

미국과 유럽의 로컬푸드 운동은 그 성격이 조금씩 다르다. 미국은 유럽에 비해 저항적인 사회운동의 성격(Goodman 2003; Allen 2004)이 로컬푸드 운동에 강하게 나타난다. 반면, 유럽은 새로운 농촌발전의 패러다임 등장과 정책 변화 속에서 제도개선을 위한 시장주의적 개혁의 성격이 강하다(Sonnino & Marsden, 2006). 유럽의 로컬푸드는 '지역성'의 상품화 경향과 지역발전의 도구화 경향이 두드러진다. 특히 유럽 내에서도 남부지역의 국가들(프랑스, 이탈리아, 스페인 등)과 중북부 지역의 국가들(독일, 영국, 네덜란드)을 비교할 때 보다 넓은 농업지역을 가진 남부지역의 국가들에서 이러한 경향이 더 강조된다.

로컬푸드 운동은 나라·지역별로 각기 다른 모습을 보인다. 그러나 공통적으로 지역농민의 안정적인 생계유지와 지역경제 활성화, 그리고 도시 소비자들에게 안정적인 가격으로 품질을 보장할 수 있는 먹을거리를 공급하고 이를 통해 건강 증진을 도모한다는 특성을 보인다. 그리고 식생활 교육을 통해 미래세대들에게 생태·사회교육을 한다는 사실은 로컬푸드 운동의 공통적 특징이다.

먹을거리에 대한 새로운 가치를 부여함으로써 먹을거리에 담겨져 있는 환경, 지역경제, 교육 등의 다양한 차원들을 제시하고 있는 로컬푸드 사례는 다음과 같다.

1) 미국

미국은 대표적으로 거대기업이 식량체계를 지배하는 나라이다. 이에 대한 대안으로 로컬푸드가 등장하여 발전하고 있다. 미국 로컬푸드는 주로 공동체지원농업(community supported agriculture), 농민시장(farmers' market), 도시농업(urban agriculture), 기관구매(institutional purchase), 식량정책협의회(food policy council)의 형태로 나타난다. 미국의 농산물은 규모화, 기계화된 대량생산이 주류이며, 농산물 유통도 수확 후 품질관리를 거쳐 서부에서 동부까지 차로 5일 이상 걸리는 광역 원거리 유통을 기본으로 한다. 따라서 소매점에서 신선한 농산물을 구매하는 것은 어려우며, 설사 가능하다 하더라도 그 가격이 비싸다. 하지만 가족농의 생존노력, 소비자들의 인식변화, 연방정부와 주정부의 지원, 비영리 시민단체 등의 활발한 참여를 통해 로컬푸드가 활발히 진행되고 있다.

미국 로컬푸드 발전의 기여는 첫째, 지역생산자와 소비자의 활발한 참여를 꼽을 수 있다. 미국의 생산자들은 세계식량체계의 곤경에서 벗어나기 위해 새로운 작물을 재배하고, 소비자와 신뢰관계를 구축해 틈새시장을 넓혔다. 생산자들의 적극적인 참여가 로컬푸드 확산에 중요한 역할을 했다. 소비자들 또한 지역농산물을 우선적으로 소비하고, 생산자와 함께 지역농업을 지키려는 강한 의지를 보였다. 둘째, 중앙정부, 지자체 등의 적극적인 지원을 들 수 있다. 미국 오바마 행정부의 농무부(USDA)는 2009년 8월, 2008년 개정된 농업법에 의거해 농촌개발정책에서 로컬푸드 활성화 정책방안을 제시한다. 우선 지역사회 로컬푸드 시설지원(Community Facilities Program: 농민 장터, 지역사회 공동주방(community kitchen) 시설, NGO의 로컬푸드 지역유통시설, 학교 조리시설, 지역사회 푸드뱅크 지원)과 로컬푸드 사업 및 산업보증 융자(B & I Guarantee Loan: 로컬푸드 관련 농촌사업자들(생산, 가공, 유통 등)에 융자자금 지원)를 제안한다. 또한 부가가치 생산자 지원(VAPG: 로컬푸드 관련 가공 및 유통을 통한 부가가치 증대 생산자들에 대한 계획 및 활동자금 지원)을 언급하고 있다(USDA, 2009). 정부 차원의 지원은 로컬푸드가 사회에서 안정적으로 자리 잡을 수 있는 재정적 여유를 제공하며, 소비자들에게 로컬푸드가 중요하다는 사회적 인식을 심어준다. 셋째, 시민단체의 역할이다. 미국의 비영리단체들은 세계식량체계의 부작용을 캠페인, 다양한 활동들을 통해 적극적으로 알렸다. 또한 농민과 소비자 교육을 통해 로컬푸드에 대한 연방정부의 재정지원 필요성을 주장했다. 비영리단체의 활동은 기관급식에서 지역농산물을 이용하는 사례를 낳았다. 미국의 프리 팜 스탠드(Free Farm Stand)라고 불리는 비영리단체는 직접 텃밭을 가꾸고 재배해 신선한 유기농 농산물을 인근 저소득층 주민들에게 제공하고 있다. 누구나 건강하고 영양 넘치는 신선한 식품을 소비할 수 있을 뿐만 아니라 이웃과 이야기를 나누고 자신의 먹을거리가 어디에서 오는지, 어떻게 하면 더 좋은 식단으로 건강한 삶을 유지할 수 있는지를 서로 교류하고 나누는 나눔의 장을 제공하고 있다. 보다 많은 공동체의 구성원과 로컬푸드를 나눌 수 있는 다양한 방안이 꾸준히 등장하고 있다.

　로컬푸드에 대한 생산자, 소비자, 정부, 비영리단체의 공고한 4인 지원체계는 각 주체가 식량과 농업이라는 문제에 일정한 책임을 갖고 있으며, 당면한 문제해결을 위한 인식의 공유와 실질적인 해결책 마련이 시급하다는 사실을 일깨웠다. 환경과 먹을거리, 생활의 문제를 다루는 로컬푸드의 중요성이 공유되었기 때문에 다양한 로컬푸드 운동이 나타날 수 있다.

2) 유럽

　1985년 영국에서 광우병(Bovine spongiform encephalopathy)[1]이 발생하고, 1996년과 2001년 인간광우병[2]과 구제역(foot-and-mouth disease)[3]이 유럽에서 대규모로 발생한다. 로컬푸드에 대한 논의가 유럽을 중심으로

---

1) 광우병은 소의 뇌에 생기는 신경성 질환으로 공식명칭은 '우해면양뇌증(BSE)'이다. 소가 이 병에 걸리면 미친 듯이 난폭해지기 때문에 광우병이라고 한다. 이 병에 걸린 소는 침을 흘리고 비틀거리는 등 증상을 보이다가 뇌에 스펀지처럼 작은 구멍이 생겨 이내 죽는다. 초식동물인 소에게 먹인 '동물성 사료'가 광우병의 원인으로 추측되고 있다.
2) 광우병이 사람에게 전염된 '변종 크로이츠펠트 야곱병(vCJD)'을 일컫는 말로, 광우병에 걸린 소의 고기를 먹은 사람에게 나타나는 병이다. 광우병과 마찬가지로 뇌의 단백질 이상으로 신경세포가 죽어 스펀지처럼 뇌에 구멍이 뚫려 결국 사망하게 된다.
3) 구제역 바이러스에 전염되는 전염성 높은 우제류가축(발굽이 2개인 소, 돼지 등)의 급성전염병으로, 특별한 치료법이 없고 치사율이 5~55%에 달한다. 구제역 바이러스는 전염성이 매우 강하여 무리에서 한마리가 감염되면 나머지 가축 모두에게 급속하게 감염된다.

본격 확산되는 중요한 이유가 여기에 있다. 광우병, 구제역 등 식품 관련 사건들로 인한 피해는 소비자들에게 안전한 먹을거리의 필요성을 높였다. 또한 수십 년간 계속되어온 지역농업에 대한 위기는 유럽사회에서 로컬푸드의 필요성을 더욱 절실하게 만들었다.

영국은 소비자들의 먹을거리에 대한 신뢰와 농민들의 생계문제, 그리고 비만과 같은 먹을거리와 관련된 사회적 비용증대 문제를 해결하기 위해 지속 가능한 농업과 로컬푸드를 주요한 정책과제로 삼고 있다. 영국 정부에서 로컬푸드 활성화를 위해 가장 중요하게 생각하는 것은 공공급식에서 로컬푸드 사용을 장려하는 것이다. 이를 위해 여러 가지 프로젝트와 보고서가 진행됐다. 대표적으로 2006년 국립감사원(National Audit Office)에서 나온 'Smarter food procurement in the public sector'를 들 수 있다. 여기에서 기존 최저가 식품입찰이 갖고 있는 문제점이 지적된다. 양질의 먹을거리를 영국 국민들에게 제공하기 위해서는 EU 규정에서 금지하고 있는 원산지 차별을 피하면서 로컬푸드를 장려할 수 있는 좀 더 영리한(smarter) 먹을거리 정책이 필요하다고 주장한다. 학교, 병원, 교도소, 군대 급식을 사례로 들어 정책을 실현할 수 있는 방안을 서술하고 있다. 실제 영국 런던에서는 4개 공공병원을 대상으로 로컬푸드(유기농) 사용량을 10% 선까지 높여나가는 프로젝트를 2년간 시행하기도 한다.

비영리단체와 생산자들이 함께 조직한 영국 런던의 농민장터(farmers' market)는 로컬푸드의 대표적인 사례이다. 일부 농민장터 판매 농민들은 런던의 식당 및 기타 판매처와 직거래를 시작함으로써 판로를 넓히기도 했다. 그 결과 농민장터를 통해 지역 내 신규사업이 30% 확산되는 부수적인 성과도 얻게 되었다(Mayor of London, 2006). 현재 영국 런던에는 737개 도시 텃밭에 3만여 명이 텃밭농사를 하고 있고, 런던 가구의 14%가 자신의 집 정원에서 농사를 지을 정도로 로컬푸드 운동이 활성화돼 있다.

1986년 이탈리아에서는 이탈리아에 진출하려는 맥도날드에 반대하면서 슬로푸드 운동이 시작되었다. 슬로푸드는 패스트푸드의 반대의미로 인공의 속도가 아니라 자연의 속도에 의해 생산된 먹을거리, 제철 먹을거리, 그리고 소비자에게 가까운 곳에서 생산된 지역 먹을거리의 의미를 갖는다. 음식을 표준화하고 전통적인 지역음식을 소멸시키는 패스트푸드의 진출에 대항해 식사, 미각의 즐거움, 지역음식의 보존이라는 가치를 제시한 슬로푸드 운동은 1989년 파리에서의 선언문 발표로 국제적 운동으로 발전하였다. 파리모임에서 정식 설립된 아르치골라 슬로푸드 운동(slow food arcigola)[4])은 사회의 속도와 균질적인 산업화 음식에 저항하는 국제적 운동의 기점이 된다. 이 비영리운동은 이제 45개국 6만 5천 회원에 560개의 지역지부를 자랑할 정도로 성장했다. 슬로푸드 운동은 대량소비로 발생하는 식료품자원의 낭비를 억제하고, 사라져가는 지역의 전통음식을 되살려 다시 한번 공동체를 회복하고자 한다. 자원의 무제한적인 개발을 억제해 생태계의 보존방법을 모색하고, 각국 특유의 전통적 식문화를 보존하는 것은 지역의 생산자와 소비자 모두가 삶의 주체로서 지역공동체에 존재하도록 한다.

윤리적인 먹을거리 네트워크라고 할 수 있는 로컬푸드는 양질의 먹을거리를 소비자에게 보장하며, 생산자들에게 안정적 경제구조를 제공한다. 소비자와 생산자는 로컬푸드를 통해 각자 추구하는 목적을 달성할 수 있다. 나아가 로컬푸드는 소비자와 생산자를 소비과정의 의식적인 이해관계자로 만들어 장기적으로 로컬푸드가 유지될 수 있는 기반을 만든다. 산업으로서의 먹을거리가 아닌 삶으로서의 먹을거리의 의미를 되새기는 로컬푸드는 다시 한 번 삶의 본질을 일깨우는 운동으로 기능하고 있다.

---

4) 슬로푸드운동의 정식 명칭은 '슬로푸드 아르치골라(slow food arcigola)'이며, arcigola란 영어 '무브먼트(movement)'에 해당되는데, 'slow food'라는 영어 뒤에 굳이 이탈리아어를 쓰는 것은, 미식 문화의 본고장인 이탈리아의 자존심을 표현하고 있다. 이 운동은 이탈리아를 비롯한 프랑스에 국한되는 것이 아니라 패스트푸드의 본고장인 미국에도 큰 도시마다 지부가 설치되어 활발히 활동하고 있으며 세계적으로 확산되고 있다.

3) 일본

　일본의 지산지소(地産地消) 운동이란 '지역에서 생산한 농산물을 지역에서 소비하는 것'을 기본으로 하는 활동을 말한다. 1990년대 초반부터 등장하여 농협을 중심으로 추진된 지산지소 정책은 2005년부터 정부 차원에서 제도화되었으며, 지자체 차원에서 실행계획을 세워 추진하는 방향으로 나아가고 있다. 지산지소는 유통경로를 단축한 농산물 유통에 그치지 않는다. 농업과 식량의 세계화, 무역자유화의 진행으로 인한 식량·농업·농촌의 문제에 대한 해결책이며 제안이라고 할 수 있다. 먹을거리를 통한 생산자와 소비자의 신뢰가 지산지소 활동이 이뤄지는 지역에서 나타나고 있다. 농산물 직판장이나 농촌 레스토랑에서는 지역의 특색이 넘치는 특산물들이 진열되어 판매된다. 지역의 아이들은 농사현장을 체험하며, '생명'에 대한 감사의 마음을 학교급식과 더불어 배운다. 먹을거리를 계기로 지역주민 모두가 또 다른 대안적 삶의 방식을 만들고 있다.

　일본의 지산지소 운동은 지역경제의 자립과 순환형사회의 형성을 꾀하고 있으며, 생활의 근대화 속에서 잃어가고 있는 전통적 문화와 향토음식을 회복하기 위해 노력한다. 이러한 노력은 다음과 같은 결과를 만든다. 첫째, 자원순화와 지역 내 자급자족의 촉진으로 나타난다. 둘째, 안전한 품질의 농산물을 저렴하게 공급하는 것으로 활성화된다. 지산지소 운동은 지역에서 생산한 것을 지역에서 소비하기 때문에 '얼굴을 볼 수 있는 관계'를 만든다. 이를 전제로 생산과 유통이 이뤄진다. '얼굴을 볼 수 있는 관계' 즉, 신뢰관계는 먹을거리의 안전성 확보뿐만 아니라, 먹을거리의 이력을 추적할 때에도 적은 비용을 유지시킨다. 신뢰관계를 기반에 둔 지산지소는 어떤 품질기준에도 뒤처지지 않는다. 또한 지역 내에서 생산이 이뤄지기 때문에 생산자는 소비자의 요구를 쉽게 파악할 수 있다. 셋째, 지역의 고용창출과 지역자원의 활용을 촉진시킨다. 농업을 통한 지역사회의 신뢰관계 구축은 사람과 사람 사이의 관계를 활성화시키고, 지역을 위한 여러 가지 활동의 참여를 독려한다. 넷째, 지산지소 운동은 전통적이며 향토적인 식문화를 지키거나 부활시킨다. 지역의 식재료, 생산자를 지키는 것은 물론 지역에서 자라나는 어린이들에게 생산의 공간으로서의 지역을 학습시킬 수 있으며 풍부한 문화공간이자 전통공간이며 자연이 살아 숨 쉬는 지역을 알릴 수 있다.

지산지소의 다양한 사례는 다음과 같다. 나가노에 있는 농사조합법인 제철의 맛 호리가네물산센터 조합은 여성중심의 직판장에서 출발하여 직판, 농산물가공, 농촌 레스토랑을 연계시켜 운영하고있다. 학교급식 식재료 공급, 전통음식 강습회, 공동작업장을 통한 고용창출 등 지역활동도 활발히 전개하고 있다. 약 80여 명의 지역고용을 창출하고, 지역 내 채소 생산지를 형성하는 데 성공했다.

오사카에 있는 유한회사 이즈미노 사토(샘 마을)는 가정주부들이 각 가정의 정원마다 있는 한 그루의 유자나무로부터 사업 아이템을 얻었다. 유자를 마멀레이드로 가공하는 것에서부터 출발해 현재까지 유자와 관련된 11가지 품목개발에 성공했다. 규모가 큰 판매점과 계약을 맺는 한편, 학교급식과도 거래하고 있다. 지역 내 식생활 교육활동 참가, 도시주민들과의 교류 등 다양한 활동을 펼치고 있다.

아이치의 헤키난농업활성화센터 아이오 파크는 농업과 음식, 건강을 키워드로 삼은 테마파크이다. 생산직판시장을 중심으로 레스토랑, 체험시설, 시민공원 등을 정비하여 원예강좌, 요리교실, 조경교실, 된장 만들기 교실 등으로 체험·교류 활동을 펼치고 있다. 연간 500만 엔 이상의 매출을 올리는 농가가 14가구나 된다.

로컬푸드 운동의 목표는 규모나 효율성의 추구가 아니다. 본래 먹을거리의 모습을 추구하며, 자연과의 순환을 되살리고, 사람과 사람 사이의 신뢰를 회복하는 것이다. 소비자와 생산자가 얼굴을 맞댈 수 있고, 이야기를 나눌 수 있는 상호이해와 신뢰로 묶인 안정적이고 지속적인 경영의 정착이 로컬푸드의 핵심이다. 해외의 다양한 로컬푸드 사례들은 글로벌푸드 시스템에 잠식당해 있는 현재의 농식품 생산-유통-가공-소비사슬이 지역화되어 중소농민과 지역가공 및 유통업자들이 참여할 수 있게 된다면 이들이 유발하는 부가가치가 다시 지역사회에 흡수되어 상당한 지역경제 소득유발효과와 지역사회 활성화효과가 있을 수 있다는 사실을 단적으로 보여주고 있다.

건강보다 이윤에 초점을 맞추는 식품산업의 굴레로부터, 수동적인 음식 소비자에서 벗어나 먹을거리의 생산에 적극 나서는 윤리적 소비자가 되어야 한다. 먹을거리 공동체의 공동구성원으로서 생산자와 소비자가 함께 서야 할 때이다.

4) 우리나라의 로컬푸드 운동

우리말로 지역산 먹을거리라고 번역할 수 있는 로컬푸드는 말 그대로 특정지역의 농민들에 의해 생산된 먹을거리를 가능한 지역 내에서 소비하는 것이다. 로컬푸드에 대한 논의는 지역단위를 비롯해 중앙정부나 지방정부 차원에서 활발하게 이뤄지고 있다. 지난 2008년 광우병 위험과 미국산 소고기 수입과 관련한 사회적 동요, 국제식량파동, 멜라민 사건 등을 거치면서 먹을거리 안전에 대한 사회적 관심과 필요가 높아졌기 때문이다. 또한 세계식량체계의 지배하에 놓여 있는 우리나라의 현실이 세계 각국과 큰 차이를 보이고 있지 않다는 사실도 로컬푸드 운동의 논의를 활성화시켰다. 실상 우리나라는 글로벌푸드 시스템의 강력한 지배 아래 있다. 식량자급률은 사료용 소비를 포함해 28% 수준으로 OECD 국가들 중 최하위권이며, 쌀을 제외한 나머지 곡물의 자급률(콩 11%, 옥수수 0.8%, 밀 0.3%)은 절대적으로 낮은 상황이다. 지난 2007년 이후 농업을 뜻하는 애그리컬쳐(Agriculture)와 물가상승을 뜻하는 인플레이션(Inflation)이 결합된 '애그플레이션'이라는 합성어가 유행할 정도로 국제곡물시장의 가격상승이 국내 농식품가격과 축산농가의 경영비 상승에 직접적인 영향을 미쳤다. 사회적 환경의 변화는 초기 시민사회영역에서 제기되었던 로컬푸드에 대한 논의를 도시와 농촌의 도농교류, 지역경제 활성화와 관련된 보다 포괄적인 차원의 논의로 향상시켰다.

로컬푸드가 사회적 이슈로 등장하기 이전, 우리나라에서 로컬푸드와 유사한 개념의 농산물 활성화 전략이 6가지 유형으로 전개되었다. 이는 로컬푸드의 개념이 자리 잡기 전, 경제적·사회적으로 어려움에 처한 농촌사회와 소농들의 지원 차원에서 진행되었다. 직거래장터, 도로변 생산자직판장, 직판장·식당, 학교급식, 친환경·유기농산물의 가정택배, 그리고 일자리 유형이 대표적이며, 현재도 그 형태가 유지되고 있다. 직거래장터(주말장터)는 1990년대 초반부터 지자체 중심으로 시작되었는데 대도시, 중소도시의 대단위 아파트 단지 등에서 일회성 장터로 개설되어 진행되어 왔다. 이는 소비자들에게 보다 저렴한 가격으로 농산물을 제공하기 위해 진행되었다. 유통단계 축소, 유통마진 절약차원에서 추진된 사례라고 할 수 있다. 도로변에서 흔히 볼 수 있는 직판장은 생산자가 직접 운영하는 경우와 도·농간 직거래 유통, 농업인 보호와 지원을 위한 소규모 활동으로 구성되어 있다. 생산자들에게 보다 많은 이익을 돌려주기 위한 시도라고 할 수 있다. 판매시설에 대한 규제가 거의 없고 설치가 간단하여 다양한 유형으로 활성화 되었다. 그러나 무허가 직판장이 무분별하게 난립함에 따라 과다경쟁이 나타났고, 상품의 품질을 신뢰할 수 없는 등 소비자와 생산자 간의 안정적인 관계 유지에 부정적인 영향을 미쳤다. 직판장·식당 연계 유형은 지역마다 특화된 품목을 중심으로 읍·면 소재지에 농축산물직판장과 여러 식당들이 식재료의 공급과 소비라는 하나의 협력형태를 구축하는 것을 말한다. 생산자는 직거래를 통해 유통마진 없이 높은 가격으로 농산물의 판매가 가능하며, 소비자들은 저렴한 가격으로 생산지에서 좋은 품질의 농축산물을 구매할 수 있어 도농상생의 전형적인 사례라 할 수 있다. 학교급식을 통해 로컬푸드를 유통하는 모델은 우리나라의 로컬푸드 정책에서 가장 중요한 모델이다. 그러나 급식안전문제와 친환경, 지역산 농산물에 대한 신뢰의 문제로 학교급식에서 원활하게 농산물이 소비될 수 있는 기반이 취약하다. 정부와 지자체 차원의 지원이 필요한 상황이다. 친환경·유기농산물 가정택배의 경우 주로 생활협동조합에서 운영하는데 생협이라는 매개체를 통해 생산자와 소비자를 이어주는 구조이다. 지역으로부터 농산물을 수집해 가정택배와 매장판매의 방법으로 생협 조합원들에게 공급하고 있다. 마지막 유형은 로컬푸드 활동을 사회적 일자리 만들기 차원에서 접근한 것이다. 최근 증가하고 있는 사회적 기업의 형태로 일할 의사와 노동력을 보유하고 있으나 일할 수 있는 곳이 마땅치 않은 소외계층을 대상으로 친환경·유기농법으로 농작물을 경작하고, 수확농산물을 소비자들에게 직접 배달하거나 지역 내에서 유기농식당을 운영하고 도시락사업을 하는 것이다. 초기 농업과 소농들의 삶을 지키기 위한 차원에서 전개된 우리나라의 로컬푸드 운동은 먹을거리에 대한 소비자들의 관심증가를 바탕으로 새로운 형태로 발전하고 있다.

지금까지 우리나라의 로컬푸드 운동에서 '지역'은 주로 행정구역에 의해 규정되었다. 그동안 중앙정부나 지방정부는 대규모 특화에 기초한 지역브랜드 창출에 전념해왔기 때문에 로컬푸드 운동의 방향성에 대한 이해가 높지 않다. 로컬푸드에서 언급되는 '지역'이 행정구역에 의해 규정될 경우 지방자치단체의 행정력에 도움을 받을 수 있다. 하지만 위로부터 만들어진 또 하나의 유통체계로 머무를 수 있기 때문에 장기적인 측면에서 로컬푸드 운동의 걸림돌이 될 수 있다. 우리나라의 농업생산구조는 지역적인 특화에 기반을 둔 대규모 단작이 일반화되어 있기 때문에 먹을거리에 대한 지역의 수요와 공급이 비대칭적이다. 따라서 지역의 다양한 수요에 대응하기 위해서는 행정구역의 규정을 넘어선 '지역' 간의 연대가 필요하다. 또한 지역 내 로컬푸드 운동을 확산하기 위해 가능하면 지역의 많은 유통업체나 식당의 참여를 이끌어 협력체계를 구축할 필요가 있다.

전북 완주군은 군 주도적으로 로컬푸드 운동을 전개하는 대표적인 지역이다. 지난 2006년부터 지역농산물을 매개로 생산자와 소비자 모두에게 만족을 주는 로컬푸드 운동을 펼치고 있다. 2008년 농업농촌발전을 위한 5개년(2009~2013년) 프로젝트를 추진하며 500억 원의 예산을 편성했다. 예산액 중 100억 원은 로컬푸드 운동에 투자하고 본격적인 농촌 살리기에 나섰다. '가까운 거리의 얼굴 있는 먹을거리 실천'이라는 슬로건을 내건 영농법인 '건강한 밥상'은 대표적인 로컬푸드 운동 사례이다. 마을주민들이 친환경으로 재배한 농작물은 마을 공동의 브랜드 '건강한 밥상'의 이름을 달고 '건강한 밥상 꾸러미'에 담겨 소비자들의 식탁에 오른다. 13개 읍면 마을 지도자들로 구성된 건강한 밥상은 직거래 장터와 꾸러미 사업 등 단계적으로 영역을 확대시켜 나가고 있다. 소비자 평가단을 구성해 맛과 가격을 점검하고 있다. 주민들이 중심이 된 건강한 밥상은 지역학교와 군부대, 식당 등으로 소비자층을 점점 넓히고 있다. 특히 인근 전주지역으로 소비자 그룹을 넓혀나간다는 전략도 세웠다. 생산자와 소비자 모두가 행복한 밥상을 위한 로컬푸드 운동은 과정 중에 있지만 멈추지 않고 지속되고 있다.

경북 상주의 언니네 텃밭은 경북 상주시 외서면 봉강리에서 농사를 짓는 15명의 여성 농업인들과 도시 소비자들이 함께 모여 있는 단체이다. 평균 10명의 농업인이 100명의 소비자 회원에게 제철 농산물을 배달하는 기본체계를 갖추고 있다. 소비자 회원은 월 10만원을 내고 농업인은 매주 한 차례, 월 4번 텃밭에서 손수 기른 제철 농작물을 꾸러미에 담아 보낸다. 9개 정도 품목의 농산물이 담기는 꾸러미에는 어떻게 조리해 먹으면 좋겠다는 요리법이 적힌 편지도 담겨 있다. 소비자들의 회비는 농산물 가격뿐만 아니라 여성농업인을 후원하는 마음도 담겨 있다.

지난 2009년 4월 강원도 횡성공동체가 처음 꾸러미 사업을 시작한 후 2011년 현재 전국 12개 생산자 공동체가 활동하고 있다. 보다 넓은 의미의 로컬소비가 활성화되고 있다. 소비자와 생산자가 서로 협력하는 관계를 만들어감으로써 우리 농업에 애정을 갖고 지지하는 소비자들이 점차 증가하고 있다.

지역화폐

　사람들은 화폐가 없이 아무것도 할 수 없고, 살 수 없을 것이라고 생각한다. 화폐를 중심에 둔 사회에서 부의 집중과 그에 따라 나타나는 양극화 현상을 피할 수 없다. 보다 나은 삶을 위해 만들어진 화폐라는 수단이 삶의 목적이 되어버린 자본주의 사회에 대한 반성이 나타나고 있다. 돈이 중심이 되는 교환이 아니라, 사람과 사람 사이 정감 있는 거래를 통해 지식과 정보의 나눔이 실현될 수 있는 지역화폐라는 대안적 화폐가 만들어졌다.

　지역화폐 운동은 재화와 서비스를 지역 내에서 순환시켜 지역경제를 살림으로써 지역공동체와 생태계를 살리려는 운동이다. 시장경제에서 낮게 가치가 평가되는 아이돌보기, 말벗해주기, 노인이나 병자돌보기와 같은 경제활동들의 가치가 지역화폐 내에서 재평가된다. 이런 점에서 지역화폐는 경제적 측면뿐만 아니라 지역 내 사회·문화적 순환을 가능하게 하며, 공동체의 활성화도 가져온다. 지역공동체를 통해 다양한 서비스를 나누고 제공함으로써 사회적 가치가 만들어지기 때문이다. 전혀 가능하지 않을 것 같은 실험적인 지역화폐 운동이 전 세계적으로 확산되고 있다. 기존의 화폐에 집중된 주의를 환기할 것을 요구하고 있다. 이번 절에서는 호혜적 관계망 회복을 통해 공동체를 복원하려는 지역화폐 운동이 우리 사회에서 어떤 의미를 갖는지 알아보고자 한다.

1. 지역화폐의 등장

공동체 운동의 가장 대표적인 사례로 지역화폐 운동을 들 수 있다. 지역화폐는 공동체를 건설하기 위한 도구로 주목받고 있다. 지역화폐의 역사는 결코 짧지 않다. 지역화폐는 1832년 로버트 오웬(Robert Owen)이 노동교환소(National Equitable Labor Exchange)를 설립하여 노동자들에게 재화와 교환할 수 있는 '노동증서'를 실험적으로 지급하면서부터 시작되었다고 보고 있다. 노동증서는 재화를 생산하는 평균적 노동시간이 표시된 증서로 이를 통해 생산물을 거래하는 것이다. 그러나 평균 노동시간 측정이 자의적으로 이뤄져 불평등을 초래하고, 투기가 발생하는 등의 부작용으로 인해 오래 지속되지 못했다. 이와 같은 실패에도 19세기 오스트리아의 뵈르글 지역에서 독일인 사업가 실비오 게젤(Silvio Gesell)은 화폐제도와 사회질서에 깊은 상관관계가 있다고 생각하여 '자유화폐'라는 새로운 화폐제도를 제안한다. 그는 화폐의 유통량뿐만 아니라 화폐의 유통속도도 관리되어야 하며, 재화가 시간의 경과와 함께 노화하는 것처럼 화폐도 노화해야 한다고 주장했다. 이러한 주장을 실천하는 구체적인 방법으로 게젤은 화폐사용자가 우체국과 같은 곳에서 인지를 구입해, 매월 그것을 첨부하지 않으면 가치를 보유할 수 없는 스탬프 통화를 도입했다. 게젤의 '노화하는 돈'은 '마이너스 이자'의 돈이라고도 불린다. 교환을 촉진시켜 유통속도가 빨라지는 경제적 효과를 볼 수 있으며, 장기적인 가치를 지속하거나 증가시키는 쪽으로 투자가 활성화되어 이익을 얻을 수 있었다. 그러나 오스트리아 중앙은행이 화폐발행의 독점권을 침해한다는 이유로 금지령을 내렸기 때문에 이 시도는 결과적으로 성공하지 못한다. 지역화폐는 1930년대 세계대공황 시기, 미국과 유럽 등지에서 비교적 활발히 실시되었다. 당시 불황으로 실업자가 급증하고 금융기관들이 파산하는 상황에서 지역화폐는 지역 스스로 지역거래를 장려하기 위해 지역수표(banknote)를 발행하는 형태로 나타났다.

그러나 스위스의 지역화폐 '비어(WIR)'를 제외하고는 대부분의 지역화폐는 국가통화를 위협한다는 이유로 오래 지속되지 못했다.

한동안 등장하지 않았던 지역화폐는 1980년대를 전후하여 새롭게 등장한다. 어려워진 경제환경이 다시 한 번 지역화폐의 필요를 자극했기 때문이다. 지역통화의 상당수가 경제적으로 어려웠던 시기에 발생해 성장했고, 경제 불황기에 번성했다는 것은 우리에게 중요한 의미를 시사한다. 20 대 80의 사회로 대변되는 오늘날의 경제 환경에서 지역화폐가 절실히 필요한 사람들은 부유한 상위 20%의 사람들이 아니라 나머지 80%의 사람들이다. 특히 경제가 몰락한 지역에 살고 있는 사람들, 일할 능력은 있지만 일자리가 없는 사람들에겐 지역화폐는 필수적이다. 현금 없이도 필요한 재화와 서비스를 직접 주고받음으로써 삶의 질을 높일 수 있다면 불경기와 실업이 큰 문제가 되지 않기 때문이다. 그러나 지역화폐가 실업상태에 있거나 사업운영 부진으로 도산 직전에 있는 절박한 사람들에게만 필요한 것은 아니다. 지역화폐 시스템을 활용하게 되면, 시장에서 배제된 재화와 서비스뿐만 아니라, 시장에서 거래되는 재화와 서비스도 현금 없이 거래 가능하다. 다시 말해서, 지역화폐 시스템은 시장의 안팎에서 거래되는 모든 재화와 서비스를 순환시킴으로써 전체 경제를 활성화시킨다.

1930년대 전반 지역화폐 운동이 전개되었던 시기에 경제는 국가에 의해 계획되고 통제되었다. 이와 달리 1980년대 지역화폐 운동은 시장의 보편화·자유화가 진전되는 상황에서 등장한다. 지역화폐 운동에 참여한 소비자들은 화폐를 통해 자유로운 의사결정을 내리는 소비자일 뿐만 아니라, 화폐를 통해 자유롭게 지역사회 내의 커뮤니케이션을 활성화시키는 주체이다. 지역 내에서 통화를 만들어 서비스와 물자를 교환함으로써 지역주민들은 자신의 능력을 재발견하는 한편, 지역의 인재를 양성한다. 타인과 새로운 신뢰관계를 형성할 수 있는 것도 지역화폐 운동의 큰 장점이다. 또한 국가에서 발행하는 법정화폐와 달리 지역화폐는 일정 지역이나 회원 간에만 사용할 수 있다. 때문에 부의 축적이나 투기를 위한 수단으로는 사용될 수 없고, 순수한 교환을 위해 이용되며 적립에 따른 이자가 발생하지 않는다. 지역화폐는 좀 더 적극적으로 시장과 권력의 일방성과 강제성, 비생태성 등을 적극적으로 뛰어넘고자 하는 대안운동으로서 지속될 수 있다(강수돌, 2005).

현대의 지역화폐 운동에 가장 큰 영향을 미친 것은 레츠(LETS: Local Exchange and Trading System)이다. 레츠 이후 미국의 '이타카 아워즈', '타임달러', 멕시코의 '토라록' 등 다양한 지역화폐 운동이 지역사회의 특성에 따라 다양하게 전개되어 나타났다. 형태와 그 방식은 조금씩 다르지만 오늘날 전 세계적으로 3,000개 정도의 지역화폐 제도가 운영되고 있다. 지역화폐의 대표적인 유형은 화폐발행형, 통장기입형, 수표형의 3가지이다(그 외 시간예탁형, 전자카드보완형 등이 있으나 본 절에서는 생략한다). 화폐발행형은 지폐를 인쇄하여 유통시키는 형태로 미국의 이타카 아워즈가 대표적이다. 통장기입형은 회원이 거래금액을 서로 통장에 기입하여 숫자의 거래만으로 가공의 통화를 유통시킨다. 각자 자신이 통장을 관리하고, 사무국에서는 컴퓨터를 통해 참가자의 구좌를 집중 관리해준다. 이러한 통장기입형으로는 레츠와 타임달러가 있다. 레츠는 물물교환과 서비스 이용 모두에 이용되고, 타임달러는 자원봉사에 대한 보상으로 서비스 제공과 이용에 주로 사용된다. 수표형은 멕시코의 토라록에서 채택한 방식으로 화폐발행형과 유사하지만 뒷면에 사용자가 차례로 사인을 하는 형태이다. 세 가지 종류의 지역화폐를 대표하는 네 가지 화폐에 대해 알아보겠다.

1) 통장기입형: 레츠(LETS)

유럽을 중심으로 확대되고 있는 '레츠(LETS: Local Exchange and Trading System)'는 경제적 불황, 저소득자에 대한 대책으로 등장하였다. 레츠는

1983년 캐나다 태평양 연안에 있는 밴쿠버 섬의 코목스라는 지역에서 부터 시작되었다. 코목스 지역은 농업과 수업 위주의 지역으로 생산물을 다른 지역에 내다 팔아 지역경제를 유지하는 구조였다. 당시 공군기지 이전과 목재산업 침체로 인해 실업률이 18%까지 오른 코목스 지역은 지역 내 경제순환을 통해 자율성을 높이기 위한 목적으로 레츠를 시작한다. 간단한 컴퓨터 프로그램을 이용하여 지역주민 사이에서 물건과 기술, 서비스를 서로 교환하였는데, 공개된 거래 내역에 의하면 약 4년 동안 지역에서 거래된 화폐의 총 액수는 35만 달러에 이른다. 그 결과 일자리를 만들기 위해 특별한 투자나 특정자원을 개발하지 않고도 지역 내 상호교환을 통해 수입을 얻고 새로운 일자리가 만들어진다. 1990년대 레츠는 대중매체에서 집중 조명을 받으면서 선풍적인 인기를 끌어 전 세계로 확산된다. 특히 영국에 가장 많이 보급되어 400개 이상의 지역에서 레츠가 시행되고 있다. 그 외 프랑스 250개 지역, 독일 220개 지역, 미국 120개 지역의 순이다.

레츠의 목표는 지역내 경제순환 구축에 머물지 않는다. 지역경제의 자율성을 높임으로써 기존에 다른 지역과의 사이에서 있었던 필요 이상의 유통을 줄여 지역의 환경문제와 투기적 활동을 감소시킨다. 이처럼 환경·사회의 문제를 줄이는 것도 레츠의 중요한 목표 중 하나이다. 레츠의 거래대상이 되는 상품이나 서비스는 다양하다. 예를 들어 뉴질랜드에서는 가사노동인 요리, 재봉, 정원손질과 목공, 기계수리, 치과진료 등의 전문서비스가 서로 교환된다. 참가자들 사이의 물물교환을 통해 그 범위를 확장시킨다. 각 멤버의 거래는 각자의 구좌에 기록되어 매월 통보된다. 레츠의 운영비는 구좌를 개설할 때 지불하는 가입비와 거래 시 일정 비율로 징수되는 수수료로 이뤄진다. 세계 각지에서 도입되어 활발하게 운영되고 있는 레츠는 통장 내에서만 존재하며 현금화되지 않는다.

레츠에 의한 거래는 숫자만으로는 표시될 수 없는 공동체 간의 가치

관, 그 자체를 교환하는 커뮤니케이션으로서의 거래이다. 또한 레츠를
통해 '다양한 네트워크'가 형성된다. 지역 커뮤니티의 특징과 문화를
살린 커뮤니티 비즈니스는 글로벌 시장의 다른 경쟁자가 따라올 수 없
는 특화된 경쟁력을 갖게 한다.

2) 통장기입형: 타임달러

타임달러(Time Dollar)는 미국의 에드가 칸(Edgar Cahn) 박사가 이론적
으로 만든 것으로 1980년대 만들어져 실험적인 활동을 시작한다. 이후
1987년부터 본격적으로 도입되어 미국 38개 주 150여개 자치구에서 실
시하고 있다. 타임달러는 일종의 자원봉사은행으로서, 노인에게 자원봉
사활동에 대한 보상을 해줌으로써 양로원의 필요를 줄여보자는 의도로
처음 시작되었다. 서비스의 종류에 관계없이 1시간의 서비스 제공에 1
타임 달러를 지불한다. 타임달러 등록소에 등록해 자신의 계정을 만들
고, 등록소의 주선을 통해 지역주민들과 서비스를 주고받으면 거래내
역이 자신의 계좌에 기록된다. 서비스를 하고 번 타임달러로 참여자들
은 자신에게 필요한 서비스를 받을 수 있다.

타임달러에서는 4개의 사고방식과 목적이 있다. 첫째, 사람이 자본이
다. 어떤 사람이라도 도움이 되지 않는 사람은 없다. 둘째, 일을 재정의
한다. 시장경제에서 무가치하게 여겨졌던 가사노동과 육아가 교환가치
를 갖게 된다. 셋째, 상호부조를 행한다. 일방적인 자원봉사활동이 아니
라 쌍방향의 자원봉사를 유도한다. 넷째, 지역구성원들의 커뮤니티를
회복한다. 타임달러는 레츠와 달리 물품의 교환거래는 없으며, 경제적
인 목적보다 상호 호혜성을 전제로 한 자원봉사제도에 더 가깝다. 그래
서 산타크루즈 타임달러의 경우 이를 서비스 교환 네트워크(service
barter network), 서비스 교환 프로그램(service exchange program)이라고 부
르기도 한다. 이러한 특성 때문에 Douthwaite(1996)는 타임달러와 레츠

를 비교하면서 소득수준이 낮은 곳에서는 레츠와 같이 물품과 서비스 교환네트워크가 필요하지만, 소득수준이 높은 곳에서는 타임달러와 같은 제도가 활성화된다고 보았다. 타임달러는 기존의 화폐에 대한 완전한 대체물은 아니다. 하지만 돈으로는 할 수 없는 일을 할 수 있도록 하며 공동체의 가치와 그 영역을 되살리려는 하나의 적극적 방안이라고 할 수 있다.

3) 화폐발행형: 아워즈(Hours)

이타카 아워즈(Ithaca Hours)는 뉴욕 주에 있는 인구 2만 7천 명 정도의 작은 도시인 이타카(Ithaca)에서 행해지고 있는 지역통화 시스템이다. 이 지역통화는 1991년 도시설계자이자 지역경제전문가 폴 글로버(Paul Glover)에 의해 시작되었다. 그는 대기업이 이타카 지역의 능력과 화폐를 흡수하기 때문에 최빈층이 증가하고 있다고 생각하고 이 문제를 해결하기 위해 지역화폐를 만들었다.

아워즈는 노동량에 기초한 화폐로 1아워는 이타카 지역의 시간당 평균 임금인 10달러 상당의 노동력에 맞먹는다. 이타카의 돈은 이타카 시 중심부에서 약 32km 사방에서만 유통되며 별도의 지폐발행기관인 교환은행에서 2아워즈(HOURS)에서 1/10아워(HOUR)까지 총 6종류의 아워즈를 인쇄한다. 이타카아워위원회에서 발행한 '아워 타운(HOUR TOWN)'이라는 격주간 신문에는 개인들이 제안한 수백 개의 물물교환 목록이 나와 있다. 이타카 지역주민은 누구든지 여기에 참여할 수 있는데, 참여하려는 주민은 자신이 제공할 수 있는 재화나 서비스를 써서 사무국에 제출하면 된다. 아워즈로 거래할 수 있는 것은 어린이돌보기와 노인돌보기, 카운슬링, 진료, 변호사활동, 회계처리, 자동차나 집수리 등 서비스업과 농산물이나 직접 상품교환이 가능한 소매점, 슈퍼마켓, 레스토랑, 영화관 거래 등 1,000종류가 넘는다. 이타카 아워즈에 가입한 사업체들은 거래 시 부분적으로 아워즈를 받기 때문에 주민들이 생활필수품과 사치품, 심지어 집세와 빚의 해결에도 도움을 받을 수 있다. 이타카 아워즈는 지역의 영세기업이나 영세농들에게 유리한 여건을 조성해줌으로써 노동자와 농민의 일자리를 보장해주고, 지역주민들의 구매력을 높여줌으로써 지역경제를 활성화시킨다. 또한 아워즈를 통해 현금 없이도 경제와 문화 활동이 가능하기 때문에 지역공동체의 결속력이 강화된다.

아워즈는 레츠와 기본개념은 같지만 실제 화폐를 발행해 거래에 사용한다는 점에서 보다 쉽게 지역주민들의 참여를 가능하게 했다고 할 수 있다. 또한 레츠의 운영에서 나타난 문제점(거래내역을 일일이 기록해야 하는 번거로움, 회원 간에만 거래가 가능한 문제점 등)을 보완했다. 현재 60개 이상의 북미 도시에서 아워즈 방식의 지역화폐 시스템이 운영되고 있다.

4) 수표형: 토라록(Tolaloc)

토라록은 멕시코에서 도입되어 각국으로 널리 퍼지고 있는 지역통화 시스템이다. 토라록(토라록은 아스테카족의 신을 의미)의 참가자는 월 1회 정기적으로 발행하는 사보와 연 4회 발행하는 카탈로그로 거래한다. 거래 시 지불인과 수령인이 토라록 뒷면에 거래액을 기록한다. 거래가 10회 이루어지면 운영주체인 에코뱅(Eco-Bang)으로 회수하여 새로운 지폐와 교환한다. 에코뱅은 회수된 토라록의 뒷면에 10회분의 거래에 대한 개인의 구좌에 결재를 하는 시스템을 취하고 있다.

다양한 종류의 지역화폐가 존재하지만 공통적으로 지역사회 내의 건전한 소비활동을 촉진시켜 소비자, 생산자들이 자발적으로 참여할 수 있는 구조를 구성한다는 특징을 갖는다. 지역화폐는 경제적인 측면과 함께 윤리적인 측면도 포함하고 있다. 지역화폐는 화폐와 언어의 중간에 위치하는 커뮤니케이션이라고 할 수 있다. 자본과 국가로부터의 자유를 실현하는 지역화폐는 공동체를 만들고, 이를 유지·발전시키고 있다.

2. 지역화폐의 개념

지역화폐는 보완통화, 지역통화, 자주통화, 자유통화, 회원제통화, 커뮤니티 통화, 그린달러, 에코머니, 오리지널머니 등으로 불리며 공동체 차원에서 지역사회가 직면한 여러 문제를 해결하고 있다. 일반적으로 화폐는 국가가 발행하는 것으로 개인과 그룹, 지역이 발행하는 것은 적절하지 못하다고 생각할 수 있다. 오늘날 화폐는 이익과 투자 중심으로 교환되고 있으며, 비인간적이라는 점에서 많은 폐단을 드러내고 있다. 수요와 공급의 변화는 인플레이션을 초래하고, 소수를 위한 시장경제로 자본은 독점되어 있다. 현대의 모든 사회공동체 경제가 국가단위 화폐 흐름에 의존하면서, 한 지역에서 순환하는 돈의 양이 줄어들고 교역량 또한 줄어드는 악순환이 반복되고 있다. 산업은 침체되고 사람들은 일자리를 잃는다. 문제는 사람들이 일할 능력이 없어서가 아니라 돌아야 할 충분한 돈이 없다는 사실이다. 화폐의 공급이 줄면서 사람들은 건강까지 위협받으면서 일할 곳을 찾고 있다. 환경과 지역사회는 전반적으로 손해를 입고 있다.

지역화폐의 도입에는 지역경제 침체에 따른 지역주민들의 실업이 주요한 원인으로 작용한다. 사람들은 각자 기술을 갖고 있으며 활용 가능한 시간을 갖고 있다. 이들의 기술과 시간을 필요로 하는 사람들이 지역 내에 존재함에도 불구하고 실업이 계속해서 발생하는 것은 국가통화의 부족으로 파악하고, 통화 없이 상호거래 및 교환을 촉진시키기 위한 방안으로 지역화폐가 고안된 것이다. 지역화폐는 지역경제의 자립을 촉진시키고, 외부에 대한 의존적 성향을 줄인다. 지역 안에서 돈이 순환되기 때문에 지역주민들의 구매력이 향상되고 지역경제력이 향상된다. 한정된 지역에서만 통용되는 화폐는 지역 내의 돈을 순환시킴으로써 경제의 안정화와 활성화를 이끌고, 글로벌 경제로 붕괴되고 있는 지역공동체를 구축한다.

지역화폐는 공동체 형성에 중요한 사회적 요건을 조성한다. 이를 구체적으로 살펴보면 첫째, 지역 내 장기간 거래를 통해 에너지 낭비적인 요소를 줄이며, 둘째, 지역화폐의 지역 내 순환은 일상생활의 모든 영역과 밀접한 관계를 통해 생산-유통-소비-폐기의 전 과정에 대한 문제의식을 갖게 한다. 이는 일상의 사회·경제·환경의 문제를 스스로 인지하고 통제할 수 있도록 한다. 셋째, 지역 내 순환구조를 화폐의 흐름을 통해 파악할 수 있으므로 지역의 생산, 서비스를 비롯하여 지역의 산업, 공동체성의 회복, 자연에 대한 배려 등 지역 만들기가 보다 용이해진다. 끝으로 생활공간에서 소속감과 정체성을 느끼게 함으로써 지역문화의 중요성을 재인식하게 되는 특징이 있다. 지역화폐는 생산물, 노동력, 서비스도 통화로 인정하여 교환한다. 자본이 없는 사람들도 경제활동에 참여할 수 있는 지역화폐의 특징은 공동체형성에 기여한다. 시장에서 물건의 값이 결정되고, 그 가격을 소비자가 받아들임으로써 거래가 성립되는 관계가 일반적인데 비해 지역화폐는 상대방에 대한 배려와 경제활동에 참여하는 주체들의 자유의지를 반영하고 있기 때문이다. Knox(1994)는 '지역화폐는 비영리 교환망이다. 이 교환망을 이용하여 공동체 구성원들은 돈의 사용 없이 기술과 자원을 교환한다'고 지역화폐의 의미를 부여하고 있다. 지역화폐는 공동체를 만들고 유지시키는 원동력이 되고 있으며, 지역화폐 운동에 참여한 회원들 스스로 자신의 가치를 일깨우는 자기 발전적 수단으로 작용하고 있다.

3. 지역화폐 운동

1) 영국

영국은 1980년대 초 캐나다의 마이클 린턴(Michael Linton)에 의해 시작된 레츠의 기본모델로부터 지역화폐 시스템을 발전시켰다. 또한 공동체적 기반 위에서 물물교환을 실시하기 위해 특별히 발행된 통화인 '녹색화폐(greendollar)'를 사용한다.

영국에 레츠가 소개된 것은 1985년 '또 하나의 경제정상회담(The Other Economic Summit)'이 열렸을 때이다. TOES는 신경제학자들의 포럼으로 레츠 도입 초기 영국사회에 레츠가 정착할 수 있도록 적극적인 지원을 아끼지 않았다. 같은 해 노리치(Norwich)에서 최초의 레츠가 설립된다. 초기 레츠는 소도시나 시골지역에 세워졌고 중산층 이상의 특정 공동체를 중심으로 이뤄졌다. 이들 중 상당수가 환경 정치, 녹색 운동이나 녹색당 활동에 기반을 두고 레츠를 시작한다. 특히 톳트네스(Totnes) 지방은 이미 대안적 생활양식에 대한 관심을 바탕으로 다양한 활동이 있었기 때문에 주류 경제에서 벗어나 있는 레츠를 좀 더 쉽게 수용할 수 있었다. 레츠가 대도시로 확산되면서 다양한 사회구성원들이 참여하게 되었으며 실업자들의 참여도 활발하게 이뤄진다. 특히 1990년 초 경제 불황 심화로 실업상태가 심각했던 도심지역과 대단위 주거단지에 레츠가 만들어지기 시작한다. 이들 지역에서 레츠는 지역사회 활동가들을 비롯해 저소득 혹은 무소득 계층의 참여를 통해 이뤄진다. 시대적 상황은 레츠에 대한 관심을 더욱 고조시킨다. 레츠에 대해 관심을 갖는 미디어와의 교류와 전국 기구인 레츠링크(LetsLink)의 설립은 활발한 레츠 운동을 뒷받침한다. 이어 레츠 솔루션(LETS Solutions)과 레츠고(LETSGo)와 같은 레츠운동을 실천하는 기구들이 설립된다. 레츠는 공동체의 발전과 지역경제 활성화 측면에서 그 가치를 인정받고 있으며 지속 가능한 공동체생활을 실현하는 수단으로 인식되고 있다. 영국의 지역화폐 중 하나인 루이스 파운드는 지역 곳곳에 뿌리내린 지역화폐의 역할을 보여준다.

루이스 파운드(The lewes pound)를 사용하는 루이스(Lewes)는 영국 이스트서섹스 카운티(East Sussex county)에 있는 카운티 타운(county town)이다. 루이스 파운드는 2008년 9월 유통이 시작되었고 2011년 현재 10여 개의 루이스 파운드 발행지점이 있으며, 150여 개의 가맹점에서 사용 가능하다. 루이스 파운드는 도서상품권과 비슷하며 가게에서 사용될 수 있다. 루이스 파운드는 지역농산물 생산자와 지역상점에 큰 도움이 되고 있다. 지역에서 물건을 조달하는 순환구조가 계속 이뤄지면서 지역경제 활성화가 가능하기 때문이다. 지역공동체의 실물경제에 기반을 둔 루이스 파운드는 물가상승에 덜 민감하고 상대적으로 안정된 통화로서 경제위기상황에서 더욱 활발히 유통되고 있다.

2) 독일

2007년 독일에서는 약 52개의 지역화폐체제가 태동해 통용되었는데, 그해를 기준으로 지역화폐협회의 공식회원으로 등록된 것만 28개였다. 이후 32개 화폐들이 가입하여 2007년 말 60개로 늘어났다. 2002년에 1개 회원으로 시작한 이후, 6년 만에 60배가 된 것이다.

현재 독일에서는 오스트리아와 국경을 접하고 있는 남동부 지역 소도시를 중심으로 지역화폐 실험이 활성화되고 있는데, 대표적인 것이 뮌헨 인근의 소도시 중심으로 활성화되고 있는 킴가우어(Chiemgauer)와 슈테른탈러(Sterntaler)이다. 이 밖에 하겐의 폴메탈러(VolmeTALER), 작센-안할트 지역의 우어슈트롬 탈러(Urstrom Taler) 등에서도 지역화폐 실험이 활발히 이루어지고 있다.

킴가우어(Chiemgauer)는 독일 바이에른 주 뮌헨 인근의 소도시들인

프리엔(Prien), 로젠하임(Rosenheim), 트라운슈타인(Traunstein) 등에서 유통되는 지역화폐로, 2003년 1월 프리엔의 발도르프 학교 학생들의 주도로 시작됐다. 현재 유통되는 지역화폐의 가장 대표적인 성공사례이자 모범사례로 꼽히고 있다.

2005년까지 가입회원의 수는 매년 2배 이상 증가하였으며, 그 이후에도 매년 66%가량의 높은 성장을 꾸준히 이어왔다. 킴가우어에 참여한 기업들은 지역 내의 고객을 더 얻고 기존의 고객들과 긴밀한 관계를 유지하는 성과를 얻고 있다. 가장 큰 효과를 본 부문은 친환경제품판매처(Bioladen)나 오피스센터 등이었다. 킴가우어 참여를 통해 전체매출액 20%에 차지하는 성과를 보이고 있다.

최근에는 지역카드(레기오카드: Regiocard)의 운영을 통해 킴가우어의 교환이 더 쉬워졌다. 바서부르그(Wasserburg)라는 곳에서는 이미 이-킴가우어(e-Chiemgauer)를 도입하여, 온라인을 통해 킴가우어 유통이 가능토록 하고 있다. 이는 전체 이용지역으로 확대될 전망이다. 킴가우어를 통해 지역 내 선순환구조가 이뤄지고 있으며 지역경제의 활성화가 장기적으로 유지되고 있다.

3) 미국

현재 미국에서는 달러에 대한 대안으로 지역화폐가 뜨고 있다. CNN '머니' 인터넷판은 2012년 1월, 정부가 통용하는 달러화에 대한 신뢰가 약해지면서 일정 지역공동체 내에서만 통용되는 화폐로 눈길을 돌리는 이들이 많아지고 있다고 보도했다. 미국 경제불황으로 인한 달러화의 구매력 저하라는 우려 속에 정부나 연방준비은행에 대한 믿음이 무너지고있다. 지역화폐는 은행이 문을 닫더라도, 지역내 개인의 사업유지와 삶을 유지할 수 있는 대안이라는 인식이 높아지고 있다. 버지니아·조지아·사우스캐롤라이나 등 10개 주에서는 주정부 단위의 새 화폐를 만들기 위한 움직임이 진행 중이다.

베이 벅스(Bay Bucks)는 미시간 주 트래버스 시티(Traverse City)와 인근 지역에서 통용되고 있는 지역화폐이다. 2002년부터 사용되고 있는 베이 벅스는 트래버스 지역의 시민단체와 지역주민들의 참여를 통해 형성되었다. 지역주민을 비롯해 지역기업들이 재화와 서비스를 교환할 때 베이 벅스를 사용하고 있다. 특히 달러화 부족에 대한 우려와 빈부격차에 따른 좌절로 지역통화 사용자는 점점 증가하고 있는 추세이다. 지역통화의 사용은 지역통화를 기반으로 하는 경제와 금융으로부터 지역사회의 모든 일이 일어나기 때문에 사람들은 지역사회에 더 많은 관심을 갖게 된다. 지역주민의 관심을 바탕으로 지역사회의 부를 유지하고 각종 지역사업을 지원하는 활동이 활발하게 전개되고 있다.

4) 일본

일본은 우리나라와 비슷한 1990년대 후반, 지역화폐가 본격적으로 도입됐으며 우리나라와 달리 활발하게 지역화폐가 운영되고 있다. 전국에 걸쳐 170여 개 지역화폐가 운영되고 있고 다양한 유형의 지역화폐가 시도되고 있다. 통장형, 지폐형, 통장·지폐 혼합형, 시간예탁형, 전자카드 보완형 등 지역화폐 대부분의 유형이 일본 안에서 실험되고 있다. 지역화폐를 도입한 지역 대상의 조사결과에 따르면 지역화폐의 도입 목적은 커뮤니티 재생이 가장 높게 나타났고 다음으로 지역경제 활성화, 지역과제 해결 등이었다(재단법인 지역활성화센터, 2004). 대부분이 단수응답보다는 복수로 응답하고 있는데, 이를 통해 지역화폐 도입에 대해 주민들이 많은 기대와 관심을 가지고 있다는 사실을 확인할 수 있다. 지역화폐의 운영주체에 관한 질문에서 NPO, 시민단체 등이 전체의 60% 가까이 차지하고 있어 지역화폐가 민간중심으로 운영되고 있다는 것을 알 수 있다. 일본에서 지방분권화가 이뤄지기 시작한 2001년 이후로 지자체가 함께 운영주체가 되는 사례도 증가하고 있다. NPO, 시민단체 중심의 지역화폐 운동도 초기 70% 정도 지자체로부터 지원을 받았던 것으로 확인되었다.

지역화폐에 참여하는 참가자 수는 50명에서 100여 명으로 소규모 지역화폐가 다수를 차지하였다. 지역화폐는 커뮤니티 재생을 목적으로, 서로 알지 못하는 개인들 사이의 네트워크를 형성하기 때문에 대체로 소규모로 운영되고 있다. 또한 사업자의 지역화폐 참여경우가 많았으며, 회원들로부터 회비를 받아 운영되고 있다. 회비를 받지 않는 경우에는 NPO 법인이나 상점가의 후원 등으로 재원을 충당하고 있다. 지역화폐의 유통범위는 시, 읍, 면 중심으로 운영되는 경우가 절반 이상의 사례를 차지했다. 일본 지역화폐 운동의 가장 큰 특징은 인접한 지역에서도 서로 다른 형태의 지역화폐가 운영되고 있다는 것이다. 각 지역이 처한 서로 다른 상황을 지역화폐 운동에 접목하고 있기 때문이다. 예를 들어 해안을 낀 지역은 해안이라는 지리적 상황을 지역화폐 운동에 포함시키고 있으며, 상업지역은 지역경제 활성화에 지역화폐 운동의 초점을 맞추고 있다. 따라서 지역주민들은 지역화폐 운동을 더 피부에 와 닿게 느낄 수 있다.

일본 니카타 현 산조 시의 지역화폐, 라테는 2007년 5월부터 '지역화폐'로서 사용되고 있다. 라테는 지역주민 커뮤니티, 시민활동단체, 상인집단 등 공동체와 관계되는 사람들을 이어주는 커뮤니케이션 도구의 역할을 한다. 구체적인 사례로 주민들이 서로 서비스를 교환할 때, 답례의 뜻으로 건네줄 때, 단체활동이나 행사 및 이벤트 등 여러 용도로 사용하고 있다.

2007년 자료를 보면 지역 내 34개 상가(의류, 침구, 가정용품, 문구 등)에서 라테를 사용할 수 있다. 또한 산조 시 홈페이지(http://www.city.sanjo.nigata.jp)를 통해 라테 사용이 가능한 점포를 확인할 수 있다.

5) 우리나라의 지역화폐 운동

국내에 지역화폐가 알려진 것은 1996년부터 녹색평론에서 외국의 사례를 중심으로 지역화폐의 중심철학과 운영원리, 그리고 비교적 활발하게 운영되고 있는 외국의 지역화폐 실태를 분석하는 글을 소개하면서부터이다. 우리의 역사를 볼 때, 지역화폐 운동은 그리 낯설지 않다. 두레와 품앗이 같은 상호부조의 전통으로부터 지역화폐 운동의 정신을 찾을 수 있다. 국내에서 지역화폐 운동은 이웃 간 상호부조의 관계를 실생활 속에서 재구성하고자 하는 실천적 노력으로부터 시작되었다고 보인다. 이러한 점에서 국내에 도입된 대부분의 지역화폐 운동은 단순한 경제시스템에서 그치지 않고 품앗이를 복원하고 협동적인 공동체사회를 구축하기 위한 노력을 기울이고 있다.

국내의 지역화폐 운동은 1998년 3월 민간단체인 '미래를 내다보는 사람들(미내사)'에 의해 전국 단위로 처음 시작한다. 이어 1998년 5월, 지역정보화 사업을 하는 공익법인체 인천정보통신센터에서 지역화폐를 도입해 인터넷 홈페이지를 통해 운영한 것으로 이어진다. 초기 두 단체의 지역화폐 도입 주목적은 지자체, 자원봉사센터 및 교회, 시민단체 등 기존의 자원봉사활동이나 학교활동에서 지역화폐를 도입하도록 지원하는 역할에 있었다. 위 두 단체의 지역화폐제도 보급을 통해 1년여 만에 전국에 지역화폐제도가 활발하게 보급된다. 출판사 '민들레'와 환경운동단체 '녹색연합'의 간행물인 '작은 것이 아름답다'에서 각각 '민들레교육통화', '작아장터'를 시작했고, 이어 불교환경교육원에서도 '두레'라는 자원봉사를 위주로 하는 지역통화제를 실시하였다. 당시 IMF 국제금융체계로 인해 지역화폐는 경제위기를 대처해나가는 대안경제운동으로 주목 받는다. 언론매체를 비롯해 시민단체에서 지역화폐에 대한 관심과 열기가 높았으며, 주로 실업자에게 새로운 일자리를 창출하는 구제책의 일환으로 지역화폐의 가치를 제시했다. 이러한 시대

적 배경 속에 한때 전국에 걸쳐 40여 개 이상의 지역화폐가 시행되었
다. 여기에 서울 서초구, 대구 중구 등 지방자치단체에서 지역화폐를
도입해 지역화폐 활성화에 기여한다.

그러나 현재 우리나라의 지역화폐는 거의 찾아보기 힘들다. 대전의
한밭레츠 등이 명맥을 잇고 있다. 특히 자치단체에서 실시했던 지역화
폐의 경우 송파구에서 운영하고 있는 송파 품앗이 정도가 제대로 운영
되고 있을 뿐이다. 우리나라 최초의 교육통화 민들레는 현재 활동을 멈
춘 상태고, 전주 품앗이 등 전국의 크고 작은 지역화폐 역시 운영되지
않고 있다. 지역화폐 운동이 갖고 있는 가장 큰 문제점은 운영위원의
부족, 거래품목 다양화의 한계, 센터 운영에 필요한 안정적 재원 확보
의 어려움 등을 들 수 있다. 회원 증가폭이 크지 않으며, 거래품목이 다
양하지 못해 거래빈도가 낮고 결과적으로 지역화폐에 대한 신뢰가 떨
어지게 되는 상황(곽형모, 2000)도 문제점으로 지적되고 있다. 이러한
상황에서 지역화폐 운동을 활성화하기 위한 방안으로 다음과 같은 과
제가 제기되고 있다.

첫째, 운영자 및 운영비의 안정적 확보이다. 사실상 지역화폐 시스템
의 운영자 대부분은 경제적 자립의 문제로 다른 단체의 업무를 겸임하
고 있어 업무에 대한 집중이 어렵다. 업무 집중도가 떨어지기 때문에
거래실적이나 회원들 상호 간의 결합 정도도 떨어질 수밖에 없다. 초기
미약한 자립성을 키워내면서 장기적으로 완전한 자립의 틀을 구축하는
것이 매우 중요한 과제이다(강수돌, 2002). 지역화폐 운동을 전담하는
운영자에게 최소한의 월급을 보장하는 제도적 뒷받침이 필요하다.

둘째, 지방자치단체의 역할이다. 지방자치단체가 주도적으로 시행했
던 지역화폐 운동의 대부분이 사라졌다. 지역화폐 운동을 예산과 인력
의 단기적 투입을 통해 결과물을 기대하는 차원에서 시작한다면 실패
하기 쉽다. 지역화폐 운동은 단기간에 커다란 효과를 내기 어려운 운동
이기 때문이다. 장기적인 측면에서 지방자치단체는 지역화폐 운동에

대한 직간접적 지원을 통해 지역화폐 시스템 안정화에 기여해야 한다. 예를 들어 공공청사 내부에 빈 공간을 지역화폐 운영 사무실로 무상임대 한다거나 사무기기 지원, 지역화폐 매뉴얼 작성과 계정관리 프로그램 개발, 지역화폐의 경제효과연구에 대한 재정적인 지원을 들 수 있다. 실제로 뉴질랜드와 호주정부는 지역화폐 운동에 협력적이다. 호주정부는 지역화폐가 실업자와 저소득자에게 제공하는 혜택을 인정하였다. 또한 사회보장 담당자들이 실업자들에게 지역화폐 단체 가입을 적극 권장하고 있다. 지역화폐 단체와 행정의 파트너십을 통해 지역화폐 활성화를 기대할 수 있다.

셋째, 지역화폐 운동의 다양화이다. 직업과 연령, 학력과 수입, 시간적 여유 등의 공통점을 찾아 다양한 지역화폐 프로그램이 만들어져야 한다. 같은 지역 내에서도 다양한 지역화폐가 존재할 수 있고, 공동체 구성원들이 자신에게 맞는 지역화폐를 선택할 수도 있다. 또한 각 지역의 특성을 살리는 지역화폐 운동도 필요하다(소병철·유창수, 2004). 푸드뱅크와 연계한 식생활 관련 프로그램, 재활용센터, 녹색가게 등과 연계한 생활용품 관련 프로그램, 공동육아와 연계한 육아보육 관련 프로그램 등을 생각할 수 있다.

지역화폐 운동을 발전시키기 위해서는 다양한 실험과 함께 유기적인 네트워크가 필요하다. 지역화폐 운동 간의 결합과 연대는 물론 지역자원(상점가, 기업, 단체 등)과 네트워크를 통해 경험을 공유하고, 상호 학습을 통해 지역화폐 운동을 더욱 발전시켜야 한다.

국내 지역화폐의 대표적 사례인 한밭레츠는 자본운동의 일환으로 현행 통화제도의 폐해가 심각하다고 여겨 시작된 대안 경제운동이자, 지역생물주의에 입각하여 경제와 문화를 만들어나가는 공동체운동이다(박범준, 2003). 1999년 10월에 지역통화 시스템의 이름을 '한밭레츠'로, 화폐 명을 '두루'로 지은 이후 회원가입을 받기 시작하여 2000년 2월에 정식 출범하였다.

운영방법은 회원으로 가입할 때 자신이 제공할 수 있는 것과 필요한 것의 목록을 작성하고, 거래목록과 회원소식이 담긴 소식지와 게시물을 매달 회원들에게 발송함으로써 이뤄진다. 거래는 현금과 두루를 같이 사용할 수 있지만 전체가격의 30% 이상을 두루로 거래하며, 회원은 생물지역주의를 근간으로 하여 대전과 인근지역에 거주하거나 직장에 다니는 경우로 제한하고 있다. 그러나 지역 특산 농축산물의 경우 다른 지역이라 할지라도 소정의 절차를 통해 가입이 가능한다.

한밭레츠도 다른 지역통화운동단체와 마찬가지로 어려움을 겪었다. 좋은 시스템이라고 다들 말했지만 거래가 활발히 이루어지지 않았다. 이를 극복하기 위해 신뢰관계의 구축과 거래할 만한 것을 시스템 내부로 끌어들이는 노력이 필요했다. 한밭레츠의 경우 의사로서 사회적 책임을 다하려는 한의사의 가입, 지역공동체 운동에 뜻을 둔 레스토랑의 가입, 친환경 농업을 하는 생산자의 가입을 통해 점차 운영의 선순환이 이뤄졌다. 사회적으로 논란이 된 의약분업은 한밭레츠 회원이었던 믿을 수 있는 의료인들의 존재를 다시 한번 돌아보게 한다. 한밭레츠 내부에서 공동체의 힘으로 바른 의료를 만들어야한다는 주장이 나타나고 의료생협의 조직으로 이어진다. 의료생협이 만들어진 후 한밭레츠의 거래는 급속히 성장해 2009년 400여 명의 회원이 1만 5천 건 이상의 지역화폐를 거래한다. 한밭레츠는 의료생협이라는 또 하나의 공동체를 유지, 발전시키며 지금까지 지역에 남아있다.

과천 품앗이는 10여 년의 역사를 갖고 있으며 약 200명의 회원들로 이뤄져 있다. 온라인 카페 가입회원은 600명이 넘지만 신입 회원교육을 이수해야 정회원으로 활동할 수 있다. 주민들은 공동체 내에서만 통용되는 화폐인 '아리'를 통해 이웃과 품을 주고받는다. 과천 품앗이에서는 1시간 노동을 '1만 아리'로 계산한다. 품의 종류는 육아, 음식마련, 자녀교육, 차량정비, 다도, 심리치료 등 다양하다. 나눌 수 있는 품이 많다 보니 공동체 회원들은 가정의 전유물로만 여겨졌던 육아와 교육, 가

사노동을 이웃과의 교류를 통해 보다 효율적이고 쉽게 해결해나갈 수 있다. 거래내역을 통장에 기입하는데 기여자, 수혜자, 거래내용, 시간을 각자 통장에 적고 상대방의 서명을 받으면 거래가 성사된다. 그러나 아리가 화폐로서 기능하기 위해서는 관리가 필요하다. 때문에 한 달에 한 번 거래내역을 집계한다. 보통은 한 달에 한 번 열리는 총회에서 데이터를 받거나 또는 이메일로 받는다.

개인끼리만 품을 나누는 것은 아니다. 회원이 운영하는 사업체도 품을 나눌 수 있는 공간이다. 과천 품앗이의 특징은 회원 대다수가 육아를 위해서 직장을 그만둔 여성이라는 점이다. 품앗이 활동은 여성의 재취업이나 창업을 위한 교두보 역할까지 하고 있다. 지역 내 유휴 인력을 지역사회를 위해 활용한다는 측면에서도 과천 품앗이 활동은 의미가 크다.

과천 품앗이활동은 회원 사이의 교환에서 그치지 않는다. 자원봉사기금을 지원받아 지역 중학생들을 대상으로 전래놀이를 교육시키는 등 문화자원을 공동체 전반에 확산시키는 봉사도 한다. 또한 공해가 적은 천연화장품, 면 생리대 만들기, 자기 컵 갖기 운동 등 자연친화적인 활동도 실천하고 있다.

지역화폐 운동은 실생활 속에서 지속가능성을 구현하고자 하는 공동체의 노력이다. 자립과 나눔을 통해 삶의 질 향상을 추구하고 자연과 인간이 조화를 이루며 공생할 수 있는 환경을 꿈꾸는 지역화폐 운동은 지역공동체를 되살린다. 지역의 자치권과 자율성이 확보될 수 있기 때문이다. 공동체의 지속적인 성장을 위해서는 지역경제의 활성화가 요구된다. 이는 가계·기업 등의 소비 및 투자가 지역 내에서 순환될 수 있는 시스템을 구축함으로써 달성 가능하다. 여기서 지출구조의 선순환시스템은 '가계소비의 지역 내 지출→지역 내 생산증가→지역 내 재투자→지역경제 활성화'의 순환구조 구축을 의미한다. 이러한 지출구조의 선순환시스템을 구축하기 위해서는 가계소비의 지역 내 지출을 유도하기 위한 교육·의료 인프라 구축 등 지역 내 재화 및 서비스 공급기반을 강화할 필요가 있다. 지역화폐, 지역원료 및 생산품 이용 유도, Buy Local 제도 등을 활용해 가계·기업·정부 등 경제주체의 지역 생산제품 소비를 촉진할 수 있는 방안의 마련이 필요하다.

참고문헌

강수돌(2002), "이윤과 권력을 동시에 넘는 실험: LETS 운동", 『문화과학』, 겨울
　　호.
곽형모(2000), 『한국지역통화운동의 전망과 과제』, 미내사 클럽.
김종덕·허남혁·구준모 역(2006), Brian Halweil 저, 『로컬푸드』, 이후.
김종덕(2004), 『먹을거리 위기와 로컬푸드』, 이후.
김형용(2000), "한국 지역통화운동의 성격과 참여자의 공동체의식에 관한 연
　　구", 연세대학교 석사학위논문.
김형용·김동배(2001), "지역통화운동이 지역사회 공동체의식 강화에 미치는
　　영향에 관한 연구", 『한국사회복지학』, 45.
니시베 마코토(2002), "지역통화 LETS에 대하여", 『녹색평론』, 65(7~8월호).
류동민·최한주(2003), "지역통화운동 활성화방안에 관한 연구: 한밭레츠의 사
　　례를 중심으로", 『경제발전연구』, 9(1).
박혜연·이상현 역(2007), 호소우치 노부타카 저, 『지역사회를 건강하게 만드
　　는 커뮤니티비즈니스』, 아르케.
윤병선(2009), "지역먹거리운동의 전략과 정책과제", 『농촌사회』, 19(2).
이시재·구도완·오용선 외(2010), 『생태사회적 발전의 현장과 이론』, 아르케.
천경희·이기춘(2005), "지역화폐 운동의 소비문화적 의미 연구: 한밭레츠 참
　　여자의 소비행동을 중심으로", 『한국생활과학회지』, 14(4).
천경희(2006), "공동체 화폐운동에 참여하는 소비자의 경험과 소비자주의적 함
　　의 연구", 서울대학교 대학원 박사학위논문.

Angela Tregear(2001), What is a 'Typical Local Food'? An Examination of Territorial
　　Identity in Food Based on Development Initiatives in the Agrifood and Rural
　　Sector, Centre for Rural Economy working paper, University of Newcastle upon
　　Tyne, Economy working paper, University of Newcastle upon Tyne.
Colin, C. Williams(2000), Paving the Third Way? Evaluating the potential of LETS,
　　Town and Country Planning, 3.
Colin, C. Williams, Theresa Aldridge, Roger Lee, Andrew Leyshon, Nigel Thrift and

Jane Tooke(2001), Local Exchange and Trading Schemes(LETS): A tool for community renewal?, *Community, Work & Family,* 4(3).

David Goodman(2003), The quality 'turn' and alternative food practices: reflections and agenda, *Journal of Rural Studies,* 9.

DuPuis, E. Melanie and David Goodman(2005), Should we go 'home' to eat? Toward a reflexive politics of localism, *Journal of Rural Studies,* 21.

Helen L. Trobe(2002), *Local food, future directions,* Friends of the Earth.

Mayor of London(2006), Healthy and Sustainable Food for London, London Development Agency.

Michael Winter(2003), Embeddedness, the new food economy and defensive localism, *Journal of Rural Studies,* 19.

Oliver Tickell(1996), LETS kick-start the economy, *The Geographical Magazine.* 68.

Patricia Allen(2004), *Together at the Table: Sustainability and Sustenance in the American Agrifood System,* University Park, PA: Penn State University Press.

Roberta Sonnino and Terry Marsden(2006), Beyond the divide: rethinking relationships between alternative and conventional food networks in Europe, *Journal of Economic Geography,* 6.

USDA(2009), *Emerging Issues in the U. S. Organic Industry,* USDA.

Edward Goldsmith, Perry Walker(1998), A currency for Every Community, *The Ecologist.*

Oliver Tickell(1996), LETS kick-start the economy, *The Geographical Magazine.*

Blake Ellis(2012), Local currencies: In the U. S. we don't trust, *CNN Money.*

기타

김봉규(2011), 위기의 시대, 안 쓰면 가치 떨어지는 대안화폐 주목: 불리는 돈이 아닌 유통되는 돈, 독일 킴가우어, 프레시안.

제8장

협동조합

　　　　　　“협동조합운동은 경제적 공동체운동이다. 협동조합에서 말하는 협동의 의미는 윤리적이다. 협동은 우리로 하여금 주위에 펼쳐져 있는 풍부한 인적 자원에 접근하게 하고, 닫힌 울타리의 문을 열어 이전에 알지 못했던 넓은 문화의 광장으로 나아가게 한다. 협동한다는 것은 참여한다는 것이며, 참여한다는 것은 고독과 단절에서 벗어난다는 뜻이다. 우리는 협동을 통하여 무엇이든 실현할 수 있는 힘을 갖게 된다(McLaughlim & Davidson, 2005).

　　　　　　협동(協同)은 뜻을 같이하는 사람들이 모여 그들이 목적하는 바를 공통으로 달성하는 것을 말한다. 개인의 힘으로 할 수 없거나 할 수 있어도 함께할 때 그 성과가 높기 때문에 사람들은 공동체를 조직해서 협동하고자 한다. 윤리적 소비를 적극적으로 실천하는 공동체 조직으로써, 협동에 그 바탕을 둔 협동조합을 본 장에서 살펴보고자 한다.”

협동조합

2008년 경제위기 이후 협동조합은 '대안모델'로 주목받고 있다. 금융위기의 영향을 별로 받지 않았기 때문이다. 해마다 국제사회의 특정문제를 해결하거나 그와 관련한 활동을 촉진하기 위해 특별한 해를 지정하는 유엔은 2012년을 '세계 협동조합의 해'로 정했다. 협동조합에 대한 세계적인 차원의 기대를 가늠할 수 있다.

오늘날 협동조합은 세계경제에서 적지 않은 부분을 차지하고 있다. 협동조합이 국가경제에서 중요한 비중을 차지하는 나라들-핀란드(16.1%), 뉴질랜드(13.9%), 스위스(11.0%), 네덜란드(10.2%), 노르웨이(9.0%)-은 일반적으로 1인당 국민소득이 높은 선진국으로 평가된다. 협동조합의 사업방식과 소유모델의 다양성이 경제의 건강성에 기여한다는 사실을 보여준다. 세계적으로 전체 협동조합원은 8억 명 이상에 이른다. 협동조합은 아직 우리 사회에서 낯선 이름이다. 하지만 이미 삶의 일부로, 새로운 경제모델로 인식되고 있는 협동조합을 살펴보는 작업은 윤리적 소비를 이해하기 위해서도 필요하다.

1. 협동조합

협동조합의 구조는 발생형태, 문화적 차이, 목적 등에 따라 다양하다. 협동조합에 대해 보편적으로 수용될 수 있는 명확한 개념이나 정의는 아직 구체적이지 않다. 국가별로 특수한 사회적, 경제적 상황에 따라 협동조합에 대한 기대 정도가 다를 뿐만 아니라 협동조합의 역할과 기능도 각기 다르기 때문이다. 하지만 자본주의 성립과 함께 전 세계적으로 협동조합이 오랜 시간에 걸쳐 안정적, 지속적으로 발전해온 데는 어떤 일반적인 특성이 있다고 볼 수 있다. 이러한 측면에서 협동조합의 개념을 살펴볼 필요가 있다.

1895년 창립된 국제협동조합연맹(ICA: International Cooperatives Alliance)[1]은 협동조합을 '공동으로 소유되고 민주적으로 관리되는 사업체를 통해 공통의 경제적, 사회적, 문화적 필요와 욕구를 해결하기 위해 자발적으로 조직된 사람들의 자율적인 조직'이라고 정의하고 있다. ICA는 이러한 협동조합의 정의가 최소한의 것이며, 협동조합을 완벽하게 정의하기보다 폭넓게 규정한 것이라고 강조하였다. 세계적으로 다양한 유형의 협동조합이 있을 수 있으며 이들 각각은 별도의 조직 원리를 가질 수 있기 때문이다. 그럼에도 불구하고 ICA는 협동조합의 정의가 조합원의 교육, 교재를 편찬하는 데 유용하다고 권고하고 있다. ICA의 협동조합에 대한 정의는 자본에 의해 결성된 조직이 아닌 인적 결합체라는 사실을 강조하고 있으며, 외부 단체와의 관계에서 독립적이고 자율적인 조직이라는 특징을 언급한다. 또한 기본적으로 협동조합이 조합원의 필요와 욕구의 충족을 위해 조직되었다는 사실을 강조하고 있다.

<표 8-1> 협동조합의 7대 원칙

제1원칙: 가입의 자유	협동조합은 자율적인 결사체이며 성(性)·사회·인종·정치·종교적 차별을 두지 않는다. 당사자가 조합원으로서의 책임을 다 할 수 있으면 협동조합을 이용할 수 있다.
제2원칙: 민주적 관리	협동조합은 조합원에 의해 관리되는 민주적인 조직이다. 협동조합의 조합원은 정책수립과 의사결정에 적극적으로 참여하고 평등한 의결권과 동등한 투표권(1인 1표)을 가지고 있다.

---

1) ICA는 1895년 설립된 협동조합의 세계적 연합으로 아프리카, 아시아태평양, 유럽 그리고 라틴아메리카에 지국이 있다. ICA는 93개국 250개의 회원조직을 포함(2011년 현재)하고 있으며, 전 세계적으로 8억 명의 조합원과 1억 명의 고용을 창출하고 있다.

제3원칙: 조합원의 경제적 참여	조합원이 자본조달에 있어서 공평한 부담을 맡고 자본에 대한 관리를 민주적으로 한다. 자본금의 일부를 협동조합의 공동재산으로 한다. 출자배당이 있을 경우 조합원은 출자액에 따라 제한된 배당금을 받는다. 잉여금이 생길 경우에는 조합발전, 조합원의 편익제공, 내부유보 및 기타 활동 지원목적으로 배분한다.
제4원칙: 자율과 독립	협동조합은 조합원에 의해 관리되는 자율·자조적인 조직으로서 조합원에 의한 자율, 정치적 자주, 경제적 자립이 이루어지며 협동조합의 자율성이 유지되어야 한다.
제5원칙: 교육, 훈련 및 정보	협동조합은 조합원, 임원, 경영자, 직원들이 조합의 발전에 기여할 수 있도록 교육과 훈련을 제공한다. 또한 일반인에게 협동조합에 대한 정보를 홍보한다.
제6원칙: 협동조합 간의 협동	협동조합은 동종, 이종, 지역, 전국, 국제적으로 함께 일함으로써 협동조합 간의 협동을 실시한다.
제7원칙: 지역사회에 대한 기여	협동조합은 조합원의 의사에 따라 그들 지역사회의 지속 가능한 발전을 위해 노력해야 한다.

기본적으로 협동조합은 경제적 약자들의 단체이다. 일반적으로 협동조합의 주체는 소비자나 생산자와 같이 자본주의 사회에서 경제적 약자로 인식되는 사람들이다. 이들은 자본을 전혀 갖지 못했거나, 가졌다 하더라도 극히 일부만을 갖고 있기 때문에 소비생활이나 경제활동을 하는 데 있어 커다란 이득을 얻지 못한다. 따라서 이윤 최대화를 목적으로 하는 대자본에 의해 직간접적으로 피해를 입을 수밖에 없다. 소비자와 마찬가지로 자본이 빈약한 영세 규모의 생산자들도 생산자재를 대자본으로부터 구입해야 한다는 측면에서 소비자와 다를 것이 없다.

협동조합의 구성원은 조합원으로 각각 경제적 독립성을 유지하면서 조합 내에서 협동을 유지한다. 협동조합의 조합원은 자본을 투자한 소유자임과 동시에 사업을 이용하는 이용자로서 조합원 상호 간에 유기적인 관계를 맺는다. 조합원이 협동조합의 사업을 이용하지 않으면 협동조합은 존재가치를 상실한다. 협동조합의 구성원은 독립성을 유지하면서도 목적달성을 위해 유기적인 결합관계를 갖도록 되어 있다. 협동조합은 경제적인 독립성을 지닌 개인들의 유기적인 단체라고 할 수 있다.

협동조합은 조합원의 경제적 향상을 주요 목적으로 한다. 협동조합이 조합원의 경제적 이익을 향상시키기 위해서는 사업을 전개하지 않으면 안 된다. 협동조합은 비록 소액이기는 하지만 조합원들로부터 출자를 받아 자본을 형성하고 사업체를 조직·운영한다. 협동조합은 소비자나 생산자 등 경제적 약자들이 개별적으로 행해야 하는 사업을 보다 유리하게 추진하기 위해 그들을 대신해서 사업을 추진한다. 사업을 운영한다면 일반적으로 영리기업을 떠올리기 쉽다. 협동조합은 사업체로서 기업의 특성과 결사체로서 비영리조직의 특징을 함께 갖고 있다. 일반기업은 가능한 많은 이윤을 획득해서 그 기업에 자본을 제공한 주주들에게 보다 많은 이익을 배당하는 것을 목적으로 한다. 협동조합은 각종 경제활동을 통해 조합원의 가계와 경제활동을 향상·발전시키는 것을 가장 큰 목적으로 한다. 물론 협동조합에서도 사업을 통해 잉여금이 생긴다. 하지만 기업의 이윤과는 전혀 다른 개념이다. 조합원이 소유자이고 운영자이며 동시에 이용자인 협동조합의 잉여금은 가격을 적정하게 책정했다면 이용자인 조합원의 가계로 되돌아갔을 이윤이 시가로 공급하거나 또는 다른 이유로 조합에 일시적으로 남아 있는 것이다. 협동조합의 잉여금은 조합원의 사업이용을 통해 얻어지기 때문에 당연히 사업이용 정도에 비례해서 조합원에게 배분해야 한다. 때문에 협동조합은 잉여금의 배분방법으로 이용고 비례배당원칙을 설정하고 있으며, 자본에 대한 배당인 출자배당의 경우 조합원의 출자액에 따라 제한된 배당금을 배당하고 있다.

자본주의 사회에서 경제적 약자들이 조직한 협동조합은 거액의 자본조달이 일반기업과 비교해 상대적으로 어렵다. 조합원으로부터 출자되는 적은 자금으로 운영할 수밖에 없다. 부족한 자본을 인적 결합의 결과인 협동을 통해 보완하자는 것이 협동조합이라 할 수 있다. 자본의 힘보다 인적 결합의 힘을 더 중요시하기 때문에 협동조합을 인적 단체라고 할 수 있다. 협동조합은 출자금의 많고 적음에 관계없이 조합원이면 누구나 1표를 행사하는 1인 1표주의를 채택한다. 협동조합은 협동조합의 목적에 찬성하는 사람이면 누구나 가입할 수 있고 탈퇴할 수 있는 자유롭고 민주적인 인적 단체이다. 협동조합은 목적달성의 수단으로 상부상조의 성격을 강조한다. 조합원의 조합 이용은 자기 자신의 이익뿐만 아니라 조합의 사업을 발전시키고 나아가 전 조합원의 이익을 증진시키는 결과를 가져온다. 협동조합은 조합원끼리는 물론이고 조합과 조합 사이에도 경쟁보다 상부상조가 더 중시되는 자주적 단체의 성격을 갖는다.

경제적 약자가 출자함으로써 자본금이 제약받는다는 점, 조합원의 필요에 의해 경제활동의 영역이 한정된다는 점, 민주적 의사결정으로 인해 행동의 탄력성이 제약받는다는 점, 경영혁신을 위한 경제적 동기부여가 부족하다는 점은 일반기업과의 경쟁에서 협동조합을 불리한 위치에 놓는다. 경쟁상 불리한 위치에서 시작한 협동조합이 사업적 성공을 거둘 수 있는 이유는 무엇보다 협동조합을 필요로 하는 조합원의 의식적 연대를 사업전개의 기반에 두고 있다는 사실이다. 조합원의 경제역량 집중화를 통해 규모의 경제효과는 물론 조직적 효과를 얻는다. 조합원의 인적 결합, 즉 조직력을 통해 협동조합이 지니는 제도적·경제적 제약을 극복하며 경쟁력을 갖는다. 협동조합이 갖는 운동체로서의 성격과 사업체로서의 이중적인 성격은 일반기업과의 경쟁에서 큰 제약조건임과 동시에 장점이다. 그것이 제약으로 작용하느냐 이점으로 작용하느냐는 협동조합의 조합원이 어떻게 조직되어 기능하고 있는지에 달려 있다.

2. 협동조합의 발전

협동조합은 자본주의 경제가 먼저 발달한 서구에서 탄생하여 활발하게 전개되고 있다. 초기 협동조합 발생 당시의 사회는 자본주의의 모순이 사회 각 방면에 표면화되어 노동자·농민·소생산자들의 생산과 생활이 크게 위협받는 상황이었다. 초기 협동조합 운동가들의 궁극적인 목적이 자본주의 사회를 대신할 협동사회의 구현에 있었지만, 실제로 는 자본주의 사회 내에서의 경제적 약자인 자신들이 경제적 이익을 얻기 위해 활동했다고 할 수 있다. 가장 절박한 과제는 생활을 계속적으로 유지할 수 있는 경제적 안정성 확보에 있었다. 자립을 위한 스스로의 노력으로부터 상호부조, 협동을 실천해갔던 초기 협동조합의 발전 과정은 다음과 같다.

영국은 자본주의가 가장 먼저 성립한 나라로 다른 나라에 비해 먼저 공업화가 이루어지고 자본가와 노동자 계급이 형성된다. 자본주의 초기 공업화를 위한 자본축적 과정에서 발생된 노동자의 궁핍한 생활은 노동자 스스로 생활환경을 개선해야 할 필요를 일깨운다. 생산량이 크게 증가했음에도 사람들의 생활수준은 하락한다. 급격한 도시화로 도시와 읍내는 위험한 전염병의 온상이 되었으며, 식량의 소비수준은 하락한다.

영국의 초기 협동조합운동은 로버트 오웬(Robert Owen)에 의해 전개된다. 방직공장의 경영주이기도 했던 로버트 오웬은 초기 자본주의 시장경쟁에서 낙오한 약소자들을 위한 경제기구로 자립적 공동체를 조직한다. 그는 '사회의 핵심'을 공동체로부터 발견했고 지금 즉시 사회를 새롭게 시작해야 한다며 뉴라나크(1800~1825), 뉴하모니(1825~1829), 퀸즈우드(1836~1854)와 같은 협동조합촌을 조직한다. 그러나 노동자들이 협동을 기초로 자기 자신을 위해 생산하고 다른 사람들과 재화를 교환함으로써 생활할 수 있다고 생각한 오웬의 운동은 실패로 끝난다. 하지만 그의 정신은 윌리엄 톰슨(William Thomson), 윌리엄 킹(William King)에 의해 계승, 발전되었으며, 영국 로치데일공정선구자협동조합의 결성으로 이어진다.

1844년 모직물로 특화된 영국의 한 마을인 로치데일(Rochdale)에서 로치데일공정선구자조합(Rochdale Equitable Pioneers Society)이 설립되면서 근대 협동조합운동이 시작된다. 이전에도 1777년 버밍험 양복조합, 1832년 협동우애기금조합 등 반세기 동안 많은 협동조합이 설립되었으나 지속적인 발전을 이루지 못하고 사라졌다. 반면 로치데일공정선구자조합은 노동자들의 삶 속에 자리 잡아간다. 농촌을 떠나 도시로 이주한 노동자들이 최소한의 삶의 질을 확보하기 위해서는 협동이 필요했다. 조악한 품질과 높은 가격의 생필품 대신에 힘을 모아 적절한 가격으로 좋은 품질의 생필품을 구매하고자 하는 소비자협동조합의 등장은 열악했던 노동자들의 삶을 변화시켰다.

로치데일공정선구자들은 매주 1파운드씩 출자하여 허름한 창고를 빌려 조합원들이 필요로 하는 생활물자를 공동 구매한다. 좁은 창고에서 몇 가지 안 되는 물자를 공동구매, 판매하면서 점차 그 규모를 늘린다. 로치데일공정선구자조합은 소비를 위한 조합이 아니라 공정한 사회건설을 위한 조합이었으며 경쟁의 원리가 아닌 협동의 원리로 이를 실현한다. 오늘날 소비자협동조합의 효시가 된 로치데일공정선구자조합의 영향으로 1851년에는 영국 북부와 중부에 약 130개의 협동조합이 설립된다. 다른 협동조합을 위한 도매상 역할을 하는 영국협동조합도매연합회(CWS: Co-operative Wholesale Society)가 1863년 설립된다. 로치데일의 경험과 영국협동조합도매연합회로 대표되는 영국의 소비자협동조합운동은 자본주의 경제가 진전됨에 따라 세계 각 지역에 소개되어 협동조합운동의 모델로 주목받기 시작한다.

19세기 중후반 유럽 전역에는 다양한 협동조합이 등장한다. 스위스에서는 로치데일 시스템을 적용한 소비자협동조합이 형성되어 1904년, 204개의 협동조합이 자신들의 도매조직과 연합조직을 갖게 된다. 프랑스에서는 1907년까지 2,166개의 협동조합이 설립되고 조합원이 60만 명에 이른다. 프랑스의 협동조합 지도자들은 다른 나라의 협동조합법과 실태를 조사·연구함으로써 프랑스 협동조합이 나아가야 할 방향을 제시하고 다양한 입법자료로 활용한다. 벨기에 협동조합운동은 종교적·

정치적인 분열로 제약을 받았음에도 1905년까지 168개의 협동조합이 조직되고 전국연합조직도 결성된다. 이탈리아에서는 1904년까지 1,448개의 협동조합이 등록했고, 등록하지 않은 협동조합도 5백여 개나 됐다. 또한 도매협동조합을 보유한 지방단위의 연합조직, 그리고 모든 유형의 협동조합을 대표하는 '레가 인터내셔널'이라는 전국조직이 결성된다. 독일에서 로치데일의 원칙2)을 따르는 협동조합은 1890년대 이후 등장한다. 1905년 중앙연합회는 260개의 신용협동조합과 787개의 소비자협동조합을 회원으로 보유하고 있었다. 특히 신용협동조합의 발생지인 독일은 자본주의의 급속한 발전으로 인한 자본의 수탈을 신용협동조합이라는 새로운 틀로써 해결하고자 한다. 슐체델리치(Herman Schultze-Delitzsch)가 제창한 도시 신용협동조합은 초기 상업자본의 수탈에 신음하는 도시 수공업자들을 조직화하여 상업자본에 대항하는 것은 물론 수공업자들의 몰락을 방지하는 데 공헌한다. 라이파이젠(Friedrich Wilhelm Raiffeisen)이 제창한 농촌 신용협동조합은 농촌 고리자본의 수탈에 놓여 있는 농민들을 조직화하여 고리채자본에 대항하고, 농민들이 임금노동자로 전락하는 것을 방지한다. 이 밖에도 네덜란드에는 1860년대 농촌공황과 신대륙으로부터 수입된 농산물로 가격폭락의 문제에 직면한 농민중심으로 농업협동조합이 형성된다. 1890년대 축산, 원예의 집약화를 도모한 농업협동조합이 급속히 발달했으며, 더불어 신용협동조합도 시작된다. 스위스의 협동조합운동은 1840년으로 그 역사를 거슬러 올라간다. 전국 각지에서 로치데일 원칙에 입각한 소비자협동조합이 결성되었으며, 1880년에는 스위스연방농업협동조합법이 제정된다. 러시아의 경우 협동조합이 소개되기 전부터 전통적인 농촌공동체인 옵슈치나(Obshchina 또는 mir)와 노동자의 평등한 조합인 아르테리가 자리 잡고 있었다. 1860년대, 서유럽의 협동조합사상과 운동이 도입되면서 아래로부터의 변화

---

2) 로치데일공정선구자조합은 구체적으로 다음의 6가지 원칙을 설정했다. ① 자발적이며 공개적인 조합원 제도, ② 1인 1표에 기반을 둔 민주적 통제, ③ 출자이자 제한, ④ 이용실적에 따른 잉여금배당, ⑤ 상품을 조합원에게 시가로 공급, ⑥ 조합원과 직원을 위한 교육 제공.

차원에서 협동조합이 인식되어 확산되기 시작했다. 미국에서 협동조합 운동은 유럽대륙과 비교해 상대적으로 늦게 시작된다. 하지만 이미 협동조합운동을 경험한 적이 있는 이주민들이 2,600여개의 협동조합을 설립하여 이들 협동조합으로부터 미국협동조합연맹이 결성된다. 이처럼 20세기 이전부터 협동조합의 국제적인 확산이 나타났다. 나아가 1885년에는 국제협동조합연맹(ICA)이 설립된다. 협동조합과 관련된 정보를 서로 교환하고, 협동조합 간의 협동을 촉진하기 위해 설립된 이 조직은 현존하는 가장 오래된 국제 NGO로 알려져 있다.

협동조합의 초기 참여자들은 자본에 의해 인간이 지배되는 자본주의 사회를, 인간이 존중받고 인간다운 삶을 영위할 수 있는 사회로 변화시키기 위한 의도로 협동조합 운동을 시작했다. 자본에 의해 지배받고 인간적 관계가 단절된 자본주의 사회의 문제를 인간적 교류와 결합이 구체화 된 협동조합을 통해 극복하고자 노력한 것이다. 지난 세기 절대적 빈곤의 해결과 인간다운 삶의 추구라는 협동조합 운동의 주요 과제는 오늘날 큰 틀에서 상당수 해결되었다. 오늘을 살아가는 우리가 직면한 과제는 생활의 질적 향상과 지속 가능한 사회의 구현이다. 이러한 관점에서 1990년대 중반 이후 협동조합 진영은 새로운 형태의 협동조합운동을 전개한다. 지금까지 볼 수 없었던 새로운 유형의 협동조합이 나타났으며, 기존 협동조합의 모습을 변화시킴으로써 변화하는 시대에 대응하고 있다. '조합원의 이익에 봉사하는 것'을 주목적으로 하는 기존 협동조합과 함께 고령자·장애인 간병, 육아·보육 돌봄, 직업훈련·교육, 고용창출 등 사회적 목적을 향상시키고자 하는 협동조합이 등장해 성장하고 있는 추세이다. 복지국가의 위기와 맞물린 국가재정압박, 신공공관리의 지구적 확산을 통한 작은 정부와 민영화의 흐름 속에서 복지, 교육, 문화 등의 영역에 대한 정부의 재정 지출 감소는 협동조합의 변화를 요구하고 있다. 새로운 협동조합은 조합원의 이익추구뿐만 아니라 취약계층의 노동통합과 사회적 서비스의 제공으로 활동 영역을 넓히면서 시장의 무한경쟁에서 대안적인 경제구조를 형성하고 있다.

시장 및 제도 환경의 변화에 대응해 농업협동조합(농협)은 지역 기반으로 동질성이 강한 생산자들 간 협동을 통해 고부가가치사업을 추구하는 소규모 농협과 전통적인 조직형태가 아닌 외부투자자의 지분 참여가 가능한 농협, 자회사를 보유한 농협 등으로 조직모형이 다양해지고 있다. 신용협동조합은 규제완화와 위험요인의 증대 등 세계화가 가져온 문제에 대응하기 위해 잉여금의 일부로 지역투자기금을 조성하고 다양한 협동조합의 설립을 지원하는 등 지역에 기반을 둔 활동을 추진하고 있다. 현재 서구의 소비자협동조합들은 시장경제 속에서 나타난 환경파괴, 빈곤의 대물림, 경제이민과 사회적 배제와 같은 문제들을 해결할 수 있는 실마리로서 공정무역과 윤리적 소비, 도농연대를 사회적으로 주도하고 있다. 협동조합의 변화는 다른 영리기업들에게 기업의 사회적 책임 강화를 요구하는 견인차 역할을 하고 있다.

협동조합의 과제를 넓게 보면, 국제기구나 다국적 연합과도 유사하다. 유엔은 2001년 협동조합의 발전을 위한 법적·제도적 장치로 총 26항의 가이드라인을 제시했으며, 유럽연합도 이미 2003년 8월에 유럽 내에서 협동조합의 초국적 활동에 관한 법령(European Statute for Co-operative Societies)을 제정하고 이를 시행하고 있다. 특히 글로벌 금융위기라는 파국을 겪은 이후, 2009년 말 유엔은 2012년을 세계협동조합의 해로 정했다. 경제적 성과와 사회적 책임을 동시에 추구하는 협동조합에 대한 국제사회의 기대가 높아졌기 때문이다.

오늘날 생산, 구매, 신용 등에서 개인의 이해를 민주적으로 결합시켜 환경보호나 자본주의 견제, 지속 가능한 사회 등과 같은 사회 전반적인 가치의 추구로 구현시키는 협동조합의 활동은 더 큰 차원에서 실현될 것이다.

3. 협동조합의 유형

협동조합의 개념적 정의만으로는 구체적 활동을 확인하기 어렵다. 그만큼 다양한 사업을 전개하고 있기 때문이다. 협동조합의 내부유형을 확인함으로써 협동조합에 대한 이해를 높일 수 있다.

협동조합은 정부와 일반기업의 보완적 역할과 기능을 통해 재화와 서비스의 공급이라는 기본 역할을 담당하고 있다. 사회, 경제의 변화와 생활자들의 필요와 욕구에 의해 다양한 협동조합들이 생겨나고 있다. 따라서 전통적인 협동조합의 형태로 협동조합의 유형을 제한하는 것은 한계가 있다. 존스턴 버첼(2011)은 다양한 이해관계자의 유형에 따라 다음과 같이 협동조합을 분류하고 있다.

<표 8-2> 협동조합의 유형

분류	범위	유형	혼합형
소비자 협동조합	종합소매	식품, 비식품, 가정용품, 의복	
	전문소매	약국, 장례서비스, 여행, 주유소	
	금융서비스	은행, 보험, 생명보험 등	
	주택	주택대출조합, 주택건설조합	지역주택협회
	보건, 소셜케어	의료보험, 간호서비스 제공 등	
	공익설비	전력, 수도, 전화	지방정부와 공동투자
	레저서비스	후원회	
	공공서비스	공동육아, 협동조합학교, 스포츠센터 등	
생산자 협동조합	1차 생산자(농, 수, 임업)	재화와 서비스, 신용제공, 판매, 가공	생산자, 투자자 공동소유
	소매업자(도매공급)	자영 슈퍼마켓, 약국, 철물점 등	도매업자의 공동소유
	소규모생산자, 노동자협동조합, 전문가들의 서비스 공유	택시운전사, 직공, 상인, 치과의사 등	
노동자 협동조합	노동자만의 협동조합, 복합기업체	광범위한 분야 (사회적 협동조합 등)	노동자공동소유

출처: Birchall(2011)

협동조합은 출자자=이용자라는 기본적인 형태를 갖는다. 일반기업과 마찬가지로 특정한 상품의 공급이 부가가치를 포함한 생산과정을 거쳐 소비자에게 판매된다. 협동조합의 조합원은 이용자의 측면에서 생산자(공급자), 노동자, 소비자라는 기본적 이해관계자를 구성한다. 전통적 협동조합은 결성주체에 따라 소비자, 생산자(공급자), 노동자로 나누었다. 그러나 어떤 종류의 사업과 활동을 하느냐에 따라 보다 다양한 성격의 협동조합이 나타날 수 있다. 만약 협동조합의 형태만으로 한계를 느끼거나 더욱 큰 규모의 협동이 필요한 경우에는 일반 영리기업이나 공기업 또는 지자체 등과 공동소유(joint owned)하는 형태로 협동하는 사례도 가능하다. 협동조합의 유형은 고정적인 것이 아니기 때문에 시대적·사회적 요구에 따라 기존에 존재하지 않았던 새로운 유형이 나타날 수 있다. 기존 협동조합이 새로운 형태의 협동조합 설립을 지원·보조하는 것 자체가 협동조합의 정체성을 강화하고, 이해관계자로부터 신뢰를 높이는 데 기여할 것이다. 다양한 협동조합들의 연대 및 복합체로 구성된 협동조합의 등장은 앞으로 협동조합의 스펙트럼을 다양화시킬 것으로 기대한다.

4. 협동조합의 현황

1) 유럽

(1) 영국, 코퍼라티브 그룹(The Co-operative Group)

협동조합이 시작된 영국은 일찍이 성장과 쇠퇴를 거쳐 다시 재도약의 시기를 경험하고 있다. 2010년 현재 4,992개의 협동조합, 1,290만 가구로 이뤄진 조합원, 237,800명에게 일자리 제공, 사업금액 총 335억 파운드(약 60조 3천억 원)라는 수치는 견고하게 형성된 영국 협동조합경제의 구조를 잘 설명한다(Co-operatives UK, 2011). 쇠락을 극복하고 재도

약한 힘의 원천으로 영국 협동조합연합회(Co-operatives UK)와 협동조합대학(Co-operative College)의 역할을 들 수 있다.

영국 협동조합연합회의 설립은 근대적 협동조합이 시작된 19세기 중반으로 거슬러 올라간다. 경제적 성공뿐만 아니라 협동조합의 정체성을 유지하며 사회적 역할을 이루고자 한 영국 협동조합연합회는 다양한 경제영역 내 협동조합의 지원과 발전을 위해 설립되었다. 오늘날 협동조합연합회는 의료, 농업, 신용 등 다양한 협동조합으로 구성되어 있으며, 개별 협동조합에 대한 지원과 다양한 정보공유가 협동조합 상호간에 이뤄질 수 있도록 네트워크 강화에 힘쓰고 있다. 일반대중들에게 협동조합을 지속적으로 알리는 창구역할도 도맡고 있다. 영국 협동조합연합회는 영국사회 전반에 협동조합의 가치를 높이고, 그 의미와 존재이유를 상기시키는 역할을 한다. 협동조합의 정체성을 유지하게 하는 기반이라 할 수 있다.

협동조합의 교육을 담당하고 있는 영국 협동조합대학은 협동조합이 성장하던 1919년 맨체스터(Manchester)에 설립되었다. 협동조합의 가치와 원칙을 중점적으로 교육하고 있는 협동조합 대학은 자주적으로 운영되고 있다. 영국 협동조합 내부 이사와 관리자들의 역량강화를 뒷받침하는 것은 물론 개발도상국에 협동조합 교육기관을 설립해 협동조합의 가치를 실현하고 있다. 지속적으로 협동조합의 발전과 저변확대를 위해 노력하고 있으며, 영국은 물론 아프리카, 아시아태평양 지역에도 협동조합을 알리고 있다. 영국의 협동조합 진영은 협동조합의 핵심가치와 정체성을 발전시킴과 동시에 높은 경제성과를 보인다. 이를 실천한 대표적인 사례로 영국 코퍼라티브 그룹을 들 수 있다.

영국 소비자협동조합은 1950년대 중반까지 식품 20%, 소매시장 12%의 점유율을 유지하면서 지속적으로 성장한다. 19세기 말과 20세기 초, 영국 전체에 유통혁명을 일으켜 소비자에게 가격과 서비스의 일대 변화를 가져왔지만 침체기에 접어든다. 거대한 자본을 갖추고 있는 대형

유통업체와 가격경쟁을 할 수 있는 역량이 부족했기 때문이다. 물류시스템의 효율성 부족, 투자전략의 부재, 브랜드 인지도의 중요성 간과 등 경영전략에 대한 이해가 부족했다. 무엇보다 협동조합의 가치와 원칙을 지키지 못해 조합원들에게 소비자협동조합을 이용할 필요성을 인식시키지 못했다는 사실이 가장 큰 실패의 원인이었다. 다행히 영국의 소비자협동조합은 조합원들의 로열티를 높이기 위해 유·무형의 가치를 높인다. 조합원으로 의사결정을 행사할 수 있는 전자배당카드(electronic dividend card)를 발행하였으며, 적극적으로 조합활동에 참여하는 조합원과 그렇지 않은 조합원으로 나눠 관리하는 전략을 채택해 조합활동의 자율성을 부여하고 조합원 관리비용을 줄이는 효과를 얻는다. 또한 사회적 문제와 협동조합의 연결고리를 만든다. 윤리적 가치를 중점에 내세운 영국의 소비자협동조합은 공정무역, 윤리적 투자, 환경경영, 로컬푸드 등의 가치를 영국사회에서 선도적으로 내세웠으며 이를 통해 소비자협동조합에 대한 일반인들의 인식을 바꾼다. 2000년 코퍼라티브 그룹(The Co-operative Group)으로 명칭을 변경한 영국의 소비자협동조합은 소매업은 물론 관광, 장례사업, 법률상담 등 다양한 영역으로 활동영역을 넓히고 있다.

(2) 스페인, 몬드라곤(Mondragon) 협동조합

오늘날 몬드라곤협동조합복합체(MCC: MONDRAGON Corporación Cooperativa)는 성공적인 노동자협동조합 사례로 알려져 있다. 몬드라곤은 가파른 언덕과 산으로 둘러싸인 협곡에 자리 잡고 있는 지역적 특성으로 산업이 발달하거나 인구가 늘어날 만한 여지가 거의 없는 곳이다. 이러한 몬드라곤에서 '종업원 공동소유와 직접 민주주의 원칙에 따른 자율경영 및 능력에 따른 균등분배'를 운영의 원리로 하는 협동조합적 산업발전이 가능했던 가장 큰 이유는 호세 마리아 아리스멘디 아리에타라는 신부의 선구적 역할이 있었기 때문이다. 호세 신부는 스페인 내

전(1936~1939)이 종결된 이후 지속적으로 공부와 토론모임을 이끌면서 로버트 오웬의 협동조합적 사상과 노동자들의 소유권 참여, 자주경영을 주장함으로써 협동조합에 대한 이해가 높은 젊은이들을 양성한다. 몬드라곤 협동조합복합체는 호세 신부를 따르는 제자 중 5인이 1956년 울고(ULGOR, 현재의 FARGOR 그룹)라는 작은 석유난로공장을 설립하면서 시작되었다. 울고는 같은 규모의 자본금을 출자한 조합원들이 주인이 되어 출발했다. 지금도 8만 명에 달하는 몬드라곤 그룹 조합원들은 1인 1표를 행사해 이사진을 선출하고, 경영진을 임명한다. 설립초기 울고는 기술적 문제와 시장개척 문제에 직면하지만 이를 극복하고 성공적으로 자리 잡아간다. 울고의 성장과 함께 제품의 생산에 필요한 부품이나 기계의 수요가 증가하게 되었고, 울고는 민주적 운영원리에 따르는 회원협동조합들을 설립한다. 울고의 공구를 생산하기 위해 설립된 아라사테, 울고의 가스레인지와 석유난로에 부품을 생산하기 위해 설립된 코프레시, 사기업이던 주물공장을 인수하여 울고의 주물공장과 합병함으로써 생겨난 에델란 등이다. 몬드라곤의 운영원리를 준수하는 노동자 생산협동조합의 확대 재생산이 이뤄진다. 이러한 과정을 거쳐 몬드라곤협동조합은 방대한 복합체로 성장되는 토대를 마련한다. 또한 노동금고(CAJA LABORAL)와 사회보장기금 라군아로(LAGUN-ARO), 에로스키(EROSKI) 생협의 설립은 몬드라곤 발전을 뒷받침한다. 1980년대 심각한 경기침체로 실업률이 20%로 치솟던 때, 몬드라곤도 위기에 직면한다. 적자와 과잉노동력으로 인해 일부 조합은 폐쇄되기에 이른다. 당시 몬드라곤을 지탱했던 것은 노동금고와 사회보장기금 라군아로였다. 두 기관의 후원을 통해 사기업보다 더 일찍 불황을 극복할 수 있었으며, 노동자들의 사기를 북돋을 수 있었다.

많은 학자들이 몬드라곤협동조합의 성공에는 교육이 있었다고 지적한다. 호세 신부가 1945년 기술학교를 설립하고, 1946년 교육문화동맹이라는 교육 관련 총괄기관을 세운 이후로 몬드라곤 그룹에는 보육원부터 대학 수준의 학교, 그리고 교원양성소 등의 교육협동조합이 바스크협동조합법의 근거 아래 세워졌다. 협동조합에 대한 교육뿐만 아니라 전문기술교육이 복합적으로 이뤄지는 몬드라곤협동조합의 교육정책은 몬드라곤이 협동조합의 원칙을 준수하면서도 가능성 있는 사업을 진행해 자본주의와 경쟁할 수 있는 기반을 마련하게 한다.

총 250여 개의 협동조합 기업체(120개 협동조합, 130개 자회사)로 구성되어 있으며, 스페인 전체 기업 중 총 매출액 9위(2010년 기준)에 올라 있는 몬드라곤협동조합. 세계 경제위기의 어려움 속에서도 지난 2008년 14,938명의 신규고용을 창출하며 성장세를 이어간 몬드라곤의 저력은 무엇일까? 출자에 기초한 조합원들의 강한 경영책임감과 공제기관 등에 의한 사회부조제도의 정비, 기술적인 능력과 교육을 중시하는 몬드라곤협동조합의 정책이 오늘날의 발전을 낳았다고 해도 과언이 아니다.

(3) 이탈리아, 레가쿱(LEGACOOP)

레가쿱은 '협동조합들의 협동조합'이다. 소속된 협동조합의 대표기구인 레가쿱은 그들을 대표하며, 그들을 위한 서비스를 제공한다. 모든 가입조합은 잉여금의 3%를 의무적으로 기금으로 내고 있으며 이는 다시 협동조합의 발전에 쓰인다. 레가쿱이 오늘날과 같이 안정적인 구조를 갖추기까지에는 지난한 과정이 필요했다.

이탈리아에서 최초의 협동조합은 1854년 토리노의 노동자들이 조직한 소비자협동조합점포 'Magazzino di Previdena(중고의류를 취급하던 잡화점)'였다. 1856년에는 리그리아 주 사보나에서 유리세공 기술자들의 생산협동조합인 'Artistica Vetraria'가 설립된다. 이들 협동조합은 실업과 생활비 상승에 대항하기 위한 노동자들의 자주적인 움직임이면서 동시에 정치, 사회적 운동과 밀접하게 연결되어 있었다. 당시 이탈리아 통일이라는 꿈을 위해 곳곳에서 노동자 협동조합이 건설됐다. 이몰라의 도자기생산자협동조합, 젠세나의 건설협동조합 등이 그렇다. 특히 사회주의 성향이 강했던 이탈리아에서 통일 이전의 협동조합은 좌파정당(사회장, 공산당)과 긴밀한 관계 속에 발전했으며, 통일 직후 많은 협동조합이 탄생한다. 공화주의·사회주의·보수주의·가톨릭 진영에서 모두 풀뿌리 서민조직으로서 협동조합운동을 전개한다. 레가쿱은 초기 사회주의자들과 가톨릭 진영의 연합형태로 1886년 설립되었다. 1919년 가톨릭 진영의 분리이후, 1920년대부터 1940년대 파시즘 시절, 성장 없는 생존을 위한 힘겨운 시기를 겪는다. 1945년 전쟁이 끝나고 재결성된다. 경영능력을 강화한 레가는 사업을 발전시킬 수 있는 기반을 마련한다. 문화, 보건의료, 관광, 운송(택시협동조합과 트럭협동조합) 등 새로운 분야에서 협동조합의 역할을 확장시킨다. 하지만 1980년대 이탈리아의 경제가 세계화의 흐름에 편승되고 EEC(유럽경제공동체)로 유럽시장이 통합되면서 레가는 사업유지의 어려움을 겪는다. 레가는 적극적으로 경쟁력을 강화하는 전략을 선택한다. 유럽지역의 여러 협동조합과 연대하는 한편, 글로벌기업과의 경쟁에서 이길 수 있는 규모의 경제 전략을 발전시킨다.

레가쿱에는 소비자, 생산자, 주택 등 다양한 영역의 협동조합이 가입되어 있다. 레가쿱은 협동조합 운영과 협동조합 간 연대를 위한 지원도 하지만 새로운 협동조합 설립을 지원하기로 한다. 협동조합 설립에 따른 기본 사업방향과 사업계획, 동업자 물색, 자본마련과 같이 구체적으로 필요한 것을 지원한다. 2008년 레가쿱은 830만 명의 조합원과 사업금액 479억 유로(77조 원)로 시장과의 경쟁에서 이길 수 있는 강력하고 규모 있는 협동조합을 구축했다. 전국적인 규모의 협동조합인 레가쿱은 관료화의 문제, 부정부패의 문제도 종종 발생했다. 이를 해결하기 위해 '조합원은 모든 종류의 상호부조에서 근본적인 핵심 축이며, 협동조합 활동의 가장 우선적인 대표성을 지닌다', '협동조합은 투명성, 정직성, 정당성을 스스로 개발하여 그 가치의 수준에 따라 근본적 진가를 드러낸다' 등 12가지의 레가쿱 가치 헌장(1995년)을 발표하고, 레가 구성원 모두가 공유해야 할 지침으로 삼고 있다.

(4) 스위스, 미그로(MIGROS) 생협

1851년 취리히에 소비조합이 처음 설립된다. 독일어를 사용하는 국가에서 최초로 소비조합이라는 명칭을 사용해서 협동조합을 운영한 것으로 알려져 있다. 이후 1863년 제니 릿펠이라는 공장주에 의해 구라루스 주의 슈운덴에서 로치데일식 협동조합이 설립되었으며 1865년 바젤에도 이와 같은 조합이 설립되었다.

미그로 생협은 1925년 도트 와일러(Gottlieb Duttweiler)가 스위스 산간지역에 트럭으로 상품을 판매하는 기업에서 시작한다. 1940년 그는 사기업을 협동조합으로 전환한다. 1952년 미그로는 120개 셀프서비스 점포를 보유하고 있었으며 첫 번째 슈퍼마켓을 개설한다. 도트 와일러는 저가격을 위한 캠페인을 지속하면서 택시회사 및 주유소 체인을 설립한다. 이는 미그로 생협의 저가격 정책이 지속될 수 있는 원동력이었다. 1970년에는 직원 2만 9천 명, 조합원 수 87만 2천 명, 시장점유율은 9.4%에 이른다.

미그로는 체인스토어 방식의 도입과 근대적인 운영체제의 도입, 은행·보험업 등으로 사업 다각화를 추진하면서 변화를 주도했다. 또 PB 상품정책, 효율적인 물류시스템 등 사업경영 면에서도 새로운 지평을 열었다. 중앙집권적 구조가 아니라 지역협동조합이 성장하는 구조를 중시하는 미그로는 지역사회에 기여해야 한다는 원칙에 따라 1년에 1억 프랑(약 1,286억 원) 이상을 교육·문화 사업에 투자하고 있다. 지역협동조합에서 운영하는 교육기관인 '미그로 클럽 스쿨'은 저렴한 교육혜택을 받을 수 있도록 수강료 일부를 미그로에서 지원하는 방식으로 운영된다. 광범위한 성인교육의 조직화, 세계에서 가장 선진적인 환경정책의 실시, 전 조합원 투표에 의한 중요 정책결정과 Social Report의 발행 등 미그로의 사회적 책임은 주목할 만하다.

사기업이던 미그로는 오늘날 스위스에 600개 매장을 둔 협동조합으로 성장했다. 조합원은 약 200만 명(스위스 인구 700만)이며 스위스 전체식품 점유율은 20%에 가깝다. 스위스 가구의 99%가 적어도 한 번 이상 미그로에서 구매한 경험이 있다는 것이다. 2002년 미그로 생협 그룹은 스위스 경제악화의 영향으로 사업분야 일부에서의 업적이 떨어졌지만, 그룹 전체로는 사업액 200억 스위스 프랑을 넘는 성과를 보였다. 소매부문이나 물류, 생산부문은 경영효율 강화로 오히려 시장점유율이 증가하였다. 2008년 현재 미그로에는 10개 협동조합, 수익 25,750만 프랑, 이익 700만 프랑, 50개 이상의 기업에서 8만 4천명 이상의 직원을 보유하고 있다.

스위스의 스위스소비자협동조합(Co-op Swiss)과 미그로협동조합은 식품 시장점유율이 40%를 넘는다. 지난 2007년 세계 2위의 유통자본인 까르푸는 스위스에서 매장을 철수한다. 스위스의 소비자 협동조합은 소비자의 먹을거리 안정성과 노동자의 일자리를 지키고 있다. 단기이윤 극대화가 아닌 지속가능성을 중심에 둔 운영원칙에서 협동조합의 가치를 찾을 수 있다.

2) 일본

1879년 영국 로치데일식 협동조합이 소개된 이후 초기 협동조합운동의 주체는 메이지유신으로 인해 직업을 잃은 무사계급과 지식층이었다. 1900년에 성립된 산업조합법은 독일에 유학 간 엘리트 지식인들이 슐체델리치와 라이파이젠 모델을 참조하여 제정한 것으로 이후 일본에서 산업조합(농협의 전신)과 사회주의, 시민운동세력의 소비조합(또는 구매조합)의 형태로 발전한다.

1차 대전 후 노동운동 발전기에 소비조합 운동도 본격 시작된다. 노

동조합을 통해 조직·지도된 노동자소비조합이 전국 각지에서 탄생한
다. 이들 조합은 사상과 운동형태에 따라 우애회(友愛會), 공동사(共働
社), 공익사(共益社) 계통의 세 갈래로 나뉜다. 우애회(1919)는 영국 로치
데일 원칙에 의해 형성되었으나 1923년 경영위기로 해산한다. 기독교
사상에 기초한 공익사(1920)는 곧 시민적 소비조합으로 변화한다. 양적
으로 가장 많이 확산된 것은 빈곤계층 운동과 강한 연계를 가진 구매조
합인 공동사(1920)였다. 일본 각지에 단위조합을 형성하고 관동소비조
합연맹, 일본소비조합연맹 연합회를 조직하며 노동운동의 일환으로 발
전한다. 그러나 1920년대 말부터 경찰의 탄압을 받기 시작하여 1938년
일본소비조합연맹이 해산되고 단위조합도 점차 소멸되면서 전쟁이 시
작되자 자취를 감추게 된다.

전쟁 직후 일본에서는 식량위기, 정부의 정책 부재, 노동운동의 활성
화를 배경으로 지역과 직장 단위로 구매조합이 형성된다. 시대의 요구
에 의해 협동조합이 결성되었고, 삶의 질 향상에 초점을 맞춰 협동조합
이 조직·운영된다. 일본의 생산자 협동조합은 우리나라와 유사하게
정부 주도로 발전된다. 반면 구매생협, 의료생협, 공제생협 등은 협동조
합의 필요성에 동감한 출자자이자 이용자인 노동자, 농민, 도시빈민 등
에 의해 형성되어 지금까지 활발히 운영되고 있다. 일본에서 생협운동
이 본격적으로 확대된 것은 1970년대 고도 경제성장기였다. 일본사회
는 전쟁 이후 부흥기를 거쳐 1950년대 후반부터 1973년 오일 쇼크에 이
르기까지 유례없는 고도성장을 경험한다. 그러나 성장에 따른 개발은
공해·재해 문제 등을 확대시켰으며, 유통 근대화에 따라 소비자의 주
권이 약화되는 문제를 낳았다. 정부나 노조가 충분히 대응하지 못하는
상황에서 시민운동·주민운동이 생겨난다. 시민운동의 활성화는 생협
조직형성에 자양분이 되었으며, 생협 조직이 지역사회에 뿌리내리는
데 기여한다.

일본생활협동조합연합회[3]에 따르면 2010년 8월 전국 생협 조합원

수는 2,500만 명이며 총 매출액은 3조 엔을 넘는다. 규모의 경제를 이루고 있는 일본의 생협은 다시 한번 경영을 강화하고 연대의 가치를 실현하기 위해 노력하고 있다. 생협공급 상품에 대한 품질보장으로 조합원들의 신뢰를 형성하고, 불확실한 오늘날의 사회구조 속에서 조합원 삶의 질을 향상시킬 수 있도록 경제, 생활의 위기에 대응할 수 있는 방안을 마련하고자 한다. 인구감소나 고령화, 지구환경문제, 식품 및 농업문제 등 직면하고 있는 문제를 전국의 생협 구성원과 함께 대책을 구하고, 방향성을 모색하는 작업을 추진하고 있다.

협동조합은 개인적이며 경제적인 협력으로 조합원들의 필요(needs)를 충족시키고자 유용한 재화 및 서비스를 생산한다. 이익을 넘어선 가치의 실현을 위해 세계 각국의 협동조합은 지속 가능한 방법으로 사업을 경영하고 발전시키고자 노력하고 있다. 자조, 자기책임, 민주주의, 평등, 공정과 연대라는 이미 오래전 확립된 협동조합의 가치를 오늘까지 계속해서 유지·발전시키려는 노력이야말로 협동조합의 성공을 가능하게 했다고 할 수 있다.

---

3) 일본생활협동조합연합회는 1951년 설립된 전국 조직이다. 회원으로는 지역생협, 의료생협, 학교생협, 대학 생협, 공제생협, 주택생협, 직장생협으로 이루어진 각 연합회가 있으며, 이들 회원생협과 일본생활협동조합 연합회는 본부와 지부의 관계가 아닌 각각 독립적으로 사업 및 경영을 하고 있다.

우리나라의 협동조합: 생활협동조합을 중심으로

우리나라에서 협동조합의 역사를 찾는다면 두레와 계를 들 수 있다. 두레는 전통 농촌사회에서 혼자의 힘으로 해결하기 어려운 일들을 힘을 모아 함께 해결하는 공동의 노동조직으로 오늘날 생산자협동조합과 성격이 같다. 계는 상호부조의 민간공동체로 신용협동조합의 원형을 보여준다. 협동조합이 서양에서 시작되어 발달된 개념이라고 하지만 유사한 성격을 지닌 조직이 일찍이 우리나라에도 존재했다.

협동조합이 처음 소개된 1900년대 초는 일제강점기 시대로 관 주도의 협동조합이 대부분이었다. 민간에서 자발적인 협동조합을 조직한 것은 일본제국주의의 경제침탈이 악화되기 시작한 1920년대부터이다. 일본 독점 자본의 농업지배, 농가 경제의 몰락 등은 소비조합의 결성을 만든다. 1920년 최초의 소비조합인 '목포소비조합'과 '경성소비조합'이 설립된다. 이어 YMCA, 천도교에서 농촌진흥을 목적으로 농촌지역을 중심으로 협동조합을 결성한다. 초기 협동조합의 운영 및 조직원칙이 부족해 실패한 경험도 있으나 당시의 협동조합은 식민지수탈에 시달리는 조선민중들에게 저렴하게 물자를 공급하고, 삶을 지원하는 역할을 충분히 수행했다. 해방 이후 1960년대까지의 협동조합은 정부 주도 아래 진행된다. 농업협동조합을 비롯해 수협, 축협 등 생산자협동조합은 정부의 제도적 지원을 동력으로 급격히 성장한다. 그러나 정부의 지원은 통제를 전제로 하기 때문에 협동조합의 자율성 측면에서 문제가 발생한다. 특히 농협은 정부정책에 따라 조직이 분할되고 합쳐지는 일이 빈번하게 일어난다.

우리나라의 협동조합은 초기 소비조합을 중심으로 시작되었지만, 일제총독부의 탄압으로 해산된 후 오랫동안 주목받지 못한다. 해방 이후 정부의 생산자 협동조합 중심의 체제정비와 비민주적인 사회구조에서 상대적 약자였던 소비자들의 조직화는 어려웠다. 그러다 1979년 평창에 농촌구판장형 소비협동조합이 처음 만들어졌고, 1980년대 초 도시 슈퍼마켓형 소비협동조합이 문을 열었다. 그러나 사업 운영상의 어려움으로 대부분 문을 닫거나 개인사업체로 전환한다.

한국의 협동조합운동을 보면, 생산자협동조합은 주로 정부 주도로 운영된다. 농협, 수협, 등 많은 협동조합이 정부의 정치적 필요에 의해 설립되었다. 때문에 노동자들이 시장경제에 맞서 자구책으로 조직한 유럽의 협동조합과 동일하게 보기 어렵다. 그동안 농협, 수협 등의 협동조합은 정부의 관리를 받으면서 협동조합의 민주적 체계와 자주적 특성을 상당 부분 잃었다. 오늘날 일반 금융기관과 동일한 경쟁구도를 보이고 있다. 반면 생활자들의 필요로 인해 아래로부터 형성된 소비자협동조합은 규모는 작지만 꾸준히 자기 정체성을 유지하면서 사회적인 영향력을 확대하고 있다.

최근 기후변화와 에너지 위기, 먹을거리 및 고용불안 등 사회전반의 환경이 악화되고 삶의 질이 저하되는 것을 보면서 생활자의 관점에서 문제를 해결하기 위한 소비자협동조합(이하 생협[4]) 운동이 활발하다. 시민 주도 협동조합운동의 기본가치가 생협을 통해 나타나고 있다. 생협은 가장 기본인 먹을거리부터 교육, 가정, 환경, 경제에 이르기까지 생활에 직면한 여러 문제를 조합원이 주체적, 자발적으로 협동을 통해

---

4) 원래 생활협동조합이라는 명칭은 1945년 일본에서 사용되기 시작하였는데, 당시 소비조합운동을 주도하던 활동가들이 소비조합이란 단어가 소극적인 느낌을 준다고 인식, 좀 더 생활 깊이 침투된 대자본의 횡포를 적극 극복하자는 차원에서 명칭에 '생활'을 추가하면서 소비자생활협동조합이란 단어로 탄생하게 되었다.

해결함으로써 삶의 질을 향상시키고자 한다. '건강한 먹을거리를 저렴하게 먹는다'는 것은 생활협동조합의 한 측면일 뿐이다. 생협은 끊임없이 뭔가를 소비하도록 부추기는 소비사회를 조금씩 바꿔나가고자 한다. 탐욕과 이기주의를 버리고 절제와 협동을 바탕으로 한 생활양식을 만들어나가려 한다. '생협운동'이라고 불리는 것도 바로 이런 이유에서다. 자연과 인간의 공존, 상호협동의 추구, 삶의 자치적 문제해결이 생협의 기본 방향성이다. 윤리적 소비를 지향하며 우리 사회에 그 입지를 굳히고 있는 생활협동조합의 발전은 다음과 같다.

1. 생활협동조합의 발전

한국에는 구매생협, 의료생협, 대학생협 외에도 소수이긴 하지만 교육생협과 노인생협, 문화생협 등이 있다. 교육생협은 마리교육생협과 해오름교육생협이 있다. 생협이 교육 분야에 진출한 것은 한국사회에서 의미 있는 일이다. 한국의 교육은 국가 주도의 공교육시스템이다. 일부 사립학교들이 있지만 이들 또한 대부분의 재원을 국가로부터 조달받고 있다. 사립학교가 설립정신에 의해 교육과정과 커리큘럼을 짤 수 있는 권한이 없기 때문에 고등학교까지의 교육은 국가 주도의 교육이라고 할 수 있다. 그러나 현재 교육생협은 활동을 보류한 상태로 교육 모델에 대해 언급하기 어렵다.

노인생협은 원주에서 처음 조직하였는데 고령화 사회를 맞이해서 노인들의 일자리창출과 복지문제에 대처하기 위해 세워졌다. 아직까지는 실험단계라고 판단된다. 문화생협 역시 2007년 원주에서 창립총회를 개최하였다. 이 역시 아직까지는 평가하기에는 이르다. 이에 구매생협을 중심으로 생협의 발전과정을 다루고자 한다.

한국의 생협운동은 1960년대 초반 직장소비조합을 필두로 시작된다. 대부분이 한국노총의 영향력 아래 있었으며 운동이라기보다는 조합원의 복리후생적 측면으로 노조의 부설기관에 가까웠다. 진정한 의미의 생협운동은 1970년대 말부터 시작되었다. 당시 도시지역에서 신용협동조합운동을 전개해오던 협동조합 운동가 중 일부는 생협운동이 도시지역에서 전개될 필요를 느낀다. 공동구매, 공동판매로 지역사회의 발전을 도모하기 위해 생협운동이 시작된다. 한편, 1970년대 산업화와 독점자본의 성장은 유통과 소비의 문제를 낳았으며 소비자문제는 사회문제로 대두되었다. 이때 여성단체들이 결성되어 소비자보호를 위한 강좌 및 캠페인, 공동구매 장려, 소비자협동조합 창설, 소비자협동조합법 제정을 위한 노력 등 활발한 활동을 전개한다. 특히 소비의 담당자인 여성들이 유통구조의 불합리성과 좋은 품질의 물품을 저렴하게 구매하기 위한 공동구매 운동의 일환으로 생협을 설립하여 활동한다. 이러한 활동이 오늘날 생협운동의 시작을 알리는 기점이 되었다. 사회문제가 아래로부터 협동조합운동의 필요성을 절실하게 만들었다.

한국의 생협운동 연합조직인 생활협동조합전국연합회는 한국 최초의 생활협동조합을 1979년 3월 13일 설립된 강원 평창신리조합으로 보고 있다. 당시의 소비조합은 주로 생필품조달이 어려운 농촌과 광산에 설립되어 도시의 공산품을 저렴하게 공급했다. 주민의 의식개발과 협동능력개발을 목적으로 중간상인의 횡포를 방지하고, 유통구조를 개선함으로써 지역물가의 조절과 주민의 간접소득을 증대하는 기능에 주력했다. 이와 같은 소비조합은 농촌에 48개, 광산에 15개가 결성된다. 그러나 이후 농촌 붕괴화와 맞물려 거의 소멸된다. 농촌 소비조합 운동가들은 한국자본주의의 발전이 농촌을 붕괴시키고 도시를 급격히 키워 농촌운동만으로는 문제해결의 한계가 있음을 인식한다. 그래서 소비조합을 도시에 결성하기 시작한다. 1980년대 노동조합, 종교단체, 시민단체 등이 생협운동에 적극 참여해 협동조합운동은 더욱 활발하게 전개된다. 1983년 소비자협동조합중앙회(생활협동조합전국연합회)[5] 창립을

---

5) 소비자협동조합중앙회는 1987년 사단법인으로 법인설립 인가 이후, 1993년 2월 소비자생활협동조합중앙

시작으로 1988년 한살림 공동체 소비자협동조합이 창립되고, 여성민우
회생활협동조합을 비롯한 여러 개의 새로운 생협이 설립된다. 물품의
생산과정까지 포괄해 총체적인 생활을 중시하는 조직으로 생활협동조
합은 발전한다.

우리나라의 생협운동은 경제적 약자들의 모임에서 출발했다기보다
사회운동으로 출발했다고 할 수 있다. 소비자뿐만 아니라 농민 생산자
의 지원을 협동의 범위에 포함시키고 있다. 또한 현대도시의 환경문제,
지구생태계에 대한 관심으로 그 범위를 확장시켰다. 농약, 화학비료에
의존하여 생산되는 일반농산물의 안전성에 문제의식을 갖게 된 소비자
들이 유기농산물과 같은 안전성이 보장되고, 차별화된 농산물을 안심
하고 구매하고자 하는 욕구로 시작되었다고 볼수도 있다. 1980년대 후
반부터 재건된 생협은 직거래 친환경농산물 위주로 활동을 펼쳐왔다.
신자유주의에 따른 다국적 기업과 투기자본들의 식량지배체제에 대응
해 대안생산체제 및 생활세계 전반을 새롭게 조직하고자 한 것이다. 한
국의 생협은 자본의 독점으로 피폐해진 노동자 및 서민들의 일상을 지
키고자 먹을거리를 기반으로 소비자를 조직하고 일상을 재구조화 하는
운동 성격을 갖고 있다.

1980년대 후반부터 1990년대 초반까지 인천의 부평생협, 성남의 주
민생협, YMCA, 경실련 등 전국 곳곳에 생협이 만들어지면서 본격적인
생협활성화가 나타난다. 하지만 모두 유기농산물직거래위주의 생협운
동을 전개하면서 물류의 문제가 제기된다. 얼마 되지 않는 생산지와의
교류과정에서 배송업무가 각기 진행되면서 관련문제가 증가한다. 이를
해결하기 위해 생활협동조합전국중앙회(생협중앙회)는 1993년 중앙회
사업부를 신설하고 물류를 집중한다. 이후 약 5년간 물류센터가 운영되
었는데 당시 생협운동의 열악성과 경영부실, 생협중앙회의 지도력 부

회(생협중앙회)로 명칭을 변경한다. 다시 2001년 생활협동조합전국연합회(생협전국연합회)로 명칭을 변경했
다. 2011년 8월로 사단법인 생활협동조합전국연합회는 생협법인 전국연합회 준비를 위해 해산한 상태이다.

족 등의 문제가 결합하여 적자가 누적된다. 부실운영과 경영의 불투명성으로 내부 구성원들 간의 불신이 심화되어 중앙회 사업부는 분리된다. 특히 IMF 전후로 한국의 경제 주권이 급속히 신자유주의와 세계화의 물결 속에 자리 잡게 되면서 지역의 많은 생협들도 경영실패로 파산의 위기에 몰리게 된다. 이때 새롭게 모색된 것이 사업연합을 통한 재건, 즉 생협연대였으며, 전국적 생협조직이 형성된다. 대표적인 생협조직은 한살림, 아이쿱(iCOOP), 한국여성민우회생협, 두레생협연합 등이다. 이들 단체는 활동목적에 약간씩 차이를 보인다. 유기농 생산자 중심으로 출발하여 소비자가 결합하고, 생명운동을 목적으로 하는 한살림과 여성운동의 맥락에서 접근한 여성민우회생협, 그리고 소비자와 생산자가 함께 참여함으로써 새로운 소비자운동의 가치를 중심에 둔 아이쿱으로 각자의 노선을 갖고 조직적인 체제를 정비했다. 그러나 크게 서로 협동하며 사는 세상을 만들기 위해 연대하고 협력하고 있다.

<표 8-3> 한국 생협의 현황

구분	소속 생협 수	조합원 수(명)	매출액(백만 원)	출자금(백만 원)
iCOOP생협	75	78,671	234,487	16,945
지역 독자 물류생협	24	25,233	21,259	1,992
두레생협	16	67,390	56,780	4,310
한살림	16	186,382	139,786	17,249
여성민우회생협	5	19,580	15,367	1,418
의료생협	23	20,622	25,507	3,056
대학생협	21	109,828	130,197	1,677
총계	182	508,394	623,608	46,760

출처: 정원각(2010)

한국의 생협은 시대적인 상황, 역사적 경험, 참여자들의 인식 등으로 현재와 같은 친환경농산물 중심의 공급체계를 갖추고 있다. 친환경농산물은 가격이 비쌀 뿐만 아니라 생산량도 많지 않다. 전체 농산물 중 친환경농산물이 차지하는 비중은 10% 이하다. 생협의 조합원 수나 매출 규모는 아직 크지 않다. 20여 년 사이 생협은 괄목할 만한 성장을 보였다. 그러나 조합원 수는 전체 가구에서 1% 남짓이며 국민경제에서 차지하는 비중은 미미하다.

대량생산, 대량소비의 경제체제 안에서 공급자는 이윤극대화를 위해 끊임없이 소비자의 욕구를 자극하고 수요를 창출해야 한다. 소비자는 물질적 풍요 속에서 편리중심의 생활을 추구한다. 그 결과 경제는 공급자 중심으로 운영되고, 유통조직 및 분배는 왜곡되었으며, 각종 불공정한 거래가 발생하게 되었다. 또한 불량, 유해물질이 넘치면서 공해와 환경오염의 문제, 경제성장주의로 인한 인간소외문제가 심각한 사회문제로 등장하였다. 이러한 배경에서 사회, 경제적 문제를 소비자들의 조직된 힘으로 해결하기 위해 나타난 것이 오늘날 소비자협동조합이다.

한국의 생협 역시 이와 같은 배경에서 시작되어 현재까지 이어지고 있다. 시대적 배경에 대한 고려 없이 생협운동은 유지될 수 없다. 생협의 핵심인 조합원들의 삶의 기반에 대한 이해는 생협의 발전에 필수적이다. 앞으로 한국의 생협은 일반대중에게 보다 더 가까이 다가갈 수 있는 통로를 마련해야 한다. 의식 있는 소수가 아닌 일상을 살아가는 다수에 초점을 맞춰 생협의 장기적인 방향을 모색해야 한다. 협동조합의 가치를 유지하면서 사업의 규모를 확장해나가야 한다. 협동조합만이 제공할 수 있는 가치를 소비자들에게 전달하지 못한다면 규모의 경제를 만들었다 하더라도 이를 지속적으로 이어나갈 수 없을 것이다. 조합원의 확대만이 아니라 참여를 확대하기 위한 다양한 제도와 방법의 모색이 요구된다.

2. 생협 단체

1) 두레생협연합회

'두레생협연합회(이하 연합회)'는 1997년 '생협수도권연합회'라는 이름으로 수도권 지역의 생협들이 협동조합정신에 기초하여 생활협동조합의 육성과 발전을 위해 만들었다. 생활재의 선정과 관리 및 안내지 공동제작 등을 통합하여 물류의 효율화를 추진했으며, 2005년 '두레생협연합회'로 명칭을 변경하면서 지역생명운동이라는 새로운 가치를 추가했다. 먹을거리의 나눔을 넘어서 각 지역 생협의 구성원들이 이웃-가족-우리-나 등 삶과 연관되어 있는 모든 생명의 가치를 강조하는 활동을 지원한다.

생활재의 공급과 소비 외에도 조합원 활동과 연대가 마을모임-지구-단협-연합이라는 조직적인 구조를 통해 이뤄지고 있다. 보육과 육아 문제, 믿을 수 있는 의료체계, 생태적인 생활을 영위할 수 있는 '마을' 만들기라는 구체적인 활동을 통해 개인과 공동체의 건강한 삶을 만들기 위해 노력하고 있다.

2) 아이쿱(iCOOP)생협

1998년 지역생협들 간의 연대를 통해 결성한 21세기생협연대(현 아이쿱생협)는 유기농산물이 고가여서는 일반소비자들의 생협 이용이 어렵고, 소규모 지역생협의 경영난으로 이어진다는 배경에 의해 조직되었다. 공동구매를 기초로 생산자와 소비자 간의 공생을 도모하며 식량자립, 협동적 소비생활 정착을 통한 건강한 사회실현을 목적으로 한다.

아이쿱생협의 대표적인 브랜드 (주)자연드림은 생협의 인프라를 활용하여 설립되었다. 지역조합원들의 출자를 바탕으로 설립된 (주)자연 드림은 아이쿱생협의 독자상품에 대한 유통 루트의 안정적 확보와 프 랜차이즈 가맹점의 확대를 통해 소비자들이 생협에 대해 갖고 있는 이 미지 개선과 이용자 확대를 중점에 두고 있다. 생산자와 소비자 사이의 매개자 역할에서 나아가 시장경제하에서 생협의 독자적 브랜드 구축으 로 시장경쟁력을 확보하고자 노력하고 있다.

조합원들이 스스로 지역생협을 운영·관리하는 능력을 강조하는 아 이쿱생협은 조합원 활동가를 적극적으로 양성하고 있다. 활동가 육성 을 위한 교육, 연수 등을 진행하고 있으며 조합원 대상의 친환경농업 교육, 학교급식운동, 식품 안전교육 등을 통해 아이쿱생협이 추구하는 가치를 전달하고 있다.

3) 여성민우회생협

1989년 220명의 주부들이 1,300만 원의 출자금으로 시작한 '여성민우 회생협'은 대중여성운동을 지향하는 한국여성민우회에서 비롯되었다. 생협운동은 주부들이 살림을 하면서도 할 수 있으며, 살림과 연관된 우 리 사회의 문제를 주부들이 해결하고, 이를 기반으로 세상을 변화시킬 수 있는 활동으로 해석되었다. 생협은 다양한 활동 영역과 인적 자원을 성장시키는 인큐베이터로 설정되었다. 여성민우회생협은 1998년 조합 원 워크숍과 2002년 정체성확립 사업을 통해 협동조합의 정의 위에 여 성민우회생협의 정체성을 '여성녹색생협'으로 정의했다. 이는 '여성이 주체가 되어, 유기농산물과 환경상품을, 지역을 기반으로 한 조직인 공 동체의 형태로 공동 구입한다'는 의미를 갖고 있다.

'여성녹색생협'의 정체성과 함께 여성민우회생협은 조화, 협동, 평등 의 가치를 지향한다. 특히 '여성'이 주체가 되어 전개되는 운동의 가치 를 강조하며, 육아지원 사업은 물론 고령화 사회에 대응하는 복지사업

(활동)의 중요성을 강조하고 있다. 2015년까지 '행복중심'이라는 비전 아래 여성의 참여를 활성화시켜 다양한 능력이 발휘되는 장을 만들고 복지시스템의 확충이라는 방향성을 갖고 여성민우회생협의 생협활동을 펼치고자 한다.

4) 한살림

한살림은 1986년 서울에 '한살림농산'을 설립하면서 시작된다. 1988년 '한살림공동체소비자협동조합', 1993년 '한살림생활협동조합'으로 이어진다. 1998년, 수도권 지역의 한살림생협은 사단법인 '한살림'으로 독립하고 독자적인 물류체계와 브랜드체계를 만든다. 이후 한살림은 전국적인 한살림조직사업을 조직하여 2003년 한살림사업연합을 창립하게 된다.

한살림은 사람과 자연, 도시와 농촌이 함께 사는 세상을 만들기 위해 공동체를 이루고 뜻을 모아 활동하는 것에 활동의 목적을 두고 있다. 밥상살림, 농업살림, 생명살림이라는 기조로 생명운동(생명가치에 따른 삶의 양식 실천운동)을 전개하고 있다. 생태계와의 조화를 통한 자연과 사람과의 관계 개선을 중시하는 한살림의 운동은 먹을거리에 대한 소비자의 관심이 높아지는 현상을 반영하는 다른 생협운동과 구분된다. 소비자의 권리에 앞서 생활인으로서 생태계를 지키기 위한 자발적인 실천을 강조한다. 생산자와 소비자가 함께 참여·연대함으로써 먹을거리를 나눈다고 볼 수 있다.

협동조합의 최종목표는 개인적인 삶과 지역, 나아가 우리를 둘러싼 관계(개인적, 사회적, 경제적, 정치적, 자연적 관계)를 협동적 관계로 전환시키는 것이다. 이는 개별 협동조합의 실천만으로는 이뤄지지 않으며 삶의 전 분야에 걸쳐 있는 협동조합들 간의 유기적인 네트워크를 형성할 때 달성 가능하다. 협동조합 운영의 민주적 공개와 직접참여라는 기본적인 가치의 준수가 뒷받침될 때 현재 사회구조 속에서 경제적 불평등의 극복이 가능할 것이다.

참고문헌

김성오 역(1992), William Foote Whyte 저, 『몬드라곤에서 배우자』, 나라사랑.
김성오(1993), 『일하는 사람들의 기업』, 나라사랑.
김동희 역(2000), Laidlaw, A. F. 저, 『서기 2000년의 협동조합 1980년 모스크바 ICA 총회』, 한국협동조합연구소 출판부.
김형미(2011), "일본생활협동조합연합회의 발전과정과 시사점: 전국조직으로서의 사업·운동기능의 분석", 『한국협동조합연구』, 29(2).
아이쿱생협연대(2008), 『협동, 생활의 윤리』, 푸른나무.
아이쿱협동조합연구소(2011), 『한국 생협운동의 기원과 전개』, 아이쿱협동조합연구소 5주년 기념 심포지엄.
장종익 역(2003), Johnston Birchall 저, 『21세기의 대안 협동조합운동』, 들녘.
장승권·김아영·신창섭·손범규·신효진·김다솜(2011), "한국과 영국의 소비자협동조합 진화과정", 『한국비영리연구』, 10(2).
장원봉(2001), "협동조합운동과 대안적 사회경제활동에 관한 문제제기", 『도시연구』, 7.
전성군(2008), 『최신협동조합론』, 한국학술정보.
정은미(2006), "한국 생활협동조합의 특성", 『농촌경제』, 29(3).
정원각(2010), 『한국 소비자생활협동조합 운동』, 희망제작소 행복설계포럼.
조완형(2010), 『생협운동의 경과 및 현황과 당면 과제』, 모심과 살림 포럼.

Co-operatives UK(2011), *The UK co-operative economy: A review of co-operative enterprise 2010*, Manchester: Co-operatives UK.
Darryl Reed and J. J. McMurtry(2009), *Co-operatives in a Global Economy: The Challenges of Co-operation Across Borders*, Cambridge Scholars Publishing.
Edgar Parnell(1990), *The Role of Cooperatives and other Self-Help Organizations in Crisis Resolution and Socio-Economic Recovery*, Geneva: ILO.
Ian MacPherson(1996), *Co-operative Principles for the Twenty First Century*, Geneva: ICA.
Johann Brazda and Robert Schediwy(1989), *Consumer Co-operatives in a Changing World*, Geneva: ICA.

Johnston Birchall(2011), *People-Centred Business: Co-operatives, Mutuals and the idea of Membership*, Palgrave Macmillan.

Linda Shaw(2009), *Making Connections: Education for Co-operatives*, Manchester: Co-operative College.

Peter Davis(1999), *Managing the Cooperative Difference*, Geneva: ILO.

Robin Cross and Steven Buccola(2004), Adapting Cooperative Structure to the New Global Environment, *American Journal of Agricultural Economics*, 85(5).

The Co-operative Group(2010), *The Co-operative Group Annual Report & Accounts 2009*, Manchester: The Co-operative Group.

The Co-operative Group(2010), *Our ethics in action: Substantiality Review*, Manchester: The Co-operative Group.

기타

장승권(2011), 영국 협동조합 탐방기, 한겨레 헤리리뷰.

차형석(2011), 협동조합 선진4개국을 찾았다, 시사인.

제9장

소비자운동과 윤리적 소비전망

　　　　　　　"　　우리가 살고 있는 시대는 대량소비시대이다.
일상생활에서 아무렇지 않게 소비하는 소비재들이 많은 쓰레기와 오염물질
을 발생시키고 있고 지구의 수명을 단축시키고 있다. 자본주의 체제의 부익
부 빈익빈 현상은 가속화되고 있다. 세계 무역질서의 불평등과 같은 여러
가지 부조리 현상은 많은 개발도상국을 빈곤으로 치닫게 한다. 이들은 빈곤
문제를 해결하기 위해 자국의 자연생태계를 파괴하면서까지 자원들을 채취
하여 내다 판다. 이는 지구적 환경문제로 연결되고 있고 막대한 피해는 고
스란히 우리 모두에게 돌아온다.

　　　　　　　　　　　　우리가 당면한 문제들은 더 이상 간과할 수
없다. 다음 세대를 위해서 현 세대가 해결방안을 모색해야 한다. 다행히 의
식 있는 사람들이 공감대를 형성하여 환경문제와 자원문제, 빈곤과 불평등
같은 사회문제를 고민하고 바꾸려는 움직임, 즉 윤리적 소비운동이 일어나
고 있다. 윤리적 소비는 나 혼자의 편의에 의한 소비가 아니라 나와 이웃
더 나아가 제3세계의 노동자와 환경까지 생각한 거시적인 개념의 소비이다.
윤리적 소비의 사회적 관심과 영향력이 점차 커짐에 따라 윤리적 소비에 대
한 비판과 확산가능성에 대한 의문이 함께 등장하고 있다. 아직 시작단계에
있지만 윤리적 소비를 어떻게 바라봐야 하는지에 대한 확인은 윤리적 소비
를 이해하기 위해 필요하다.　"

소비자운동의 전개

소비자운동은 사회적 운동으로 해당 사회의 정치적·경제적·사회적·문화적 환경에 의해 형성된다. 우리나라의 소비자운동과 해외의 소비자운동은 몇 가지 차이를 보인다. 윤리적 소비의 태동은 소비자운동의 긴 역사를 가진 유럽과 북미지역을 중심으로 시작되었다. 국내 소비자운동의 형성과정을 간략하게 살펴보고, 윤리적 소비가 나타나게 된 배경을 유럽과 북미 소비자운동의 발전과정과 비교하면서 알아보고자 한다.

1. 우리나라의 소비자운동

한국의 소비자운동은 1950년대 일부 종교인들에 의한 공동구매, 지역시민들에 의한 부분적인 불매운동을 통해 시작된다. 본격적으로 소비자운동이 시작된 것은 1970년대 초부터였다. 산발적으로 여성단체에 의해 펼쳐진 소비자운동이 1978년 소비자보호단체협의회의 탄생으로 한데 모였다.

대한 YMCA연합회, 전국주부교실중앙회, 주부클럽연합회, 한국여성단체협의회, 한국소비자연맹 등이 경제기획원으로부터 일부 국고보조금을 받아 소비자대상의 교육, 조사, 테스트, 출판 등을 하게 되었다. 이후 1979년 12월 소비자보호법이 국회를 통과했고, 1980년 헌법에 소비

자보호조항이 신설되었으며, 1981년 4월부터 독점규제 및 공정거래법
이 실시되었고, 1982년 소비자보호법이 제정되었다. 소비자보호법이 있
는 나라는 세계에서 드물며 헌법조항에 소비자보호조항이 있는 나라도
흔치 않다. 소비자운동의 제도적 보장은 정치적 민주화의 시작, 수입시
장 개방 등 급격한 외부변화를 배경으로 한다. 1980년대 소비자운동 단
체들은 소비자상담 서비스를 강화하면서 활동을 강화한다. 지역에도
다양한 소비자단체들이 생긴다. 소비자운동의 활성화는 기업의 소비자
보호에 대한 관심과 국민들의 소비자운동에 대한 인식을 보다 긍정적
으로 변화시킨다. 소비자운동은 1990년대 소비자들의 삶의 질과 생활
수준 향상과 맞물려 도약의 시기를 맞는다.

1990년대 소비자운동은 지속 가능한 사회발전, 자원과 환경의 지속
가능성에 대한 소비자의 책임을 강조한다. 환경오염으로 인해 지속 가
능한 소비와 생산의 중요성이 커졌기 때문이다. 소비자운동 단체도 여
성단체로부터 단일 목적의 전문 소비자단체로 전환된다. 환경운동, 농
민운동, 여성운동 등 사회의 다양한 영역에서 활동하는 시민단체들과
소비자운동 단체들의 연대활동이 활발히 이뤄진다. 한편 1996년 개정
된 소비자보호법은 2007년 소비자기본법으로 대체되어 소비자의 권리
와 의무를 함께 강조한다. 소비자운동은 정책적인 지원과 소비자단체
의 역할이 중요하다. 하지만 무엇보다 소비자운동이 지속되기 위해서
는 소비자의 적극적 참여가 필요하다. 소비하는 소비자에 그치지 않고
소비와 관련된 다양한 사회적 이슈에 대한 소비자의 참여가 요구된다.

2. 유럽과 북미지역의 소비자운동

1) 제1기: 소비자협동조합의 등장

서구에서 소비자운동의 시작은 1884년 영국 로치데일공정선구자조

합의 등장으로 보고 있다. 낮은 품질의 상품을 높은 가격으로밖에 구매할 수 없는 불공정한 소비구조에서 벗어나기 위해 공동구입을 시작했던 방직공장 노동자들의 운동이 오늘날 전 세계적으로 소비자협동조합을 비롯해 신용협동조합 등의 형태로 발전했다.

로치데일공정선구자조합은 소비자구매 조직을 통해 경제적 효율성, 품질과 가격의 공정성을 추구했다. 개방된 조합원 제도와 이용고 배당제는 협동조합운동을 급속히 발전시켰다. 민주주의적 운영과 출자에 대한 이자 제한이 결합되면서 협동조합운동은 외부압력에 지배되지 않는 소비자운동으로 자리 잡는다. 불합리한 현실을 소비자들의 힘으로 개선하고자 한 협동조합운동은 오늘날 소비자운동이 추구하는 가치를 담고 있다. 로치데일공정선구자조합이 설립된 지 20년이 지난 후, 영국의 소비자협동조합 조합원은 약 10만 명, 총매출액은 약 25만 파운드에 달한다. 협동조합운동은 제1차 세계대전 말, 조합원 3백만 명, 총매출액 8천 8백만 파운드라는 급격한 성장을 보인다. 시장에서 소비자의 권리를 찾으려는 노력은 스위스, 프랑스, 벨기에, 이탈리아 등 유럽 전역으로 확산돼 수천 개의 협동조합이 설립된다.

영국의 소비자협동조합을 비롯해 각 국의 소비자협동조합들은 1960년대 이후 시장경쟁력을 잃었다. 소비자들은 생활환경의 변화로 니즈(needs)가 바뀌었다. 그러나 소비자협동조합은 체계적인 시스템 변화를 이루지 못했으며, 협동조합의 가치와 원칙도 지키지 못한다. 소비자들을 위한 다양한 제도를 우선 실시했던 협동조합이 거대자본 기업과의 가격경쟁에 매몰돼 혁신의 주도권을 상실한 것이다. 21세기 들어 협동조합은 재도약의 기회를 갖는다. 거대기업의 횡포로부터 불만족을 느낀 소비자들은 다시 한번 협동조합의 가치에 관심을 갖고, 협동조합을 통해 소비자의 권리와 가치를 실현하기 원하고 있다. 이러한 변화에 소비자협동조합은 민감하게 반응했다. 예를 들어, 영국의 코업은행(The Co-operative Bank)은 사회적 투자에 앞장서고 있으며, 개발도상국에 대한 지원에 적극적이다.

20세기 후반, 안전한 먹을거리는 소비자들에게 중요한 이슈였다. 먹을거리의 품질과 안전성에 대한 우려, 정보의 비대칭, 불공정한 가격구조, 환경에 미치는 악영향은 소비자들의 삶을 위협했다. 소비자와 생산자 간의 물리적·심리적 거리가 멀어질수록 소비자들의 불만은 커졌다. 소비자협동조합은 이러한 사실을 놓치지 않았다. 농산물의 직거래가 가능하도록 소비자와 생산자 사이의 매개자 역할을 한다. 유럽뿐만 아니라 가까운 일본에서도 이러한 변화는 민감하게 감지된다. 1965년 도쿄에 거주하는 주부들이 주축이 되어 만든 일본의 생활클럽(Seikatu club)은 생활방식을 바꿈으로써 산업중심사회의 왜곡된 모순을 바로잡기 위해 활동한다. '생산하는 소비자'로서 생산자와 파트너로 협동하고 있다. 소비자와 생산자가 공동출자한 자체 우유공장을 설립해서 운영 중이며, 1995년부터 가공용 토마토 묘목 심기와 수확에 소비자들이 참여해 토마토 주스 원료의 안정적인 생산에 기여하고 있다.

일상생활에서 일어나는 여러 가지 문제를 해결하기 위해 협동조합 운동이 일어나고 있다. 협동조합은 먹을거리의 문제를 넘어 본래의 문제의식인 대안적 삶과 사회를 만들기 위한 소비자운동으로서의 성격을 더욱 부각시켜야 한다.

2) 제2기: 정보제공형 소비자운동

현대적인 의미에서 소비자운동의 본격적인 시작은 미국에서 찾을 수 있다. 1891년 미국 뉴욕에서 설립된 소비자연맹(Consumers League)에서부터 제2기 소비자운동이 시작되었다고 본다. 소비자리그는 초기 의류, 식품 등의 제조업체와 소매, 무역 등의 서비스 업체들의 근로조건에 대해 문제를 제기하는 활동에 주력한다. 소비자 불매운동보다는 업체들에 도덕적 압력을 가하는 데 중점을 두었다(Harris, 1975). 독점자본의 횡포에 따른 소비자들의 피해가 심각했기 때문이다. 1898년 전국적인 소비자 연맹(National Consumers League)이 결성되고 1903년에는 20개주에 64개 지부를 둔 조직으로 확대된다. 당시 소비자운동은 아동노동, 최저 임금, 야간노동 금지 등의 문제를 해결하기 위해 전개되었으며 법규정의 보강에 기여했다.

1920년대 미국정부의 자유주의 정책은 정부의 기업 규제와 조정을 요구하기 어려운 상황을 만든다. 대량생산과 대량소비 사회에 접어들면서 나타난 기업의 기만적인 광고와 정보비대칭 문제는 소비자들의 불만을 키운다. 소비자들은 소비자로서 자신들의 권리를 인식하고, 소비자의식을 키운다. 의식 있는 작가와 언론은 소비자운동의 원동력이 된다. 이러한 상황에서 Chase & Schlink는 『Your Money's Worth(1927)』를 출판해 소비생활을 저해하는 기업의 광고나 제품정보를 알리고, 소비자들의 올바른 의사결정을 위해 기업은 정확한 정보를 제공해야 한다고 주장한다. Schlink는 소비자연구소(Consumer Research Inc.)를 설립해 각종 상품을 비교검사하고 그 결과를 밝혀 정보제공형 소비자운동을 돕는다. 이는 1936년 소비자상품 테스트 조직인 미국 소비자연합(Consumers Union of the USA)의 등장으로 이어진다. 소비자 정보를 중심으로 전개된 미국의 소비자운동은 적극적 소비자이익 추구로 이어지고, 세계소비자운동의 효시가 된다.

소비자에게 정보전달을 중시하는 소비자운동이 유럽 전역에서 일어난다. 영국 소비자연합회(Consumer's Association)가 발행한 잡지 『Which?』는 1990년대 중반까지 70만 명의 구독자를 보유했으며, 네덜란드의 소비자 연맹(Consumentenbond)은 66만 명의 회원들로 이뤄져 있다. 스페인, 포르투갈, 이탈리아의 소비자 잡지는 각각 23만 명, 15만 명, 35만 명의 구독자들이 보고 있다. 이와 같은 잡지에서는 제품의 안전성, 내구성, 가격, 효율성 등에 대한 정보를 제공하고 있으며, 소비자들은 제품의 구매와 관련한 유용한 정보를 얻을 수 있다. 소비자협동조합운동이 소비자들의 자발적인 참여를 독려함으로써 사회적인 변화를 추구했다면, 제2기 소비자운동은 시장중심 사회에서 소비자들이 보다 현명하게 소비할 수 있는 방법을 제공하는 것에 중점을 두었다. 소비자가 시장에서 합리적으로 행동할 수 있도록 정보를 제공하고 교육을 시키는 것에 목적이 있었다(John, 1994).

오늘날 두 번째 소비자운동은 몇 가지 어려움에 직면해 있다. 포스트포드주의와 틈새시장 확산의 문제, 그리고 소비자단체를 지지하는 소비자들이 줄어들고 있다는 것이다. 기술의 발전은 소비자에게 제품에 대한 정확한 정보를 전달하기 어렵게 한다. 다품종 소량생산이 시장에 자리 잡기 시작하면서 소비자단체가 다룰 수 있는 정보의 양은 한계에 직면했다. 대부분의 기업은 소비자 가치의 최우선을 목표에 두고 기업 활동을 한다. 소비자단체에 대한 소비자들의 적극적인 호응을 더 이상 기대하기 어렵다. 무엇보다도 두 번째 소비자운동은 효율적인 상품의 구매라는 구매의 관점에 집중한 반면 환경과 사회적 이슈에 대한 고려는 부족하다. 중산층 이상의 소비자들에게 안정적인 소비생활을 제공하기 위한 기반을 둔 소비자운동은 지식인층, 고소득층, 젊은 층 사이에 큰 영향을 미쳤으나 저소득층 소비자들에 대한 배려가 상대적으로 부족했다(Baker 1994; Nicholson-Lord 1994). 소비자 단체의 활동이 일부 소비자중심으로 진행되었다는 사실은 한계로 남는다.

3) 제3기: 네이더리즘(Naderism)

세 번째 소비자운동 역시 미국에서 시작된다. 1964년 미국의 변호사 Nader는 『Unsafe at any Speed(1965)』라는 책자를 발표하며 자동차 안정성 문제에 대중의 관심을 모은다. 고속도로에서 자동차 사고가 개인의 책임이 아닌 자동차의 구조 때문에 발생했다는 그의 주장은 정부가 시민의 안전을 위해 기업에게 안전한 자동차를 만들도록 규제를 가해야 한다는 주장으로 이어진다. 그의 주장은 Chevrolet사의 Corvair 생산을 중단시킨다. 기존 소비자단체는 소비자 교육을 통해 소비자의 책임을 강조한다. Nader는 소비자 교육은 소비자들이 어떻게 사회적·경제적 구조를 바꿀 수 있는지를 가르치는 것이라고 본다. 그는 소비자운동이 몇몇 단체에 의한 활동으로 활성화 될 것이 아니라 일반시민들이 관심을 갖고 참여하는 것이 중요하다는 사실을 알린다.

Nader의 소비자운동은 사회적 관심을 갖고 있는 젊은 소비자들이 소비자운동에 참여할 수 있는 계기를 마련했다는 점에서 의미가 크다. 적극적으로 기업과 정부의 결함을 지적하고, 개선을 추구했다는 점에서 보다 진보된 형태의 소비자운동이라 할 수 있다. Nader는 '소비자운동이란 상품의 품질만이 문제가 되는 것이 아니다. 주머니사정을 개선해주는 공정거래만이 문제가 되는 것이 아니다. 생명의 권리에 관한 영역을 논하는 문제다. 인간의 생리적 완전성의 권리다. 산업제품과 제조과정에서 부수되어 나오는 유해성에 의해 침범되고 습격당하고 파괴되는 것에서 그 권리를 지키는 모든 일이 소비자운동이다'라고 말한다. 이를 네이더리즘(Naderism)이라고 한다.

제1기 소비자운동인 소비자협동조합은 사적 이익의 축적보다는 공유에 중점을 뒀다. 제2기 소비자운동은 시장에서 소비자들이 보다 합리적인 행동을 할 수 있도록 정보를 제공하는 소비자단체의 역할을 중요시했다. 제3기 소비자운동은 제2기 소비자운동과 유사하지만, 제품에 대한 정보나 라벨링에 대한 정보를 얻기 위한 소비자운동이 아닌, 사회의 부조리 개선과 정보의 자유화를 위한 소비자운동이라고 볼 수 있다. Nader는 민주적인 시장경제체제의 설립을 목표로 개개인이 자신의 지역사회를 위해 적극적으로 소비자로서의 권리를 주장해야 한다고 강조한다. 기존 소비자단체들이 'top-down' 방법으로 소비자교육을 통한 소비자운동을 펼쳤다면, Nader는 소비자들의 참여를 바탕으로 소비자운동을 전개한다. 소비자들의 자원봉사와 각종 기부금 모집 등으로 소비

자운동이 확산된다. 그러나 제2기 소비자운동이 세계적으로 확산된 것
에 비해 Naderism에 기반을 둔 소비자운동은 미국 소비자운동 활성화
기여에 그친다. Naderism이 사회·정치적 환경과 법체계, 소비자 규모
등 미국 고유의 특징에 기반하고 있기 때문이다. 그러나 1990년대 탈규
제화로 시작된 세계화는 Naderism식의 소비자운동이 다국적 기업과 경
제블록에 대항할 수 있는 효과적 방안이라는 사실을 일깨웠다. 현재 환
경운동 단체, 동물복지 단체, 공정무역 단체 등 다양한 소비자단체들이
Naderism에 기반을 두고 활발한 운동을 펼치고 있다(Lang & Hines,
1993). 소비자들의 참여의식을 일깨워 자발적으로 사회변화를 추구한다
는 점에서 오늘날 Nader의 소비자운동이 다시 한번 조명받고 있다.

4) 제4기: 대안적 소비자운동

1970년대부터 서서히 등장하기 시작한 새로운 소비자단체는 1980년
대 들어 급격히 증가한다. 대안적 소비자운동이라 할 수 있는 제4기 소
비자운동은 환경친화적 소비, 윤리적 소비, 제3세계와의 연대를 통한 공
정무역 등 다양한 내용을 포함하고 있다. 세계화에 대한 대응이 소비자
운동에서도 등장한 것이다. 대안적 소비자운동은 기존 시장중심 가치체
계에 문제를 제기하는 것으로부터 시작된다. 대안적 소비자운동은 특히
환경의 영역에서 먼저 구체화되어 나타나고 있다.

1980년대 후반 가장 두드러진 소비자운동은 환경친화적 소비, 즉 녹
색소비운동이었다. 소비자들은 미래세대에게 피해를 주지 않고, 지속
가능한 환경을 유지하기 위해 환경친화적 상품을 구매했다. 녹색소비
운동은 유럽에서 시작돼 북미지역으로 확산됐다. 소비자들은 기업을
압박해 인산염(phosphate-free)이 첨가되지 않거나 재활용이 가능한 새로
운 제품을 시장에 내놓게 했다. 무엇보다 녹색소비자들의 가장 큰 사회
적 기여는, 1980년대부터 이어진 자유시장체계와 정부의 역할축소가

가져온 새로운 정치·경제적 상황으로 소비자들의 권리와 이익이 침해받았다는 사실을 일깨웠다는 것이다. 녹색소비자들은 환경관련 문제에 대한 기업 모니터링 강화, 정부 규제강화로 소비자들에게 유용한 정보를 제공한다. 녹색소비는 소비감소를 주장하기보다 의식적이며 신중한 소비활동을 전개해야 한다는 사실을 중점에 둔다(Elkington & Hailes, 1988). 이는 21세기 초, 녹색소비자운동의 분화를 가져온다. 일부는 기업의 그린마케팅과 결합돼 소비시장의 또 다른 틈새시장을 만든다. 반면 강경한 녹색소비자들은 소비를 통해 사회의 구조적 변화를 주장한다(Irvine, 1989).

1990년대의 소비자운동이 녹색소비 중심이었다면 2000년대 들어 윤리적 소비가 주요한 소비자운동으로 부상한다. 상품의 시장가치뿐만 아니라 노동가치를 강조해 새로운 소비자운동을 구성한다. 영국에서는 공정무역에 기반을 둔 새로운 소비자 조직이 만들어지고 윤리적 소비자연구협회(Ethical Consumer Research Association)가 설립된다. 미국의 경제우선평의회(Council on Economic Priorities)는 소비자들의 구매행위는 경제적 투표행위라는 사실을 강조하며, 소비행위의 변화로 기업의 사회적 책임을 가져올 수 있다고 말한다(Will et al., 1989). 이와 같은 배경에 힘입어 윤리적 소비자들은 공장형 농장, 유전자 조작에 관한 기준을 세우고 기업의 규범준수를 촉구했다. 윤리적 소비자들은 소비행위 변화를 통한 정치적·사회적 변화를 추구한다. 제3세계 생산노동자들의 착취를 공정무역을 통해 해결하고 사회적 관심을 모으고자 한다. 공정무역은 생산자와 소비자의 연대를 통해 개발도상국의 자립을 추구한다. 소비자와 생산자 사이의 관계회복을 통해 협동이라는 오래된 명제에 다시 새로운 활력을 불러일으키고 있다.

소비자의 권익보호 차원에서 상품의 품질을 감시하는 데 치중해온 기존의 소비자운동에서 나아가 소비자와 생산자의 연대를 중시하는 소비자운동의 목표는 나와 우리 가족을 위한 안전한 제품구매와 이를 통한 삶의 질 향상에 머무르지 않는다. 세계화는 소비자운동의 변화를 가져왔다. 단일국가 내에서의 소비자운동이 아닌 보다 거시적인 차원의 소비자운동이 전개되고 있다. 지난 30년 동안 아이들이 먹는 식품의 안전과 산모의 건강을 위해 국제적 소비자운동을 펼친 국제유아식품행동망(International Baby Food Action Network)의 사례가 대표적이라고 할 수 있다.

소비자운동을 통해 소비자들은 초국가적 시민으로서의 정체성을 갖는다. 윤리적 소비자운동은 국내외의 환경, 사회, 인권 등 우리 일상을 둘러싼 다양한 이슈에 대한 소비자운동이다. 윤리적 소비자들은 지속가능성, 공평성, 다원성, 생태친화성에 중점을 두고 소비활동을 전개한다. 이러한 가치는 시장중심의 가치를 뛰어넘는 것이다. 물론 현재의 윤리적 소비는 한계와 문제점도 동시에 갖고 있다. 아직 세계경제의 중심부와 반주변부에서만 일어나고 있는 소비자운동이라는 사실과 기존의 시장가치를 넘어서는 대안적 가치가 위로부터의 계몽에 의해 주입되고 있다는 점이 지적될 수 있다. 그럼에도 생산과 소비의 세계화라는 현실에 대한 실천적 대응운동으로써, 기존 소비자운동의 한계를 메우려는 시도라는 점만으로도 그 의의가 적지 않다. 윤리적 소비자들에 의한 활발한 문제 제기, 기업에 대한 도전, 정부의 개입 유도 등 앞으로 윤리적 소비자가 가져올 긍정적인 사회변화에 더 큰 기대를 가져본다.

윤리적 소비에 관한 논쟁과 윤리적 소비확산

1. 윤리적 소비정책

윤리적 소비에 대한 관심이 높아지면서 이와 관련된 다양한 논쟁이 제기되고 있다. 우리나라에 비해 윤리적 소비가 활성화된 유럽의 경우 윤리적 소비의 지나친 시장주류화에 대한 문제와 함께 윤리적 소비가 기업의 마케팅 차원에서 이뤄지는 틈새시장에 불과하지 않느냐는 우려가 제기되고 있다.

소비를 통해 불공정한 사회·경제적 구조를 변화시키려는 운동성격이 강했던 여러 시민단체와 소비자들의 활동은 소위 윤리적 소비자집단을 형성·발전시켰다. 초기 운동성을 지닌 시민단체 중심으로 주도된 공정무역은 1990년대 이후 내용과 형식에 변화가 생긴다. 공정무역의 주요 상품이 수공예품에서 커피, 바나나, 초콜릿 등 식품류로 변화된 것이 내용상의 변화라면, 공정무역 상품의 거래방식이 공정무역 전문단체에 대한 신뢰 바탕에서 상표(label)와 브랜드에 대한 사회적 인지도 확보를 통한 일반시장 진입으로 형식적인 변화가 시작되었다는 것이다. 변화 초기에는 영국의 대표적 소비자협동조합인 코업(The Co-operative Group)처럼 일부 한정된 매장에서 구매가 가능했다. 공정무역의 주류화 경향이 강화됨에 따라 대형 슈퍼마켓을 비롯해 스타벅스나 네슬레의 상품에서도 공정무역 상품을 접할 수 있게 되었다.

대안적 생산과 유통에 기반하고 있지만 시장의 방식으로 작동하는 공정무역은 운동의 성격과 사업의 성격 사이에서 긴장관계를 갖고 있다. 공정무역의 주류화와 브랜드화에 대한 논쟁이 대표적이다. 공정무역이 갖고 있는 긴장은 윤리적 소비에도 고스란히 적용된다. 국내에서 윤리적 소비는 웰빙과 건강에 대한 사회적 욕구증가와 함께 중요한 이슈로 등장한다. 소비증가에 따른 소비자들의 다양한 욕구를 포함하고 있는 윤리적 소비에 편의성과 효율성을 추구하는 시장원리가 적용되면서 논쟁이 가중되고 있다.

자본의 논리가 윤리적 소비시장에 확대될 경우 윤리적 소비와 관련된 상품의 다양화가 이뤄진다. 소비자에게 제품선택의 폭이 넓어지고 윤리적 소비와 관련된 가치가 확대된다고 보인다. 하지만 소비자는 이전 소비 만능주의시대에 느꼈던 무력감을 느낄 수 있다. 자신이 통제할 수 없는 상품의 홍수 속에서 소비자들은 상품을 생산하는 기업에 의해 지배받는 상황을 이미 경험했다. 윤리적 소비시장에 참여한 기업들은 이윤추구를 목적으로 윤리적 상품과 서비스를 필요로 하는 소비자들을 창출, 재창출한다. 이때 윤리적 소비의 가치는 자본의 논리에 의해 끊임없이 조장될 우려가 있다. 이러한 시스템에서 윤리적 소비는 타인에게 과시할 수 있는 특별한 소비행위, 돈을 많이 쓰더라도 무엇인가 기억을 남기는 소비로 인식되기 쉽다. 윤리적 소비가 의무이자 노동이 될 수 있는 것이다.

보다 많은 소비자들에게 윤리적 소비의 가치를 알리는 일은 중요하다. 윤리적 소비가 소수의 의식 있는 소비자, 경제적 여유가 있는 소비자와 같이 한정된 소비자층을 중심으로 이뤄진다는 부정적인 이미지를 벗기 위해서라도 윤리적 제품을 주류시장에서 쉽게 만날 수 있어야 한다. 친환경농산물, 지역에서 생산된 공산품, 공정무역을 통한 제품, 사회적 기업에서 만든 제품을 가장 가까운 슈퍼마켓의 진열대에서 구매할 수 있어야 한다. 윤리적 소비가 특별한 소비에서 일반적인 소비활동으로 전환될 수 있는 기반이 필요하다. 현재 제기되고 있는 논쟁은 윤리적 소비가 자리 잡기 위해 겪을 수밖에 없는 과정이다. 환경, 인권, 공동체 등 다양한 이슈를 소비자의 관점에서 바라보고 풀어가면서 보다 많은 소비자들에게 윤리적 소비의 가치를 알려야 한다.

소비활동의 주체로서 소비자들이 자신의 도덕적 신념과 가치관에 따라 소비하고 이를 통해 자신의 욕구충족 뿐만 아니라 사회적 기대에 부응할 수 있다는 사실만으로 윤리적 소비의 가치는 충분하다. 윤리적 소비가 주류화됨으로 인해 소비자들이 다시 소비의 객체가 되는 일은 피해야 한다. 윤리적 소비는 소비자를 소비활동의 주체로 두어야 한다. 소비활동에서 소비자들의 자율적인 활동을 전제하고 윤리적 소비의 활성화를 추진해야 한다. 기업 지배적 시장형태와는 다른 소비시장을 제공해야 한다.

국내의 생활협동조합(이하 생협)의 사례는 윤리적 소비확산을 위해 참고할 만하다. 생산자와 소비자의 연대를 통해 대안적인 소비문화를 추구해온 국내의 생협은 소비활동과 관계된 다양한 사회적 담론을 형성해왔다. 소비자와 생산자를 비롯해 소비와 관계된 다양한 이해관계자들과 연대의 틀을 구축해 새로운 소비문화를 만들어가고 있다. 연대는 생산하는 소비자 혹은 생산적 소비자를 만든다. 생협은 기본적으로 조합원이 주인인 조직으로 조합원들의 필요를 충족시키는 방향으로 활동을 전개한다. 처음에는 안전한 먹을거리를 구매하기 위해 생협의 조합원이 되었다 하더라도 먹는 것이 먹는 것으로 끝나지 않는다. 먹을거리의 이면에 경제적 구조, 사회적 문제가 있다는 사실을 알게 된다. 소비자의 시야가 넓어지게 된다. 생협활동을 통해 사회적 문제를 인식하고 이를 해결하기 위해 아이디어를 내고, 주체적으로 활동하면서 생협의 조합원들은 소비의 중요성을 깨닫는다. 일상생활에서부터 깨달은 윤리적 소비의 필요성은 윤리적 소비의 가치가 부재한 채 윤리적 소비시장에 뛰어든 기업의 진입에도 생협을 지탱하는 힘이 된다.

시장과 기업이 윤리적 소비에 관심을 보이는 것은 지금까지 오랜 시간 윤리적 소비자들이 지향했던 윤리적 소비의 가치가 실현되는 것이라고 볼 수 있다. 주장해온 가치들이 보다 많은 소비자들에게 알려진다는 측면에서 보면 윤리적 소비의 주류화를 문제로만 생각할 수 없다. 문제는 윤리적 소비자들이 윤리적 소비활동의 주체로서 현실보다 한발 앞서나가려는 부단한 노력을 멈추지 않아야 한다는 것이다.

2. 윤리적 소비실천

윤리적 소비의 실천과 관계된 논란거리는 소비자의 의식과 구매행동 간의 차이이다. 소비자들의 윤리적 의식은 꾸준히 증가하고 있으며 집단적인 차원에서 개인적인 차원으로 윤리적 소비의 필요성이 인식되고 있다. 그러나 소비자들이 사회적, 윤리적으로 높은 의식을 갖고 있더라도, 개인적인 생활양식에 크게 어긋나거나 불편함을 줄 경우 윤리적 소비행동을 실천하는 것은 그만큼 어려워진다. 현실적으로 윤리적 상품의 가격, 편의성 등이 기존상품과 현저한 차이를 보일 경우 비록 윤리적 상품이라 할지라도 쉽게 선택하기 어렵다.

윤리적 소비행동에 관한 연구로 Michaelidou & Hassan(2007)의 연구를 살펴보면 소비자들의 윤리적 정체성이 유기농식품의 구매에만 직접적인 영향을 미치는 것으로 나타났다. Shaw & Shiu(2002a, 2002b)의 연구에서는 소비자들의 윤리적 정체성과 의무감이 윤리적 소비태도에는 영향을 미치지는 않았으나 윤리적 소비행동에는 영향을 미치는 것으로 나타나 반대의 결과를 보였다. Wheal & Hinton(2007)은 윤리적 소비자들이 동물복지나 인권 등의 이슈보다 환경 관련 이슈에 보다 큰 관심을 갖고 있다는 사실을 확인했으나 이러한 관심이 실제 상품구매에 미치는 영향은 각 상품군에 따라 정도가 다르다고 주장했다. McEachern & McClean(2002)

의 연구에서는 환경에 대한 이슈에 소비자들의 관심이 크다고 나타났
으나 실제 윤리적 상품의 구매동기에 있어서는 이타적인 동기보다 이
기적인 동기가 더 크다고 나타났다.

윤리적 소비에 대한 소비자들의 인식과 실제 상품을 구매하는 소비
자들의 행동 차이는 개인의 도덕적 책임의 강조만으로는 그 차이를 좁
힐 수 없다. 윤리적 소비행동이 갖고 있는 개인적 만족감과 사회적 의
미를 강화시켜 소비행동에 따른 성취감이나 만족감과 같은 내적 요인
을 높일 필요가 있다. 윤리적 소비가 단지 소비행위 그 자체에만 한정
된 것이 아니라는 사실을 놓쳐서는 안 된다. 윤리적 상품의 구매와 사
용, 처분이라는 일련의 소비과정에서 윤리적 소비의 가치와 신념이 적
용되어야 한다. 소비자들의 윤리적 의식과 구매행동 사이의 차이가 발
생하는 이유는 윤리적 소비를 단지 소비행위로 제한시켜 바라보기 때
문이라는 사실도 하나의 원인이 될 수 있다. 환경과 인권, 동물복지, 기
업의 사회적 책임 등 윤리적 소비는 다양한 영역에 걸쳐져 있다. 윤리
적 소비는 소비는 물론 구매한 제품 및 서비스의 사용과 처분과도 연결
되어 있다. 윤리적 소비를 소비 그 자체에만 한정시키기보다 소비자들
의 자발적인 활동이 가능한, 소비행위 전반에 걸친 활동으로 바라보아
야 한다. 이러한 관점에서 윤리적 소비의 실천이 보다 활발히 논의되어
야 한다.

3. 윤리적 소비확산

윤리적 소비의 확산을 위해서는 윤리적 소비문화를 조성해야 한다.
중요하게 고려해야 할 점은 시민참여의 원칙을 두고, 일상의 삶에서 소
비자들이 실천할 수 있는 방안을 생각해야 한다는 것이다. 일반시민들
이 윤리적 소비의 대상으로 머물 경우 구체적인 실천의 주체라고 보기
어렵다. 소비활동의 이해관계자인 소비자와 생산자들이 '어떤 생산과

소비를 포기해야 하는지'에 대한 논쟁과 진단의 당사자가 되어야 한다. 이를 통해 정당한 권리 행사를 위해, 윤리적 소비영역에서 소비자와 생산자의 역할은 무엇인지 구체적인 방안이 마련될 수 있다. 또한 바람직한 소비과정과 바람직하지 않은 소비과정의 이해를 통해 추구해야 할 방향이 잡힐 수 있다. 이러한 대안이 일상에서 '윤리적 소비의 실천을 위한 지침'으로 나타나야 한다. 소비자와 생산자 스스로가 자신의 삶 속에서 윤리적 소비의 주체가 되어야 한다.

윤리적 소비의 실천은 다양하게 나타날 수 있다. 공정무역을 통해 생산되는 상품을 구매함으로써 개발도상국의 생산노동자들을 지원할 수 있으며, 장애우를 위해 일자리를 제공하는 사회적 기업의 서비스 및 상품을 구매함으로써 사회통합에 기여할 수 있다. 일상생활 속에서 일회용 컵을 사용하지 않고 개인 컵을 가지고 다니는 것부터 시작해 가정에서 사용하지 않은 전기제품의 코드를 뽑아두는 것, 특정한 제품의 생산과정 및 생산업체에 대한 정보를 검색하고 제품을 구매하는 것 등 일상생활 속에서 윤리적 소비와 관련된 다양한 활동이 가능하다. 윤리적 소비의 확산을 위해서는 구체적인 실천활동의 영역들이 소비자와 생산자들에게 알려져야 한다. 소비과정의 당사자들이 어느 정도의 불편함을 감수하고도 윤리적 소비를 실천하려는 태도를 스스로 만들어 갈 수 있도록 도와야 한다. 소비는 개인의 문제다. 외부의 압력에 의해 소비를 임의로 조정하는 것은 한계가 있다. 스스로 의지를 갖고 생활 속에서 윤리적 소비를 실천할 수 있는 문화를 만드는 작업이 윤리적 소비확산을 위해 우선적으로 진행되어야 한다.

윤리적 소비는 생산된 제품의 구매자로, 수동적인 입장에 머무르는 소비자에게 적극적인 역할을 부여한다. 소비자의 소비활동을 통해 사회·경제의 불공정을 개선할 수 있다는 전망을 제공한다는 점에서 기존의 사회운동에서 대상으로 머물렀던 다수의 사람들에게 참여를 독려할 수 있다. 윤리적 소비가 사회적으로 확산되기 위해서는 윤리적 소비에 대한 올바른 인식이 전제되어야 한다. 우리 사회는 윤리적 소비가 확산되는 과정에 있다. 아직 윤리적 소비를 접하지 못한 대다수 소비자들에게 윤리적 소비가 갖는 사회적 의미와 가치를 적극적으로 알리고 자발적 참여를 독려할 수 있는 윤리적 소비의 브랜딩 작업이 필요하다. 일시적인 캠페인 수준에 그치는 것이 아니라 소비자들의 일상 속에서 윤리적 소비가 자리 잡을 수 있도록 사회적인 환경을 만들어가야 한다.

4. 윤리적 소비확산을 위한 방안

윤리적 소비확산을 위한 구체적인 전략으로 윤리적 소비 관련 정보를 전달할 수 있는 캠페인 활성화, 윤리적 소비교육 등이 있을 수 있다. 소비자들의 역량 강화에 초점을 맞추어야 한다. 소비자가 합리적인 판단능력을 바탕으로 생산된 제품을 비교하고 구매결정을 한다면, 윤리적 소비시장에 참여한 기업들은 소비자의 선택을 받기 위해 스스로 제품 품질향상 물론 윤리적 생산활동 촉진을 위해 노력을 기울일 것이다. 의문이나 주저함 없이 기존의 소비체제를 그대로 받아들이는 수동적 소비자가 아닌 스스로 평가해 의사결정 내릴 수 있는 역량을 강화시켜야 한다. 소비활동이 사회 전반에 영향을 미친다는 인식을 바탕으로 윤리적 소비확산을 위한 방안을 모색해나가야 한다.

범국민운동으로 진행되는 캠페인은 남녀노소 누구나 참여할 수 있다는 장점이 있지만 소비자의 행동변화를 요구하는 일방적인 메시지 전달은 캠페인 참여에 대한 동기부여가 부족할 수 있다. 이를 보완해 메시지 전달대상을 주부, 초등학생, 중·고등학생, 20~30대 젊은층 등 세분화해 구체적인 메시지 전달과 참여운동을 전개해야 한다. 세분화된 그룹 내에서 자발적인 동기부여와 정보교류를 촉진시켜야 한다. 일방적인 정보전달이 아니라 소비자들이 정보를 통해 또 다른 윤리적 소비를 모색할 수 있는 여지가 주어져야 한다. 특히 소비활동의 구매와 사용처분의 전 단계를 고려한 윤리적 소비가 자리 잡을 수 있도록 노력해야 할 것이다.

영국은 윤리적 소비를 확산을 위한 캠페인에서 나아가 지속적으로 소비자들에게 윤리적 소비와 관련된 정보를 제공하는 'Ethical Consumer' 잡지를 온·오프라인 상에서 운영하고 있다. 윤리적 상품에 대한 정보, 기업들의 윤리경영에 대한 정보가 제공되며 소비자들의 윤리적 소비선택을 돕는다. 소비자들이 필요로 하는 정보가 무엇인지 파악하고, 소비자들이 신뢰할 수 있는 틀 안에서 제공해야 한다. 윤리적 소비 인지도를 높일 수 있는 캠페인의 진행과 캠페인을 통해 확보된 관심이 장기적으로 이어질 수 있도록 끊임없이 정보를 제공하는 구조가 우리 사회에서도 요구된다.

윤리적 소비시장이 확대될수록 제공되는 정보의 양은 급격히 확대될 것이다. 정보의 신뢰성과 수준, 질 등이 달라 소비자들은 혼란을 겪을 수 있다. 소비자에 대한 교육은 소비자들이 대응할 수 있는 능력을 갖도록 하며, 소비자가 올바른 정보를 선택하여 주체적으로 권리를 행사하도록 도와준다. 소비에 대한 정보와 올바른 소비문화에 대한 교육은 매우 중요하며 이는 개인적 차원을 넘어 사회적 차원에서 집단적으로 이루어져야 한다. 특히 어릴 때부터 윤리적 소비를 익히고 실천하는 습관을 갖도록 초등학교, 중·고등학교에서 정규교육 프로그램을 운영하는 것도 윤리적 소비의 지속 가능한 발전 초석을 다질 수 있다. 교육은 학교에서뿐만 아니라 학생들이 주로 활용하는 인터넷과 정보통신기기를 통해서도 가능하다. 매체를 활용한 윤리적 소비교육 콘텐츠를 개발하여 학생들의 접근성을 높이는 것도 윤리적 소비를 알리는 좋은 방법이 될 수 있다.

윤리적 소비문화를 조성하고 확산하기 위해 필요한 것은 올바른 정보와 그 정보를 대중화하는 일이다. 전문가의 참여와 관련 조직의 협력이 필요하며, 특히 언론의 역할이 중요하다. 윤리적 소비의 필요성을

사회적으로 공론화시키고 소비자들의 긍정적인 인식을 제고하는 역할
을 언론이 할 수 있기 때문이다. 윤리적 소비의 확산은 다수 소비자들
에게 윤리적 소비에 대한 가치와 올바른 정보의 전달에서 나아가 소비
자들의 특성에 따라 집단별로 맞춤교육을 실시하는 일련의 과정을 거
쳐 진행되어야 한다. 지금 당장 효과를 보겠다는 생각보다는 소비자들
의 일상생활 속에서 윤리적 소비문화가 자리 잡을 때까지 지속적인 관
점에서 지원과 평가가 이뤄져야 할 것이다.

후기 자본주의는 대량생산, 대량판매를 통해 지속적으로 이윤을 남
기기 위해 대량소비를 끊임없이 자극하고 있다. 소비를 조장하는 다양
한 정보가 제공되는 상황에서 소비자들은 소비활동을 통해 자신들의
이러저러한 욕망이 충족될 수 있다고 생각한다. 이러한 시대적 상황에
서 윤리적 소비를 실천하는 것은 결코 쉽지 않다. 현대의 소비자들은
절제하고 신중하게 신경 쓰는 소비활동을 훈련받지 못했다. 의식적인
노력을 기울여야만 하는 윤리적 소비를 활성화시키는 것은 결코 쉬운
일이 아니다. 하지만 소비를 통해서 나와 우리 가족은 물론 사회와 삶
의 터전인 환경을 성찰하는 기회를 제공하는 윤리적 소비는, 참여자 개
개인에게 대안적인 삶의 방식을 알림으로써 행복한 삶, 건강한 삶을 위
한 또 다른 선택지가 있음을 알려준다. 현재의 소비활동으로 충족되지
않는 소비자들의 개인적 신념과 가치를 만족시킬 수 있다. 자발적 의지
에 기반을 둔 윤리적 소비활동을 보다 많은 소비자들의 삶 속에 내재화
시키기 위한 건강한 윤리적 소비문화 구축이 필요하다.

참고문헌

김문조·손장권·김철규(1994), "미국의 소비자운동", 『지역연구』, 3(3).
문은숙(2004), "소비자운동의 이해와 한국소비자운동의 발전과정", 『시민사회와 NGO』, 2(2).
장종익 역(2003), Johnston Birchall 저, 『21세기의 대안 협동조합운동』, 들녘.

Baker, P.(1994), "Is Which? still best buy?", *The Times.* 8 June.

Elkington, J. and Hailes, J.(1988), *The Green Consumer Guide,* London: Gollancz.

Festing, H.(1993), "Is there life after supermarkets?", *New Economics,* 28(Winter).

Harris, M.(1975), "The consumer movement in historical perspective. A report presented for urban and regional studies", *Home Economics* No.6914, Mankato State College, Mankato, Minnesota.

Irvine, S.(1989), "Beyond green consumerism", Discussion paper no. 1(Sept.) London: Friends of the Earth.

John, R.(1994), *The Consumer Revolution: Redressing the Balance,* London: Hodder and Stoughton.

Lang, T. and Hines, C.(1993), *The New Protectionism: Protecting the Future Against Free Trade,* London: Earthscan.

McEachern, M. G. and McClean, P.(2002), "Organic Purchasing Motivations and Attitudes: Are They Ethical", *International Journal of Consumer Studies.* 26(2).

Michaelidou, N. and Hassan, L. M.(2007), "The role of Health Consciousness, Food Sasfety Concern and Ethical Identity on Attitudes and Intentions towards Organic Food", *International Journal of Consumer Studies,* 32(2).

Nicholson-Lord, D.(1994), "Consumerism with a shrunken vision", *The Independent,* 25 May.

Rob Harrison, Terry Newholm, and Deirdre Shaw(2006), *The Ethical Consumer,* SAGE Publications.

Shaw, D. S. and Shiu, E.(2002a), "The role of Ethical Obligation and Self-identity in Ethical Consumer Choice", *International Journal of Consumer Studies,* 26(2).

Shaw, D. S. and Shiu, E.(2002b), "An assessment of Ethical Obligation and Self-identity in Ethical Consumer Decision-making: A structural Equation Modelling Approach", *International Journal of Consumer Studies, 26(4).*

Thompson, D.(1994), *Weavers of Dreams: Founders of the Modern Co-operative Movement,* Davis, CA: Center for Co-operatives/University of California.

Wheale, P. and Hinton, D.(2007), "Ethical Consumer in Search of Markets", *Business Strategy and the Environment, 16(4).*

Wills, R., Marlin, A. T., Corson, B. and Schorsch, J.(1989), *Shopping for a Better World,* New Yock: Council on Economic Priorities.

이상훈 ─────────────────────────────

Iowa State University 경영학 석사
University of Kansas 경영학 박사

현) 성공회대학교 경영학부 교수

신효진 ─────────────────────────────

성신여자대학교 법과대학 법학과 학사

현) 성공회대학교 일반대학원 협동조합경영학과 재학

윤리적 소비

ethical consumption

초 판 인 쇄 | 2012년 2월 29일
초 판 발 행 | 2012년 2월 29일

지 은 이 | 이상훈 · 신효진
펴 낸 이 | 채종준
펴 낸 곳 | 한국학술정보㈜
주   소 | 경기도 파주시 문발동 파주출판문화정보산업단지 513-5
전   화 | 031) 908-3181(대표)
팩   스 | 031) 908-3189
홈 페 이 지 | http://ebook.kstudy.com
E-mail | 출판사업부 publish@kstudy.com
등   록 | 제일산-115호(2000. 6. 19)

ISBN   978-89-268-3307-0 93320 (Paper Book)
          978-89-268-3308-7 98320 (e-Book)